HISTOIRE ILLUSTRÉE

DU

SECOND EMPIRE

COULOMMIERS. — TYPOGRAPHIE PAUL BRODARD.

HISTOIRE ILLUSTRÉE

DU

SECOND EMPIRE

PAR

TAXILE DELORD

Membre de l'Assemblée nationale

TOME SIXIÈME
ET DERNIER

AVEC 56 GRAVURES DANS LE TEXTE
Têtes de chapitre et culs-de-lampe.

NOUVELLE ÉDITION

PARIS
LIBRAIRIE GERMER BAILLIÈRE ET Cⁱᵉ
108, BOULEVARD SAINT-GERMAIN, 108
Au coin de la rue Hautefeuille

Tous droits réservés

HISTOIRE
DU
SECOND EMPIRE

CHAPITRE PREMIER

LA PRESSE (1862-1870)

SOMMAIRE. — Troisième avertissement au *Courrier du dimanche*. — Premier avertissement au *Temps*. — Avertissements aux journaux de province. — La liberté des comptes rendus parlementaires. — Deuxième avertissement au *Journal des Débats*. — Avertissement au *Journal des Villes et des Campagnes*. — Avertissements à l'*Alsacien*, au *Courrier d'Oran*, à l'*Union de l'Ouest*, au *Siècle*. — Avertissements au *Mémorial de l'Allier*, au *Sémaphore de Marseille*, à la *Presse*, à la *Revue nationale*, au *Courrier de Saint-Etienne*, à la *France*, à l'*Impartial dauphinois*. — Suppressions et suspensions de journaux en 1863. — Procès des correspondants. — Création par le gouvernement d'un journal à 5 centimes. — Avertissements et suspensions de journaux en 1864 et 1865. — Suppression du *Courrier du dimanche*. — Rapport de M. de La Valette. — Avertissement à la *Presse*; M. de Girardin abandonne la rédaction en chef de ce journal. — Impossibilité de créer des journaux. — MM. E. Ollivier, Louis Veuillot, C.-L. Chassin demandent inutilement l'autorisation de créer chacun un journal. — Autorisation accordée à M. L. Veuillot de fonder l'*Univers*. — Suppression de l'autorisation préalable. — Fin du régime administratif. — Inconvénients et dangers pour le gouvernement de l'ancienne loi sur la presse. — La presse orléaniste. — La presse légitimiste. — La presse bonapartiste. — Les

LIV. 339   VI. — 1

journalistes sous le second Empire. — Le régime administratif n'arrête pas la décadence de l'Empire. — L'*Electeur libre*. — La presse irréconciliable. — Condamnations nombreuses de journaux. — Congrès de la presse légitimiste des départements. — Application du sénatus-consulte interdisant la discussion de la constitution. — Développement de la presse littéraire. — M. Prévost-Paradol est nommé ministre à Washington. — Lutte entre les journaux bonapartistes. — La presse et l'Empire.

La situation de la presse ne s'est guère améliorée pendant la période qui s'écoule entre l'année 1862, qui est la date où nous avons interrompu son histoire, et l'année 1868.

L'année 1863 s'ouvre par un second avertissement à l'*Opinion du midi*, qui a publé le 2 janvier, une lettre d'un abbé d'Alzon, « attendu que cette lettre est un appel au désordre et que sa publication constitue un danger pour la paix publique ». Troisième avertissement le 4 janvier au *Courrier du dimanche*, à cause d'un article sur la liste électorale du département de l'Eure, dont le but est de « discréditer l'application du suffrage universel ».

Le *Temps* n'avait point eu encore maille à partir avec le bureau de la presse; son tour vint, à l'occasion du discours prononcé le 7 janvier par l'Empereur à l'ouverture de la session : « L'analyse qu'en donne le *Temps*, en dénaturant le sens de ce discours et en calomniant la politique intérieure et extérieure de la France, cherche à jeter la déconsidération sur le gouvernement. » L'appréciation du discours impérial, à l'ouverture des Chambres, vaut aussi un avertissement à la *Revue nationale* et au *Journal de la Côte-d'Or*. Le bureau de la presse veille sur l'honneur des employés autant que sur celui du gouvernement. L'*Echo d'Oran* est averti, « parce qu'il travaille à déconsidérer par ses articles l'administration de l'Algérie ».

Le mois de février ne compte qu'un avertissement donné au *Phare de la Loire* pour ce délit si élastique d'excitation à la haine et au mépris du gouvernement. Les *communiqués*, en revanche, sont très nombreux; le plus important est celui que le gouvernement adresse aux journaux, comme commentaire de la note insérée le 7 février au *Moniteur*, sur la manière dont il leur est permis d'interpréter les débats du Corps législatif, commentaire qui ne fait qu'épaissir les ténèbres de cette question, qui a été, on peut le dire, le cauchemar de la presse jusqu'en 1869.

Le silence avait été complet, pendant dix ans, autour des délibérations du Corps législatif; un avertissement eût frappé sans pitié le journal qui aurait osé l'interrompre; le décret du 24 novembre ranima la vie publique, les débats de la Chambre reprirent de l'intérêt; la question de la libre appréciation des débats parlementaires, vint créer de nouveaux dangers pour les journaux. M. Bonjean, à l'occasion du sénatus-consulte qui allait modifier les conditions de la publicité législative, demanda qu'une disposition expresse suppléât au silence que gardaient la loi sur la presse et la Constitution, sur cette question si importante. M. Troplong s'y refusa, attendu que « la raison et la bonne foi disent ce qui est permis mieux que les définitions, ordinairement périlleuses ». La réponse n'était pas claire. Les journaux cherchèrent les éclaircissements auprès du gouvernement. « Appréciez tant que vous voudrez, mais ne rendez pas compte, la Constitution s'y oppose ». On n'obtenait que cela de lui, outes les fois qu'on l'interrogeait. Vainement les journaux revenaient-ils à la charge pour obtenir qu'on leur traçât la limite entre l'appréciation et le compte rendu, personne ne voulait se charger de fixer cette ligne de démarcation impossible. Le 7 février 1863, au début de la discussion de l'adresse, les journaux, par une recommandation officieuse et par une note officielle, avaient été, comme on l'a vu, rappelés au respect de l'article 42 de la Constitution. Ils n'avaient certes aucune envie d'y manquer, mais encore fallait-il qu'ils ne fussent pas exposés à y manquer involontairement. M. Picard se chargea encore une fois, dans l'intérêt des journaux, d'arracher au gouvernement la définition du compte rendu et de l'appréciation, et la différence qu'il établit entre eux. Le gouvernement refusa de répondre, sous prétexte qu'il s'agissait d'interpréter la Constitution, et cela ne regardait que le Sénat. M. Darimon essaya de voir si l'on serait plus heureux en s'adressant au Sénat. Il déposa donc le 10 février, une pétition qui se terminait ainsi : « Je supplie donc le Sénat de vouloir bien annuler comme inconstitutionnelle, la communication verbale faite aux journaux par M. le ministre de l'intérieur, à la date du 7 février 1863, et subsidiairement, afin qu'il ne reste plus le moindre doute, de vouloir bien, usant du droit d'initiative qui lui est reconnu par l'article 16 du décret du 28 décembre 1861, déterminer, en ce qui concerne le droit de discussion, le sens précis de l'article 42 de la constitution. » Une nouvelle note, en forme de communiqué, parut au *Moniteur* le 12 février : « La discussion et l'appréciation des discours prononcés dans les deux assemblées ont été permises, et, si quelques journaux ont été l'objet de communiqués, d'avertissements et de poursuites judiciaires, c'est que, sous la forme de discussion, ils étaient sortis des limites permises. » Ces limites, comment les reconnaître? où étaient-elles tracées? Personne ne pouvait le dire. Aussi les journaux déclarèrent-ils qu'ils s'abstiendraient de toute discussion. Les débats du Sénat n'éclaircirent rien. M. de La Guéronnière, en repoussant par l'ordre du jour, la pétition de M. Darimon, se contenta de déclarer que tous les précédents en établissaient de la façon la plus catégorique le sens exact, et que le communiqué du 12 février confirmait et consacrait ce principe, que le droit d'apprécier les débats était distinct de l'obligation d'insérer le compte rendu.

Le malheur de cette distinction et son danger étaient que le gouvernement restait seul juge de la question de savoir si elle était observée ; les journaux se trouvaient exposés à voir l'appréciation des débats transformée en compte rendu. Les journaux, malgré les difficultés de leur position, n'en continuaient pas moins à lutter laborieusement et obscurément pour mettre le droit d'appréciation à l'abri de toute contestation, et ils se flattaient d'y parvenir peu à peu, lorsque, le 1ᵉʳ février, cet extrait d'une note du *Moniteur* remit tout en question : « Le législateur a voulu, par l'article 42 de la Constitution et par les articles 14 et 16 du décret de 1852, substituer un compte rendu fidèle et impartial, aux comptes rendus critiques qui, dénaturant les paroles et la pensée des orateurs, ne compromettraient pas moins la dignité des personnes que celle des grands corps de l'Etat. » Les comptes rendus critiques n'étant que l'application du droit d'appréciation des débats, ce droit se trouvait rayé par la note du code de la presse.

L'*Echo d'Oran* fut frappé pour la seconde fois dans le mois de mars, en même temps que le *Courrier de l'Algérie* : le premier à cause de la publication d'une lettre au gouverneur de l'Algérie, « publication inconvenante, alors surtout que la lettre destinée à Son Excellence, ne lui avait pas été envoyée ; » le second, parce qu' « il enregistre les actes d'un prétendu comité de défense des intérêts algériens ». Avertissement à la *Gazette de France* pour un article dont l'auteur, « par un compte rendu infidèle du discours prononcé devant le Sénat, par Son Excellence le ministre sans portefeuille (affaires de Pologne), dénature la pensée du gouvernement ».

Pendant le mois d'avril, deuxième avertissement au *Journal des Débats* ; avertissement au *Journal des villes et des campagnes*, qui « tente d'égarer l'opinion publique en propageant de fausses nouvelles à l'appui de manœuvres électorales » ; à l'*Alsacien*, qui, « en publiant un article suivi de la formule *communiqué*, résiste ouvertement à l'autorité administrative et persiste à tromper le public en usurpant une formule réservée pour les communications officielles » ; au *Courrier d'Oran*, qui « se

Fig. 1. — Les journalistes officieux.

Granier de Cassagnac. Louis Veuillot.
Paul de Cassagnac. De Villemessant. Dr Véron.
Clément Duvernois. Paulin Limayrac. A. de La Guéronnière.

livre à des appréciations fausses, téméraires, de nature à ébranler le crédit et à jeter la perturbation dans les affaires »; à l'*Echo du Nord*, « pour excitation à la haine et au mépris du gouvernement ».

L'*Union de l'Ouest* reçoit le 2 mai un avertissement, attendu que ce journal « cherche à porter atteinte à la religion du serment ». La *Foi bretonne* est punie, le 6 mai, pour attaque à la sincérité des opérations électorales et tentative de jeter la déconsidération sur le pouvoir; la *France*, un journal fondé et rédigé par des sénateurs, est avertie, parce que, « en affectant (article du 16 mai) d'exprimer la pensée secrète du gouvernement, elle se donne journellement la mission d'en dénaturer et d'en travestir la politique dans les élections, de manière à égarer l'opinion publique ». La *France* « proteste et ne cessera de protester contre cette accusation avec une fermeté que rien ne pourra intimider ».

Deux seconds avertissements sont donnés à l'*Echo de l'Aveyron* et au *Siècle*. L'un, dit la sentence administrative, « en présentant la religion catholique et le souverain pontife comme en péril, a troublé les consciences et excité à la haine du gouvernement »; l'autre a porté atteinte à ses droits en demandant dans son article du 21 juillet « une sorte d'appel au peuple, sur une question de politique étrangère, dont la Constitution a remis la décision à l'Empereur ». Il s'agissait de la guerre en faveur de la Pologne, que le *Siècle* proposait de soumettre à un vote de la nation. Le *Siècle* avait déjà émis l'idée de vider par un plébiscite la question du pouvoir temporel du pape.

Le *Mémorial de l'Allier* et le *Sémaphore de Marseille* sont avertis pendant le mois d'août, le premier pour avoir publié des nouvelles « fausses et diffamatoires », le second des nouvelles « fausses ». Le deuxième avertissement donné à la *Gironde* est motivé sur « sa tendance à faire croire que la revue du 14 août avait été contremandée dans la crainte de manifestations contraires à la politique du gouvernement dans les affaires de Pologne ». La *Presse* du 9 septembre est frappée d'un avertissement destiné à apprendre à M. Émile de Girardin à ne plus « représenter la conduite des affaires extérieures, comme inquiétante pour le pays et compromettante pour le crédit public. » Second avertissement à la *Revue nationale* pour un article de M. Lanfrey « excitant à la haine et au mépris du gouvernement ».

Le gouvernement, non content des entraves apportées par la Constitution à la publicité des séances du Sénat et du Corps législatif, empêche les journaux d'informer leurs lecteurs, même de ce qui se passe dans les bureaux de cette dernière assemblée. Le *Moniteur* du 14 novembre contient cette note : « Plusieurs personnes ont cru pouvoir donner des détails plus ou moins exacts sur les séances des bureaux du Corps législatif. Il y a dans ce fait une contravention formelle à la loi, qui, dans aucun cas, n'autorise la publication de semblables comptes rendus. »

L'*Observateur de l'Aisne*, dans le courant de novembre, est frappé à cause de « ses attaques inconvenantes contre la majorité ». Deux avertissements successifs frappent le *Courrier de Saint-Etienne* et la *France*, attendu qu'il n'est pas permis de publier un compte rendu du Corps législatif autre que celui qui est autorisé par l'article 24 de la Constitution et le sénatus-consulte du 2 février 1861 ; la *Gazette du Midi*, accusée « d'attribuer au gouvernement un système prémédité de corruption électorale », est avertie le 30 novembre. L'*Impartial dauphinois*, le *Courrier de la Vienne et des Deux-Sèvres*, le *Courrier de Saint-Etienne* sont avertis dans le courant du mois de décembre ; le délit commis par eux est « l'offense au Corps législatif ».

Quatre journaux avaient été frappés de suspension pendant l'année 1863 : le *Journal de Rennes*, à cause d'un article « renfermant des allégations calomnieuses contre le gouvernement de l'Empereur, et qui attaque la foi due au serment électoral, dont il dénature le sens et la portée » ; le *Phare de la Loire*, comme coupable de quelques lignes « renfermant une insulte à la personne même de l'Empereur » ; le *Progrès de Lyon*, en raison d'un compte rendu illégal du Corps législatif ; le *Courrier du dimanche*, pour avoir « dénaturé à la fois les causes et les conséquences de l'emprunt voté par le Corps législatif ».

Le *Progrès de la Côte-d'Or* et l'*Écho d'Hyères* furent supprimés par les tribunaux.

L'année 1864 débute par un avertissement donné le 19 janvier à l'*Écho du Nord*, en raison d'un article « injurieux pour le Corps législatif et pour le gouvernement » ; un second et bientôt un troisième avertissement punissent la *Nation* pour « une appréciation inexacte d'un vote du Sénat et à cause des efforts qu'il ne cesse de faire pour exciter à la haine contre les agents chargés de l'exécution des lois ». Les avertissements se succèdent ensuite sans interruption ; ils tombent sur l'*Indépendant de la Charente*, qui, « dans un article relatif aux élections, excite à la haine et au mépris du gouvernement en le présentant comme un pouvoir sans frein et sans contrepoids » ; sur l'*Écho d'Oran*, qui « fait peser sur le gouvernement des accusations injustes » ; sur le *Temps* (second aver-

Fig. 2. — Les journalistes de l'opposition.

Charles Hugo.
Delescluze.
Henri Rochefort.   Aug. Vacquerie.
   Peyrat.   Nefftzer.   Havin.
     Prévost-Paradol.   Em. de Girardin.   Guéroult.

tissement), qui « excite les citoyens à la haine et au mépris du gouvernement » ; sur l'*Indépendant de Constantine*, qui « entretient l'inquiétude dans les esprits » ; sur la *Foi bretonne*, qui « attaque les articles organiques ».

L'*Opinion nationale* « ose dire, à propos de la politique du gouvernement dans la question polonaise, que la France est condamnée à l'impuissance, qu'elle a subi une humiliation imposée par les puissances étrangères, et qu'elle obéit aux doctrines de la paix à tout prix » ; cette feuille est avertie pour la seconde fois. Deux avertissements frappent le *Courrier de l'Algérie* presque coup sur coup. L'*Espérance du peuple*, accusant le gouvernement de suivre à l'égard de l'Italie « une politique dont le but est de tromper tous les partis », l'*Union de l'Ouest*, se plaignant que le gouvernement ait « mis sous le séquestre toutes les libertés », le *Journal de l'Aveyron*, présageant un cataclysme social, « conséquence de la politique impériale », sont avertis de modérer à l'avenir leur langage.

Un tel système de répression ne pouvait manquer de s'user avec rapidité. Un des hommes de l'Empire qui s'en était le plus servi, M. de Persigny, en convenait indirectement dans une lettre écrite par lui à M. de Girardin en réponse à l'envoi d'un de ses ouvrages, *Les droits de la Pensée*. « Cette question me préoccupe beaucoup, dit-il, et je me sentirais bien peu disposé aujourd'hui à maintenir le régime actuel. » Le gouvernement, frémissant de se voir attaqué sur ce terrain et par cet adversaire, chargea le *Constitutionnel* d'exprimer le mécontentement personnel de l'Empereur[1] au sujet de la lettre de M. de Persigny ; mais un coup dangereux n'en était pas moins porté à la législation sur la presse.

Les légitimistes, désireux de donner plus de force à la rédaction de leurs journaux de départements, chargèrent successivement MM. de Saint-Chéron, Vernay, et Léon Lavedan, collaborateur de l'*Ami de la religion* et ex-rédacteur en chef d'un journal supprimé, le *Moniteur du Loiret*, de leur adresser des correspondances politiques de Paris. M. Lavedan, en acceptant, déclara qu'il entendait rester étranger à l'envoi des lettres aux journaux, ainsi qu'aux divers soins matériels que cet envoi pourrait entraîner. M. Lavedan, en vertu de ces conditions, livra donc ses lettres à MM. de Saint-Chéron et Vernay. M. Finance de Clair-

---

1. Voici la note du journal officieux : « Nous savons que l'Empereur a exprimé à M. de Persigny son regret qu'il ait, sans consulter Sa Majesté, indiqué dans sa lettre à M. de Girardin le désir de voir des modifications s'introduire dans la législation qui régit la presse. »

bois se chargea de faire tirer un nombre de copies, égal à celui des journaux qui devaient recevoir la correspondance. Ils étaient au nombre de dix-huit ou vingt. Chaque lettre leur était expédiée sous enveloppe cachetée et en la forme ordinaire. Les uns la publiaient sous la signature de M. de Clairbois, les autres sous la signature de l'un de leurs rédacteurs, tantôt intégralement, tantôt avec des modifications. Aucune de ces lettres n'avait attiré sur les journaux ni poursuite ni avertissement. Un beau jour, pourtant, on ne sait trop pourquoi, le gouvernement s'en effraye et donne l'ordre de faire des perquisitions chez MM. Léon Lavedan, Saint-Chéron et Finance de Clairbois ; chez le premier, on saisit....., une invitation à dîner que lui adressait M. Berryer. Des perquisitions semblables eurent lieu dans les bureaux des journaux de départements reproduisant la correspondance Clairbois. Leur résultat fut l'envoi en police correctionnelle de MM. Léon Lavedan, Saint-Chéron et Finance de Clairbois, et leur condamnation, le 17 mars 1864, chacun à un mois de prison et 100 francs d'amende, pour avoir contrevenu à l'article 1er du décret du 17 février 1852 en publiant, sans autorisation du gouvernement, un écrit périodique traitant de matière politique [1].

M. Émile de Girardin, un peu trop porté à envisager le journalisme au point de vue de l'utilité qu'il peut avoir pour le gouvernement, sans se préoccuper des services qu'il doit rendre aux citoyens, convaincu d'ailleurs que, dans les pays libres, on ne lit les journaux que pour les annonces et pour les dépêches, avait à diverses reprises proposé à l'administration de fonder un journal à 18 francs, transporté gratuitement, et qui par son bon marché écraserait tous les journaux. Il appelait cela « un pont, pour passer de la rive de la presse centralisée, à la rive de la presse décentralisée et libre ». Le gouvernement avait repoussé l'offre, et retenu l'idée, et le 2 mai parut le *Moniteur du soir*, journal à un sou, donnant pour 5 centimes une feuille grevée de 6 centimes de timbre. Le gouvernement non seulement la fit vendre sur la voie publique, mais encore il chargea le maréchal Vaillant, ministre de la maison de l'Empe-

---

[1]. Ce jugement, déféré à la Cour d'appel, fut confirmé. Pourvoi en cassation de MM. Saint-Chéron et Clairbois. La Cour de cassation annule l'arrêt de la Cour de Paris, et pour être fait droit, renvoie devant la Cour de Rouen ; la Cour de Rouen, adoptant la jurisprudence de la Cour de Paris, confirme le jugement du Tribunal de la Seine qui a condamné MM. Saint-Chéron et Clairbois ; nouveau pourvoi en cassation. Cette fois, la Cour statue toutes les chambres réunies, et, après un long délibéré en la chambre du conseil, elle casse de nouveau l'arrêt de Rouen et renvoie devant la Cour d'Orléans, qui adopte les principes proclamés par la Cour de cassation : décision fort mal accueillie par le gouvernement, mais il dut s'incliner. La justice avait prononcé.

reur, de lui ouvrir les portes des théâtres, même de ceux qui avaient cédé par contrat le monopole de la vente des journaux dans leur salle.

La suspension pendant deux mois de l'*Union de l'Ouest* marqua le début de l'année 1865. La *Gazette du Midi* apprit ensuite à ses dépens qu'on ne conteste pas impunément au Conseil d'État « les pouvoirs que la Constitution lui confère sur le clergé en matière d'appel comme d'abus ». L'*Indépendant de la Charente-Inférieure* et le *Mémorial des Deux-Sèvres* commirent l'éternel délit d'excitation à la haine et au mépris du gouvernement : le premier, en se permettant de douter du succès de l'expédition du Mexique ; le second, en dénaturant les actes de l'autorité. Le *Journal des villes et des campagnes*, qui, en parlant de la récente discussion des affaires religieuses au Sénat, « transforme le sens du discours de M. Rouland », est averti pour la troisième fois. Le *Courrier du dimanche*, qui venait à peine de reparaître après une suspension de deux mois, est averti, parce qu'il « tourne en ridicule la politique de l'Empereur ». L'*Indépendant de l'Ouest* subit le même sort, pour avoir reproduit son article. Le *Monde* du 25 mars, qui, en rendant compte d'un entretien entre le saint-père et l'ambassadeur de France, « n'a eu pour but que de jeter le trouble dans les esprits », est puni d'un avertissement qui s'étend à l'*Union de l'Ouest*, coupable d'avoir donné asile dans ses colonnes, à la fatale confidence de son confrère. Le *Phare de la Loire*, qui a « jeté le trouble dans les esprits » en rapportant une conversation entre le pape et un diplomate français, reçoit un avertissement.

L'Impératrice-Régente, à la veille de quitter les rênes de l'Etat, fait, le 8 juin, la gracieuseté aux journaux de déclarer par un décret, que les avertissements qui leur ont été donnés jusqu'à ce jour doivent être considérés comme nuls et non avenus.

Aussitôt après cet acte libéral, les avertissements reprennent bientôt de plus belle. M. Guéroult, député de Paris et directeur de l'*Opinion nationale*, ayant eu à la tribune du Corps législatif une discussion vive sur les postes avec M. Vandal, directeur de cette administration et commissaire du gouvernement devant la Chambre, crut pouvoir publier dans son journal un article sur ce sujet. Le directeur de la presse se hâte de lancer un avertissement à l'*Opinion nationale*, qui « apprécie d'une façon injurieuse, les paroles prononcées devant le Corps législatif par un commissaire du gouvernement ». La *Gironde* reçoit presque en même temps deux avertissements, l'un pour un article sur la dotation de l'armée, l'autre pour deux articles « dans lesquels sont émises des assertions de nature à égarer l'opinion sur les actes du gouvernement ». L'*Indépendant de Constantine* « sème la haine et la discorde entre la population européenne et la population indigène ».

Le Conseil d'Etat était saisi d'une requête du *Courrier du dimanche*; il s'agissait de savoir si un journal pouvait être suspendu deux fois sans avoir reçu au moins deux avertissements, depuis la dernière suspension. Le Conseil résolut négativement la question le 14 août et cassa la décision du ministre de l'intérieur en date du 24 août précédent, portant peine de la suspension contre le *Courrier du dimanche*.

L'*Union* « qui persiste, malgré les explications données par l'administration au journal *le Siècle* sous forme de *communiqué*, à affirmer que les conseillers municipaux ne sont pas tenus à la prestation du serment »; la *Guyenne*, « qui signale les mesures prises par l'administration pour une inhumation, comme une violation des libertés de l'Église catholique », sont averties; l'*Avenir*, journal de la Pointe-à-Pitre, subit aussi un premier avertissement, pour s'être livré à « une polémique de mauvaise foi, et à un parti pris de dénigrement et de scandale », et un second pour des causes à peu près semblables. La *Gazette de France*, qui émet des doctrines dangereuses sur les conseils municipaux, et qui « s'est permis de faire suivre d'observations, l'avertissement reçu la veille », reçoit coup sur coup deux avertissements. Un article sur les élections municipales, « provoquant au mécontentement des populations, et excitant au mépris de l'autorité », vaut un avertissement à l'*Alsacien* et au *Journal de Rennes*.

M. Prévost-Paradol publie dans le *Courrier du dimanche* un article « offensant pour les magistrats chargés d'appliquer les lois »; ce journal est averti. M. Laurent Pichat attire la foudre administrative sur le *Phare de la Loire* par un éloquent article sur la mort de M. Amédée Jacques [1]. L'*Époque*, coupable d'avoir blâmé la décision disciplinaire appliquée aux étudiants ayant pris part au congrès de Liège, est rappelée au respect des arrêts du tribunal universitaire. Le congrès des étudiants devient aussi pour l'*Espérance du peuple* et pour la *Gazette du Midi*, qui avaient envisagé la question à un point de vue tout opposé à celui de l'*Époque*, la cause de deux avertissements.

---

1. M. Amédée Jacques, élève de l'École normale, professeur de philosophie dans un collège de Paris, rédacteur de la *Libre pensée*, démissionnaire pour refus de serment et proscrit du 2 décembre, venait de mourir à Buenos-Ayres.

L'*Europe* de Francfort et l'*Indépendance belge* cessèrent d'être reçues à la frontière.

L'année 1866 vit se terminer la lutte depuis si longtemps engagée entre le gouvernement et le *Courrier du dimanche*. M. de la Valette, ministre de l'intérieur, demanda tout simplement sa suppression à l'Empereur :

« Sire,

« Le journal *le Courrier du dimanche*, dans son numéro du 29 juillet, publie un article intitulé *Lettre au rédacteur*, qui contient notamment le passage suivant :

« La France est une dame de la cour, très-belle, aimée par les plus galants hommes, « qui s'enfuit pour aller vivre avec un palefrenier. Elle est dépouillée, battue, abêtie « un peu plus tous les jours; mais c'en est fait, elle y a pris goût et ne peut être « arrachée à cet indigne amant. »

. . . .

« Ce langage que j'ai voulu reproduire, pour le signaler non-seulement à Votre Majesté, mais au pays tout entier, est-il celui d'une appréciation loyale des affaires de l'État?. . . . .

« C'est à de tels signes que se révèle cette presse antidynastique, instrument d'un parti incorrigible, qui cherche dans la violence des attaques de vaines compensations à sa faiblesse et à son isolement. Or c'est contre de pareils organes de publicité que le législateur a armé le pouvoir.

« Le *Courrrier du dimanche* a, depuis son apparition, encouru huit avertissements, deux suspensions et une condamnation judiciaire pour excitation à la haine et au mépris du gouvernement. A côté de ces mesures sont intervenues des amnisties successives, qui auraient dû inspirer quelque modération et quelque convenance à la rédaction de cette feuille. Mais l'indulgence et la sévérité devaient être également impuissantes à contenir des passions et une hostilité qui poursuivaient un dessein prémédité.

« Le recours à un droit extrême s'impose donc au gouvernement, et je n'hésite pas à soumettre à la signature de Votre Majesté un décret qui prononce la suppression du *Courrier du dimanche*.

« J'ai l'honneur d'être, etc.

« *Le ministre de l'intérieur*.
« LA VALETTE. »

Ce rapport parut dans le *Moniteur* suivi d'un décret, daté de Vichy, le 2 août 1866 et supprimant le *Courrier du dimanche*.

Le bruit de la prochaine suppression du *Courrier du dimanche* courait depuis plusieurs jours. Le *Constitutionnel* crut devoir le démentir. Le décret de Vichy lui infligea un désaveu auquel il dut être d'autant plus sensible qu'il se piquait d'être bien informé [1].

Cette monotone série d'avertissements ne pouvait, quelque ennui qu'elle ait dû causer au lecteur, être négligée par l'histoire, sous peine de dissi-

---

1. Au point que, l'*Union* ayant dit en parlant de lui : « Cet organe si souvent désavoué, » le rédacteur en chef, M. Paulin Limayrac, lui offrit « 100 000 francs à distribuer aux pauvres de sa paroisse, si elle peut prouver que le *Constitutionnel* a été désavoué une seule fois. »

muler l'intervention tyrannique, minutieuse et tracassière du gouvernement impérial, l'espèce d'inquisition qu'il exerçait sur la presse politique. Ses amis eux-mêmes en étaient victimes. Il avait suffi à M. Clément Duvernois d'insinuer que le Corps législatif pourrait bien, pour hâter le retour des troupes du Mexique, diminuer le chiffre du contingent, pour attirer le 3 août 1866 un avertissement à la *Presse*, « une telle assertion ne pouvant être considérée que comme une injure pour une Chambre française ». M. de Girardin voulait l'Empire avec la liberté, mais le développement de ce programme créait à la propriété de la *Presse* des dangers tels, qu'il crut devoir abandonner la rédaction en chef.

La pensée publique, assiégée et bloquée pour ainsi dire, par le gouvernement, ne pouvait faire un pas au delà du rayon tracé par lui. Impossible de fonder un journal politique sans l'autorisation ministérielle [1]. MM. Émile Ollivier, Veuillot et Chassin se hasardèrent à la demander. M. Émile Ollivier reçut cette réponse du ministre de l'intérieur : « Vous « avez demandé l'autorisation de fonder un journal; j'ai dû examiner « votre demande en même temps qu'un grand nombre d'autres du même « genre, et je viens de décider que l'autorisation ne pourrait vous être « accordée. » La réponse à M. Veuillot est formulée en mercuriale : « Si vous aviez voulu consacrer votre grand talent à une œuvre de con- « ciliation au milieu des grands intérêts qui s'agitent en ce moment en « Europe, je n'aurais pas tardé à vous donner l'autorisation demandée ; « mais le gouvernement a cru devoir écarter de la discussion, dans l'intérêt « même de l'Église, tout ce qui pouvait répandre dans les esprits une « agitation stérile et troubler les consciences. »

Quant à M. Chassin, on ne lui répondit même pas.

M. L. Veuillot fut plus heureux l'année suivante, il put remercier dans le premier numéro de l'*Univers* le ministre de l'intérieur de la « bonne grâce extrême » avec laquelle il lui avait permis de publier une nouvelle feuille. Sa gratitude aurait dû surtout s'adresser à l'Impératrice, qui plaida chaleureusement sa cause dans le conseil des ministres.

Le régime dictatorial auquel la presse était soumise, avait pu lui enlever toutes les libertés, hormis celle de se plaindre et de réclamer ses droits.

---

1. Quelques journaux littéraires se lançaient de temps en temps sur la mer orageuse de la publicité, au risque de se briser sur l'écueil qui sépare les matières économiques et sociales. La *Libre pensée*, feuille hebdomadaire rédigée par MM. Dally, Eudes, Flourens, etc., parut en octobre 1866. L'année précédente avait vu la naissance de la *Morale indépendante*, avec H. Brisson, Massol, F. Morin, Ch. Renouvier et Vacherot pour rédacteurs. La *Revue des cours littéraires* fut fondée en 1863 par M. Germer Baillière.

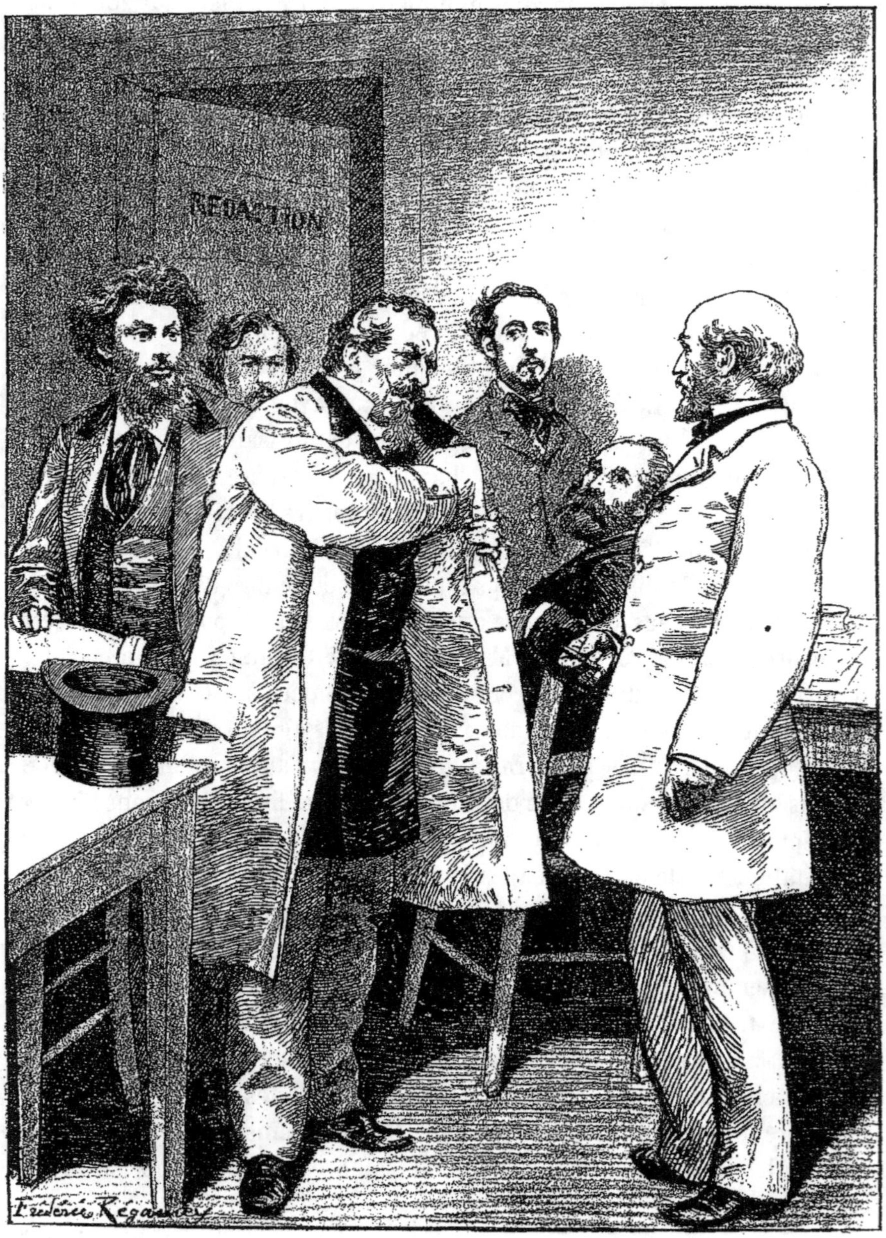

Fig. 3. — Visite de M. *Communiqué* dans les bureaux d'un journal de l'opposition.

Elle les revendiqua dès qu'elle put ouvrir la bouche, et le gouvernement, son maître tout-puissant, fut obligé de les discuter avec elle. C'était déjà les reconnaître en quelque sorte. « Qu'est-ce que la liberté d'écrire dans un journal ? » demandait un jour M. Rouher à la tribune, est-ce une liberté légitime, est-ce un droit réel ? » L'impossibilité de la supprimer attestait seule la légitimité de cette liberté, mieux que tous les raisonnements. La législation de 1852 était usée à ce point que M. E. Picard pouvait dire à M. Rouher : « Si vous ne voulez pas la voir finir, changez-la. »

Le gouvernement allait être obligé de suivre ce conseil ; résigné d'avance à supprimer l'autorisation préalable pour les journaux, il crut pouvoir se montrer plus généreux, dans le courant de l'année 1867, et soixante-sept nouvelles feuilles politiques reçurent la permission de paraître : vingt-neuf à Paris, trente-huit dans les départements. Mais toutes n'en usèrent pas ; à Paris, on vit naître ou se transformer seulement le *Journal de Paris*, le *Figaro*, l'*Intérêt public*, le *Journal des villes et campagnes*, le *Courrier français*, l'*Univers*, la *Situation*, en tout sept journaux ; qu'étaient devenues les vingt-deux autres autorisations ? les adversaires de la politique du 19 janvier avaient-ils raison de soutenir, que le pays se souciait médiocrement des libertés qu'on lui offrait ? Non ; mais les lois fiscales sur la presse, qui n'étaient au fond que des lois préventives contre la presse, exigeaient pour la fondation d'un journal des capitaux trop considérables pour qu'il fût aisé de les trouver.

La presse touchait-elle à la fin de la longue période pendant laquelle, soumise au régime administratif, elle n'était qu'un monopole aux mains de quelques propriétaires de journaux ? On en put douter jusqu'au vote de la loi de 1868, qui changeait complètement sa situation. Les alarmes des journalistes étaient vives. La loi fut même sur le point d'être repoussée. L'ancien parti bonapartiste, soutenu par l'Impératrice, lui faisait une opposition acharnée ; le gouvernement la défendait avec une mollesse voisine de l'hostilité. Deux ministres, MM. Pinard et Baroche, avaient pris la parole dans la discussion : M. Pinard soutint la loi tant bien que mal, M. Baroche mit en balance ses inconvénients et ceux de la loi ancienne, en laissant chacun, libre de choisir ; personne n'ignorait que M. Rouher agissait pendant ce temps-là auprès de l'Empereur pour obtenir le retrait de la loi ; Napoléon III paraissait hésitant ; il prit tout d'un coup une résolution inattendue. M. Rouher, qui ne désespérait pas du succès de ses démarches, fut désagréablement surpris de recevoir l'ordre de la soutenir le matin même du jour où l'on allait passer à la discussion des articles. Il engagea donc mélancoliquement la Chambre à voter une loi qu'elle n'avait pas plus désirée que lui; la majorité se résigna, et une certaine liberté de presse fut rétablie.

Le régime qui venait de succomber facilitait sans doute au gouvernement la surveillance des journaux; mais, à l'inconvénient de lui laisser la responsabilité de tout ce qu'on imprimait, il joignait celui de rendre la répression des délits de presse beaucoup plus difficile; si un avertissement donné dans certaines circonstances à un journal comptant, comme le *Siècle*, plus de cinquante mille abonnés, était déjà une mesure grave, que dire de sa suspension ou de sa suppression? Les actes répressifs contre les journaux offraient, en outre, dans certains cas, le danger de déceler la politique du gouvernement. L'avertissement oral, la menace secrète, moyens auxquels le pouvoir ne se faisait pas scrupule de recourir, ne produisaient pas toujours l'effet qu'il en attendait, et leur emploi n'était pas d'ailleurs toujours très facile. Prétendre cependant que les journaux ne faiblirent jamais devant ces moyens d'intimidation, serait une assertion téméraire; mais on peut dire cependant que, dans les grandes circonstances, ils n'hésitèrent point à exposer leur existence. Le *Siècle* par exemple fit vraiment preuve de courage en 1857, en plaçant, malgré l'avertissement officieux de l'administration, le nom du général Cavaignac en tête d'une liste de candidats sur laquelle figuraient MM. Carnot et Goudchaux. Cette initiative hardie donna le signal du réveil de l'opinion publique. Ce fut là un grand service rendu au pays par ce journal, qui, en faisant d'inévitables concessions de forme, resta ferme sur les principes, tant qu'il fut seul à tenir le drapeau du parti républicain, honorable et périlleuse mission que l'*Avenir national* vint plus tard partager avec lui. L'*Opinion nationale*, moins exposée que ces deux journaux par suite de son adhésion formelle à la dynastie, et non moins ardente qu'eux, dans sa lutte contre le clergé, avait eu, elle aussi, ses heures de péril. Le *Journal des Débats* et le *Courrier du dimanche* représentaient l'opinion libérale orléaniste. Le *Temps* était venu plus tard grossir les rangs de l'opposition libérale; quant aux journaux légitimistes l'*Union* et la *Gazette de France*, ils prirent part à la lutte des journaux de l'opposition contre l'empire, mais avec une ardeur intermittente, contenue et réglée par le Vatican.

La nouvelle législation sur la presse existait à peine depuis quelques mois, que M. Rouher demandait le retour à l'ancienne, tandis que M. de

Persigny en inventait une nouvelle pour « changer le ton général de la presse, lui ôter son caractère dangereux, et remplacer au profit de l'ordre public, le régime des avertissements [1]. » M. Rouher, presque à la même date [2], se plaint à l'Empereur « que le dévergondage de la presse jette un trouble profond dans les esprits ». Les amis de l'Empire « habitués aux traditions antérieures s'écrient : « On ne sent plus la main du gouvernement, il n'y a plus ni unité ni énergie dans l'administration. » Heureusement, les réformes du 19 janvier n'ont pas encore reçu, selon M. Rouher, leur consécration définitive; l'Empereur a voulu faire une expérience qui tourne contre lui; ses amis lui « demandent sous des formes diverses de revenir sur son programme ». Le moyen offert par un ami de l'Empire est très simple. Il suffit de « retirer la loi sur l'armée, d'annoncer un dégrèvement d'impôts et de dissoudre la Chambre. En réélisant les mêmes députés, les collèges auront condamné les réformes. » M. Rouher approuve cette politique, à condition de dire au suffrage universel : « Le journalisme et les passions ennemies tournent violemment toute liberté nouvelle contre la stabilité des institutions ; le pays est loyalement consulté sur la convenance de l'ajournement des réformes proposées le 19 janvier. » Les préfets se seraient chargés de la réponse à cette consultation.

L'Empire, qui avait supprimé la presse, avait cependant besoin des journaux non moins que tout autre gouvernement. L'Empereur avait commencé sa carrière politique dans le journalisme, et il conserva toute sa vie une grande confiance dans son efficacité. Il ne cessa pour ainsi dire jamais d'écrire dans les journaux. On a trouvé dans les *Papiers des Tuileries*, un assez grand nombre de canevas d'articles qui n'attendaient qu'un dernier coup de plume, pour passer à l'imprimerie. Un article sur l'Empereur paraît-il dans un journal, ce dernier n'eût-il pas plus d'importance que le *Nain jaune*, vite le ministre de l'intérieur le lui signale. Jamais souverain ne dépense autant d'argent pour les journaux et pour les journalistes. Le *Peuple* lui coûta plus d'un million. On voit figurer sur les comptes de la cassette particulière 50 000 francs donnés d'un seul coup à l'*Étincelle* et 2 000 francs par mois à un inconnu nommé Florian Pharaon, son rédacteur en chef. M. Granier de Cassagnac touche des sommes considérables sur la cassette, et réclame des augmentations pour le *Pays*. Une société de colportage reçoit 5 000 francs par mois. La presse étran-

---

1. Lettre à l'Empereur, Chamarade, le 15 décembre 1867.
2. Cercey, le 27 septembre 1867.

gère lui coûtait aussi des sommes considérables ; non content d'entretenir des journaux, il payait des faiseurs de brochures que personne ne lisait. Le *Constitutionnel* et le *Pays*, devenus la propriété du célèbre banquier Mirès et mis par lui à la disposition du gouvernement, en étaient les organes officieux. M. de La Guéronnière et un groupe de sénateurs avaient fondé plus tard la *France*. M. Dusautoy, tailleur de l'Empereur, ne tarda pas à fournir les fonds nécessaires à la création d'un autre journal impérialiste qui s'intitula l'*Époque*. Les idées de transformation de l'Empire commençaient à se faire jour. Le programme de l'*Époque*, rédigé par un transfuge de la presse démocratique, M. Clément Duvernois, dans un sens libéral, fut porté aux Tuileries, d'où il revint avec des annotations non moins libérales, de la main même de l'Empereur, qui, par l'intermédiaire de son aide de camp et écuyer, le général Fleury, devint en quelque sorte le directeur politique de l'*Epoque* ; M. Clément Duvernois se rendait tous les matins au Louvre pour prendre le mot d'ordre. Le général Fleury, très favorable à un changement dans le sens libéral, n'y mettait pour condition, que la présence au ministère de l'intérieur, au moment d'opérer la transition, d'un homme ayant « une main de fer », et naturellement il se croyait cet homme.

La conquête de M. Clément Duvernois ne suffisait pas à renouveler le personnel des journaux bonapartistes, usé jusqu'à la corde. M. Paulin Limayrac, fatigué de manier, depuis quinze ans, l'encensoir officieux, en qualité de rédacteur en chef du *Constitutionnel*, obtint comme une sorte de retraite, l'administration d'une préfecture de deuxième ou de troisième classe. La *France* annonça que M. Paulin Limayrac était promu à d'autres « fonctions administratives ». Ces mots firent rire ; M. Mirès n'avait-il pas pourtant déjà écrit : « J'ai acheté en 1852 le *Constitutionnel* sous les auspices de M. de Maupas et de M. Latour-Dumoulin, *pour être agréable au gouvernement*. Ce journal et le *Pays* sont restés fidèles à la politique impériale. Mon dévouement était si absolu qu'on sollicitait auprès du gouvernement, la rédaction en chef de mes propres journaux, *comme une place*. »

La popularité des journalistes sous les régimes antérieurs à l'Empire se formait avec une grande lenteur, suite inévitable de l'anonymat auquel ils étaient voués ; mais elle était solide et mesurée aux divers genres de talent. La signature, sous l'Empire, créa presque instantanément aux journalistes, une notoriété banale, image menteuse de la popularité, trompe-l'œil de la renommée. Les journalistes ne grandissaient pas devant l'opinion en proportion des difficultés qu'ils avaient à combattre. L'habileté, telle était, il est vrai, la qualité principale du journaliste sous l'Empire, et l'habileté ne frappe pas le public, en général, qui la confond avec la timidité. La persécution ouverte, le combat corps à corps, voilà ce qui rehausse les hommes : l'Empire ne persécutait pas, il ne luttait pas, il étouffait. Lorsque la liberté revint, lorsque de nouveaux journalistes, plus libres que leurs devanciers, eurent porté pour ainsi dire la discussion dans la rue, la foule ne rendit pas toujours justice aux journalistes dont tout le mérite, aux yeux de bien des gens, consistait à avoir vécu. L'ancienne presse, malgré cela, n'en eut pas moins le droit, en ouvrant ses rangs à la nouvelle, de lui dire : « J'ai fait mon devoir, faites le vôtre. »

Le gouvernement impérial, un des plus forts en apparence qui aient jamais existé, avait donc été obligé de se reconnaître impuissant à tenir la presse enchaînée. S'était-il fortifié pendant le silence forcé des journaux? Avait-il commis moins de fautes? Etait-il parvenu à dissimuler celles du Mexique et de Sadowa? Les fondateurs de l'Empire répondront à cette question; ceux-là mêmes qui avaient du sang des victimes du 2 décembre sur leurs mains, ne croyaient pas à la durée du gouvernement créé par eux. M. de Morny, le premier, l'ébranla doucement sous prétexte de préparer sa transformation. M. Walewski continua son œuvre. L'Empire existait à peine depuis dix ans, et ses rouages fonctionnaient mal; l'impérialisme déclinait d'une façon alarmante. « L'esprit d'indiscipline se répand dans le gouvernement », écrit M. de Persigny à l'Empereur en 1865; le ministre de l'intérieur constate que beaucoup de fonctionnaires ont trahi dans les élections; l'opposition a recruté plus de quatorze cent mille voix. L'Empire a perdu cinq mille de ses meilleurs maires qui n'ont pas été réélus. » Le même personnage reprend la plume deux ans après : « Sire, je n'ai plus le courage de me livrer à mes études, je n'ai plus la liberté d'esprit nécessaire... Sire, l'Empire croule de toutes parts... A quoi bon faire des plans d'amélioration pour une maison qui brûle?... » Les rapports de M. Piétri servent de commentaire à ces lettres, dont ils portent presque la date : « Partout c'est un débordement d'amères critiques, de défiances injustes, d'appréciations inquiètes. Les classes dirigeantes font à l'Empereur une guerre acharnée... le ressort de l'autorité est affaibli... la calomnie s'attaque à tout. » Il faudrait des hommes pour arrêter la décadence. Des hommes, il n'y en a pas. On a lu dans le précédent volume le rapport de M. Rouher sur le personnel des hommes « possibles » comme ministres, et il n'en trouve pas un seul à recommander. L'Empire n'a plus que lui, l'homme du Mexique, l'homme des trois tronçons, l'homme de Mentana.

La presse n'avait contribué en rien à la situation déplorable de l'Empire, et elle ne devait pas y contribuer davantage. Quel usage ferait-elle de sa liberté, maintenant qu'elle venait de la conquérir? L'opinion publique lui était revenue. Une occasion unique s'offrait à elle de triompher des préjugés, de se faire accepter par l'opinion, d'entrer dans les mœurs comme elle y est entrée en Angleterre. Elle ne l'a pas saisie; à côté des journaux les plus avancés, mais qui s'adressaient encore à des lecteurs politiques, la loi nouvelle permit la création de feuilles, uniquement disposées à exploiter les passions et l'ignorance populaire; on peut leur reprocher d'avoir abusé de la liberté, d'avoir effrayé une certaine classe de la société, d'avoir ravivé ses préjugés à demi effacés à l'endroit de la presse, et rendu possibles de nouveaux attentats contre elle; mais enfin ces feuilles n'ont pas détruit l'Empire en deux ans.

Le parti bonapartiste est celui qui montra le plus d'empressement à profiter de la nouvelle loi : la *Situation*, l'*Étendard*, le *Public*, le *Parlement*, le *Peuple* parurent à peu de distance l'un de l'autre; les journaux, organes de divers personnages de la cour, firent du bruit autour du gouvernement et n'ajoutèrent rien à sa force.

Le journal paru le premier depuis la nouvelle loi fut un organe de la gauche, l'*Électeur libre*, dirigé par M. Ernest Picard. Le député de l'Hérault, convaincu depuis longtemps que l'opposition puiserait une nouvelle force dans la création d'un journal, et que le journal lui-même pouvait compter sur un succès certain, pressait MM. Jules Favre et Hénon de s'associer à son projet; beaucoup moins confiants que lui dans le résultat matériel de l'entreprise, et craignant en outre qu'un journal ne leur fût un embarras plutôt qu'un appui, dans l'exercice du mandat de député, mais ne voulant pas néanmoins lui refuser leur concours, ils l'autorisèrent à mettre leurs noms à côté du sien en tête du premier numéro de l'*Électeur libre*, le 25 juin 1868.

La *Marseillaise*, le *Rappel* ne tardèrent pas à voir le jour. Ces journaux formèrent, avec le *Réveil*, leur aîné, la trinité des journaux « irréconciliables » et qui, sans l'être plus que l'*Avenir national* et le *Siècle*, l'étaient d'une façon plus bruyante. Les journaux irréconciliables représentaient trois personnalités d'inégale importance : MM. Charles

Fig. 4. — L'Empereur fonde le journal l'*Epoque*, avec le concours de son tailleur M. Dusautoy et de M. Clément Duvernois.

Delescluze, Henri de Rochefort et Victor Hugo. Le premier, écrivain passionné, d'une âcreté d'humeur surexcitée par les prisons et par l'exil, ne comptait à vrai dire que sur lui-même, soit qu'il ne souffrît pas volontiers des collaborateurs autour de lui, soit que les collaborateurs ne pussent s'y souffrir longtemps eux-mêmes. M. Henri de Rochefort, devenu fameux par le succès de la *Lanterne*, avait groupé dans la rédaction de la *Marseillaise* un certain nombre de jeunes gens, dont toutes les notions politiques consistaient à comprendre que la prison grandit les plus petits hommes, que le meilleur des articles est celui qui fait obtenir le plus de condamnations, et qui s'y exposaient sans craintes, en gens obligés d'ailleurs de remplacer par les témérités de leur polémique politique, les scandales mondains qui faisaient la fortune des journaux réactionnaires. Le *Rappel*, supérieur de beaucoup au *Réveil* et à la *Marseillaise*, arborait le nom de Victor Hugo, non comme celui d'un rédacteur en chef, mais comme un programme et un drapeau. L'auteur des *Châtiments* prêtait au *Rappel* le talent de ses fils, de deux de ses amis les plus dévoués et le patronage de sa grande renommée.

Le succès de ces journaux, surtout du *Rappel* et de la *Marseillaise*, fut tout de suite très grand, principalement à Paris. N'ayant que très peu d'abonnés, faits pour la vente dans les rues, ils s'adressaient à un public plus passionné qu'instruit, plus ardent qu'habitué à la discussion sérieuse; aussi avaient-ils emprunté aux journaux comme le *Figaro* et le *Gaulois* la coupe du journal et la forme des articles. Le gouvernement avait beau les poursuivre, les traquer, les chasser de la rue, ils pénétraient dans les maisons et se distribuaient partout en contrebande. Le bourgeois les achetait presque autant que l'homme du peuple, ils l'amusaient et l'agaçaient à la fois, ils servaient sa haine contre l'Empire, et en même temps ils lui faisaient peur, la *Marseillaise* principalement, qui, dans l'ardeur de son socialisme, alla jusqu'à profiter du 8 janvier, date où se payent les loyers au-dessous de 300 francs, pour exhorter ses lecteurs à ne pas s'acquitter envers leurs propriétaires.

L'ancienne presse de l'opposition, délivrée de l'arbitraire administratif, montra tout de suite une vigueur dont on s'aperçut à la façon dont fut menée l'affaire de la souscription Baudin par MM. A. Peyrat et Delescluze. Le gouvernement de son côté redoubla de sévérité dans la répression, et ce n'est pas peu dire quand on songe que l'année précédente, c'est-à-dire un an avant la nouvelle loi, M. E. de Girardin avait subi une condamnation motivée simplement sur ce que « dans toutes les questions qu'il touche, il affirme les fautes commises sans avoir recours à une discussion ». Le tribunal par la même raison aurait pu condamner un écrivain critiquant un livre pour n'avoir pas exposé les raisons qu'aurait l'auteur de le trouver excellent. Les poursuites contre la presse, ordonnées en 1868, ne reposaient pas sur des motifs beaucoup plus plausibles; la situation des journaux restait donc assez difficile sous la loi nouvelle, mais ces difficultés n'empêchèrent pas des feuilles, en assez grand nombre, de se fonder dans les départements. Les journaux démocratiques la *Gironde*, le *Phare de la Loire*, le *Progrès de Lyon*, le *Journal du Havre*, le *Courrier de la Gironde*, le *Sémaphore de Marseille*, ces deux derniers de nuance orléaniste, eurent des auxiliaires et des émules.

Si la loi de 1852 avait péremptoirement démontré que le silence de la presse n'empêche pas un gouvernement de s'affaiblir, la loi de 1868, qui replaçait les journaux sous la juridiction des tribunaux correctionnels, prouva, d'une façon aussi claire, leur impuissance à réprimer les délits de presse. Nul gouvernement n'eut certainement des parquets et des tribunaux plus dévoués que l'Empire, et pourtant M. Rouher était obligé de répondre à l'Empereur, qui se plaignait de leur mollesse : « Compter sur une répression de la presse par la justice est une pure illusion. »

L'*Électeur libre* fut le premier des journaux parus depuis la loi nouvelle, à éprouver sa rigueur. Une condamnation à 10 000 francs d'amende vint le frapper; d'autres condamnations furent prononcées contre le *Peuple* de Marseille, contre le *Courrier de Lyon*. Interdiction de la voie publique à l'*Union libérale* de Tours, suppression du *Courrier français*, tel fut le bilan du seul mois de juillet 1868, sans compter la suppression du *Hanneton*, coupable « d'avoir traité de matières politiques dans un article intitulé : *Qué que ça me fait?* »

Le mois de septembre 1868 fut signalé par la première application du fameux article 11 de la loi sur la presse, relatif à la divulgation d'un fait de la vie privée. L'*Union libérale* de Tours s'était permis d'annoncer (chose vraie d'ailleurs) qu'un lieutenant de gendarmerie, nommé Latruffe, allait donner sa démission pour fonder un journal. Le lieutenant Latruffe porta plainte au parquet de Loches, et fit condamner l'*Union libérale* par le tribunal de cette ville.

La *Décentralisation*, journal légitimiste de Lyon, eut l'idée de réunir en congrès les journaux des départements partageant son opinion. Ils répondirent avec empressement à son appel. Le congrès se réunit à la fin de septembre 1869 dans les bureaux de la *Décentralisation* pour s'occuper des questions « les plus pressantes pour notre temps et pour notre pays », c'est-à-dire l'abolition de la loi de sûreté générale, la réforme de l'article 75, l'application du principe électif à la nomination des maires, la réforme du mode de formation des assemblées départementales, l'extension de leurs attributions, la création d'une commission permanente élue par le conseil général, pour veiller à l'exécution de ses décisions et pour servir de conseil au préfet, la réunion périodique pour délibérer sur des sujets d'intérêt commun, de plusieurs conseils généraux groupés dans cette intention par grandes divisions territoriales analogues à nos divisions universitaires, judiciaires et militaires. Toutes ces questions furent résolues par le congrès dans le sens le plus libéral, car, après le maintien du pouvoir temporel, ce que la presse légitimiste avait alors le plus à cœur, c'était le développement des libertés communales et départementales.

Le sénatus-consulte, interdisant la discussion de la Constitution, créait pour la presse, une nouvelle cause de périls à laquelle il lui était bien difficile d'échapper. La première publication qui en fit l'épreuve fut non pas un journal, mais une revue nullement hostile au gouvernement, la *Revue contemporaine*. Le jugement qui la condamna, le 7 avril 1869, à 600 francs d'amende, rappelait, dans un de ses considérants, que la Constitution ne peut être discutée par aucun autre pouvoir public que le Sénat, procédant avec les formalités déterminées. La *Revue contemporaine* n'aurait pas eu grand'peine à prouver par les discours de M. Thiers et de M. de Maupas qu'on pouvait fort bien se passer de ces formalités.

La législation de l'Empire avait singulièrement favorisé le développement de la presse littéraire. S'il était facile de supprimer les journaux littéraires, grâce au délit dont il était si commode et si élastique de les accuser, c'est-à-dire de traiter de matières politiques sans autorisation, il dépendait du journal supprimé de revivre sous un autre titre : *la Rive gauche* supprimée avait eu *Candide* pour son successeur ; malheureusement les rédacteurs de cette feuille s'étaient contentés d'emprunter un titre à Voltaire, en lui laissant sa verve mordante et légère. Rien d'ailleurs en général de plus prétentieusement guindé, et sentant moins la jeunesse, que ces journaux, rédigés par des jeunes gens. L'*Art* remplaça *Candide*, et le 23 juin 1868 le ministère public, à l'accusation ordinaire d'avoir publié un écrit traitant de matières politiques et d'économie politique sans déclaration préalable, et sans cautionnement, ajouta l'accusation supplémentaire d'excitation à la haine des citoyens les uns contre les autres. Les accusés, parmi lesquels figurait M. Cluseret [1], ayant fait défaut, le tribunal n'en prescrivit pas moins l'exécution provisoire du jugement qui ordonnait la suppression. Le *Père Duchesne*, rappelé à la lumière par MM. Maroteau et Humbert [2], continua l'*Art* et fut supprimé comme lui le 8 décembre 1869, toujours pour avoir traité de matières politiques sans cautionnement. Aucun de ces journaux littéraires ne venait au monde viable, et il en naissait tous les jours de nouveaux. Le *Faubourg*, la *Misère*, le *Misérable*, le *Jocko*, le *Gueux*, le *Rrrrann*, le *Sans-Culotte*, la *Rue*, ne firent que paraître et disparaître [3].

La presse bonapartiste était en proie à des dissensions secrètes depuis l'avènement du ministère Ollivier et le plébiscite. Les membres libéraux du cabinet se plaignaient d'être l'objet d'attaques incessantes dans les correspondances officieuses envoyées aux journaux des départements, et de n'avoir des défenseurs sincères, que dans les journaux qui, comme le *Journal des Débats*, s'étaient ralliés dès l'origine au cabinet Ollivier, plutôt par fidélité aux idées libérales, que par dévouement à l'Empire. Les rédacteurs du *Journal des Débats*, liés par les souvenirs du passé, en défendant le gouvernement, s'efforçaient de séparer leurs personnes de leurs articles, et d'empêcher qu'on les prît pour des amis personnels de l'Empereur, quand ils n'étaient que les défenseurs désintéressés du régime parlementaire; aussi la surprise fut-elle grande, quand on apprit que M. Prévost-Paradol acceptait le poste de ministre à Washington. M. Prévost-Paradol s'était fait remarquer entre tous les journalistes de l'opposition, par un genre particulier d'hostilité contre l'Empire; ses articles joignant aux ironies, aux malices, aux allusions chères aux salons, l'attaque directe à la personne du chef de l'État, lui avaient ouvert les portes de l'Académie; critique méprisant des institutions de l'Empire,

---

1. Général de la Commune.
2. Condamnés pour participation aux actes de la Commune.
3. La *Lanterne* avait donné naissance à plusieurs pamphlets du même genre ; un seul, *la Cloche* *, paru dix jours après le pamphlet de M. de Rochefort, réalisa ce difficile problème d'être presque aussi agressive qu'elle sans trop s'exposer à des procès. La *Lanterne* était devenue la *Marseillaise;* la *Cloche* se transforma aussi plus tard en journal quotidien en gardant son nom.

* Par Louis Ulbach.

persifleur dédaigneux et outrageant des hommes de ce régime, M. Prévost-Paradol, précurseur de M. de Rochefort, avait écrit en quelque sorte les premières *Lanternes* dans le *Courrier du dimanche*. L'article qui fit supprimer ce journal était de lui; après avoir comparé la France à « une dame de la cour, très belle, aimée des plus galants hommes, et qui s'enfuit pour aller vivre avec un palefrenier, » il ajoutait : « Elle est dépouillée, battue, abêtie un peu plus tous les jours; mais c'en est fait, elle y a pris goût et ne peut être arrachée à cet indigne amant. » Traiter Napoléon III de « palefrenier » et le saluer quelques années plus tard du titre de « souverain auguste », il y avait là quelque chose d'incorrect, dont les journaux républicains parlèrent avec amertume et qu'ils signalèrent comme une défection; les amis de M. Prévost-Paradol répondirent, pour l'excuser, que ses idées ayant triomphé par l'avènement de l'Empire libéral, il lui était permis de s'associer à leur victoire par sa reconnaissance envers celui qui l'avait assurée. Lors même que la retraite de M. Buffet et de M. Daru du ministère n'eût pas prouvé combien la victoire du libéralisme était incertaine, il semblerait que M. Prévost-Paradol, après avoir souscrit au monument en l'honneur de Baudin et comparé ce représentant du peuple au chevalier d'Assas, ne fût plus libre de se faire le représentant de l'homme parvenu au trône par le crime de Décembre; M. Prévost-Paradol était quelqu'un, il céda à la tentation si commune en France d'être quelque chose, il se laissa aller à un acte dont sa conscience réveillée par l'éloignement et par la guerre lui dit le vrai mot, et que sa mort lui a fait pardonner [1].

Le nombre des journaux républicains augmentait chaque jour dans les départements. Pas de grande ville qui n'eût le sien flanqué de deux ou trois journaux littéraires gravitant dans son orbite. La lutte entre la presse et le gouvernement devenait de plus en plus ardente. La *Marseillaise*, le 12 janvier, ouvrit une souscription pour l'érection d'un monument à Victor Noir, dont la mort, que nous raconterons dans le chapitre suivant, eut de si funestes conséquences pour l'Empire; d'autres journaux en proposèrent une au profit de M. de Rochefort, « privé de son traitement de député et mis dans l'impossibilité de se livrer à aucun travail productif ». Un ancien représentant de 1848, M. Gambon, adressa en même temps aux journaux, une circulaire reproduite par la *Démocratie* seule, dans laquelle il exhortait les électeurs de la pre-

---

[1]. M. Prévost-Paradol se tua à Washington d'un coup de pistolet.

mière circonscription de Paris, privés de leur député, à refuser l'impôt.

Les tribunaux répondaient au redoublement de vivacité des journaux dans la polémique, par un redoublement de sévérité dans la répression ; le 22 janvier, une condamnation frappa le rédacteur en chef et un des rédacteurs de la *Marseillaise*, à six mois de prison et 3 000 francs d'amende. Les mois de février, mars, avril, mai ne furent pas moins féconds en procès que le premier mois de l'année. La *Réforme* en compte sept. Tous les rédacteurs de la *Marseillaise* sont emprisonnés ; le journal lui-même est suspendu pour deux mois. Le *Combat* est saisi dès son premier numéro. La prison de Sainte-Pélagie est pleine de journalistes, qui se plaignent de ce que toute communication avec leur journal leur est interdite. « Jamais, disent-ils, ni sous Louis-Philippe, ni sous la dictature de Décembre, il n'avait été défendu aux journalistes emprisonnés de gagner leur vie avec leur plume. Cette rigueur monstrueuse est de l'invention des geôliers de la préfecture de police, sous l'Empire libéral ! »

Lorsque les choses en sont venues à ce point entre le gouvernement et la presse, que la discussion dégénère en provocation, et que la répression se transforme en représailles, il arrive presque toujours que la presse se fortifie dans le combat, tandis que le gouvernement s'use, quelque fort qu'il soit ; les journaux d'ailleurs n'arrivent au degré de violence, qu'on leur vit montrer à la fin de l'Empire, que lorsque la situation politique du pays les y pousse. L'Empire saisi corps à corps par la presse, avait besoin, pour se soustraire à ses étreintes, du concours moral de la nation ou de l'impuissance du gouvernement ; changer la situation par un coup d'État qui lui rendît sa force, ou par une guerre qui lui créât un prestige nouveau, c'est entre deux tentatives également hasardeuses que l'Empereur était obligé de choisir.

CHAPITRE II

MEURTRE DE VICTOR NOIR

Sommaire. — M. Haussmann est relevé de ses fonctions. — Les partis devant le nouveau ministère. — Duel proposé par le prince Pierre Bonaparte à M. de Rochefort. — Les deux témoins de M. Paschal Grousset chez le prince Pierre Bonaparte. — Le prince Pierre Bonaparte fait feu sur M. Victor Noir. — Indignation causée par ce meurtre dans Paris. — Note de la *Marseillaise*. — Saisie de ce journal. — Attitude menaçante de l'opinion publique. — On invite le peuple à se rendre au convoi. — Funérailles de Victor Noir. — Harangue de M. de Rochefort. — Tentative pour diriger le convoi vers le Père-Lachaise. — Les citoyens s'attellent au corbillard qui entre dans le cimetière de Neuilly. — Précautions prises par le gouvernement. — Tumulte dans le quartier Saint-Denis. — Condamnation de M. de Rochefort. — Interdiction de la réunion publique du Cirque. — Mort du duc de Broglie. — Arrestation de M. de Rochefort. — Appel aux armes. — M. Flourens à Belleville. — Protestation des rédacteurs de la *Marseillaise*. — Arrestation des rédacteurs de ce journal. — La ligue de l'Ordre. — Le coup de pistolet de Mégy. — Procès du prince Pierre Bonaparte devant la Haute Cour. — Récit de l'accusé. — Audition des témoins. — Incident Paschal Grousset. — Déposition des médecins. — Dépositions des témoins à décharge. — Troubles à l'École de médecine. — Bouquet offert à M. Gambetta par la jeunesse parisienne. — Grève du Creuzot. — Souscription en faveur des grévistes du Creuzot. — Arrestation de Beaury. — La police connaissait d'avance le complot. — Arrestations à Paris et dans les départements.

Les décrets de nomination des nouveaux ministres parurent le 4 janvier au *Journal officiel*. M. Haussmann ayant opposé un refus absolu à toutes les instances pour l'engager à donner sa démission, l'Empereur, n'osant pas le destituer, le déclara « relevé de ses fonctions ». M. Chevreau, préfet de Lyon, fut nommé à sa place.

Un décret fit grâce aux mineurs compromis dans les troubles d'Aubin. Le droit de vente sur la voie publique fut restitué au *Réveil*, au *Rappel* et à la *Marseillaise;* on cita quelques notabilités orléanistes et légitimistes qui allaient être appelées dans de grandes commissions formées par M. E. Ollivier, pour étudier diverses questions importantes ; mais les partis, malgré ces concessions, ne se montraient guère empressés à désarmer devant l'Empire libéral. M. de Falloux venait de lutter, à chances presque égales, avec le candidat officiel dans le département de Maine-et-Loire ; les difficultés commençaient à surgir devant le nouveau cabinet, lorsqu'un événement imprévu vint les accroître.

La *Revanche*, journal démocratique récemment fondé à Bastia, avait publié un article virulent sur le premier Bonaparte. Le prince Pierre-Napoléon Bonaparte, l'un des fils de Lucien Bonaparte, répondit dans l'*Avenir de la Corse* à cet article, sur un ton encore plus virulent [1].

La *Marseillaise* ayant pris fait et cause pour les rédacteurs de la *Revanche*, et le prince Pierre-Napoléon Bonaparte ayant adressé une provocation, conçue en termes très violents, à M. Henri de Rochefort, ce dernier lui avait envoyé ses témoins. M. Paschal Grousset, correspondant de la *Revanche* à Paris, avait déjà prié de son côté deux de ses amis, MM. Victor Noir et Ulric de Fonvielle, de se rendre chez le prince Pierre-Napoléon Bonaparte, pour lui demander raison de ses injures et de ses menaces contre les rédacteurs du journal dont il était le représentant.

MM. Ulric de Fonvielle et Victor Noir se rendirent le 10 janvier chez le prince Pierre-Napoléon Bonaparte à Auteuil : ils remirent leurs cartes à deux domestiques ; on les fit monter au premier étage. Une porte s'ouvrit, et le maître de la maison s'étant présenté : « Monsieur, lui dit M. Ulric de Fonvielle, nous venons de la part de M. Paschal Grousset vous remettre cette lettre. »

Le prince Bonaparte, après l'avoir parcourue, répondit : « J'ai provoqué M. Rochefort parce qu'il est le porte-drapeau de la *crapule*.

---

1. « Pour quelques lâches Judas traîtres à leur pays, et que leurs propres parents eussent autrefois jetés à la mer dans un sac ; pour deux ou trois nullités, irritées d'avoir inutilement sollicité des places, que de vaillants soldats, d'adroits chasseurs, de hardis marins, de laborieux agriculteurs, la Corse ne compte-t-elle pas, qui abominent les sacrilèges et qui leur eussent déjà mis *le stentine per le porreie*, les tripes aux champs, si on ne les avait retenus. »

Quant à M. Grousset, je n'ai rien à vous répondre. Est-ce que vous êtes solidaires de ces *charognes ?* »

M. de Fonvielle reprit :

— Monsieur, nous venons chez vous loyalement, remplir le mandat que nous a confié notre ami.

— Êtes-vous solidaires de ces misérables?

— Nous sommes solidaires de nos amis.

M. Victor Noir venait à peine de prononcer ces mots que le prince Pierre lui lance un soufflet et, tirant un revolver de sa poche, fait feu sur lui à bout portant. Pendant que le blessé sort pour appeler du secours, le prince Pierre Bonaparte s'avance, le canon haut, sur M. de Fonvielle, qui, lui aussi, porteur d'un revolver, reçoit, en essayant de le tirer de son étui, un coup de feu qui traverse son paletot. Il bat aussitôt en retraite en criant : « A l'assassin ! » Arrivé dans la rue sain et sauf, il y trouve M. Victor Noir expirant [1].

La nouvelle de l'événement se répandit dans la soirée dans Paris, où elle produisit une indignation générale. Le prince Pierre Bonaparte passait pour un caractère violent et emporté [2]. On se répétait sa réponse à l'Empereur, qui refusait de le mettre dans les affaires : « Soit, j'ouvrirai une salle d'escrime ! Pierre Bonaparte maître d'armes ! puisque je ne suis bon qu'à cela. » Les voies de fait auxquelles il s'était livré contre un de ses collègues de l'Assemblée nationale, beaucoup plus âgé que

[1]. Telle est la version de M. Ulric de Fonvielle devant la justice. Le prince Pierre-Napoléon Bonaparte a soutenu de son côté que MM. Ulric de Fonvielle et Victor Noir s'étaient présentés d'un air menaçant, et qu'il n'avait fait usage de ses armes qu'après avoir été frappé au visage par ce dernier.

[2]. Brouillé de bonne heure avec son père Lucien, des faits trop longs à rapporter, et à la suite desquels il avait subi des procès, l'avaient fait bannir par sa famille en Amérique. Quittant ce pays, il était venu à Londres chez sa sœur, dont la correspondance le fera mieux connaître : « Mon cher oncle, écrivez à mon père, et employez votre bonté et votre volonté, ainsi que mon père, pour décider Pierre à faire quelque chose de raisonnable ; ses discours sont d'un enfant de trois ans... J'écris à mon père, et je voudrais qu'il songe que, si c'est plus agréable pour lui de ne pas voir Pierre, c'est risquer quelque catastrophe. Vous aussi, mon oncle, soyez un père pour ce malheureux. Le laisser à Londres sans conseils avec sa tête, seul, sans argent ! ce n'est pas un caractère comme Antoine. Encore dernièrement en Amérique, il a été devant les juges pour un chien qu'il a tué d'un coup de couteau. Il est toujours armé, et dans ce pays il n'est plus en Italie... Lorsque je parle raison à Pierre, il me répond : « Ma famille ne m'aime pas, et je n'ai pas d'avenir. Par mon séjour à Londres je vous gêne ; ce que j'ai de mieux à faire, c'est de risquer ma vie pour me venger. » Ensuite, il n'a pas le moindre remords des malheureuses histoires de sa vie. Il les trouve belles, justes et grandes. Il n'a pas le moindre remords d'avoir tué des hommes. Il dit que ce sont de grands coquins qu'il a bien fait de tuer et que, s'il ne l'avait pas fait, il aurait été assassiné lui-même. » (Lettres de Christine Dudley Stuart à son oncle le roi Joseph. *Papiers sauvés des Tuileries*, par Robert Halt. Dentu, éditeur.)

lui, officier de la légion étrangère, la façon dont il avait quitté le siège de Zaatcha sans permission de ses chefs, l'avaient brouillé avec l'opinion publique. Aucun membre de sa famille n'offrait une plus large surface aux coups de la presse.

Le ministère s'était empressé, dès le 10 au soir, d'adresser cette note aux journaux :

« Monsieur le rédacteur,

« Je vous prie de vouloir bien insérer dans votre numéro de demain matin la note suivante :

« Aussitôt que M. le garde des sceaux a appris le fait qui s'est passé à Auteuil, il a ordonné l'arrestation immédiate de M. Pierre Bonaparte. L'Empereur a approuvé cette décision; l'instruction est déjà commencée.

« Veuillez agréer, monsieur le rédacteur, l'assurance de ma considération distinguée.

« *Le Chef du cabinet,*
« Adelon. »

Le numéro de la *Marseillaise* du 11 janvier parut encadré de noir, avec ces lignes imprimées en gros caractères en tête de sa première colonne :

ASSASSINAT COMMIS PAR LE PRINCE PIERRE-NAPOLÉON BONAPARTE
SUR LE CITOYEN VICTOR NOIR

TENTATIVE D'ASSASSINAT COMMISE PAR LE PRINCE PIERRE-NAPOLÉON BONAPARTE
SUR LE CITOYEN ULRIC DE FONVIELLE

« J'ai eu la faiblesse de croire qu'un Bonaparte pouvait être autre chose qu'un assassin !

« J'ai osé m'imaginer qu'un duel loyal était possible dans cette famille, où le meurtre et le guet-apens sont de tradition et d'usage.

« Notre collaborateur Paschal Grousset a partagé mon erreur, et aujourd'hui nous pleurons notre pauvre et cher ami Victor Noir, assassiné par le bandit Pierre-Napoléon Bonaparte.

« Voilà dix-huit ans que la France est entre les mains ensanglantées de ces coupe-jarrets, qui, non contents de mitrailler les républicains dans les rues, les attirent dans des pièges immondes pour les égorger à domicile.

« Peuple français, est-ce que décidément tu ne trouves pas qu'en voilà assez ?

« Henri Rochefort. »

La *Marseillaise,* dans son langage violent et hardi, rendait le gouvernement solidaire et responsable de la mort de Victor Noir; le journal fut saisi, mais pas assez vite pour l'empêcher de se répandre et de produire partout une très vive impression. La mort de Victor Noir fut le sujet de toutes les conversations; les réunions publiques, encore assez nombreuses, retentirent dans la soirée de plaintes et de gémissements. Le président de la réunion de la salle Molière, couvrant le bureau d'un

Fig. 5. — Pierre Bonaparte tire un coup de révolver sur Victor Noir.

crêpe immense, en signe de deuil « pour le crime abominable qui vient d'être commis », demande à ses auditeurs : « A quand la vengeance? » L'exaltation des orateurs est la même dans toutes les réunions. Vainement les commissaires de police rappellent-ils les présidents à l'observation de l'ordre du jour, il n'est question dans tous les discours que de « l'attentat d'Auteuil ». Partout le président s'est muni d'un crêpe qu'il agite en donnant rendez-vous aux citoyens aux funérailles de Noir qui doivent avoir lieu le lendemain à Neuilly. Les commissaires de police finissent par dissoudre la réunion de la salle Molière, celle de Belleville présidée par M. Flourens, devant une table ornée aussi d'un crêpe, et enfin celles de l'avenue de Choisy et de la rue Mouffetard, à laquelle assistait M. de Rochefort.

M. Emile Ollivier, cherchant un dérivatif à l'irritation populaire, crut le trouver dans l'extension de l'amnistie à M. Ledru-Rollin. Les journeaux irréconciliables, en annonçant cette mesure, se hâtèrent d'ajouter que M. Ledru-Rollin avait déjà déclaré, par dépêche télégraphique, qu'il n'acceptait de rentrer en France que pour être l'avocat de la famille Noir, qui se portait partie civile contre le prince Pierre-Napoléon Bonaparte.

Les funérailles de M. Victor Noir étaient annoncées pour le 12, mais les journaux ne s'accordaient pas sur l'heure. Cependant, bien avant midi, du fond des plus lointains faubourgs, les ouvriers se dirigent par masses silencieuses vers la maison mortuaire. L'avenue de Neuilly se remplit d'hommes et de femmes, portant des bouquets d'immortelles rouges ; l'arrivée d'une nombreuse députation des Écoles est bientôt suivie de celle de M. de Rochefort, dont la présence est saluée des plus vives acclamations. Sur le bruit que la police devait enlever le corps, des centaines d'ouvriers avaient passé la nuit autour de la demeure du défunt. Une question se pose dans la foule : Où ira-t-on? Au Père-Lachaise ou à Neuilly?

Traverser les boulevards à la tête de ces masses, n'était-ce pas pousser à une collision dans le genre de celle qui éclata en 1832 à la suite du convoi du général Lamarque? Il y avait là bien des gens qu'une pareille crainte n'aurait pas arrêtés. Le cri : A Paris! retentit en effet de tous les côtés. Le frère de la victime paraît à une fenêtre et supplie le peuple de permettre que l'inhumation se fasse à Neuilly. Le peuple paraît peu touché de cette harangue. Il faut recourir à l'influence de M. de Rochefort, qui, s'adressant à la foule, commence par reconnaître que « s'il est

« difficile de garder la modération commandée par les intérêts de notre
« belle cause, il importe pourtant de rester calmes en face d'un pouvoir
« armé, et décidé à abuser de sa force sur un peuple sans armes. Je ne le
« sais que trop, et j'ai tant de confiance en lui que je suis venu armé. Je
« n'ai plus le loisir de sortir autrement, après l'assassinat de notre frère
« par Pierre Bonaparte. Quant à notre vengeance, nous l'aurons. L'oc-
« casion était aujourd'hui sans pareille, direz-vous, et elle ne se repré-
« sentera plus. Erreur; tous les jours nous en trouverons de plus favo-
« rables que celle que vous croyez perdre aujourd'hui... Conduisons
« notre frère au cimetière de Neuilly, et descendons sans troubles dans
« Paris; toute autre manifestation compromettrait la cause de la démo-
« cratie radicale. Nous achèterons un terrain au Père-Lachaise, et bien-
« tôt nous exhumerons notre ami, et nous le conduirons à travers la ville
« au champ de repos que vous aurez choisi. »

M. Delescluze demande à son tour qu'on se conforme aux vœux de la famille Noir.

« Le vent souffle pour la première fois dans nos voiles depuis dix-huit
« ans, s'écrie-t-il; ne compromettons pas notre cause, la cause de tous
« les peuples, la cause de la justice; laissons le convoi se diriger vers
« Neuilly.

— A Neuilly! » répond la foule.

Le cercueil est placé sur le char, et le convoi se met en marche. Les cordons du poêle sont tenus par MM. de Rochefort, Millière, Arthur Arnould, Ulric de Fonvielle. La mère et la fiancée du mort sont à une fenêtre, au rez-de-chaussée de la maison. La foule s'incline et salue en passant devant elles. Quelques cris de : Vengeance! vengeance! éclatent; ils sont aussitôt comprimés. Mais, à l'avenue de Neuilly, de nouvelles clameurs : Mort aux Bonaparte! Vive la République! A Paris! se font entendre. Des orateurs juchés sur des voitures exhortent le peuple à changer la direction du convoi et à lui faire prendre la route du Père-Lachaise. Une espèce de mêlée s'engage autour du corbillard : les uns veulent l'empêcher d'entrer au cimetière de Neuilly; les autres s'efforcent de l'y conduire. M. de Fonvielle, à la tête de ces derniers, chancelle et va tomber presque sous les roues. M. de Rochefort, refoulé violemment, à bout d'efforts, perd à peu près connaissance, et l'on est obligé de le transporter dans une maison voisine.

Le corbillard, dont les chevaux ont été dételés, reprend enfin sa marche, traîné par des citoyens et suivi par la foule, pour laquelle la porte du cimetière est trop étroite et qui escalade les murs. MM. Ulric de Fonvielle, Flourens, Louis Noir, Amouroux prennent tour à tour la parole devant le cercueil. « Je jure, s'écrie le premier, en présence de « cette tombe et devant le peuple souverain, que Victor Noir a été lâche- « ment assassiné par Pierre Bonaparte. Si nous n'obtenons rien de la jus- « tice impériale, nous aurons recours à la justice du peuple... Victor « Noir, mon ami, mon frère, toi qui as arrosé de ton sang la demeure « d'un prince pour la liberté, je te vengerai! »

« De plus longs discours sont superflus, déclare Amouroux, c'est un acte qu'il faut, et je trouve qu'on a trop attendu. » La foule, cependant, se contente de s'écouler en répétant : *Vive la République! Vengeance! Mort aux Bonapartes!* La voiture de M. de Rochefort, remis de son évanouissement, est entourée par des milliers d'individus qui le suivent en chantant la *Marseillaise*. La police, rassemblée à la barrière et devant la gare du chemin de fer de Ceinture, laisse passer la tête de la colonne avec la voiture du député et disperse le reste. Des hommes, des femmes, des enfants, sont maltraités. Les débris de la colonne continuent leur marche jusqu'au palais de l'Industrie. Là, ils se heurtent à la troupe. La chaussée est barrée par un détachement de cavalerie devant lequel se tient un commissaire en écharpe et précédé d'un tambour. M. de Rochefort descend de voiture et somme le commissaire d'ouvrir le passage « au député inviolable et aux amis du mort d'Auteuil. Ce n'est pas de notre faute, ajoute-t-il, s'ils sont aussi nombreux. » Le commissaire ordonne d'ouvrir les rangs devant M. de Rochefort, et, se retournant, il fait coup sur coup procéder à deux sommations. La foule se disperse en criant : *Vive la République! Vive Rochefort! Vive l'armée!*

Le gouvernement, craignant une émeute, avait pris ses mesures. La caserne de gendarmerie du boulevard Lannes, outre sa garnison habituelle, contenait un bataillon de gardes municipaux. La troupe de ligne occupait le Champ-de-Mars, l'esplanade des Invalides, le Corps législatif, les Tuileries et le Luxembourg. Le palais de l'Industrie renfermait les chasseurs à cheval de la garde. A travers les grilles closes du square des Arts-et-Métiers, on pouvait apercevoir les canons prêts à marcher; on craignait pour la soirée, mais elle ne justifia pas les appréhensions de quelques marchands des boulevards qui crurent devoir fermer leurs magasins plus tôt que de coutume; les cafés restèrent ouverts; quelques rassemblements formés autour des kiosques des journaux et près des passages témoignèrent seuls de l'agitation du jour. Elle était à peine calmée, que la discussion engagée au Corps législatif sur la demande en autorisation de poursuites contre M. de Rochefort et une circonstance fortuite vinrent la ranimer.

Une foule ignoble se rassemblait chaque nuit sur la place de la Roquette pour assister à l'exécution du fameux assassin Tropmann. Mille à douze cents individus descendant du faubourg Saint-Antoine, après une nuit d'inutile attente, descendirent le 17 janvier, jour où le Corps législatif devait statuer sur la demande de poursuites contre M. de Rochefort, vers six heures du matin, sur les rues Saint-Denis, du Caire, d'Aboukir, en chantant la *Marseillaise*. Les habitants effrayés se mettent à leurs fenêtres, tandis que les portes des rares établissements ouverts à cette heure matinale se ferment à la hâte. La bande rencontre, à la hauteur des Halles et de la rue Montmartre, une brigade de sergents de ville, commandée par un officier de paix. Les émeutiers, voyant le petit nombre des agents de la force publique, répondent par un refus à la sommation de se disperser; mais, pris aussitôt en tête et en flanc, ils lâchent pied, laissant une vingtaine des leurs entre les mains des agents de la police.

Ce tumulte matinal dans ces quartiers populeux et impressionnables donna naissance à des groupes qui stationnaient dans les rues et qui finirent par s'étendre jusqu'aux approches du palais Bourbon. La police essaye vainement de les disperser. Chassés d'un point, ils se réunissent sur un autre, et attendent M. de Rochefort pour lui faire une ovation au sortir de la Chambre; des jeunes gens au nombre d'environ deux cents, apprenant qu'il a pris une voie détournée pour rentrer chez lui, marchent par les rues de Rivoli, de Castiglione et Saint-Honoré, vers le Palais-Royal, en chantant la *Marseillaise* et en criant de temps en temps : Vive Rochefort! Un certain mouvement se fait remarquer vers neuf heures dans le faubourg Montmartre; des rassemblements se forment à la fois dans la rue Grange-Batelière et rue d'Aboukir, devant les bureaux de la *Marseillaise*. Quelques individus s'en détachent, et réunis en bande ils viennent, en chantant la *Marseillaise* et en criant : Vive Rochefort! se joindre au rassemblement du coin de la rue Montmartre et du boulevard. Ce rassemblement se dispersa de lui-même. Il ne restait à minuit personne dans les rues voisines, si ce n'est, rue d'Aboukir, une quarantaine de curieux discutant, devant les bureaux de la *Marseillaise*, surveillés par une escouade de sergents de ville, le vote de la Chambre autorisant les poursuites contre le député de la première circonscription de Paris.

Fig. 6. — Funérailles de Victor Noir.

L'autorité judiciaire ne perdit pas son temps. Les débats du procès du rédacteur en chef de la *Marseillaise* commencèrent le 22 à midi devant la sixième chambre. M. Aulois, substitut du procureur impérial, avait prononcé son réquisitoire à une heure, et à une heure trois quarts M. Cressent, président du tribunal, donnait lecture du jugement qui condamnait le prévenu à six mois de prison et 3000 francs d'amende. M. H. de Rochefort s'attendait à un châtiment des plus sévères. « Le ministère, disait-il le matin dans la *Marseillaise*, n'aura pas risqué une émeute pour un résultat léger.... Il y a tout à parier que la magistrature française va user aujourd'hui de la dernière rigueur, afin de donner à l'autorité le loisir de me mettre de côté pour des années interminables. » Ces petites émeutes affaiblissaient le ministère, et rendaient sa politique encore plus incertaine. Le retour à la juridiction du jury en matière de presse était une conséquence si naturelle du régime nouveau, qu'on attendait à chaque instant la présentation d'un projet de loi sur la matière ; le gouvernement avait même donné à entendre qu'il déférerait M. de Rochefort au jury. Il se garda non seulement d'en rien faire, mais encore ses journaux cessèrent de parler de la réforme électorale et de la réforme du personnel de l'administration préfectorale, dont il était fort question depuis quelque temps. Les partisans de l'ancien système, chaque jour plus enhardis, traitaient la politique de M. Ollivier d'expérience, de simple essai qui n'empêcherait nullement de revenir à la dictature, si elle était jugée nécessaire. L'Empereur, spectateur désintéressé de ce qui se passe, ajoutaient-ils, n'attend que le moment de revenir au gouvernement personnel.

Le nouveau cabinet ne s'inspirait pas du reste d'une politique bien différente de celle de l'ancien, surtout en ce qui concerne le droit de réunion. La préfecture de police, entravant les réunions qu'elle ne pouvait interdire, refusa, le 9 février, l'autorisation d'annoncer par des affiches une réunion publique au cirque des Champs-Élysées dans laquelle MM. Jules Favre et Ernest Picard devaient prendre la parole sur les devoirs civiques. La même interdiction avait été opposée, l'année précédente, aux organisateurs des réunions publiques du théâtre du Prince-Impérial. Rien n'était donc changé dans les habitudes du gouvernement.

Le duc de Broglie mourut le 27 janvier, au milieu de ces troubles ; son nom, peu familier aux générations présentes, n'avait jamais été très répandu parmi ses contemporains. Son vote généreux dans le procès du maréchal Ney, n'était même point parvenu à le rendre populaire :

il représenta néanmoins avec éclat dans une sphère élevée les idées libérales de son temps; clarté de jugement, suite des idées, simplicité, brièveté et force de langage, ces qualités de l'esprit français furent les siennes comme écrivain et comme orateur. La saisie d'un de ses ouvrages autographiés, par l'ordre du préfet de police, et la fermeté avec laquelle, à cette occasion, il défendit ses droits, le rendirent, de la part du public, l'objet d'une attention qu'il n'avait peut-être pas obtenue au même degré alors qu'il jouait un rôle dans les affaires publiques.

La condamnation de M. de Rochefort prononcée, il s'agissait de la mettre à exécution. Le gouvernement s'y résolut. Les garnisons de Versailles et des forts vinrent renforcer l'armée de Paris. Toute la police fut mise sur pied. Le ministre de l'intérieur, à cheval, prit lui-même, le 7 février, vers quatre heures de l'après-midi, la direction des troupes massées sur les quais et vers l'avenue d'Antin, pendant que M. de Rochefort, entouré dans la salle de la Paix au Palais-Bourbon d'un certain nombre de députés et de journalistes, attendait tranquillement la fin de la séance, pour sortir et pour se rendre à une réunion publique, présidée par M. Gustave Flourens, qui devait avoir lieu dans l'immense salle que le député de la 1re circonscription de Paris avait louée et fait aménager à ses frais, conformément à la promesse signée par lui de venir régulièrement s'entretenir avec ses électeurs. La foule, depuis cinq heures, refluait de cette enceinte jusque dans la rue de Flandre; vers huit heures, de fortes escouades de sergents de ville parvinrent à grand'peine à s'installer sur le côté gauche de la chaussée, devant le lieu de la réunion. M. de Rochefort y arriva en voiture vers huit heures et demie. Reconnu aussitôt, il est entouré par un groupe qui s'empare de lui comme pour le porter en triomphe, et qui l'entraîne au n° 40 de la rue de Flandre, dont la grille se referme aussitôt. Là, un commissaire de police lui exhibe un mandat d'amener, et on le jette dans une voiture qui roule vers Sainte-Pélagie.

M. Flourens, pendant ce temps-là, ouvre la réunion. Le premier orateur inscrit déclare que le peuple ne souffrira pas que la police mette la main sur son représentant. — C'est fait! crie une voix. — Une immense clameur de colère, qui lui répond du dehors, ne permet plus de douter de l'arrestation de M. de Rochefort.

Le président se lève :

« Eh bien! s'écrie-t-il, puisque l'on a osé attenter à la liberté de notre représentant, qu'avons-nous à faire?

Fig. 7. — La salle de réunion de la *Marseillaise*, le jour de l'arrestation de Rochefort.

— Aux armes! répond le public.

M. Flourens, tirant de sa poche un revolver et une épée de sa canne, reprend d'une voix tonnante : « Oui, aux armes! Nous nous déclarons en état d'insurrection contre l'Empire, pour la défense des lois et du suffrage universel! »

Le commissaire de police essaye de placer une objection. M. Flourens lui met la main au collet. « Au 2 décembre, vous avez arrêté les représentants....; moi, à mon tour, je vous arrête... Marchez à côté de moi.... »

M. Flourens descend de l'estrade tenant le commissaire et traverse la salle avec une soixantaine de jeunes gens criant : « Vive la République universelle et la délivrance de l'humanité! Aux armes! A Belleville! » Les agents postés dans la rue allaient s'élancer pour délivrer leur chef; mais celui-ci leur fit signe qu'ils le perdraient au lieu de le sauver; la police laissa passer la petite bande d'insurgés improvisés.

M. Flourens avait donné, dans la journée, aux agitateurs de Belleville l'ordre de se tenir prêts. Il se rendit tout de suite auprès d'eux, s'attendant à être bientôt rejoint par des sous-officiers des casernes de la Courtille et du Prince-Eugène, avec lesquels la rédaction de la partie militaire de la *Marseillaise*, dont il était chargé sous le nom de *tribune militaire*, l'avait mis en relation. Une fois maître de Belleville et du faubourg du Temple, tout le peuple de Paris ne pouvait manquer, pensait-il, de répondre à l'appel de l'insurrection. Mais M. Flourens ne trouva à Belleville qu'une centaine d'individus à peine armés. La caserne de la Courtille est fermée. M. Flourens redescend dans le faubourg du Temple, arrête un omnibus et tente une ébauche de barricade, tandis que plus haut, au dépôt des omnibus, d'autres barricades sont essayées par ses amis. On désarme deux soldats qui passent, et, faute de mieux, on va chercher des armes au théâtre de Belleville, dont le directeur et les employés n'ont pas de peine à repousser les insurgés, qui ne sont guère, en ce moment, plus de dix. Les troupes ne tardent pas à paraître : les faubourgs, entre minuit et deux heures du matin, sont sillonnés de patrouilles de sergents de ville et de gardes de Paris à cheval. M. Flourens, à peu près seul, occupe près du canal une espèce de barricade. Il l'abandonne pour demander l'hospitalité à un ouvrier, chez lequel il resta caché jusqu'à son départ pour Londres.

Quelques barricades bientôt détruites, à Belleville et près de la caserne de la Nouvelle-France ; des charges de police, au faubourg Saint-Antoine, au quartier Latin, au faubourg Montmartre, dans la rue Lafayette ; un enlèvement par les émeutiers de revolvers et de munitions chez un armurier du faubourg Saint-Antoine, sont les principales scènes qui marquent la journée du lundi 7 février ; les bureaux de la *Marseillaise* étaient gardés ; on arrêtait quiconque y entrait ou en sortait. Ce journal parut le mardi avec la protestation suivante en tête de ses colonnes :

« Hier au soir, à huit heures et demie, Henri Rochefort, député de la 1re circonscription de la Seine, représentant du peuple, a été arrêté par la police, sur les ordres de M. Emile Ollivier, au moment où il allait entrer dans la salle de la *Marseillaise*, louée par lui pour réunir ses électeurs.

« Il a été arrêté au milieu d'eux, se rendant au rendez-vous qu'ils lui avaient donné, fidèle jusqu'au bout à son mandat.

« Jamais affront plus sanglant n'est tombé sur la joue du peuple.

« C'est le 2 décembre recommencé, mais, cette fois, de compte à demi avec les hommes de la rue de Poitiers.

« L'attentat ne frappe que la démocratie, restée seule sur la brèche ; mais la démocratie, en 1851, c'était un parti ; en 1870, c'est la nation, c'est le peuple tout entier.

« C'est plus qu'une insulte, c'est une provocation !

« Collaborateurs, amis, coreligionnaires politiques de Rochefort, nous continuerons de tenir haut et ferme le drapeau qu'il tenait avant nous, et qu'il retrouvera, le jour venu, à moins qu'on ne l'arrache de nos mains.

« Ce drapeau, c'est le drapeau de la démocratie socialiste, de la revendication implacable.

« C'est le drapeau du peuple. Il nous conduira à la victoire le jour où le peuple le voudra bien.

« Arthur Arnoul, Ed. Bazire, E. Boursin, Germain Casse, Collot, S. Dereure, A. Dubuc, Francis Enné, Arthur de Fonvielle, Paschal Grousset, Ch. Habeneck, Alph. Humbert, J. Millière, G. Puissant, A. Ranc, Raoul Rigault, E. Varlin, A. Verdure. »

La police ayant fait le mardi 8 une descente dans les bureaux de la *Marseillaise*, et arrêté tous les rédacteurs présents, cette mesure accrut l'agitation ; une foule deux fois plus considérable que celle qu'on avait vue en mouvement, dans les deux derniers jours, accourut le mercredi 9, sur tous les points où il y avait eu des troubles. Les craintes d'une collision sanglante augmentaient d'heure en heure, lorsque les journaux démocratiques du soir publièrent cette déclaration :

« La souveraineté populaire est foulée aux pieds. L'indignation est à son comble ; de courageuses énergies n'ont pas craint de se signaler.

« Pour la première fois depuis dix-neuf ans, des barricades se sont élevées ; le sang de citoyens désarmés, quelquefois d'enfants inoffensifs, a coulé sous les charges de policiers féroces.

« La révolution morale est faite. A toutes opinions honnêtes nous disons : La ruine, l'abaissement, la honte vont finir. La révolution, on peut le dire, en est à son prologue.

« Dans des circonstances aussi solennelles, il est du devoir de tout bon citoyen d'exprimer hautement sa pensée sur la ligne de conduite à suivre; c'est ce que, pour notre compte, nous faisons.

« Décidés que nous sommes à payer de nos personnes le succès de la révolution, nous le disons sincèrement, le moment ne nous semble pas encore venu pour une action décisive et immédiate.

« La révolution marche à grands pas; n'obstruons pas sa route par une impatience bien légitime, mais qui pourrait devenir désastreuse.

« Au nom de cette république sociale que nous voulons tous, au nom du salut de la démocratie, nous invitons nos amis à ne pas compromettre une telle situation.

« Chaque heure nous donne des chances nouvelles, car chaque heure diminue les forces du despotisme et augmente les nôtres.

« Nous touchons au but.

« Ne restons pas inactifs. — Entre le bonapartisme et la France, la scission est dénoncée. Agissons par la propagande et surtout par l'organisation; en un mot, hâtons le triomphe définitif, mais ne le compromettons pas par une action trop précipitée.

« *Les membres de l'Association ouvrière des travailleurs,*
ADAM (Camille), gainier; CHALAIN (Louis), tourneur en bronze; COMBAULT (Amédée), bijoutier; DAVOUST (Gabriel), tailleur de pierre; JOHANNARD (Jules), feuillagiste; LANDRIN (Léon), bronzier; MALON (Benoist), nacrier; MARTIN (Édouard), mécanicien; PÉRIER (Jean-Baptiste), sculpteur; PINDY (Louis), menuisier. »

Jamais on n'avait vu des citoyens, tout en prêchant le calme, déclarer ainsi la guerre à un gouvernement aussi vain de sa force que le second Empire. Il se tut cependant. Les journaux bonapartistes répondirent à ce manifeste, en provoquant la formation d'une *Ligue de l'ordre*, et en envoyant des adresses à M. Ollivier, dans lesquelles ils lui promettaient leur concours « en toute occasion ». Quelques conseils municipaux se crurent, de leur côté, obligés de faire parvenir des adresses semblables « à S. M. Napoléon III », comme au lendemain de l'attentat d'Orsini. Mais ces témoignages du zèle officiel, loin de donner de la force au gouvernement, l'affaiblissaient au contraire, en le faisant paraître comme obligé de recourir à des manœuvres, pour tromper l'opinion en France et en Europe sur sa popularité.

Quatre cents personnes furent arrêtées dans Paris [1]. Les arrestations continuaient encore le 11 février. Ce jour-là, un commissaire de police, accompagné de deux inspecteurs, s'étant présenté vers six heures du matin, chez un mécanicien nommé Mégy, inculpé de complot contre la sûreté de l'État, trouve la clef sur la serrure. « Au nom de la loi, s'écrie le commissaire, ouvrez! — Vous m'avez enfermé, » lui répond une voix de l'intérieur! Un des inspecteurs retourne la clef et

---

[1]. Il y eut aussi des arrestations à Marseille, à Montauban et dans quelques villes, où les troubles de Paris avaient eu un certain écho.

pousse vivement la porte, qui cède. Un coup de feu retentit, et une balle, après avoir effleuré la joue du commissaire, atteint l'inspecteur en pleine poitrine ; le blessé, transporté à l'hôpital Beaujon, expire quelques heures après.

Ce triste événement suscita une polémique passionnée. Il s'agissait de savoir si l'arrestation de Mégy avait été faite conformément aux prescriptions de la loi, si, dans cette saison, six heures du matin ce n'était pas encore la nuit et si le commissaire avait le droit d'opérer une arrestation à cette heure ; les débats du procès du prince Pierre-Napoléon Bonaparte devant la Haute Cour à Tours s'ouvrirent le 21 mars et détournèrent l'attention de cette dispute, sans cesser de fournir un aliment aux passions des partis. M. Glandaz présidait la Cour, M. le procureur général Grandperret occupait le siège du ministère public. Au banc de la défense se trouvaient MM. Leroux et Demange. Les avocats de la partie civile étaient MM. Laurier et Floquet.

M. le président Glandaz ouvrit l'audience par une allocution dans laquelle il exhorta les jurés à laisser de côté toute préoccupation politique, à se garder du souvenir des polémiques, auxquelles avait donné lieu l'événement d'Auteuil, à poursuivre uniquement la recherche de la vérité et à sauvegarder également les droits de la société et ceux de l'accusé. Il procéda ensuite à l'interrogatoire du prince Pierre Bonaparte et à celui des témoins. La version de l'ami qui accompagnait la victime d'Auteuil est reproduite dans le récit même du meurtre qui forme le commencement de ce chapitre. L'histoire est tenue de donner également celle de l'accusé.

« J'étais, vers deux heures, dans ma chambre. Une servante est venue m'annoncer que deux messieurs me demandaient. Je suis venu au salon ; j'y ai trouvé deux inconnus dont l'air était menaçant. L'un d'eux m'a donné une feuille de papier dépliée, en me disant : « Nous sommes chargés de vous demander la réponse à cette lettre. » J'ai répondu : « Je ne connais pas celui qui m'écrit ; mais je me battrai volontiers, non pas « avec lui, mais avec M. Rochefort, et non pas avec un de ses manœuvres. » Le grand m'a dit : « Mais lisez donc la lettre. » — Je répondis : « Elle est toute lue. En êtes-vous « solidaires? » Alors il m'a frappé au visage. Sur-le-champ, j'ai tiré de ma poche un pistolet et fait feu sur lui. Le deuxième, qui m'ajustait avec un revolver, s'était caché derrière le fauteuil, j'ai aussi tiré sur lui. Il est passé alors dans la salle du billard ; je le laissai passer. Mais il se retourna pour m'ajuster, et alors je lui ai tiré un second coup de pistolet qui l'a mis en fuite. Je demande à tous les hommes de cœur qui sont ici s'ils n'auraient pas fait comme moi à ma place.

« — Mais on vous attribue un propos bien plus violent que celui-là. M. de Fonvielle le rapporte.

« — Il ne dit pas la vérité. Ce n'est pas dans mon langage ordinaire. J'ai dit seulement : Êtes-vous solidaires de Rochefort? Alors Noir m'a frappé, et j'ai vu de Fonvielle qui me menaçait de son pistolet.

« — Votre revolver avait tiré trois coups, cependant les six coups en étaient chargés lorsqu'il a été saisi. Vous l'aviez donc rechargé? Dans quel but?

« — On ne l'a pas saisi; je l'ai remis au commissaire de police. J'avais cru devoir le recharger quinze ou vingt minutes après la sortie de Fonvielle, parce que j'avais entendu dire qu'un rassemblement tumultueux s'était formé devant ma maison, en proférant des menaces qu'on a bien fait de ne pas mettre à exécution. »

L'accusé prononça ces dernières paroles sur un ton qui excita les vifs murmures de l'auditoire; l'audition des témoins commença ensuite par celle de M. Ulric de Fonvielle, qui répéta dans sa déposition les détails déjà connus :

« Dans votre système, lui dit le président, le prince aurait, le premier, commencé les voies de fait en donnant un soufflet à Noir. Le récit du prince est en contradiction avec le vôtre sur ce point. Il appuie la version qu'il avait été frappé le premier par Noir, par une constatation qui aurait été faite sur-le-champ par deux médecins. Persistez-vous dans votre dire?

« — Ma version est l'expresion de la vérité.

« — Vous avez dit au secrétaire du commissaire de police que vous aviez toujours des armes sur vous.

« — Je n'en portais pas, mais depuis que j'ai vu comment on était assommé dans les rues de Paris, je ne sors plus sans être armé.

« — Mais, pour remplir la mission dont vous étiez chargé, vous eussiez mieux fait de ne pas avoir d'armes.

« — On ne peut pas me reprocher de m'être muni de mon revolver; sans lui, je ne serais pas sorti vivant de la maison où j'étais entré.

« — Je dois vous demander pourquoi vous êtes allé chez le prince Pierre ; ce n'est pas ainsi que l'on s'y prend selon les coutumes du duel. Il fallait lui demander le nom de ses témoins. J'ai reproché au prince sa déplorable manie de porter des armes, je dois vous faire la même observation. C'est vous qui vous rendiez chez le prince, et vous aviez tous deux des armes.

« — Si je n'avais eu mon revolver, je ne serais pas là. »

M. le président reproche de nouveau à M. de Fonvielle d'être venu armé chez un homme à qui il avait à demander une réparation d'honneur.

« Pouvais-je savoir, répond le témoin, que nous allions dans la maison d'un assassin? »

L'accusé se lève et s'écrie : « Les hommes comme vous commencent rue Saint-Nicaise, arrivent aux bombes d'Orsini, et ce sont eux qui sont des assassins! »

Un murmure se fait entendre dans la salle. M. le président y met fin en reprenant l'interrogatoire des témoins. M. Paschal Grousset, âgé de vingt-cinq ans, rédacteur de la *Marseillaise*, détenu à Sainte-Pélagie, est amené devant la Cour par deux gendarmes.

« *Le président :* Êtes-vous parent de l'accusé?
« *Le témoin* : Mme Lætitia a eu tant d'amants que je ne puis le savoir. »

Cet outrage prémédité froidement, et lancé de parti pris à la mère de Napoléon Ier, à une femme dont la vieillesse avait été éprouvée par de si grandes infortunes, produisit une fâcheuse impression sur les auditeurs.

« *Le procureur général* : Nous ne voulons pas prendre de réquisition contre le témoin; mais nous le prévenons que, s'il continue ses inconvenances de langage, il nous obligera à sévir.
« *Le président* : J'aurais dû devancer M. le procureur général. Nous espérions que les paroles que vous avez dites n'ont été entendues que de peu de personnes. Voilà pourquoi la Cour n'a pas pris de détermination à votre égard. »

Le témoin, passant au fait de l'accusation, raconte qu'il partit de la *Marseillaise* avec Victor Noir et Ulric de Fonvielle pour se rendre à Auteuil.

« Victor Noir, reprit-il, d'un caractère très gai et très enjoué, était ce jour-là encore de meilleure humeur qu'à l'ordinaire. Sa verve ne tarissait pas. En route, nous rencontrâmes Georges Sauton, qui monta en voiture avec nous. Arrivés à Auteuil, nous descendîmes, et, pendant que Victor Noir et Ulric de Fonvielle montaient chez Pierre Bonaparte, nous nous promenâmes dans la rue en les attendant. Nous avions déjà fait quelques tours de promenade, lorsqu'en nous retournant nous vîmes Victor Noir trébucher sur le seuil de la porte. Nous accourûmes auprès de lui. Quelques passants arrivèrent en même temps. Nous relevâmes Noir, et je remarquai son chapeau qui roulait à terre. Je vois encore ce chapeau! Il avait une coiffe blanche; c'était un chapeau de gala, peut-être celui qu'il avait acheté pour se marier. Ce chapeau est revenu bien souvent à mon esprit; je l'ai dans l'œil. Au même instant Fonvielle sortait de la maison, son pistolet à la main : « A l'assassin ! » Noir expirait entre nos bras. Lorsque je dis : C'est un républicain qui vient d'être assassiné par un Bonaparte, je vis tout le monde s'écarter de nous avec terreur. Je n'ai jamais si bien compris qu'en cet instant à quel degré d'abjection dix-huit ans d'empire avaient réduit la France.

Le procureur général se lève à ces mots prononcés avec une emphatique indignation et demande à la Cour de vouloir bien renvoyer le témoin à la prison d'où il vient d'être extrait. La Cour accède à cette demande, et le témoin, entraîné par les gendarmes, s'écrie en se retirant : « J'avais cependant quelque chose à dire ! »

L'audience du lendemain 22 s'ouvrit par la déposition de M. Millière, gérant de la *Marseillaise*. Ce témoin, amené de sa prison à la barre, par

Fig. 8. — Mégy, ayant tué un inspecteur de police, qui venait l'arrêter, est mis en arrestation.

deux gendarmes, exposa que le 10 janvier au matin, ayant trouvé à la *Marseillaise* la lettre provocatrice, adressée par le prince Pierre à Rochefort, il s'était rendu chez ce dernier, afin de la lui remettre, et que là il avait accepté la mission de lui servir de témoin avec M. Arnould. Rochefort désirant que la rencontre eût lieu sans retard, ses deux témoins partirent pour Auteuil ; mis à leur arrivée au courant de ce qui venait de se passer et voyant que la police n'avait fait encore aucune constatation et ne s'était pas emparée de la personne du meurtrier, lui, Millière, et Arnould excitèrent la foule à pénétrer de force chez l'accusé ; voyant l'inutilité de leur appel, ils quittèrent le théâtre du crime, pour aller en informer Rochefort.

Le témoin ayant parlé, dans un passage de sa déposition, d'une arme qu'il tenait à la main, le président crut devoir l'admonester au sujet de « son revolver ». — « Non pas un revolver, répond le témoin, mais un pistolet dit *coup de poing*, arme purement défensive. » L'accusé se lève et s'écrie : « Les armes défensives sont les casques et les cuirasses ! Du reste, la Cour ne peut avoir confiance dans un témoin qui a déclaré que lui et ses amis me tueraient, si j'étais acquitté. »

Le tour des médecins vint après celui des témoins. Leurs dépositions étaient attendues avec d'autant plus d'impatience et de curiosité, qu'on attendait d'elles la confirmation ou la négation du dire de l'accusé, au sujet du soufflet qu'il prétendait avoir reçu de Victor Noir, et auquel il attribuait une espèce d'ecchymose constatée sur sa figure. Le docteur Tardieu, chargé de l'autopsie de la victime, expliqua que Victor Noir avait dû être frappé à un mètre de distance tout au plus ; quant à l'ecchymose du prince, elle provenait évidemment, selon lui, d'un coup direct. Le docteur Bergeron décrivit, à son tour, la blessure de Victor Noir ; en ajoutant que, si la trace d'un soufflet avait été vainement cherchée sur la joue de la victime, c'est qu'elle pouvait fort bien avoir disparu après la mort. M. Mortreux, pharmacien, chez lequel on avait porté le cadavre de Victor Noir, affirma que M. de Fonvielle avait fait plusieurs fois chez lui, sans varier, le même récit que devant la justice ; il nia qu'il eût été dit dans sa pharmacie que Victor Noir avait souffleté le prince Pierre-Napoléon Bonaparte. Les gants de Victor Noir étaient intacts et même boutonnés. Le docteur Samazeuil, qui avait fait transporter Victor Noir à la pharmacie, se montra à son tour aussi affirmatif que les deux précédents témoins sur tous ces points.

L'audition des témoins cités par la défense remplit le reste de l'audience. Quinze témoins avaient déjà déposé de faits favorables au caractère de l'accusé. Le seizième, le général Plombain, faisait l'éloge de sa bravoure au siège de Zaatcha, lorsque M⁰ Laurier lui adressa cette question :

« Dans quelles circonstances le prince a-t-il quitté l'armée?
— Il était parti en mission.
— Mais connaissez-vous les motifs?
— Je ne les connais pas... Je sais qu'il était en mission.
— Pardon, en démission? Je persiste à demander au témoin s'il connait pour quels motifs le prince a quitté l'armée.
— Les motifs, je les ignore. Je répète qu'il était en mission et que nous avons eu peur qu'il n'eût été victime.
— Victime de quoi?
— Tué. Son général se trouvait par le fait de son départ à l'abri d'une responsabilité. Qu'aurait-on dit en France si un prince, un cousin du Président de la République, était mort comme un obscur citoyen.
— On aurait dit qu'il était mort bravement en faisant son devoir.

Un témoin, capitaine dans l'armée, ayant excité une certaine hilarité dans l'auditoire par son langage incorrect, l'accusé se lève, et se tournant vers les avocats de la partie civile : « On a ri de la déposition de mon vieux camarade, qui, sous mes yeux, a reçu une balle dans la poitrine. Il a peut-être moins de rhétorique, mais plus de courage que la faction à laquelle appartient M⁰ Laurier. »

M⁰ *Laurier*, s'adressant à la Cour : « Nous n'avons manqué à aucun des devoirs de convenance envers l'accusé; la Cour peut constater que, sans provocation, il vient d'insulter non seulement un avocat, mais le parti tout entier auquel j'ai l'honneur d'appartenir. »

L'accusé reprend : « Vous avez ri de mon vieux camarade. » M. de Fonvielle s'écrie du fond de la salle : « Et vous, vous avez ri de mon camarade après l'avoir lâchement assassiné. Osez me regarder en face ! A mort! à mort! »

L'accusé se lève, croise les bras en regardant Ulric de Fonvielle, et se met à rire en signe de défi. Ulric de Fonvielle s'élance vers lui en criant : « Misérable! » Les gendarmes le retiennent et l'entraînent hors de la salle. L'accusé est toujours debout, les bras croisés, le rire à la bouche. On le fait sortir à son tour. Le procureur général demande acte de l'incident, pour requérir, s'il y a lieu, contre M. de Fonvielle. La Cour fait droit. A la reprise de l'audience, la Haute Cour condamna M. Ulric de Fonvielle à dix jours de prison, en admettant des circonstances atténuantes.

L'audience du 25 fut consacrée aux plaidoiries de M⁰ Floquet et de M⁰ Laurier. L'accusé se laissa encore aller à des violences de langage que la cour ne crut pas devoir réprimer. « Vous en avez menti, » dit-il à Mᵉ Laurier en l'interrompant au milieu d'un passage de sa plaidoirie. Ce procès, qui se termina le 26 par l'acquittement de l'accusé, attira non seulement l'attention de la France, mais celle de l'Europe entière ; il fut l'objet d'appréciations sévères de la part de la presse étrangère. « Que des témoins, dit le *Times*, se présentent armés et soient reçus par une personne également armée, c'est pour nous un fait nouveau dans l'histoire des duels européens. De pareils faits se passent au Missouri et au Texas, mais nous sommes surpris de voir une telle décadence en France. » Les remarques du *Times* passèrent inaperçues au milieu de l'effervescence qui survécut au procès lui-même. M. Tardieu en effet, qui passait pour avoir fait une déposition entachée de partialité en faveur du prince Pierre Bonaparte, fut accueilli à sa rentrée dans sa chaire à la Faculté de médecine par les cris : « A la porte, Tardieu ! à la porte, le Corse ! à la porte, le défenseur des assassins ! vive Victor Noir ! » Le professeur essaya en vain de s'expliquer ; un redoublement de cris et de huées accueillit chacune de ses paroles. Le tumulte ne s'apaisa qu'après son départ ; il se renouvela le surlendemain avec plus de violence : « Donnez votre démission ! criaient les étudiants. Au Sénat ! au Sénat ! » M. Tardieu fut forcé de disparaître, sans pouvoir même commencer sa leçon. M. Wurtz, doyen de la Faculté, assaya vainement d'intervenir. Une affiche apposée sur les murs de l'école apprit aux élèves qu'en vertu d'un arrêté du ministre de l'instruction publique tous les cours et examens seraient suspendus jusqu'au 1ᵉʳ mai suivant.

La jeunesse parisienne offrit, peu de temps après ce tumulte, un banquet à M. Gambetta. Le député de Marseille, en réponse à un toast de M. Lamy, exprima d'abord sa joie de se retrouver au milieu des jeunes hommes de sa génération :

« S'il m'était permis, continua-t-il, de dire que j'ai une ambition particulière, ce serait celle de résumer et de traduire avec la fidélité, l'énergie et la sincérité d'une conscience qui a pris possession d'elle-même, vos aspirations et vos droits, et de poursuivre infatigablement la réalisation définitive de la liberté dans la forme républicaine.

« La vérité, l'évidence, la justice sont avec nous. Et le parti qui s'appuie sur vos principes, sur la science et sur la liberté n'est plus un parti, mais bien la nation elle-même. Notre génération a pour mission d'achever, de compléter la Révolution française, et le centenaire de 1789 ne doit pas se lever sur la France sans qu'elle ait fait quelque chose pour l'avènement de la justice sociale.

« La génération précédente s'était fait une légende, la légende napoléonienne, véritable virus de corruption et de mort inoculé dans les veines de la France. Cette légende, ce culte pour l'homme qui se glorifiait d'être un Robespierre à cheval et qui n'était que la parodie sanglante et sinistre du césarisme byzantin, a fait dévier le sens politique de la nation et égaré les hommes sans distinction de classe, et finalement nous a conduits à la restauration de l'Empire.

« Aujourd'hui cette légende, origine de tous nos maux, a disparu. On a feuilleté l'histoire jour par jour, et c'est sur les aveux mêmes du coupable que l'histoire a prononcé son arrêt. Désormais on peut appliquer à cet homme le mot que l'abbé Grégoire appliquait à un roi : « C'est un monstre au moral, comme les monstres le sont au physique. »

La vivacité de ces attaques contre le premier Empire ne dépassait point celle de certains journaux contre le second ; on ne se croyait plus même astreints envers lui à ces précautions de langage, auxquelles on a recours même à l'égard des gouvernements les plus faibles. Une élection allait avoir lieu dans la 3ᵉ circonscription du Rhône. M. Ulric de Fonvielle, élargi le mardi matin 5 avril, s'était fait précéder d'une circulaire aux électeurs qui se terminait ainsi : « Je vous demande de rendre à l'Empire le soufflet que Victor Noir a reçu devant moi. » M. de Fonvielle ne fut pas nommé, mais sa circulaire n'en donne pas moins une idée du diapason où étaient montés les esprits. Loin de se calmer, ils étaient sur le point de s'échauffer encore par l'apparition des masses ouvrières sur la scène politique.

Les ouvriers du Creuzot avaient nommé un comité de cinquante membres, chargé de la surveillance des intérêts des ouvriers de l'usine, et présidé par un ouvrier, nommé Assy ; ces commissaires réclamaient, depuis longtemps, la gestion de la caisse de secours et de prévoyance fondée au Creuzot et alimentée par les retenues faites sur leurs salaires. Les recettes annuelles atteignaient au moins 250 000 francs et le fonds de réserve 450 000. La caisse payait une subvention de 40 ou 50 000 francs aux écoles de filles et garçons, 70 000 francs de frais de médecin ou de pharmacien, 25 000 pour l'entretien des églises catholiques ou protestantes, et 6 000 francs d'indemnités aux ouvriers victimes d'accidents. M. Schneider, propriétaire de l'usine du Creuzot, repoussa, le 20 janvier, la demande du comité, et proposa de soumettre la question à la décision de tous les ouvriers ; 2 379 seulement prirent part au vote ; 536 se prononcèrent pour le *stato quo*, 1843 se prononcèrent contre.

Assy, président du comité, et plusieurs autres ouvriers, en se présentant le lendemain à l'atelier, apprennent qu'ils sont renvoyés. Leurs camarades, informés de cette mesure, cessent à l'instant tout travail, et envoient des délégués au directeur, pour lui expliquer les causes de leur détermination. Il ne s'agit pas, selon eux, d'une grève, mais d'une suspension de travail, qui cessera dès qu'on leur aura accordé la gestion complète de la caisse, la réintégration des ouvriers expulsés et le renvoi d'un employé dont ils avaient à se plaindre. M. Schneider refusa d'accepter ces contions; des forces considérables en infanterie et en cavalerie, sur sa demande, occupèrent Le Creuzot. Le préfet de Saône-et-Loire adressa de son côté aux ouvriers une proclamation menaçante.

La nouvelle de ces troubles produisit une certaine émotion dans les ateliers à Paris. L'Association internationale des travailleurs profita de l'occasion pour lancer un manifeste violent dans lequel, après s'être demandé si l'envoi des troupes au Creuzot aurait pour conséquence « une nouvelle hécatombe de prolétaires », elle protestait « contre la prétention de ces gens qui, non contents de détenir toutes les forces économiques, veulent encore disposer, et disposent en effet de toutes les forces sociales (armée, police, tribunaux, etc.) pour le maintien de leurs iniques privilèges. »

Tout cela ne donnait pas aux grévistes du Creuzot les moyens de soutenir la lutte contre un ennemi préparé à la résistance. La grève avait commencé le 22 mars; le 15 avril, on lut cette proclamation affichée dans les environs de l'usine :

« Chers camarades,

« Après vingt-trois jours d'une lutte inégale, nous sommes vaincus. Nous vous invitons donc tous à retourner dans les puits.

« N'augmentez pas, par une plus longue absence du travail, la misère qui va résulter des condamnations prononcées et des nombreux renvois qui nous attendent.

« Les sommes qui nous restent entre les mains et les souscriptions qui arriveront encore serviront à secourir les plus cruellement frappés et surtout les familles des condamnés d'Autun.

« *Le Comité gréviste.* »

Un certain nombre d'ouvriers traduits devant les tribunaux avaient en effet été condamnés à des peines, dont la gravité n'était point faite pour calmer les travailleurs qui s'agitaient dans les grandes villes. Une réunion privée, destinée à préparer une grande assemblée générale, où l'on discuterait les principes, les moyens d'action et le but de l'*Internationale*, avait eu lieu à Lyon dans le courant du mois de mars en attendant qu'elle fût convoquée. La Chambre fédérale des sociétés ouvrières d'Europe nomma le général Cluseret [1] correspondant auprès des sociétés ouvrières d'Amérique; il espérait, disait-il, solidariser les associations ouvrières dans les deux hémisphères et leur donner ainsi une force plus considérable pour la défense de leurs intérêts et la revendication de leurs droits.

---

1. Commandant des forces de la Commune.

Les sections de l'*Internationale* à Paris s'organisèrent vers le milieu d'avril en fédération. Le tribunal d'Autun avait jugé le 6 avril vingt-six grévistes du Creuzot. L'*Internationale* proposa « à tous les citoyens pénétrés du sentiment de la solidarité républicaine socialiste » de prélever sur leur travail *un pour cent* par semaine au profit des condamnés et de leurs familles. « Quand la justice succombe sous l'arbitraire ; quand on acquitte les princes qui tuent et que l'on condamne des ouvriers qui ne demandent qu'à vivre de leur travail ; quand ces condamnations frappent surtout les femmes et les enfants en les privant du labeur des chefs de famille, il nous appartient d'infirmer cette nouvelle iniquité par l'adoption des veuves et des orphelins. » *La Marseillaise*, *la Démocratie*, *le Rappel* s'empressèrent d'annoncer que les offrandes, en attendant la formation des comités, seraient reçues dans leurs bureaux. Tout cela cachait une double tentative : il s'agissait d'organiser à la fois une manifestation contre le gouvernement et de donner le signal à un mouvement de grèves qui, parti du Creuzot, devait se répandre dans l'Isère, dans la Nièvre, dans le Maine-et-Loire, dans le Gard, à Paris ; mais tout se borna à quelques grèves partielles. La plus importante de ces grèves fut celle de Fourchambault.

Le 1er mai, au milieu de cette agitation, on apprit l'arrestation d'un certain Beaury, envoyé de Londres par M. Flourens pour assassiner l'Empereur. On se rappelle la part prise par ce dernier aux troubles du mois de février. Réfugié à Londres à la suite de ces troubles, il y rencontra un nommé Tibaldi, qui revenait de Cayenne, où il expiait depuis douze ans une tentative avortée d'assassinat sur la personne de l'Empereur. Des banquets eurent lieu en l'honneur de cet homme ; M. G. Flourens et quelques sous-officiers et soldats compromis, ou s'imaginant l'être, par les révélations portées par eux à la *Marseillaise* et retirés aussi en Angleterre, y assistèrent. Parmi eux figurait un soldat nommé Beaury, « jeune homme intelligent, instruit, qui semblait avoir en lui le cœur d'un Agésilas Milano, de ce soldat qui fit siffler aux oreilles du tyran de Naples sa balle régicide. Faire frapper le moderne César de pacotille, par son armée au milieu d'un revue solennelle et d'un état-major de complices du 2 décembre, puis accourir avec le peuple, armé de bombes, pour fraterniser avec les vengeurs et marcher à leur tête à la conquête de la délivrance, que pouvait-il y avoir de plus beau[1] ? » Flourens jeta

---

1. *Paris livré*, par G. Flourens.

Fig. 9. — La chambre du prince Pierre Bonaparte au pénitencier de Tours.

donc les yeux sur ce Beaury pour frapper Napoléon III, et, voulant le mettre à l'épreuve, « pendant quatre jours il ne cessa de l'entretenir de la grandeur, de la sainteté, de la nécessité de l'œuvre de salut et de rédemption qu'il s'offrait à tenter [1]. » M. Flourens voyant, au bout de ces quatre jours d'épreuves, « que sa résolution était ferme et ne s'ébranlait pas, le laissa partir avec les instructions et les moyens de succès nécessaires. » Il l'adressa à un de ses compagnons d'armes de Crète [2], confident sûr de ses projets, et dépositaire d'une somme qu'il devait remettre au nouvel Agésilas Milano, qui, à peine l'eut-il touchée, en arrivant, se hâta de la dépenser dans une maison de prostitution ; pendant ce temps-là, le philhellène, l'ami dévoué de M. Flourens, se rendait tranquillement chez le commissaire Lagrange, pour lui annoncer que le complot était mûr. Le *Journal officiel* du 1ᵉʳ mai annonça donc que la police était depuis quelque temps sur les traces d'une conspiration, ayant pour but d'attenter à la vie de l'Empereur, et que le service politique de la préfecture avait arrêté la veille, rue des Moulins, le nommé Beaury, arrivé d'Angleterre porteur d'une somme d'argent, d'un revolver chargé, et d'une lettre de Londres émanant d'un des hommes les plus compromis dans le complot de février [3]. Beaury, ajouta le *Journal officiel*, a avoué son projet de tuer l'Empereur.

Le gérant de la *Marseillaise*, M. Millière, M. Protot [4], avocat, plusieurs orateurs des réunions publiques, figuraient parmi les nombreuses personnes arrêtées en même temps que Beaury. Les arrestations ne se bornèrent pas à Paris. Des mandats d'amener furent lancés à Lyon, à Saint-Étienne, à Rouen, à Marseille, et dans toutes les villes voisines des centres manufacturiers. Leur exécution n'eut pas lieu sans troubles. Deux mille ouvriers environ se portèrent à Saint-Quentin sur la prison où l'on venait d'enfermer le président de la *Société de résistance pour les grèves*, et tentèrent de le délivrer. Une tentative du même genre eut lieu au Creuzot pour tirer Assy et ses compagnons, des mains des gendarmes.

Le parquet dirigea des poursuites contre le *Réveil* et contre une dizaine de journaux de départements ; on était à la veille du vote du plébiscite ; le gouvernement cherchait à intimider les auteurs de la propagande hos-

---

1. *Paris livré*, par M. G. Flourens.
2. M. G. Flourens avait servi dans les rangs des insurgés crétois.
3. Les troubles des trois jours du mois de février avaient été l'objet d'une instruction suivie d'une déclaration de complot.
4. Délégué à la justice sous la Commune.

tile [1]. Ce complot éclatant juste à point, la dernière semaine avant le vote du plébiscite, rappelait celui de la prétendue machine infernale découvert à Marseille, à la veille de la proclamation de l'Empire. Les journaux démocratiques étaient en droit de le considérer comme une manœuvre de la dernière heure, puisque, de l'aveu même du gouvernement, les conspirateurs étaient depuis longtemps sous sa main et que, maître d'étouffer la conspiration, il la laissait éclater au moment où elle pouvait lui être utile.

1. Les publications anti-plébiscitaires ne trouvèrent plus en effet, à partir de ce moment, des imprimeurs qu'avec une extrême difficulté. Le *Manifeste des travailleurs de Marseille à l'armée* fut saisi, comme exemple, avant le tirage.

CHAPITRE III

LE PLÉBISCITE

Sommaire. Inquiétude causée à M. Em. Ollivier par la droite. — Question de M. J. Simon sur le conseil privé. — Proposition de M. Guyot-Montpayroux. — Question de M. de Rochefort. — M. de Rochefort est rappelé à l'ordre. — Demande en autorisation de poursuites contre M. de Rochefort. — Interpellation de M. Esquiros sur la grève du Creuzot. — Discours de M. Gambetta. — Le traité de commerce attaqué par M. Thiers. — La dénonciation du traité est repoussée. — La marine marchande. — Question de M. de Keratry au sujet de l'arrestation de Rochefort. — Le sénatus-consulte sur le pouvoir constituant. — Discours de MM. Grévy, Ernest Picard, Gambetta et Jules Simon. — Prorogation de la Chambre. — Situation extérieure de l'Empire depuis la guerre de Crimée. — La guerre d'Italie et ses conséquences. — Alliance de la Prusse et de la Russie. — Napoléon III laisse la Prusse marcher sur Vienne. — Napoléon III veut faire la guerre, mais il n'est pas prêt. — Situation intérieure de l'Empire. — Essais divers de transformation de l'Empire. — Faiblesse du ministère libéral. — Situation difficile de l'Empereur. — Malaise universel. — Origine du plébiscite. — L'Empereur le propose au conseil des ministres, qui l'approuve, malgré MM. Em. Ollivier et Buffet. — Opinions diverses sur le plébiscite. — Proclamation du gouvernement. — Circulaires des ministres. — Comité central du plébiscite de 1870. — Réunion chez M. Crémieux pour former un comité opposant. — Manifeste de la gauche et des délégués de la presse. — Manifeste à l'armée. — Les abstentionnistes. — Le comité Dufaure. — Manifeste de l'*Union* et de la *Gazette de France*. — Le plébiscite et le clergé. — Le plébiscite et la magistrature. — M. Em. Ollivier et l'Internationale. — Les rapports des procureurs généraux. — Déclaration de la gauche libre. — Réponse à M. Gambetta. — La gauche ouverte et la gauche fermée. — Procès de l'Internationale. — Procès de Blois.

M. E. Ollivier, malgré l'éclat de sa situation personnelle, n'était pas sans inquiétude, en se présentant le 10 janvier devant la Chambre. Vainement les salons du ministère de la justice paraissaient-ils, à chaque jour de réception, plus étroits pour la foule des visiteurs; vainement les plus grands personnages des régimes déchus luttaient-ils d'empressement auprès de sa personne, M. E. Ollivier, dans une position plus brillante que celle d'aucun ministre depuis quarante ans, voyait avec effroi la droite bonapartiste garder, en face de lui, une attitude de froideur et presque d'hostilité. Il ouvrit la session par un appel à tous les membres de la Chambre, sans acception de parti, car « personne ne pouvait refuser son concours à la constitution d'un gouvernement qui donne le progrès sans la violence, et la liberté sans la révolution ».

M. le garde des sceaux, en parlant ainsi, semblait s'adresser surtout à la gauche, dont le cabinet n'était séparé, selon lui, que par de simples différences d'appréciation, sur l'opportunité de certaines réformes. M. Gambetta et M. Jules Simon ne lui laissèrent bientôt aucune illusion sur l'adhésion qu'il pouvait attendre de cette partie de la Chambre. Le premier lui adressa, en termes fort vifs, une question sur des mesures prises contre deux soldats ayant assisté à des réunions publiques; le second l'interrogea sur deux points délicats, le conseil privé et l'obligation pour les ministres de se soumettre à la réélection. Le régime parlementaire, dit M. Jules Simon, exige la solidarité du cabinet et l'intervention du Corps législatif dans sa formation. Or, à côté du conseil des ministres, existe un conseil privé, dont les membres sont nommés par le souverain; continueront-ils, par la volonté de l'Empereur, à participer aux délibérations du cabinet, et à prendre des résolutions avec lui? Quant à la réélection des ministres, l'orateur de l'opposition rappela que, si rien ne s'opposait, sous le régime constitutionnel, à ce que les députés devinssent ministres, le député, en acceptant un portefeuille, considérait, dans tous les pays parlementaires, comme une obligation de se retremper dans le suffrage de ses concitoyens.

M. Chevandier de Valdrôme, ministre de l'intérieur, répondit à M. Jules Simon que, le *sénatus-consulte* étant muet sur cette réélection, les ministres députés ne s'y soumettraient pas, mais qu'ils délibéreraient sur la question du conseil privé [1].

M. E. Picard déposa un projet de loi sur l'attribution des délits de presse au jury. M. Raspail réclama l'abolition du serment devant la justice et devant les corps de l'État, la nomination de deux commis-

---

1. Le ministre déclara le lendemain que le conseil des ministres et le conseil privé délibéreraient désormais séparément.

sions, l'une pour apurer les comptes de la ville de Paris, l'autre pour ouvrir une enquête sur la fortune de M. Haussmann. Une demande d'interpellation sur la politique intérieure du gouvernement déposée par M. Jules Favre mit fin à la séance. La session s'annonçait, on le voit, comme devant être assez chaude.

Le meurtre d'Auteuil n'était point fait pour calmer les esprits. Si M. Guyot-Montpayroux, en déposant au début de la séance du 11 janvier une proposition demandant l'abrogation des articles des *sénatus-consultes* qui soumettaient les membres de la famille impériale à une juridiction spéciale, s'était abstenu par déférence pour les observations du président de la développer, M. Schneider n'y gagna pas grand'chose, car M. Henri de Rochefort monta à son tour à la tribune :

« Un assassinat, s'écria-t-il, a été commis hier sur un jeune homme couvert par un mandat sacré, celui de témoin, c'est-à-dire de parlementaire. L'assassin est un membre de la famille impériale.

« Je demande à M. le ministre de la justice s'il a l'intention d'opposer au jugement, à « la condamnation probable, des fins de non-recevoir comme celles qu'on oppose aux « citoyens qui ont été frustrés ou même bâtonnés par de hauts dignitaires de l'Empire. « La situation est grave, l'agitation est énorme. (*Interruptions.*) L'assassiné est un enfant du peuple... (*Bruit.*)

« *M. le président Schneider* : Nous sommes tous ici des enfants du peuple ; tout le monde « est égal devant la loi. Il ne vous appartient pas d'établir des distinctions. (*Très bien !*)

« *M. Henri de Rochefort* : Alors pourquoi donner des juges dévoués à la famille... ?

« *M. le président Schneider* : Vous mettez en suspicion des juges que vous ne connaissez pas. Je vous invite, quant à présent, à vous renfermer dans votre question. Je ne puis pas permettre autre chose.

« *M. Henri de Rochefort* : Eh bien ! je me demande devant un fait comme celui d'hier, devant les faits qui se passent depuis longtemps, si nous ommes en présence des Bonaparte ou des Borgia. (*Exclamations.* — *Cris :* A *l'ordre ! à l'ordre !*) J'invite tous les citoyens à s'armer et à se faire justice eux-mêmes.

« *M. le président Schneider :* Monsieur Rochefort, je vous rappelle à l'ordre. (*Très bien ! Très bien !*)

« *M. Émile Ollivier, ministre de la justice et des cultes* : Messieurs, nous sommes la justice et le droit. Je vous demande d'être aussi le calme et la modération. (*Très bien !*)

« *M. Raspail* : On a assassiné cependant !

« *M. le garde des sceaux* : Permettez-moi de m'expliquer, vous me répondrez ensuite si cela vous convient. »

M. E. Ollivier, après de longs détails sur la procédure usitée pour les arrestations et sur l'origine de la Haute-Cour, termine son allocution par un grand éloge de l'indépendance de la magistrature française.

« M *Raspail :* Elle n'a pas d'indépendance du tout. (*N'interrompez pas ! — Laissez parler !*)

« *M. Raspail* : J'ai demandé la parole, vous me la refusez ; je me retire, le public jugera ! (*Exclamations.*)

« *M. le président Schneider* : Il serait trop commode de se taire et de dire : Le public jugera! Il y aurait quelque chose de bien plus simple : ce serait de se renfermer dans les conditions dans lesquelles la parole vous a été donnée.

« *M. Raspail* : Je vais m'y renfermer. Je dis que vous donnez pour tribunal à l'assassin de Victor Noir la Haute-Cour de justice. Comment sera-t-elle composée? (*Nouvelles interruptions.*) Des juges que vous aurez nommés vous-mêmes. Nous les connaissons ces hautes-cours de justice; nous les avons vues à l'œuvre. Elles sont dévouées à ceux qui les ont choisies, comme les tribunaux. (*Bruit.*) N'en avons-nous pas l'exemple tous les jours? (*Interruptions.*)

« *M. le président Schneider* : Je ne puis pas permettre qu'on fasse ainsi un procès de tendance à la Haute-Cour et à la magistrature, qu'on frappe de suspicion leur indépendance et leur loyauté. (*Très bien! Très bien!*)

« *M. Raspail* : Ce qu'il faut, c'est un jury qui ne soit pas choisi par les ennemis de la cause du peuple. (*Exclamations.*)

« *M. le président Schneider* : Je vous rappelle à la question. (*L'ordre du jour!*)

« *M. Raspail* : Nous connaissons, je le répète, vos hautes-cours de justice. Dans l'une d'elles, on a trouvé jusqu'à un homme condamné aux galères. »

Les débats menaçaient, on le voit, de prendre un ton peu conforme aux habitudes parlementaires. Le lendemain, la séance fut plus calme, bien qu'une certaine inquiétude régnât au Corps législatif pendant l'enterrement de Victor Noir. M. de Rochefort arriva vers cinq heures, fatigué, ayant à peine la force de faire à ses collègues de la gauche le récit des événements de la journée. Les membres de la majorité étaient furieux d'apprendre que le peuple n'avait pas fourni au gouvernement l'occasion de l'écraser. Quelques-uns même ne craignaient pas de laisser voir leur dépit.

La *Marseillaise* avait publié, comme on l'a vu, un article très violent de M. de Rochefort à l'occasion de l'événement d'Auteuil. Le ministère public déposa sur le bureau de la Chambre une demande en autorisation de poursuites contre l'auteur. M. Nogent Saint-Laurens, nommé rapporteur de la commission, conclut à l'autorisation; la majorité semblait même décidée à discuter d'urgence la question; mais, sur les observations de MM. Gambetta, Arago et Picard, la Chambre, obéissant à un sentiment d'équité et de convenance, ajourna la discussion au lundi suivant.

Le débat fut ce jour-là plus calme qu'on ne s'y attendait. M. E. Ollivier fit de l'autorisation des poursuites une question de cabinet, et repoussa l'ordre du jour de M. Estancelin : « La Chambre, confiante dans la fermeté du cabinet, et rendant justice aux mesures qu'il a prises pour maintenir la paix publique, est d'avis qu'il convient aujourd'hui de retirer la demande en autorisation de poursuites. »

M. Picard, sans insister sur le côté juridique de la question, compara

Fig. 10. — La grève du Creusot. — Les ouvriers des ateliers d'ajustage repoussant les grévistes.

la tolérance accordée à la presse du temps du pouvoir personnel, à la rigueur que lui témoignait l'Empire libéral. Ce fut le point vif de son argumentation. M. Emmanuel Arago suivit le rapporteur sur le terrain judiciaire. L'affaire était jugée d'avance, et, malgré les efforts de ces orateurs et ceux de MM. Jules Ferry et Gambetta, l'autorisation fut votée à une immense majorité [1].

A ces débats politiques succéda une grande discussion sur les questions économiques, agricoles, industrielles, qui dura du 17 au 26 janvier. Elle fut marquée par un magnifique plaidoyer de M. Jules Simon en faveur de la liberté commerciale. M. Thiers, avec un talent toujours jeune, refit ses vieux discours protectionnistes. La discussion fut interrompue par l'interpellation de M. Esquiros sur la grève du Creuzot. M. Esquiros, familiarisé avec les grèves par l'exemple de l'Angleterre, où le gouvernement n'intervient jamais dans les luttes entre les patrons et les ouvriers, s'indignait de l'envoi de 3 000 hommes au Creuzot. M. Gambetta prit la parole après lui. Il n'est personne, dit-il, qui ne reconnaisse que l'abolition de la loi sur les coalitions a été une mesure excellente, que rien ne doit entraver la liberté du travail, que le salaire doit se débattre librement, comme tout autre marché, et que le droit de s'associer et de se coaliser n'implique nullement, pour les ouvriers qui refusent de travailler, celui de menacer et de battre ceux qui travaillent. Il s'agissait donc de savoir si une partie des ouvriers du Creuzot avaient, en opprimant l'autre, justifié l'envoi des troupes dans cet établissement. C'est ce que le gouvernement eût été bien embarrassé de prouver.

Le traité de commerce avec l'Angleterre fournit à M. Thiers l'occasion d'essayer de faire peur au pays. Il faut négocier sans retard pour modifier le traité; le cabinet, ajouta-t-il, est certainement là-dessus du même avis que l'opinion publique; mais il cède à l'influence d'une majorité qui, nommée sous le régime des candidatures officielles, n'est pas l'expres-

[1]. Un groupe considérable de curieux, d'ouvriers, d'étrangers, ne cessa de stationner pendant la séance autour du Palais-Bourbon. Le gouvernement avait pris ses précautions. Des sergents de ville et des gardes municipaux occupaient le palais de l'Industrie, deux bataillons de voltigeurs de la garde impériale l'Orangerie de la terrasse du bord de l'eau, aux Tuileries. Les troupes des casernes du quai d'Orsay et du Louvre étaient prêtes à marcher. L'Empereur se promena sur la terrasse du bord de l'eau pendant une partie de l'après-midi. Le préfet de police Piétri, installé au Corps législatif, surveillait en personne les mesures de défense. La foule rassemblée sur le pont et la place de la Concorde, apprenant le vote, y répondit par les cris : A bas Ollivier! Vive Rochefort! — Dispersée sans sommation à coups de casse-tête, elle se reforma plus loin et accompagna de ses huées les députés qui avaient voté pour l'autorisation de poursuites; le rassemblement persistait à attendre la sortie de M. H. de Rochefort, qui avait quitté le Palais-Bourbon par une porte dérobée. Ce ne fut qu'au bout d'une heure d'attente qu'il quitta la place.

sion du pays. M. Thiers aurait bien voulu faire croire à l'existence d'un mouvement de réaction contre la liberté commerciale, mais les souffrances de quelques industries ne pouvaient donner le change. L'orateur protectionniste eut beau s'évertuer, les intérêts se rattachant au système libéral étaient trop forts, pour être sacrifiés à des préjugés surannés; mais il pouvait être plus heureux en demandant si le ministère, en publiant les décrets du 10 janvier sur les admissions temporaires, n'avait pas outrepassé son droit. C'eût été une occasion de placer la question sur ce terrain politique. M. Thiers se préparait à en profiter; mais les partisans du régime parlementaire, redoutant que le nouveau cabinet ne vînt se briser sur l'écueil de la question économique, ainsi que les défenseurs de la nouvelle politique commerciale, se réunirent pour couper court aux attaques des protectionnistes, et, grâce à leurs communs efforts, la dénonciation du traité de commerce avec l'Angleterre, réclamée par M. Thiers et par M. Brame au nom de l'industrie expirante, disaient-ils, ne réunit, dans la séance du 28 janvier, que 32 voix, sur 243 votants.

Les protectionnistes et les libres échangistes luttèrent de nouveau le 31 janvier à propos de l'admission temporaire des fers, des fontes et des autres métaux. Le ministre promit qu'un projet de loi, sur les admissions temporaires, serait présenté à bref délai, et qu'on laisserait s'exécuter les marchés antérieurs au projet.

La marine marchande, victime du régime protecteur, dont depuis trente ans elle n'avait cessé un seul jour de se plaindre, offrait à la Chambre un sujet de discussion de la plus haute importance : abroger la loi de 1866 et rétablir les surtaxes de pavillon, comme le demandaient plusieurs députés, ce n'était pas remédier au mal; dénoncer tous les traités de navigation et déclarer que la France réserve désormais son marché à la marine nationale, c'était s'exposer à des représailles. Les vrais remèdes aux maux de la marine marchande étaient dans la liberté commerciale, dans la suppression des causes artificielles d'infériorité, au premier rang desquelles figuraient le régime suranné de l'inscription, qui fait émigrer l'élite des marins, et la réglementation absurde qui éloigne les intelligences et les capitaux de la marine.

La nomination d'une commission mit fin à la discussion et en fut le seul résultat.

Le bruit se répandit, à l'ouverture de la séance du 7 février, que M. de Rochefort devait être arrêté à sa sortie du Palais-Bourbon; le député de Paris recevait à chaque instant à son banc des billets de ses amis du dehors, lui annonçant tantôt que des agents étaient postés dans la salle d'attente pour l'appréhender au corps; tantôt que de nombreux fiacres stationnaient sur le quai d'Orsay et sur la place Bourgogne, et qu'un commissaire de police, revêtu de ses insignes, et trois agents se trouvaient dans chacune de ces voitures. Les nouvellistes prenaient pour des employés de M. Piétri, les solliciteurs qui venaient, comme d'habitude, relancer les députés à la Chambre. La séance finie, M. de Rochefort donnant le bras à M. Ordinaire, député du Doubs, quitta la salle de la Paix, s'arrêta quelques secondes avant d'entrer dans la salle d'attente, traversa la cour du Palais-Bourbon, serra la main à M. Gambetta, qui montait lui-même en voiture, et rentra librement chez lui. C'est, on s'en souvient, devant la salle de la *Marseillaise* que son arrestation eut lieu dans la soirée.

« Pourquoi, demanda le lendemain de cette arrestation M. de Kératry au garde des sceaux, au lieu d'appréhender au corps M. de Rochefort à l'issue de la séance, ou à son domicile, l'a-t-on arrêté à l'entrée d'une réunion publique au risque de grands malheurs? » Le garde des sceaux répondit : « J'ai voulu respecter l'enceinte du palais législatif. M. de Rochefort a trois domiciles; il fallait pourtant bien l'arrêter quelque part. » La majorité ne permit pas à M. de Kératry de prolonger ce débat sans issue; aussitôt après cet incident les tribunes se vidèrent, et la Chambre se trouva à peine en nombre pour discuter la question des voies de communication.

Les séances n'offrirent rien de bien intéressant jusqu'au 21 février. Ce jour-là eut lieu l'interpellation de M. Jules Favre sur la politique intérieure du gouvernement. Jamais l'orateur de la gauche ne fut mieux inspiré. Les candidatures officielles reçurent, le 23, de rudes coups de la main de M. Grévy; presque abandonnées par le garde des sceaux, elles trouvèrent d'ardents défenseurs dans M. Granier de Cassagnac et dans M. Clément Duvernois, qui alla jusqu'à reprocher à M. Émile Olivier de trahir la majorité.

L'Algérie, le régime des colonies, défrayèrent la discussion pendant les premiers jours de mars : la peine de mort, la restitution du pouvoir constituant au Corps législatif, l'abrogation de la loi de sûreté générale, l'instruction gratuite et obligatoire, la remise à l'élection des membres du conseil municipal de Paris et du conseil municipal de Lyon, occupèrent la Chambre, jusqu'au moment de la discussion de certaines questions essentielles, qu'impliquait le rétablissement du régime parlementaire.

L'Empereur, dans une lettre adressée au garde des sceaux, l'avait engagé à préparer un projet de sénatus-consulte destiné à fixer « les dispositions qui découlent du plébiscite de 1852 », à « partager le pouvoir législatif entre les deux Chambres », et à « restituer à la nation la part du pouvoir constituant qu'elle avait délégué ». Le projet de sénatus-consulte fut bientôt soumis au Sénat. Il portait que le pouvoir constituant appartenait à la nation, mais qu'elle ne pourrait l'exercer que par la voie plébiscitaire, sur l'initiative de l'Empereur : point d'assemblée constituante; rien que des individus interpellés isolément, ne pouvant répondre que par oui ou par non, et placés entre la crainte de leur ruine et la nécessité de subir le fait accompli, voilà ce qu'il fallait entendre par ces mots de pouvoir constituant de la nation. Le plébiscite, ainsi conçu, n'était plus que la porte, par où l'Empereur restait maître de rentrer dans le despotisme.

Le Sénat, en discutant ce sénatus-consulte, légiférait en matière de constitution, sans le concours de la chambre élective, réduite à rester les bras croisés. Cela choquait l'opposition. La constitution de 1852 le veut ainsi, lui répondait-on ; le sénatus-consulte la détruit ; mais, pour la détruire, il faut lui obéir encore une fois. La gauche paraissait assez peu touchée de ce raisonnement, et la Chambre en général semblait assez préoccupée de la ratification par un plébiscite, des réformes en voie d'accomplissement. La restitution du pouvoir constituant à l'assemblée élue, combinée avec le maintien du plébicite, soulevait en outre d'assez grosses difficultés. Une commission de sept députés du centre droit et de sept députés du centre gauche, cherchait depuis longtemps à les surmonter ou à les tourner, sans y parvenir, car au moment même de l'ouverture de la séance du 4 avril, où devait commencer le débat sur le pouvoir constituant, elle discutait encore un ordre du jour soumis à son adhésion par M. Thiers : « Le Corps législatif, après avoir entendu l'expression des diverses opinions, confiant dans les intentions du ministère et dans son zèle à se faire auprès du Sénat l'interprète des sentiments du pays, passe à l'ordre du jour. » Cet amendement obtint, auprès du centre droit, un meilleur accueil qu'auprès du centre gauche.

La commission se sépara sans avoir pris de résolution. Cent trente députés du centre droit avaient déclaré se rallier à la proposition de M. Thiers. Il fallait pourtant s'entendre ; aussi les réunions des deux groupes continuèrent-elles tantôt isolément, tantôt par comités ; mais là séance s'ouvrit sans qu'on eût rien conclu, et M. Grévy, qui monta le premier à la tribune, démontra, au milieu d'un profond silence, que le plébiscite annulait le sénatus-consulte et que l'Empereur accaparait par ce moyen le pouvoir constituant qu'il partageait autrefois avec le Sénat. M. E. Ollivier présenta, dans sa réponse, le régime plébiscitaire, auquel on le savait très opposé au fond, comme une des « beautés » de la réforme actuellement soumise au Sénat. Les discussions de l'Empereur et du ministère sur l'adoption du plébiscite et des ministres entre eux, étaient trop connues pour que M. E. Ollivier n'en fît pas l'aveu. Il déclara que le gouvernement n'avait cédé qu'après avoir reculé pendant longtemps, devant la crainte de mettre en mouvement le suffrage universel.

Le plébiscite décidé, restait à savoir s'il serait librement discuté par les citoyens. M. Picard traita cette question : ou le sénatus-consulte, dit-il, sera soumis à l'acceptation du peuple sans avoir été examiné et discuté, ou bien il l'aura été. Dans le premier cas, il manquera de portée sérieuse; dans le second, il sera un danger pour la tranquillité. Tel est le dilemme dans lequel l'orateur voulut enfermer le gouvernement. Le débat fut ajourné au lendemain, et, pendant la soirée, les deux centres essayèrent de s'entendre sans pouvoir y parvenir.

La séance du 5 s'ouvrit par un discours de M. Gambetta. Le député de Marseille s'efforça de démontrer que si le mot de plébiscite signifiait, d'après son origine latine, la connaissance que le peuple a d'un fait politique, le plébiscite lui-même devait embrasser les détails des institutions impériales et demander au peuple s'il approuvait l'immutabilité de la constitution, l'hérédité, les deux chambres, l'irresponsabilité du pouvoir exécutif, l'enlèvement du pouvoir constituant à la nation. La droite rit quand M. Gambetta demanda que les questions posées dans le plébiscite fussent ainsi formulées : Consentez-vous à vous démettre de tel ou tel droit? Les rires de la droite n'enlevaient rien à la valeur de l'argumentation de M. Gambetta, qui, à force d'habileté, de souplesse oratoire, parvint à se faire écouter en soutenant une thèse qui peut se résumer ainsi : la monarchie tempérée est incompatible avec le suffrage universel; l'expérience du parlementarisme anglais a été faite; il faut essayer du parlementarisme américain. Poser seulement la question devant une telle Chambre était un vrai tour de force.

« Le plébiscite, avait dit un député bonapartiste, fera surgir un nouveau monde. » M. Jules Simon se chargea de réduire ce monde à ses véritables proportions. La droite, peu sûre du talent de ses orateurs, comprit qu'il était temps de demander la clôture de la discussion : elle fut prononcée après des scènes assez tumultueuses, malgré l'opposition de M. Thiers. La Chambre adopta l'amendement suivant : « Le Corps législatif, après avoir entendu les déclarations du ministère, confiant dans son dévouement impérial et parlementaire, passe à l'ordre du jour. »

Le bruit de la démission de M. Buffet, répandu depuis quelques jours, fut pleinement confirmé dans la séance du 10. Le ministre des finances se résignait bien au plébiscite actuel, mais il se refusait à maintenir dans la nouvelle Constitution l'article 13, réservant à l'Empereur le droit permanent de faire appel au peuple. M. Daru, qui passait pour l'inventeur du régime plébiscitaire, suivait cependant, disait-on, M. Buffet dans la retraite. La loi sur la presse devait être discutée dans cette séance ; mais la crise ministérielle faisait le sujet de toutes les conversations, et le peu d'empressement des députés à gagner leurs places, leur persistance à former des groupes dans le salon du Trône ou dans la salle des Conférences, malgré les appels réitérés des huissiers, prouvaient que la Chambre n'avait pas la liberté d'esprit nécessaire, pour s'occuper d'autre chose. La discussion de la loi sur la presse fut renvoyée après un brillant discours de M. E. Pelletan.

M. Jules Ferry interpella le gouvernement, le mardi 12 avril, sur les désordres qui avaient interrompu le cours de M. Tardieu et motivé la fermeture de l'École de médecine pendant un mois. M. Ferry critiquait plus le choix de la pénalité que la pénalité elle-même. Cet incident à peine clos, M. Gambetta en souleva un nouveau, en déposant un projet de loi sur l'application du régime plébiscitaire; le gouvernement ne considérant point les dispositions relatives aux élections comme applicables au plébiscite, M. Gambetta voulait lui éviter la peine de créer un régime particulier : le ministère repoussa son concours, sans donner la moindre indication sur les règles qu'il comptait suivre pendant la période plébiscitaire. Un troisième incident survint : M. Jules Favre ayant soumis à la Chambre une adresse de remerciements de l'Algérie, M. Granier de Cassagnac s'en émut : le Corps législatif n'empiétait-il pas sur les priviléges du souverain en recevant une adresse? La question n'étant prévue par aucun sénatus-consulte, le président et la Chambre se trouvèrent également embarrassés pour la résoudre : il fallut recourir à un vote, et le Corps législatif décida à une majorité de 3 voix, 69 contre 66, qu'il ne pouvait recevoir les remerciements de l'Algérie.

Fig. 11. — Arrestation de M. Protot, avocat compromis dans a conspiration Beaury.

Les consignes les plus sévères avaient été données, le lendemain, aux gardes et aux employés du Palais-Bourbon. Personne ne pouvait pénétrer dans le salon de la Paix, sans être muni d'une carte de journaliste, ou sans être accompagné d'un député. Les membres de la Chambre étaient de bonne heure à leurs places; on s'attendait à un début de séance très orageux. On devait en effet discuter la proposition faite par le gouvernement de proroger la Chambre jusqu'au jeudi qui suivrait le plébiscite. Elle fut adoptée après une discussion, moins chaude qu'on eût pu s'y attendre, quoique très vive, entre M. J. Favre et M. E. Ollivier.

La Chambre, avant de se séparer, apprit que le cabinet ne se compléterait qu'après le vote du plébiscite.

Quelle était la situation de l'Empire à l'extérieur et à l'intérieur, au moment du vote du plébiscite?

La guerre de Crimée avait été la seule conception politique du règne de Napoléon III : l'alliance anglaise, les aigles impériales relevées, l'armée comblée de largesses et renouvelée, l'émotion d'une grande guerre, où un grand désastre n'était pas à redouter, donnée à une nation plus que jamais avide d'émotions, furent les bénéfices que l'Empereur retira de cette expédition, plus conforme à ses intérêts dynastiques qu'aux intérêts permanents de la France. Cependant, si la guerre de Crimée accrut le prestige de l'Empire, elle n'augmenta point en réalité sa force. La Prusse trouva dans cette guerre l'occasion de resserrer les liens qui l'unissaient à la Russie, et l'espoir de profiter plus tard des embarras de l'Autriche, affaiblie par ses hésitations et isolée en Europe. L'Angleterre, mécontente des résultats de la guerre, et presque résolue d'ailleurs à se désintéresser des affaires du continent, cessa d'être une alliée pour Napoléon III, dans le moment même où il avait le plus besoin d'elle, afin de réaliser les projets d'abaissement de l'Autriche, qu'il caressait alors.

La guerre d'Italie qui suivit la guerre de Crimée eut, comme celle-ci, des résultats plus grands en apparence qu'en réalité. L'Autriche, forcée, par des manœuvres habiles, de déclarer la guerre au Piémont, joua son existence dans les plaines de la Lombardie. La journée de Solférino décida de son sort. On la croyait perdue, lorsque tout à coup, à l'étonnement de l'Europe entière, le vainqueur s'arrêta sur les bords du Mincio et offrit la paix au vaincu. Quel motif le poussait? Ce n'est pas, comme on l'a dit, la crainte de voir la Prusse accourir au secours de l'Autriche. La Prusse, en offrant à celle-ci de la secourir sur le Pô, y avait mis pour condition qu'elle sortirait de l'Allemagne : l'Autriche avait refusé Etait-ce la difficulté de l'attaque du quadrilatère ou le désir de rentrer à Paris pour jouir des honneurs du triomphe, à la suite d'une campagne brillante rapidement terminée? Quelles que soient les causes d'une décision si brusque et si contraire aux déclarations faites par lui au début de la guerre, Napoléon III n'hésita pas à la prendre, persuadé que la France et le Piémont lui pardonneraient l'éclatant démenti qu'il venait de donner à sa proclamation, l'une parce qu'elle s'enrichissait de deux provinces, l'autre parce qu'elle recevait, en quelque sorte, carte blanche pour chercher des compensations en Italie.

L'affaiblissement de l'Autriche, en ne laissant subsister sur le continent que trois grandes puissances, la France, la Russie et la Prusse, ne pouvait manquer d'inspirer aux deux dernières, déjà rapprochées par tant de côtés, l'idée de s'unir contre la troisième, en cas de guerre. Napoléon III croyait avoir brisé la Sainte-Alliance et détruit les traités de 1815 qui n'existaient plus; il n'avait fait que cimenter l'alliance entre la Prusse et la Russie. Comptant réclamer un jour à Guillaume Ier le prix de sa complicité, il se flattait, en diminuant l'Autriche et en favorisant la Prusse dans ses tentatives pour s'emparer de la suprématie en Allemagne, de faire preuve de la plus profonde habileté; on dirait presque qu'il avait voulu donner à la Prusse une sorte d'encouragement en se jetant dans cette expédition du Mexique, qui lui enlevait toute possibilité d'intervenir dans les affaires d'Allemagne, et qui devait lui être si fatale, non seulement parce que le général, à qui il en confia la direction, en compromit le succès par ses intrigues et par son ambition incohérente, mais encore parce que lui-même, n'ayant pas su choisir le moment favorable pour retirer ses troupes, se vit obligé de battre en retraite devant une sommation des États-Unis, humiliation qui ne put être dissimulée et dont son prestige se ressentit.

Le fortune lui offrit deux occasions de prendre sa revanche : la première lorsque l'empereur d'Autriche, cherchant à reconquérir en Allemagne une prépondérance impossible, vint à Francfort montrer dans la *Journée des princes* son orgueil et son impuissance; la seconde, lorsque M. de Bismarck, ayant amené par ses manœuvres la cour de Vienne à une action commune contre le Danemark, l'Angleterre fit sonder Napoléon III pour savoir s'il serait disposé à prendre le Danemark sous une protection commune. L'Empereur répondit par la proposition d'un traité d'alliance qui aurait garanti à lui, Napoléon III, une partie des provinces rhénanes. L'Angleterre refusa de se faire l'instrument de cette politique, et l'alliance entre elle et la France, déjà bien refroidie, cessa d'exister.

La politique séculaire de la France était la protection des petits États. Napoléon III y avait déjà renoncé en Italie. L'abandon de cette politique parut encore plus complet, après la visite de M. de Bismarck à Biarritz. Les conversations échangées entre ces deux hommes politiques n'ont pas été et ne seront peut-être jamais publiées ; mais l'attitude provocante de la Prusse en face de l'Autriche, la résolution clairement manifestée par Guillaume Ier de garder les duchés, l'alliance offensive et défensive conclue entre la Prusse et l'Italie, en marquent suffisamment le sens et la portée.

100 000 hommes sur le Rhin, et la Prusse, qui marchait sur Vienne, était obligée de s'arrêter. Elle marcha. Pouvait-on douter que Napoléon III n'eût mis des conditions à son inaction ? Lorsque l'Autriche eut reçu à Sadowa le coup de grâce, on s'attendait à voir paraître le traité entre la France et la Prusse. Il n'y en avait point. M. Benedetti, accouru à Prague sous le prétexte de protéger l'Autriche, mais en réalité pour demander à la Prusse le prix de l'inaction de la France, ne parvint pas à tirer de M. de Bismarck d'autre réponse que celle-ci : La Prusse, sauf la Vénétie, que ses engagements envers Victor-Emmanuel l'obligent d'exiger, ne réclame rien à l'Autriche en fait de territoire ; elle ne fait pas une guerre de conquête, mais d'équilibre en Allemagne ; la retraite de l'Autriche de la Confédération lui suffit, et c'est là un arrangement purement intérieur, qui ne regarde aucune puissance. Napoléon III était joué.

L'opinion publique se refusait cependant à admettre que l'Empereur n'eût pas songé à prendre des précautions pour compenser la formation, sur ses frontières, d'une puissance aussi redoutable que la nouvelle Prusse. Napoléon III, comprenant quelle atteinte le rôle de dupe portait à son intérêt dynastique, voulait déclarer la guerre à la Prusse. M. Drouyn de Lhuys reçut l'ordre de rédiger les documents qui en sont les préliminaires ; mais le ministre de la guerre déclara n'avoir ni hommes, ni chevaux, ni canons ; l'Empereur arrêta la plume de M. Drouyn de Lhuys, et la paix ne fut point troublée. Comment le même homme n'avait-il pas craint, quelques mois après, de soulever la question du Luxembourg et de courir à une humiliation certaine, car la médiation des puissances couvrit assez médiocrement sa retraite, qu'il crut justifiée par le démantèlement illusoire d'une forteresse qui ne pouvait guère être utilisée contre la France ?

M. de Bismarck n'avait vu dans tout ce qui s'était passé entre lui et M. Benedetti que des « négociations dilatoires », aucune des combinaisons proposées par Napoléon III n'avait été acceptée, et, quand son ambassadeur avait parlé un peu haut et menacé d'une guerre, M. de Bismarck s'était contenté de répondre : « Une guerre pareille pourrait devenir une *guerre à coups de révolution*, et, en présence de la révolution, les dynasties allemandes feraient preuve de plus de solidité que celle de l'Empereur Napoléon. » Ce dernier se le tint pour dit et il ne fut plus question de rien demander à la Prusse.

Les fêtes de l'Exposition voilèrent mal ces graves échecs. L'attentat de Berezowski, l'accueil fâcheux fait au czar Alexandre II par les Parisiens, firent naître dans son esprit un mécontentement qui se trahit par la destitution de M. de Budberg, son ambassadeur à Paris, coupable d'avoir conseillé ce voyage. Les liens entre la Russie et la Prusse se resserrèrent. L'exécution de Maximilien, l'attitude de la Prusse, le désappointement provoqué par l'affaire du Luxembourg, le mécontentement causé au parti libéral par l'expédition de Mentana, tout faisait à l'Empereur une loi de rétablir à l'extérieur son influence ébranlée et son prestige affaibli.

Il en était de même à l'intérieur.

L'Empire n'avait vécu jusqu'alors que par un système de compression, tantôt ouverte, tantôt dissimulée, mais toujours active. La compression engendre la résistance, la résistance commence par énerver la répression et finit par l'user. Le premier signal de la résistance fut donné par les électeurs de Paris dès l'année 1857. Le gouvernement, tant que l'opposition n'eut qu'une couleur républicaine, put affecter de n'y pas attacher une grande importance ; le réveil de la bourgeoisie libérale et parlementaire, quelque timide et incomplet qu'il fût, l'obligea bientôt à des concessions d'abord insignifiantes, mais dont la valeur s'accrut successivement par la force même des choses. L'hostilité bien évidente de la classe ouvrière contre le gouvernement ne le dispensait pas de la nécessité de faire quelque chose pour elle. L'abandon du droit d'autorisation et de la juridiction administrative sur les journaux, fut une concession à la bourgeoisie, et le droit de réunion une concession aux ouvriers. Les bourgeois, pas plus que les ouvriers, ne pouvaient s'en contenter ; les premiers voulaient un retour complet au régime parlementaire, les seconds la République. L'Empire se trouvait donc placé entre deux oppositions également dangereuses. L'une l'attaquait dans le parlement et dans la presse ; l'autre, loin de lui fournir, comme il l'espérait, l'occasion de se fortifier par la répression, l'usait et le déconsidérait en le montrant séparé de la nation ; pour comble de malheur, l'arme qui avait jusqu'ici rendu le gouvernement maître du parlement, la candidature officielle, lui échappait ; les hommes lui manquaient pour faire mouvoir l'ancienne machine ; il ne lui restait donc plus qu'à demander son salut à la liberté dont il s'était fait le bourreau.

L'Empereur se résigna donc à modifier la forme de son gouvernement par une sorte de changement à vue, espérant qu'on s'en contenterait à l'intérieur, et qu'à l'extérieur on y verrait un signe de force ; mais de telles transformations sont impossibles, l'Empire ne se transforma pas ; il se retourna, comme on dit vulgairement, par une manœuvre hardie ; il fit un changement de front. Empêcher pendant vingt ans l'esprit libéral de se former, et ne plus s'appuyer que sur lui ; avec un parlement composé d'absolutistes, fonder un gouvernement constitutionnel : telle était la chimère que caressait Napoléon III. Le vieux bonapartisme ne s'en alarmait pas ; loin d'avoir abdiqué, il se montrait au contraire plus sûr que jamais de sa puissance. L'Empereur, à l'en croire, n'assistait aux efforts du ministère libéral que comme on assiste à une expérience, et il n'attendait que le moment où son insuccès serait constaté pour revenir à la dictature. Les plus modérés insinuaient que l'Empereur s'était trompé en choisissant M. E. Ollivier comme organisateur exclusif du cabinet. On ne peut, ajoutaient-ils, agir ainsi qu'avec un chef de parti reconnu ; mais M. E. Ollivier n'est pas le chef de M. Segris, de M. Buffet, etc. Le ministère lui-même paraissait hésitant et divisé. Les bruits répandus par l'extrême droite sur les intentions secrètes de l'Empereur étaient-ils vrais ? L'incertitude à ce sujet régnait à la cour. « Laisse-t-il faire ou agit-il franchement[1] ? » Ses serviteurs les plus intimes, comme le général Fleury, se le demandaient. La retraite de M. Magne et de M. Chasseloup-Laubat, aux yeux de l'ambassadeur de Napoléon III en Russie, n'était que momentanée. « Ils ont fait acte de bonne politique en se retirant pour « le moment et en laissant la place aux Buffet, Daru et Talhouët. Le « concours de ces hommes, plus ou moins orléanistes, est précieux en ce « sens qu'il rend au service de l'Empire les coryphées mêmes du duc « d'Aumale[2]. »

L'état de surexcitation dans lequel se trouvaient les classes ouvrières permettait de prévoir l'heure prochaine où le gouvernement aurait à

---

1. Lettre du général Fleury à M. Clément Duvernois (Papiers des Tuileries).
2. Lettre du général Fleury à M. Clément Duvernois (Papiers des Tuileries).

compter avec les émeutes. Il pouvait les écraser plusieurs fois de suite, dans Paris, mais il ne pouvait en triompher réellement que sur le Rhin ; encore une guerre entreprise pour se débarrasser de la révolution, n'exigeait-elle pas des conditions contradictoires qui la rendaient plus périlleuse. Lancer toutes les forces du pays sur le champ de bataille, n'était-ce pas l'associer à la victoire et par conséquent rendre vaine toute tentative de l'asservir de nouveau ; contenir et exciter le peuple en même temps, remporter une victoire assez grande pour s'en rendre maître et pas assez grande pour mettre l'Europe en mouvement et pour donner à la guerre un caractère révolutionnaire ; compter sur l'étoile, sur la chance, remettre de nouveau ses destinées entre les mains de généraux qui, en dehors de leur bravoure personnelle, n'avaient jusqu'ici montré d'autre mérite que celui d'être heureux : voilà en face de quelles difficultés se trouvait l'Empereur.

La France, en proie à un malaise universel, prélude des révolutions, voyait les transactions industrielles et commerciales s'arrêter, les affaires à longue échéance cesser, le flot du mécontentement général monter. L'Empereur se souvint alors qu'un député de la droite, M. Calley Saint-Paul, lui avait proposé de faire sanctionner, après 1867, par un plébiscite, les premières réformes accordées par lui, afin de noyer les reproches adressés à sa politique extérieure dans un vote populaire. Cette idée, qu'on jugea inutile d'adopter à cette époque, avait fait, sans que personne s'en doutât, une très vive impression sur Napoléon III. Le conseil des ministres était réuni le 30 mars 1870, et la discussion roulait sur des sujets insignifiants, lorsque tout à coup l'Empereur fit signe qu'il voulait parler. Cette envie lui venait rarement. Les ministres, rendus fort attentifs, ne furent pas peu surpris d'entendre Napoléon III leur soumettre l'idée du plébiscite. Le conseil comptait parmi ses membres un ancien républicain, M. E. Ollivier, et deux anciens orléanistes, MM. Buffet et Daru ; ils ne pouvaient éprouver une admiration bien vive pour le système plébiscitaire : M. E. Ollivier et M. Buffet combattirent son adoption. M. Daru s'y rallia tout de suite, et, moins d'un mois après ce conseil, deux décrets, en date du 23 avril, contresignés par tous les ministres, convoquèrent le peuple français et les Français de l'Algérie dans leurs comices le dimanche 8 mai, pour accepter ou rejeter le plébiscite suivant :

« Le peuple approuve les réformes libérales opérés dans la Constitution depuis 1860 par l'Empereur, avec le concours des grands corps de l'État, et ratifie le sénatus-consulte du 20 avril 1870. »

Fig. 12. — Organisation du comité général plébiscitaire de la rue de Rivoli.

Ces décrets furent accueillis avec des impressions bien diverses.

Le plébiscite suisse, après la discussion et le vote d'une réforme par une assemblée délibérante, peut être, disaient les gens sérieux, à bon droit, considéré comme un verdict rendu par le peuple directement et loyalement consulté, et comme l'expression de la volonté nationale; mais le plébiscite non précédé de délibération, interrogeant le peuple sur une question posée par le chef de l'État lui-même dans les termes qu'il lui a plu de choisir, n'est que la négation de la volonté nationale, un moyen d'avoir l'air de consulter les gens sans leur permettre de délibérer, et de les obliger à se prononcer sur leurs intérêts sans les connaître, quelque chose en un mot d'assez semblable à la sentence qui serait prononcée par un jury jugeant sans avoir entendu ni accusés, ni témoins, ni avocats. La souveraineté nationale s'exerce dans un pareil plébiscite sans aucune des garanties dont elle a besoin pour prendre conscience d'elle-même, elle ne parle que pour s'aliéner au lieu de se déléguer. Le plébiscite ainsi compris, c'est le principe et le but de toute dictature.

Si les sentiments de la partie éclairée de la nation n'étaient pas favorables au plébiscite, le reste s'apprêtait à suivre docilement l'impulsion des préfets. Les révolutionnaires s'apprêtaient à profiter de l'occasion de mettre l'Empire en question; les hommes d'affaires tremblaient à l'idée de l'agitation qui allait se produire; le nombre des bonapartistes, disaient les gens prudents, n'a pas pu augmenter, à quoi bon le constater? Quant au gouvernement, entrant résolûment en campagne, il fit suivre le décret du 23 avril de la proclamation suivante :

« Français,

« La Constitution de 1852, rédigée en vertu des pouvoirs que vous m'aviez donnés, et ratifiée par les huit millions de suffrages qui ont rétabli l'Empire, a procuré à la France dix-huit années de calme et de prospérité qui n'ont pas été sans gloire; elle a assuré l'ordre et laissé la voie ouverte à toutes les améliorations. Aussi, plus la sécurité s'est raffermie, plus il a été fait une large part à la liberté.

« Mais des changements successifs ont altéré les bases plébiscitaires qui ne pouvaient être modifiées sans un appel à la nation. Il devient donc indispensable que le nouveau pacte constitutionnel soit approuvé par le peuple, comme l'ont été jadis les Constitutions de la République et de l'Empire. A ces deux époques, on croyait, ainsi que je le crois moi-même aujourd'hui, que tout ce qui se fait sans vous est illégitime.

« La Constitution de la France impériale et démocratique, réduite à un petit nombre de dispositions fondamentales qui ne peuvent être changées sans votre assentiment, aura l'avantage de rendre définitifs les progrès accomplis et de mettre à l'abri des fluctuations politiques les principes du gouvernement. Ce temps, perdu trop souvent en controverses stériles et passionnées, pourra être plus utilement employé désormais à rechercher les moyens d'accroître le bien-être moral et matériel du plus grand nombre.

« Je m'adresse à vous tous qui, dès le 10 décembre 1849, avez surmonté tous les obstacles pour me placer à votre tête, à vous qui, depuis vingt-deux ans, m'avez sans cesse grandi par vos suffrages, soutenu par votre concours, récompensé par votre affection. Donnez-moi une nouvelle preuve de votre affection. En apportant au scrutin un vote affirmatif, vous conjurerez les menaces de la Révolution, vous assoierez sur une base solide l'ordre et la liberté, et vous rendrez plus facile, dans l'avenir, la transmission de la couronne à mon fils.

« Vous avez été presque unanimes, il y a dix-huit ans, pour me conférer les pouvoirs les plus étendus; soyez aussi nombreux aujourd'hui pour adhérer à la transmission du régime impérial. Une grande nation ne saurait atteindre tout son développement sans s'appuyer sur des institutions qui garantissent à la fois la stabilité et le progrès.

« A la demande que je vous adresse de ratifier les réformes libérales réalisées dans ces six dernières années répondez *oui*. Quant à moi, fidèle à mon origine, je me pénétrerai de votre pensée, je me fortifierai de votre volonté, et, confiant dans la Providence, je ne cesserai de travailler sans relâche à la prospérité et à la grandeur de la France.

« Napoléon.

« Palais des Tuileries, 23 avril 1870. »

Les ministres joignirent à la proclamation de l'Empereur une circulaire collective adressée aux fonctionnaires de l'Empire :

« Paris, 24 avril 1870.

« Messieurs,

« L'Empire adresse un appel solennel à la nation. En 1852, il lui a demandé la force pour assurer l'ordre; l'ordre assuré, il lui demande en 1870 la force pour fonder la liberté.

« Confiant dans le droit qu'il tient de huit millions de suffrages, il ne remet pas l'Empire en discussion, il ne soumet au vote que sa transformation libérale.

« Voter *oui*, c'est voter pour la liberté.

« Le parti révolutionnaire qualifie d'attentat contre la souveraineté nationale l'hommage que l'Empereur rend à la souveraineté nationale en consultant le peuple, et il conseille de voter *non*.

« Les vrais amis de la liberté, malgré des dissentiments de détail, marcheront avec nous. Peuvent-ils ignorer que s'abstenir ou voter *non* ce serait fortifier ceux qui ne combattent la transformation de l'Empire que pour détruire avec lui l'organisation politique et sociale à laquelle la France doit sa grandeur?

« Au nom de la paix publique et de la liberté, au nom de l'Empereur, nous vous demandons à vous tous, nos collaborateurs dévoués, d'unir vos efforts aux nôtres.

« C'est aux citoyens que nous nous adressons; nous vous transmettons non pas un ordre, mais un conseil patriotique; il s'agit d'assurer à notre pays un tranquille avenir, afin que, sur le trône comme dans la plus humble demeure, le fils succède en paix à son père.

« Recevez, messieurs, l'assurance de notre haute considération.

« Émile Ollivier, garde des sceaux, ministre de la justice et des cultes et ministre des affaires étrangères par intérim; Chevandier de Valdrome, ministre de l'intérieur; Émile Segris, ministre des finances; Le Bœuf, maréchal, ministre de la guerre; A. Rigault Genouilly, amiral, ministre de la marine et des colonies; Louvet, ministre de l'agriculture et du commerce; marquis de Talhouet, ministre des travaux publics; Maurice Richard, ministre des beaux-arts et ministre de l'instruction publique par intérim; E. de Parieu, ministre président du Conseil d'État. »

Le ministre de l'intérieur s'était chargé déjà de mettre plus spécialement les préfets au courant de ce qu'on attendait d'eux; il avait, dans une circulaire du 20 avril, fixé la somme de liberté dont les citoyens seraient appelés à jouir, pendant la période plébiscitaire. La loi sur les réunions publiques ne prévoyant pas le cas d'un plébiscite, il eût semblé logique de demander au Corps législatif de faire d'urgence une loi spéciale. M. Chevandier de Valdrôme aima mieux légiférer lui-même, et tandis que, pour tenir des réunions électorales ordinaires, une *déclaration* et une demande d'autorisation suffisaient, une demande signée de sept électeurs domiciliés dans la commune, et déposée vingt-quatre heures à l'avance, devint obligatoire pour les réunions plébiscitaires. La distribution et le colportage des bulletins et circulaires étaient permis, mais le droit d'affichage restait le monopole de l'administration.

Les bonapartistes se mirent tout de suite en mesure de venir en aide au gouvernement par la propagande individuelle. Leurs journaux annoncèrent le dimanche de Pâques la création d'un *Comité central du plébiscite de* 1870, comprenant : un *Comité de fondation*, un *Comité de direction* et un *Comité d'exécution*. Le Comité de fondation comptait : M. le duc d'Albuféra, président; MM. Boinvilliers, Bonjean, l'amiral Bouët-Villaumez, Dariste, Duruy, Hubert-Delisle, Laity, de La Guéronnière, Larrabure, le maréchal de Mac-Mahon, Mérimée, Monier de La Sizeranne, Nélaton, Quentin-Bauchart, de Saulcy, général Vinoy, sénateurs; MM. André, Argence, Birotteau, Bourbeau, Busson-Billault, Calmètes, Compaigno, Chesnelong, Cornudet, David (Jérôme), Descours Dupont (Paul), Dupuy de Lôme, Fouquet, Gaudin, Genton, Hébert, Jeliot, Johnston, Josseau, Lacroix-Saint-Pierre, Lafond de Saint-Mur, de Lagrange (Frédéric), Lebreton (général), de Mackau, Mège, Paulmier, Pinard, Quesné, Reille, de Saint-Paul, de Soubeyran, Talabot, députés au Corps législatif.

Le Comité de fondation englobait en outre les directeurs ou rédacteurs en chef de journaux suivants : MM. Gibiat (*Constitutionnel*), Jenty (*France*), E. de Girardin (*Liberté*), Francis Aubert (*Messager de Paris*), Grégory Ganesco (*Parlement*), de Saint-Valry (*Patrie*), Clément Duvernois (*Peuple français*), Cucheval-Clarigny (*Presse*), Ernest Dréolle (*Public*). Sénateurs, députés, journalistes, tous ces hommes d'énergie et d'activité se répartirent ensuite dans les trois comités. La première opération du *Comité central* fut de se faire ouvrir au Crédit foncier un crédit d'un million, et de lancer un appel à la bourse de « ceux qui pensent que, de toutes les économies qu'un pays puisse faire, la plus considérable est l'économie d'une révolution ». Le Comité institua ensuite soixante sous-comités à Paris et un nombre correspondant dans toutes les circonscriptions électorales.

L'opposition montra moins de promptitude à organiser ses comités. La première réunion, composée de députés et de journalistes de la gauche, eut lieu chez M. Crémieux ; un procès-verbal de la séance fut dressé, et les journalistes se préparaient à le signer lorsque M. E. Picard s'y opposa, non pas qu'il crût la dignité des députés intéressée à s'abstenir de toute action commune avec les journalistes, mais parce qu'ils lui paraissaient avoir les uns et les autres un mandat spécial et qu'il ne voyait nulle bonne raison pour les confondre. La réunion, après avoir passé outre à l'observation de M. E. Picard, discuta la question de savoir s'il fallait voter *non* ou s'abstenir. Le vote négatif obtint ses préférences sans exclusion d'aucun autre moyen de protestation, y compris l'abstention ; la réunion décida l'organisation dans chaque circonscription d'un comité antiplébiscitaire, et elle désigna pour rédiger un manifeste : MM. Jules Simon, E. Pelletan, A. Esquiros, députés ; parmi les journalistes : MM. Delescluse du *Réveil*, Louis Jourdan du *Siècle*, A. Peyrat de l'*Avenir national*, Louis Ulbach de la *Cloche*, Duportal de l'*Émancipation* de Toulouse, Lavertujon de la *Gironde* de Bordeaux, Véron du *Progrès* de Lyon.

La Marseillaise et *le Rappel* s'abstinrent de se faire représenter dans le comité formé chez M. Crémieux : « Que d'autres placent au-dessus des principes, les prétendues nécessités de tactique qu'ils considèrent comme supérieures, *la Marseillaise* n'a point de ces compromis ; elle reste fidèle à la tradition révolutionnaire et n'incline jamais son drapeau ; » le *Rappel* déclara de son côté ne pouvoir s'associer à un manifeste où le nom de la République n'était pas prononcé et au bas duquel on ne lisait aucune signature d'ouvrier [1].

M. Delescluze, qui ne se croyait pas privé par son titre de membre de la réunion Crémieux, du droit de lui susciter des obstacles, mit les bureaux de son journal à la disposition des journalistes de Paris et des départements pour y tenir des séances auxquelles assistaient M. Ledru-Rollin et M. Gambetta. Il s'agissait de former un nouveau comité. On n'y réussit pas. Quelques citoyens proposèrent de réunir tous les députés républi-

[1]. L'*Internationale* avait rendu l'adhésion des ouvriers inutile en rédigeant un manifeste en leur nom.

cains, tous les journalistes républicains de Paris et des départements, tous les principaux orateurs des réunions publiques, tous les délégués des associations ouvrières, et d'en former un comité unique. La confusion la plus complète ne pouvait manquer d'en sortir ; on s'en tint fort heureusement au comité élu chez M. Crémieux, dont les réunions étaient déjà passablement tumultueuses. Ce comité parvint à grand'peine à accoucher de ce manifeste :

LA GAUCHE ET LES DÉLÉGUÉS DE LA PRESSE A LEURS CONCITOYENS.

« Le 2 décembre a courbé la France sous le pouvoir d'un homme.

« Aujourd'hui, le gouvernement personnel est connu par ses fruits. L'expérience le condamne, la nation le répudie.

« Aux élections dernières, le peuple français a manifesté hautement sa volonté souveraine : au gouvernement personnel, il entend substituer le gouvernement du pays par le pays.

« Le Constitution nouvelle, sur laquelle le pouvoir vous appelle à vous prononcer, réalise-t-elle le vœu national ? Non.

« La nouvelle Constitution n'établit pas le gouvernement du pays par le pays.

« Elle n'en est que le simulacre.

« Le gouvernement personnel n'est point détruit ; il conserve intactes ses plus redoutables prérogatives ; il continue d'exister, à l'extérieur, par le droit personnel de faire les traités et de déclarer la guerre, — droits dont il a été fait, depuis quinze ans, un usage si funeste à la patrie ; — à l'intérieur, par le gouvernement personnel du chef de l'État, à l'aide de ministres qu'il nomme, d'un Conseil d'État qu'il nomme, d'un Sénat qu'il nomme, d'un Corps législatif qu'il fait nommer par la canditature officielle et la pression administrative, du commandement de la force armée, de la nomination à tous les emplois, d'une centralisation excessive qui met dans sa main toutes les forces organisées du pays, qui confisque l'autonomie des communes, et qui ne laisse pas même aux populations le droit d'élire leurs magistrats municipaux.

« Enfin, et pour couronner cet édifice de l'omnipotence impériale, la Constitution nouvelle livre à l'initiative exclusive du chef de l'État le droit qui appartient essentiellement à tout peuple libre de réformer, quand il le juge nécessaire, ses institutions fondamentales, en même temps qu'elle remet au pouvoir exécutif le droit césarien d'appel au peuple, qui n'est autre chose que la menace permanente d'un coup d'État.

« Telle est la Constitution qu'on vous propose.

« C'est votre abdication qu'on vous demande.

« Voulez-vous y souscrire ?

« Voulez-vous renouveler les pleins pouvoirs de l'Empire ?

« Voulez-vous, sous les apparences du système parlementaire, consolider le gouvernement personnel ?

« Si vous le voulez, votez *oui*.

« Mais si vous avez retenu la leçon des événements, si vous n'avez oublié ni les dix-huit années d'oppression, d'outrage à la liberté, ni le Mexique, ni Sadowa, ni la dette accrue de cinq milliards, ni les budgets dépassant deux milliards, ni la conscription, ni les lourds impôts, ni les gros contingents, vous ne pouvez pas voter *oui*.

« Car tous ces maux, dont la France n'effacera de longtemps la trace sont sortis, il y a dix-huit ans, de deux plébiscites semblables à celui qu'on vous soumet.

« Car aujourd'hui, comme alors, c'est un blanc-seing qu'on vous demande, l'aliénation de votre souveraineté, l'inféodation du droit populaire aux mains d'un homme et d'une famille, la confiscation du droit imprescriptible des générations futures.

« Au nom de la souveraineté du peuple et de la dignité nationale, au nom de l'ordre et de la paix sociale, qui ne peuvent se réaliser, par la conciliation des intérêts et des classes, qu'au sein d'une libre démocratie, repoussez par votre vote la Constitution nouvelle.

« Protestez par le vote négatif, par le vote à bulletin blanc, ou même par l'abstention; tous les modes de protestation apporteront leur part à l'actif de la liberté.

« Quant à nous, nous voterons résolûment *non*, et nous conseillons de voter *non*.

« Ont signé :

« Emmanuel Arago, D. Bancel, A. Crémieux, Desseaux, Dorian, Esquiros, Jules Ferry, Gagneur, Léon Gambetta, Garnier-Pagès, Girault, Glais-Bizoin, Jules Grévy, J. Magnin, Ordinaire, E. Pelletan, Jules Simon, députés.

« C. Delescluze, A. Duportal, Louis Jourdan, André Lavertujon, Pierre Lefranc, A. Peyrat, Louis Ulbach, Eugène Véron, délégués de la presse démocratique de Paris et des départements.

« Paris, 19 avril 1870. »

Le même comité s'adressa également à l'armée :

« Vous êtes citoyens avant d'être soldats. Votre cœur bat comme le nôtre aux idées de patrie et de liberté. Ecoutez donc notre voix fraternelle. Nous avons à vous parler de vos intérêts les plus chers, que nous ne séparons pas des nôtres.

« Demain, on va vous réunir dans vos casernes et vous demander un vote en faveur d'un régime qui pèse encore plus lourdement sur vous que sur les autres citoyens. Électeurs, vous faites partie du peuple souverain, et, puisque l'Empire pose à nouveau sa candidature, ne consultez que votre raison et votre bon sens. Ministres, généraux, colonels, n'ont rien à voir dans le domaine de votre conscience.

« Si vous croyez qu'un gouvernement qui vous enlève pendant vos plus belles années à vos affections, à vos devoirs civiques, à vos espérances de travail; qui fait de vous presque des étrangers dans votre propre pays, ne blesse ni la justice ni votre liberté, votez *oui* sous l'œil de vos supérieurs.

« Si, au contraire, vous voulez reconquérir votre place au foyer, vos droits à la vie social, — tout en restant à la disposition de la patrie, dans le cas où sa sécurité ou son honneur seraient menacés, et alors toute la démocratie serait à vos côtés, — si vous croyez que la liberté est le premier des biens; si vous êtes las de servir de rempart et d'instrument à une politique que vous combattrez vous-mêmes dès que vous ne serez plus soldats; si vous ne voulez plus de ces guerres impies ou stériles qui vous coûtent le plus pur de votre sang, si vous voulez vivre enfin en hommes libres dans une patrie libre, votez hardiment *non*.

« Et ne craignez pas que cet acte de virilité vous expose aux rancunes et aux persécutions; l'esprit de la France vous protégera.

« Sachez-le bien, d'ailleurs, vos chefs n'ignorent pas plus que vous que l'armée en France est une institution nationale et non pas dynastique. S'ils ne laissent point éclater leurs sentiments, pas plus que vous ils n'ont à se féliciter du césarisme.

« L'avancement n'est-il que le prix du mérite et des services ? Eux comme vous peuvent répondre. Et, parmi ceux qui vous commandent, les meilleurs ne gémissent-ils pas souvent de vous trouver plus empressés qu'ils ne voudraient à exécuter certains ordres qu'ils sont forcés de vous transmettre ? Ayez donc confiance les uns dans les autres.

« On vous fait voter dans vos casernes; on vous empêche de mêler vos suffrages dans les mairies à ceux de vos concitoyens. On vous retire donc le secret du vote, sans lequel, sous un gouvernement autoritaire, il n'y a ni sécurité, ni indépendance, ni

Fig. 13. — LE PLÉBISCITE. Les soldats de la caserne du Château-d'Eau jettent, par les fenêtres, à la foule, le résultat du vote du régiment.

dignité pour l'électeur. Et pourquoi vous contester ce droit, qu'on ne refuse à personne, si ce n'est pour faire violence à votre volonté, dont on redoute la libre manifestation !

« Vous ferez justice de ces manœuvres, et vous voterez *non*.

« Ce vote sera le pacte d'une alliance entre citoyens et soldats.

« La France compte sur l'armée, l'armée peut compter sur la France [1]. »

Les députés groupés autour de M. Picard ayant refusé de signer les manifestes de la gauche, l'*Electeur libre* déclara en leur nom qu'ils garderaient le silence [2]. Le parti abstentionniste ne renonçait pas à son système. Le groupe de proudhoniens qui, en 1869, avait organisé la manifestation du bulletin blanc, essaya cette fois encore d'y amener le parti socialiste. M. Louis Blanc se joignit à eux ; M. de Rochefort, abstentionniste dans la *Marseillaise* et député assermenté de la première circonscription, cherchant, sans en trouver, des raisons pour expliquer cette contradiction, soutint également le bulletin blanc.

Les républicains n'étaient pas les seuls à prendre part à la lutte antiplébiscitaire. Les membres du comité qui, aux élections de 1869, soutint la candidature de M. Thiers, après s'être réunis sous la présidence de M. Dufaure pour arrêter la conduite qu'ils tiendraient au scrutin du 8 mai, déclarèrent à l'unanimité « qu'il n'était pas possible à des amis de la
« liberté de voter pour le plébiscite, parce qu'il était un acte du gouver-
« nement personnel, et parce que le régime plébiscitaire est la négation
« absolue du principe représentatif. Si d'une part on demande au pays
« d'accepter certaines réformes libérales obtenues déjà par la force de
« l'opinion publique, on lui demande d'autre part de ratifier une consti-
« tution dont les articles 13 et 14 consacrent le droit, pour le pouvoir
« exécutif, de la modifier ou de la détruire sans discussion préalable des
« mandataires du pays. La nation, par le vote du plébiscite, donnerait un
« blanc-seing au chef de l'État sur toutes les questions d'ordre politique
« et social. » MM. Dufaure, président, Allou et Hauréau, assesseurs du

---

1. Garibaldi crut devoir joindre sa voix à celle des députés et des journalistes français et adresser une proclamation à l'armée.
2. Le nerf de la guerre, l'argent, manquait aux adversaires du plébiscite. On eut recours aux moyens les plus ingénieux pour le remplacer, des comités nombreux se formèrent pour expédier dans les campagnes les journaux déjà *lus* par les citoyens des villes, et les numéros non vendus et rachetés à bon marché ; les frais de la propagande n'en restaient pas moins considérables. On essaya de les couvrir par une souscription publique. M. Henri Cernuschi, ancien membre de la Constituante romaine en 1848, depuis longtemps naturalisé Français par son esprit, par son caractère, par ses affections et par ses intérêts, envoya 100 000 francs au comité de la gauche. Un arrêt d'expulsion le punit de sa générosité. M. Henri Cernuschi, en franchissant la frontière française, fit parvenir au comité une seconde somme de 100 000 francs. Il a été naturalisé en 1870.

comité, terminèrent leur manifeste en engageant, « comme amis de l'ordre et comme libéraux, les électeurs qui leur avaient apporté un si utile concours au mois de mai 1869, à voter *non* ou à s'abstenir. »

Les amis politiques de l'*Union* et de la *Gazette de France*, réunis successivement dans les bureaux de ces deux journaux, résolurent également de ne point s'associer par un vote approbatif à l'appel adressé au pays sous la forme d'un plébiscite :

« Parce que le sénatus-consulte fixant la Constitution amendée de 1870 confirme le chef de l'Etat dans le droit qu'il s'était attribué de renouveler ces plébiscites, arbitrairement, sans condition aucune, sans délibération préalable des mandataires du pays : ce qui constitue au plus haut degré la négation du principe représentatif, revendiqué avec une si incontestable évidence dans les élections de 1869.

« Parce qu'enfin ces futurs plébiscites n'étant point limités dans leur objet, pouvant porter sur toutes les questions de l'ordre politique et social, ouvriraient ainsi un champ indéfini à toutes les surprises et à tous les périls.

« Les deux réunions invitent en conséquence tous ceux qui partagent leurs convictions à *répudier* le plébiscite. Seulement la réunion de la *Gazette de France*, tout en admettant l'abstention, a pensé que le vote négatif était préférable. Celle de l'*Union* s'est prononcée en faveur de l'abstention.

« En protestant ainsi contre ce plébiscite,

« Les Français, fidèles à la tradition nationale et aux grands principes de liberté dont l'alliance fut consacrée, en 1789, par les votes unanimes de six millions d'électeurs et de l'Assemblée qu'ils avaient nommée,

« Restent conséquents avec eux-mêmes.

« Ils ont toujours rempli leurs devoirs de bons citoyens, donnant l'exemple du plus loyal dévouement à l'ordre social et à la paix publique.

« Les même sentiments de patriotisme leur commandent aujourd'hui de repousser la responsabilité d'une manifestation illusoire et dangereuse, qui ne garantirait aucunement ses institutions stables et libres, dont la France éprouve l'impérieux besoin, et qu'elle ne cessera de réclamer en dépit de toutes les vicissitudes du présent et de l'avenir.

« Pour la réunion de l'*Union* :

« De Neuville, ancien représentant, président; de Dreux-Brézé, secrétaire; de Barberay, secrétaire.

« Pour la réunion de la *Gazette de France* :

« R. de Larcy, ancien représentant, président; H. de Tréveneuc, ancien représentant, secrétaire; Paul Andral, secrétaire. »

Le centre gauche, par la retraite de M. Buffet du ministère, semblait protester contre le droit antiparlementaire, que se réservait l'Empereur, de faire des plébiscites à volonté. Les journaux de cette fraction de la Chambre, l'*Histoire*, le *Journal de Paris*, le *Soir*, le *Moniteur universel*, le *Centre-Gauche*, hésitaient cependant à se prononcer. Le *Journal des Débats* et l'*Opinion nationale* se résignaient tristement à voter oui [1].

1. Les départements, sans attendre le mot d'ordre de Paris, avaient commencé la guerre contre le plébiscite. L'opposition ne fut nulle part mieux organisée qu'en Alsace. Il

Le plébiscite, mal vu en général de la classe moyenne, trouvait des partisans dans la partie de la bourgeoisie qui, bien qu'un peu alarmée par le passé à cause du Mexique, restait attachée à l'Empereur par l'intérêt, par l'ambition, par la jouissance des places. La centralisation administrative allait rendre au plébiscite les mêmes services qu'à la candidature officielle, et le faire réussir par les mêmes moyens. Le vote du plébiscite, grâce à elle, était assuré; mais il s'agissait d'obtenir une majorité considérable; le concours du clergé était donc indispensable. Le gouvernement pouvait y compter; c'est tout au plus si deux ou trois prélats se montraient récalcitrants et causaient quelques alarmes à M. le garde des sceaux. L'évêque de Nîmes, le plus turbulent de tous, « ne dira rien et ne fera rien dire en chaire, sa conscience lui commande de ne pas s'abstenir, mais non de voter *oui*. Le clergé répondra cependant, à ceux qui lui demanderont son avis, de voter affirmativement [1]. » L'opposition épiscopale n'était pas, on le voit, bien redoutable pour le plébiscite.

Les journaux de la droite bonapartiste, enchantés de la démission de M. Buffet, avaient poussé aussitôt M. Daru à imiter son collègue. Un ministère de droite était seul capable, selon eux, de mener à bonne fin l'entreprise du plébiscite. M. E. Ollivier cependant ne s'y épargnait pas. Il connaissait les bons moyens, et il ne reculait nullement devant leur emploi, témoin le parti merveilleux qu'il tira de la conspiration Beaury. Les rapports des procureurs généraux sont unanimes sur l'effet qu'elle produit; les félicitations éclatent à chaque ligne, il s'y mêle un sentiment d'admiration involontaire pour une si utile invention. M. le garde des sceaux fait preuve d'ailleurs d'une activité fébrile qu'il communique à tous les fonctionnaires, placés sous ses ordres. On lui demande si les magistrats peuvent entrer dans les comités plébiscitaires ; il n'y voit, répond-il, que des avantages ; il charge même les procureurs généraux de dire aux juges de paix, qu'il les verra avec plaisir dans ces comités. Les magistrats sont surveillés avec une inquiétude jalouse. « On me dit que le président du tribunal de Moulins donne l'exemple d'une apathie voisine de l'hostilité, écrit le garde des sceaux au procureur général de Bourges, c'est son droit; cependant je désire être fixé sur la vérité du rapport qu'on me fait. Veuillez m'en écrire. »

---

semblait qu'un secret pressentiment l'avertît des terribles conséquences que cet acte allait avoir pour elle.

1. Lettre du procureur général près la cour de Nîmes à M. le garde des sceaux (*Papiers des Tuileries*).

M. le garde des sceaux ne permet pas au zèle de ses agents de faiblir un seul instant ; il le stimule tantôt en leur annonçant des poursuites contre les personnes qui « outragent l'Empereur », tantôt en faisant des procès aux journaux hostiles : « N'hésitez pas à poursuivre les journaux de votre ressort, qui contiendraient un appel à la guerre civile ou des outrages contre l'Empereur. Nous ne pouvons pas assister les bras croisés aux débordements révolutionnaires. » L'*Internationale* le préoccupe avant tout : « Arrêtez les affiliés, si cette société a des ramifications chez vous. » Le procureur général de Poitiers agirait volontiers contre les membres de l'Internationale ; mais encore faudrait-il qu'il connût le délit qui leur est imputé. « Celui d'association illicite, répond M. Émile Ollivier, et celui de société secrète. Elle a des affiliés dans toutes les grandes villes ; tâchez de les découvrir. » M. E. Ollivier ne laisse pas un instant de repos aux parquets : « Avez-vous saisi l'Internationale ? Elle existe à Toulouse. » — « A-t-on saisi l'Internationale à Marseille ? Elle y existe certainement. » Les réunions sont sévèrement surveillées. Le procureur général et le préfet de Besançon sont d'avis que certaine poursuite conseillée par le ministre serait inopportune. M. E. Ollivier persiste à la trouver indispensable : « Il est temps qu'on sente la main du gouvernement. » Même recommandation pour les réunions de Marseille : « N'hésitez pas à faire un exemple, et surtout frappez à la tête ; prenez-vous-en aux avocats, aux messieurs. » Chacune de ses dépêches est un appel ardent au zèle des procureurs généraux : « Voyez vos substituts. Qu'ils voient les juges de paix. Activez leur zèle. » Le garde des sceaux n'en oublie pas moins quelquefois des choses essentielles. Il faut que le ministre de l'intérieur lui écrive le 5 mai : « La *Marseillaise* et le *Rappel* n'ont pas été saisis « ce matin. Il me semble pourtant qu'avec un peu de bonne volonté, on « pourrait trouver dans les feuilles radicales de quoi motiver une poursuite, « et je persiste à penser qu'il y a *grand intérêt à les empêcher tous,* « *ces jours-ci, d'aller empoisonner nos campagnes.* »

Les rapports adressés au garde des sceaux à l'occasion du plébiscite [1] sont effrayants de zèle et de cynisme. « Bien que Clermont ne soit pas le « centre de grandes industries, écrit le procureur général de Riom, et que « rien n'y fasse soupçonner la présence d'agents de l'Internationale, « cependant, à raison des opinions avancées de quelques personnes, le sub-

---

[1]. Ces rapports n'ont pas péri, comme on l'a dit, dans l'incendie des Tuileries. Ils existent tous en mains sûres. La plus grande partie est même imprimée, mais elle n'a pu être livrée à la publicité.

« stitut du procureur impérial s'est concerté avec M. le directeur de la poste,
« qui doit *très secrètement* lui montrer toutes les lettres adressées de la
« Belgique et de l'Angleterre. Si parmi ces dépêches il en est qui paraissent
« présenter un caractère politique, ce qu'il sera facile de savoir par le nom
« du destinataire, M. le procureur impérial procédera officiellement. »

Voilà où en était la magistrature.

Les fautes du gouvernement personnel l'avaient placée dans une position difficile. La bourgeoisie commençait à s'en détacher par petites fractions. Il suffisait pour l'amener peu à peu à la République que le parti républicain n'oubliât pas les leçons du passé, et s'efforçât de n'effrayer personne. Mais les tribunes des réunions publiques ne cessaient de retentir des menaces et rodomontades de ces vulgaires bavards, qui s'improvisent socialistes, sans savoir ce que c'est qu'une question sociale. Si ces réunions ne révélaient pas un orateur, pas même un tribun, elles abondaient en revanche en fanfarons de jacobinisme et de liquidation sociale. Il ne suffisait pas pour calmer les frayeurs de la bourgeoisie de désavouer ces gens-là, il fallait lui prouver que la République aurait, si elle devenait gouvernement, la force de les contenir, et au besoin de les réprimer; mais le parti républicain, sans organisation, sans hiérarchie, sans discipline, sans doctrines communes, ne pouvait offrir de pareilles garanties. La masse de la bourgeoisie s'éloigne de lui; il était évident que, tant que le mot république lui paraîtrait synonyme d'anarchie, l'Empire durerait. Les suffrages de 1852 se retrouvèrent donc au fond des urnes plébiscitaires, grâce aux moyens employés, grâce à l'égoïsme et à la peur de quelques-uns, et à l'ignorance du plus grand nombre.

Les dix-sept députés qui, sous la conduite de M. E. Picard, s'étaient refusés à signer le manifeste antiplébiscitaire du comité des députés et des journalistes, publièrent dans l'*Électeur libre* du 2 juin une déclaration qui se résume ainsi : « Les dix-sept ont profondément ressenti,
« comme leurs collègues de la gauche, l'atteinte portée par le plébiscite à
« la représentation nationale. Ils attendent avec confiance le retour pro-
« chain de l'opinion publique en faveur de la liberté; mais ils *n'acceptent
« pas d'autre tâche que celle de le hâter par leurs efforts dans
« l'Assemblée*. Ils désirent sans doute voir l'opposition grandir en
« nombre comme en influence; mais ils ne croient pouvoir atteindre
« ce résultat que *si ses rangs restent ouverts*. Ils protestent donc
« contre tout système d'exclusion; *ils ne font et ne veulent faire
« aucune révolution.* »

Cette déclaration répondait à un discours prononcé par M. Gambetta dans une réunion privée très nombreuse, et dans lequel il déclarait « incompatibles la démocratie loyale et le pouvoir monarchique ». Le plébiscite lui semblait avoir affaibli l'Empire, car celui-ci, en se mettant aux voix, avait confessé « qu'il n'a pas de titre personnel, pas de légitimité. » La seule légitimité, avait ajouté l'orateur, est en effet la souveraineté nationale, qui ne saurait abdiquer, mais « qui se peut déléguer ». M. Gambetta continuait ainsi : « Pour que la bourgeoisie conservatrice
« n'ait plus peur de voir la délégation souveraine aux mains des républi-
« cains, il faut que la démocratie se présente comme un *gouvernement*
« susceptible de succéder à l'Empire, en cas de crise. La France n'est
« plus monarchique ; il lui est indifférent d'être gouvernée par un homme
« ou par un groupe d'hommes ; l'essentiel pour elle est d'être bien gou-
« vernée. » M. Gambetta concluait par cette idée que le parti démocratique radical devait se rallier sous la discipline de la gauche du Corps législatif « érigée d'avance en gouvernement provisoire ; il faut pour cela que l'opposition parlementaire devienne une vraie gauche, fermée à tous ceux qui ne sont pas républicains. »

Les deux fractions de la gauche s'exagéraient évidemment l'importance de cette classification en *gauche ouverte* et en *gauche fermée*, qui répondait plutôt à des convenances de tempérament personnel, qu'à de véritables nécessités politiques. Les *dix-sept*, quoi qu'il en soit, n'ayant plus été convoqués aux réunions de la rue de la Sourdière, chargèrent M. E. Picard de réclamer en leur nom ; il adressa donc cette lettre à M. J. Grévy, président de la réunion de la gauche fermée :

« Mon cher collègue,

« Je suis chargé par plusieurs de nos collègues de la gauche de vous demander de nous convoquer rue de la Sourdière.

« Je n'ai pas besoin de vous rappeler les raisons qui, dans l'intérêt de tous, rendent nécessaire une prompte solution.

« Recevez l'assurance de mes sentiments dévoués.

« E. Picard. »

M. Jules Grévy lui répondit :

« Mon cher collègue,

« J'ai communiqué aux députés de la gauche auxquels elle était destinée la lettre que vous m'avez fait l'honneur de m'adresser au nom de plusieurs de nos collègues.

« Voici la réponse que je suis chargé de vous transmettre :

« La réunion de la gauche a vu avec regret un certain nombre de ses membres, après s'être séparés de la majorité dans une circonstance grave, se réunir à part et laisser

Fig. 14. — Le Plébiscite. M. Rouher vote à l'orangerie du Luxembourg.

publier, dans les comptes rendus de leur séance, qu'ils formaient une réunion nouvelle et qu'ils adoptaient une politique ouverte aux compromis monarchiques répudiés par votre manifeste du 14 novembre 1869.

« Sans paraître tenir compte de ces faits qui ont frappé l'opinion publique et qui nous ont vivement émus, vous nous demandez aujourd'hui en leur nom, vous nous requérez presque de les convoquer à la réunion de la gauche.

« Nous ne pouvons le faire, quel qu'en soit notre désir, que s'ils croient devoir désavouer la formation d'une seconde réunion et la ligne politique qu'ils se sont laissé attribuer publiquement.

« Il est de leur intérêt, comme du nôtre, qu'il ne se glisse entre eux et nous aucune équivoque ; que nous restions unis, si nous devons marcher ensemble, ou que, si nous voulons suivre des voies différentes, nous soyons distincts, tout en conservant nos bons rapports et nos bons sentiments.

« Agréez, mon cher collègue, etc.

« Jules Grévy. »

Cette lettre provoqua une réplique :

« Cher collègue,

« Nous avons pris connaissance de la lettre que vous étiez chargé de nous transmettre.

« Nous ne devons pas vous taire l'impression qu'elle nous a causée. Sans le vouloir, sans doute, vous avez posé à des collègues des conditions blessantes sur lesquelles leur dignité ne leur permet pas de délibérer.

« Involontairement, vous donnez crédit à des calomnies dont mieux que personne vous connaissez le néant.

« Nous ne transigerons jamais avec le pouvoir personnel, et nous répudions tous les compromis. La vraie discussion n'est pas là : vous le savez. La différence entre vous et nous est celle-ci : Vous voulez une gauche fermée, nous la voulons ouverte à quiconque revendiquera les libertés publiques sur le terrain où la gauche s'est placée de 1857 à 1869.

« Nous restons donc toujours membres de la gauche ; mais, fidèles à ses traditions, nous ne pouvons plus faire partie de votre réunion.

« Veuillez agréer, cher collègue, l'assurance de nos meilleurs sentiments.

« Barthélemy Saint-Hilaire, Bethmont, de Choiseul, Javal, Lecesne, Lefèvre-Pontalis, Malézieux, duc de Marmier, E. Picard, Rampont, Riondel, Steenackers Wilson. »

Le public, malgré tout, ne voulait pas croire à une rupture sérieuse, et la distinction entre une gauche fermée et une gauche ouverte lui paraissait reposer sur des mots plutôt que sur des réalités. Quel est le parti qui se ferme à ceux qui se convertissent à ses opinions et qui viennent à lui? Quel est le parti qui s'ouvre indistinctement à tout le monde? Les partis délibèrent séparément, sans doute, mais rien ne les empêche de se réunir pour délibérer en commun dans certaines circonstances; ne s'unit-on pas dans une coalition sans se confondre? M. E. Picard et ses amis restaient, disaient-ils, sur le terrain où la gauche s'était placée de 1857 à 1869. Sans changer précisément de terrain, sera-t-il donc interdit de tenter des excursions sur le territoire ennemi? Le parti républicain depuis 1869 a singulièrement étendu ses opérations et modifié sa stratégie ; le ramener aux limites de 1857, ce n'était plus possible. M. Picard et ses amis le comprenaient au fond ; aussi le public n'accordait-il qu'une mince attention à cette querelle entre les deux gauches, malgré tous les efforts des journaux bonapartistes pour la grossir.

Le ministère, dans les derniers jours de la période plébiscitaire, avait usé de tous les moyens pour assurer le succès du vote du 8 mai. Les saisies de journaux s'étaient multipliées ; le *Rappel*, l'*Avenir national*, le *Siècle*, le *Réveil*, la *Marseillaise* furent traduits en police correctionnelle sous diverses préventions ; une trentaine de journaux devinrent également l'objet de poursuites dans les départements. Les rigueurs du parquet atteignirent en même temps les orateurs des réunions publiques, dont les discours faisaient en général plus de bien que de mal au gouvernement. Bientôt ce fut au tour des membres des sociétés ouvrières ; l'*Association internationale des travailleurs*, d'abord comprise dans le complot déféré à la Haute-Cour de Blois, fut citée tout simplement devant la 6e chambre de police correctionnelle, le mercredi 22 juin 1870. Le nombre des prévenus était de trente-huit, divisés en deux catégories, l'une composée de prévenus considérés comme chefs et fondateurs d'une société secrète, l'autre de simples membres de cette société. Les journaux les moins socialistes, le *Journal de Paris* par exemple, s'étonnèrent de l'accusation de société secrète, lancée contre celle des sociétés ouvrières qui vivait le plus au grand jour ; le procès n'en eut pas moins lieu.

M. Clément Laurier occupait le banc de la défense. Les débats furent précédés de la lecture d'un rapport sur l'*Internationole*, élaboré au ministère de la justice, interminable document où les noms de Mazzini, de Ledru-Rollin, de Félix Pyat, de Cluseret se trouvaient groupés et mêlés les uns aux autres, sans aucune espèce de logique ni de raison, au gré du caprice de l'auteur. Quoique la lecture de ce factum eût duré plus de deux heures, le ministère public, dans son réquisitoire, ne se crut pas moins obligé de refaire à sa façon l'histoire de l'*Internationale*, société terrible, dit-il, qui a pour but la révolution, pour moyen la grève, et un chiffre pour traduire ses correspondances secrètes, ajouta-t-il d'un ton d'épouvante ; ce chiffre, saisi à Lyon, effrayait surtout le ministère public, qui ne fit pas preuve de beaucoup de tact, en rappelant le vote du 8 mai, et en ajoutant qu'il avait prononcé entre l'Empire et l'*Internationale*. C'était mettre le gouvernement et l'Internationale sur la même ligne; « le pays, dit en finissant l'orateur du parquet, par son « nouveau suffrage, en raffermissant le pouvoir, a affirmé sa répulsion « et sa haine pour vous; désormais nous vous traquerons sans trêve ni « merci. »

Traquer les gens sans trêve ni merci, singulier langage dans la bouche du représentant de la justice; la persécution d'ailleurs, loin d'effrayer les membres de l'*Internationale*, ne faisait que les rendre plus ardents à la braver et à la provoquer; il savait bien que la sévérité du gouvernement grandissait l'*Internationale* et eux en même temps. Ces ouvriers intelligents, habitués à la parole, se gardèrent bien de négliger l'occasion qu'on leur offrait, d'étaler leur éloquence et d'exposer leurs théories et leurs principes, dans une défense à la fois individuelle et collective. Les prévenus prirent tour à tour la parole. Leur condamnation n'était point douteuse, elle fut prononcée, mais ils ne s'en plaignirent pas. Le retentissement donné à leurs idées valait bien quelques mois de prison.

Un autre procès politique se jugeait au même moment à Blois; l'arrêt de la Chambre des mises en accusation de la Haute-Cour de justice, daté du 4 juin, avait renvoyé devant cette Cour 72 individus accusés de crimes divers, notamment de complot contre la sûreté de l'État et contre la vie de l'Empereur. Les principaux accusés, outre ce Beaury, dont nous avons parlé, étaient les sieurs Cournet et Razoua [1], Flourens [2], Ferré [3], Fontaine [4], Jaclard [5], Gromier [6], Mégy [7], Moillin [8], Sapia [9], Tibaldi [10].

Le procès s'ouvrit, le 18 juillet, dans une salle du château de Blois, sous la présidence de M. Zangiacomi, qui avait autrefois présidé les débats des complots de l'Hippodrome et de l'Opéra-Comique. M. Grandperret occupait le siège du ministère public, assisté de quatre substituts. On remarquait au banc de la défense MM. Emmanuel Arago, Floquet, Laurier et Lachaud.

1. Rédacteurs du *Réveil*, nommés en 1871 représentants du peuple à Paris, démissionnaires, condamnés pour participation à la Commune.
2. Tué en combattant les troupes de Versailles.
3. Fusillé par les troupes rentrées à Paris.
4. Directeur des domaines pendant la Commune.
5. Membre de la Commune.
6. Secrétaire de Félix Pyat.
7. Déporté.
8. Un des maires de Paris pendant la Commune, fusillé à la rentrée des troupes.
9. Tué le 22 janvier 1870 dans la manifestation de l'hôtel de ville.
10. Ancien transporté à Cayenne.

M. Emmanuel Arago, l'audience à peine ouverte, déposa ces conclusions : « Plaise à la Haute-Cour, attendu que, dans les circonstances « où se trouve le pays, nul ne saurait apporter dans les débats qui vont « s'ouvrir la liberté d'esprit nécessaire à l'accomplissement de ses devoirs, » dire qu'il sera sursis. » Qui se souvenait en effet, dans ce moment où la guerre commençait avec la Prusse, de Beaury et des autres individus plus ou moins compromis dans sa conspiration ? La Cour repoussa ces conclusions, et le procès suivit son cours au milieu de l'indifférence générale. Ce n'est pas que la passion des avocats et des juges ne fît naître à chaque instant des incidents dramatiques, mais tout cela se passait au milieu d'événements qui ne permettaient pas à l'attention publique de se partager; l'intérêt était ailleurs [1].

---

[1]. Trente-sept accusés furent acquittés, parmi lesquels Cournet, Ferré, Joly, Razoua, Prost et les frères Villeneuve; les autres furent condamnés à diverses peines que la chute de l'Empire devait les empêcher de subir.

CHAPITRE IV

LA QUESTION HOHENZOLLERN

Confiance dans le maintien de la paix. — M. de Gramont remplace M. Daru au ministère des affaires étrangères. — Origine de la candidature du prince de Hohenzollern. — Entretien de M. Benedetti avec M. de Bismarck. — Napoléon III avait-il le droit de s'opposer à cette candidature? — Session du Corps législatif. — Discours de M. Thiers sur le contingent. — Discours de M. Jules Favre. — Discours imprudent de M. Em. Ollivier. — Discussion de la pétition des princes d'Orléans. — Interpellation de M. Cochery. — Déclaration du gouvernement. — La gauche demande communication des pièces diplomatiques. — Ardeur belliqueuse du sénat. — Le gouvernement impérial laisse de côté l'Espagne pour s'adresser uniquement à la Prusse. — Le roi de Prusse cherche à dégager sa responsabilité. — Exigences croissantes du gouvernement impérial. — Interpellation de M. Clément Duvernois. — Retrait de la candidature Hohenzollern annoncé par M. E. Ollivier. — C'est la paix. — Hausse à la bourse. — Brusque changement opéré par l'influence de l'Impératrice. — Nouvelles exigences de M. de Gramont. — Rupture entre la France et la Prusse.

Les amis de la paix n'avaient jamais été plus rassurés qu'après le vote du plébiscite. De quelque côté que l'on regardât, on ne voyait aucune question irritante engagée, on parlait même d'un plan de réduction générale des forces militaires, d'une sorte de désarmement réciproque en Europe, proposé à la Prusse par l'Angleterre, sur l'instigation de M. Daru, ministre des affaires étrangères. M. de Bismarck, sondé sur ce projet, ne l'avait repoussé, assurait-on, que parce qu'il lui était impossible de modifier le système d'organisation militaire de la Prusse, qui formait une des bases de la constitution de ce pays. Pendant qu'on se livrait à ces illusions, la Prusse s'assurait, par des traités successifs avec les États du sud, la direction des forces de l'Allemagne, qu'elle réorganisait à la prussienne. De nombreux journaux dévoués à M. de Bismarck agissaient sur l'opinion en Allemagne et en Italie. La prépondérance des Magyars dans les affaires d'Autriche donnait des forces aux partisans de l'alliance avec la Prusse. On sait jusqu'à quel point celle-ci pouvait compter sur la Russie. Alexandre et Guillaume étaient ensemble à Ems dans les premiers jours de juin, et, pourvu que la France attaquât la première la Prussse, Alexandre était décidé à faire marcher ses troupes contre elle. C'était là des précautions bien peu compatibles avec un désarmement, d'autant plus que les dépenses dépassaient les ressources du pays, qu'une crise approchait et que la guerre pouvait sembler la meilleure manière d'en sortir; mais il fallait que cette guerre fût justifiée par un grand danger national. M. de Bismarck, toujours très attentif aux affaires de France, crut avoir trouvé ce qu'il cherchait dans le plébiscite; il y vit le présage de l'abandon du régime parlementaire et le retour plus ou moins prochain à la dictature [1]. La nomination de M. de Gramont, ambassadeur à Vienne, au ministère des affaires étrangères, en remplacement de M. Daru, fut pour lui comme le signal de leur triomphe. Il se prépara dès lors à la guerre.

Seulement, il tenait à ne pas paraître la provoquer, et il fit consister toute son habileté à amener Napoléon III à devenir l'agresseur.

M. de Gramont, pendant son ambassade de Rome, avait eu quelques démêlés avec le cardinal Antonelli, ce qui le fit d'abord assez mal accueillir de la haute société autrichienne, qui a toujours été animée d'un catholicisme très ardent. La conversion de sa femme au catholicisme changea ces dispositions. Le gouvernement autrichien resta cependant pendant plusieurs années en relations assez froides avec lui. M. de Gramont ne put réussir ni à obtenir de l'Autriche une coopération active en faveur de la Pologne en 1863, ni à empêcher l'alliance austro-prussienne dans l'affaire du Sleswig-Holstein. En revanche, ses efforts pour déterminer l'archiduc Maximilien à se lancer dans l'aventure du Mexique, malgré sa famille, eurent un succès peu fait pour accroître son crédit à la cour de Vienne.

---

[1]. *Napoléon III*, par M. de Sybel (*Revue politique et littéraire*, numéro du 21 juin 1873).

Fig. 15. — Les résultats du Plébiscite sont communiqués à la foule sur la place de l'Hôtel-de-Ville.

Sadowa ayant créé des relations plus étroites entre les cours de Schœnbrunn et des Tuileries, M. de Gramont profita de ce changement. L'entrevue entre Napoléon III et François-Joseph à Salzbourg fut préparée et réglée par lui. Il n'en résulta rien que des pourparlers, et une correspondance entre les deux souverains, qui s'était terminée l'année précédente sans avoir rien produit; mais M. de Gramont n'en revenait pas moins à Paris prendre possession du ministère, précédé d'une certaine réputation d'habileté, grossie à l'envi par les journaux bonapartistes. Les chroniqueurs étalaient sa généalogie et célébraient à l'envi tantôt son « grand air », tantôt ses « façons de grand seigneur », tantôt sa « prestance à la tribune »; l'un d'eux s'écriait : « En l'entendant parler, on sent que nous avons un ministre des affaires étrangères. » Ce favori de la chronique allait se trouver, pour ses débuts, en présence de l'affaire la plus grave que jamais ministre du second Empire ait eu à régler, la candidature du prince de Hohenzollern au trône d'Espagne.

Un changement de gouvernement avait eu lieu en Espagne le 30 septembre 1868. Le général Prim, un des principaux auteurs de cette révolution, cherchant, pour obéir à la décision des Cortès, un remplaçant à la reine Isabelle, qu'il venait de renverser, avait, après le refus obstiné du roi de Portugal, candidat préféré par Napoléon III, jeté les yeux sur le duc de Montpensier, mari de la sœur de la reine déchue. Napoléon III, consulté sur ce choix, ne le crut pas compatible avec ses intérêts dynastiques. Le général Prim avait songé ensuite à une candidature prussiennne : celle du prince Frédéric-Charles se présenta d'abord à son esprit; mais le prince recula devant la nécessité d'un changement de religion. Le général Prim se trouvait fort embarrassé, lorsqu'un de ses amis découvrit dans l'*Almanach de Gotha* que la maison de Hohenzollern se divisait en deux branches, l'une protestante et régnant en Prusse, l'autre catholique, résidant à Dusseldorf et représentée par le prince Antoine de Hohenzollern et par ses deux fils, le prince Charles, hospodar de Roumanie, et le prince Léopold, officier de cavalerie dans l'armée prussienne. Ce dernier, si l'on en croit une autre version, aurait été désigné par un député aux cortès, ancien secrétaire d'ambassade à Berlin. Le prince Léopold, marié à une princesse portugaise, allié des Bonaparte, cadet d'une branche cadette, ne serait peut-être pas fâché de régner sur un pays qui valait bien la Roumanie. Le général Prim envoya au mois d'avril 1869 un de ses affidés, M. Salazar, à la cour de Berlin, et à celle de Dusseldorf pour sonder le prince Antoine et son fils. M. Salazar fut d'abord reçu avec froideur. Il rêvait par cette royauté toutes sortes de grandes choses pour son pays, l'union avec le Portugal, la reprise de Gibraltar, etc. Aussi ne se découragea-t-il pas. Les négociations prirent une tournure plus favorable en octobre ; bien que le prince Antoine se plaignît fort des dépenses qu'il avait dû faire pour qu'un de ses fils fût nommé roi, il se souvenait trop bien de ce qu'il lui en avait coûté pour faire l'autre hospodar. Il s'était décidé cependant à payer les frais de la note ; mais il attendait que Guillaume Ier, consulté comme chef de famille, l'eût autorisé à accepter l'offre des Espagnols. Dans les premiers jours de l'année, on savait qu'aucun obstacle ne serait mis par la branche aînée des Hohenzollern à ce qu'un rameau de la branche cadette s'implantât en Espagne. « On n'offre pas tous les jours, dit M. de Bismarck au prince Léopold, une couronne à un sous-lieutenant. » Ce mot tranchait la question. Ce ne fut cependant qu'au commencement de mai que M. de Bismarck fit connaître ses dispositions. M. Salazar repartit et arriva en juin à Berlin. Le prince Léopold avertit Guillaume Ier, qui, sans réunir son conseil et sans consulter personne, lui répondit que, comme chef de famille, il ne croyait pas devoir mettre obstacle à son dessein. Le général Prim avait enfin trouvé son roi ; il ne lui restait plus qu'à le présenter à Napoléon III et aux Cortès, qui devaient être convoquées dans trois mois ; mais, soit qu'il ne tînt pas suffisamment compte de l'antagonisme entre Paris et Berlin, soit qu'il se flattât en brusquant les événements de les faire accepter comme faits accomplis, soit qu'il espérât qu'en échange du prince prussien, il lui permît de prendre un prince italien, ce qu'il n'avait pas voulu faire jusqu'alors, il avait commis une grande imprudence en entrant en négociation avec le prince Léopold sans en faire part à l'Empereur des Français. Le secret était donc la grande condition du succès dans une affaire semblable ; rien des arrangements entre Madrid et Dusseldorf ne devait transpirer jusqu'au jour où les dernières mesures seraient prises. Une indiscrétion de M. Salazar mit un journal de Madrid au courant de ce qui se passait. Ce journal n'eut naturellement rien de plus pressé que d'apprendre à ses lecteurs que l'Espagne aurait sous peu un roi, dans la personne du prince Léopold de Hohenzollern. Le général Prim était à la chasse : à son retour, un ami qui l'attendait à la gare, s'empressa de le féliciter du succès de ses démarches en lui montrant l'article du journal. Prim pâlit, déchira son gant de colère [1],

---

1. *Memorias de un constituante; estudios historicos y politicos*, par M. Victor Balaguer. Madrid.

et comprit qu'il ne lui restait plus qu'à brusquer l'affaire. « Le prince Léopold de Hohenzollern est un candidat au trône d'Espagne, » dit-il tranquillement, à la fin d'un dîner, à M. Mercier de Lostende, ministre de Napoléon III près le gouvernement espagnol.

La nouvelle n'était pas tout à fait imprévue ; M. Salazar avait publiquement signalé le choix du prince de Hohenzollern, comme le meilleur que pût faire l'Espagne. Le *Journal des Débats* avait appelé déjà l'attention du public sur la candidature du prince prussien, et avant le *Journal des Débats*, un député aux Cortès en avait également dit quelques mots à la table de M. Drouyn de Lhuys, ancien ministre des affaires étrangères. M. Benedetti, ambassadeur en Prusse, avait appris qu'un ancien ambassadeur d'Espagne en Prusse, arrivé de Vienne à Berlin, entretenait avec M. de Bismarck des relations dont la candidature du prince de Hohenzollern était le sujet. Il voulut s'en assurer. M. de Bismarck était absent. M. de Thile, sous-secrétaire d'État, interrogé par M. Benedetti, au mois de mars 1870, déclara sur l'honneur que « le gouvernement prussien ne savait rien des négociations engagées entre l'Espagne et le prince Léopold » ; la négociation se poursuivant d'un côté entre l'Espagne et le prince Antoine de Hohenzollern, chef de la branche cadette, et de l'autre entre ce même prince et le roi de Prusse, chef de la maison, il était à la rigueur possible que le sous-secrétaire d'État ignorât les pourparlers relatifs à une affaire à régler entre deux familles et non entre deux gouvernements.

La dépêche de M. Mercier de Lostende, annonçant officiellement la candidature du prince de Hohenzollern, causa une vive émotion à Saint-Cloud, l'Empereur fit venir M. Benedetti à Paris, et le chargea de prévenir une candidature que, selon lui, le pays n'accepterait pas. M. Benedetti, de retour à Berlin au mois de mai 1870, se rendit chez M. de Bismarck et lui parla de l'affaire ; M. Benedetti quitta le ministre prussien avec la conviction que la candidature était sérieuse, et qu'il lui avait caché sa véritable pensée sous des phrases sur la répugnance du prince Antoine de Hohenzollern contre une royauté éphémère, qui pouvait devenir pour lui l'occasion de dépenses considérables et de graves mécomptes pour son fils.

Un souverain étranger a-t-il le droit de dire à un autre peuple : Vous ne mettrez pas tel ou tel individu à votre tête, parce que ce choix est contraire à mes intérêts, surtout lorsque ce souverain se fait lui-même un mérite d'être le produit de la volonté nationale? Non sans doute, si l'on s'en tient à la stricte observation des principes du droit international ; mais en pratique, ce *veto* a été fréquemment exercé sous l'ancien régime et depuis la Révolution. Il fut opposé en 1815 à Bonaparte et à tous les membres de sa famille ; en 1830 au duc de Nemours, élu roi des Belges par le congrès. Napoléon III était donc autorisé, en fait, à s'opposer à une élection qu'il considérait comme un péril pour lui. Ce péril valait-il bien la peine qu'on s'exposât, pour l'éviter, à toutes les conséquences d'une guerre avec l'Allemagne? Question d'autant plus grave qu'on n'était plus au temps où l'on citait la France comme la plus considérable des puissances du continent, où le vaste corps de la Confédération germanique ne représentait qu'une force inerte, et où ni l'Italie ni l'Allemagne n'existaient. Quels changements depuis seize ans! L'Italie et l'Allemagne unifiée formaient deux États de premier ordre à l'est et au sud-est de la France, privée de l'Autriche comme contre-poids aux agrandissements de la Prusse. Ces changements devaient, à bon droit, préoccuper le gouvernement impérial. La France, ayant devant elle au nord l'Angleterre, à l'est la Prusse, au sud-est l'Italie, trois amis très peu sûrs, ne craignait rien du moins jusqu'ici pour sa frontière sud-ouest, car il n'était pas probable qu'en cas de guerre, l'Espagne prît parti contre elle. En serait-il de même après la réalisation du projet de Prim? Un Hohenzollern sur le trône d'Espagne n'obligerait-il pas la France, en cas de guerre, à immobiliser une centaine de mille hommes au pied des Pyrénées? Cette éventualité menaçait trop ses intérêts pour que son gouvernement ne cherchât pas à obtenir l'abandon de la candidature du prince Léopold de Hohenzollern. Napoléon III y serait parvenu sans aucun doute s'il avait pris le parti bien simple de soumettre la question aux grandes puissances sous la forme diplomatique ; mais il devint évident, au début de l'affaire, que l'Empereur poursuivait deux buts, celui de supprimer la candidature et celui d'obtenir sur son adversaire un avantage moral, de lui infliger en un mot une humiliation.

C'est le 2 juillet que le duc de Gramont reçut de Madrid la nouvelle de la convocation des Cortès pour le mois d'août, et du départ pour l'Allemagne d'une députation chargée d'offrir la couronne au prince de Hohenzollern. Napoléon III en fut surpris. Les détails de la dernière négociation avaient échappé à ses agents. La correspondance Havas porta le lendemain ces faits à la connaissance du public.

Le maréchal Prim s'était tiré déjà d'embarras en rejetant la responsabilité du choix qu'il avait été obligé de faire sur l'Empereur, qui, par son hostilité déclarée contre les autres candidats et contre la République, avait mis l'Espagne dans l'alternative de recourir à un prince de Hohenzollern ou de se passer de gouvernement définitif. L'intention de persévérer dans son choix, contre le désir de l'Empereur, ne perçait ni directement ni indirectement dans le langage de Prim. On pouvait donc d'autant mieux croire à une prompte entente avec l'Espagne qu'elle était représentée à Paris, par un très ancien et très sincère ami de la France, M. Olozaga.

L'occasion paraissait bonne, après tant d'échecs éprouvés, pour en infliger un à la Prusse. M. Le Sourd, chargé d'affaires à Berlin en l'absence de M. Benedetti, reçut, le 3, l'ordre de faire part de l'impression fâcheuse produite par la candidature, et de demander des explications. « Le gouvernement prussien, lui répondit M. de Thile, ignore absolument cette affaire; elle n'existe pas pour lui. »

M. de Werther vint le même jour prendre congé de M. de Gramont, qui lui déclara que l'Empereur ne tolérerait pas l'établissement d'un prince prussien sur le trône d'Espagne.

M. de Werther promit d'agir sur son gouvernement dans le sens de la renonciation, sans lui cacher la position qu'il allait prendre. Le chef de la branche aînée des Hohenzollern avait pu avoir avec les membres de la branche cadette des pourparlers relatifs à leurs intérêts; mais le roi de Prusse et par conséquent le cabinet de Berlin y étaient complètement étrangers. M. de Metternich vint également ce jour-là voir le ministre des affaires étrangères. L'Autriche ne pouvait manquer d'être satisfaite d'un échec diplomatique de M. de Bismarck, et M de Beust se serait prêté de la meilleure grâce à le lui infliger. Il conseillait à Napoléon III de ne pas faire de la question Hohenzollern une question allemande ou prussienne, et d'en faire un échec personnel pour M. de Bismarck, qui le compromettait aux yeux de l'Europe et surtout de l'Allemagne du midi. M. de Metternich parut croire que la Prusse céderait si l'Empereur, de son côté, consentait à interpréter plus largement le traité de Prague. Il y avait peut-être là une ouverture; le duc de Gramont ne crut pas devoir s'en assurer. Ce qu'il lui fallait, c'était une réponse nette à la mise en demeure catégorique qu'il allait lui adresser (visite du 8). Le prince de Metternich rendit compte de cette entrevue à M. de Beust [1].

---

1. Le duc me dit d'un ton très ferme et presque émotionné : « Cela ne se fera pas; nous nous y opposerons par tous les moyens, dût la guerre en résulter. » Je répondis : « Mais comment l'empêcherez-vous? Si le prince Léopold arrive en Espagne, s'il y est acclamé, c'est à l'Espagne qu'il faudra faire la guerre! »

La réponse du duc fut un peu évasive; mais voici le plan que, si je l'en crois, le gou-

Plus il était difficile de méconnaître la pensée d'hostilité secrète qui avait dicté la conduite de la Prusse, plus la prudence ordonnait à M. de Gramont de jouer serré avec elle, et surtout de ne pas commencer par mettre le public dans la confidence du différend. M. de Beust le lui conseillait. Alarmé par la réception de la dépêche de M. de Metternich, il s'empressa de conseiller à Berlin et à Madrid de renoncer à la candidature Hohenzollern. Il répondit en même temps à M. de Metternich : « Nous aimons à croire que la France, tout en se montrant jalouse
« de veiller à sa dignité, s'abstiendra d'augmenter par son attitude les
« dangers de la situation. Nous comprenons que le gouvernement fran-
« çais insiste, pour qu'il soit tenu compte des intérêts évidents qu'il doit
« défendre dans cette occasion, mais la modération ne nuira pas à la
« fermeté de son langage, et ne fera que lui acquérir de nouveaux
« titres aux sympathies des puissances qui tiennent à ce que le repos
« public ne soit pas troublé par des combinaisons imprévues. » .

Mais, soit que la nouvelle, arrivée dans la matinée du 5, de la convocation des Cortès pour le 15 juillet lui ait fait brusquer sa résolution, soit impatience naturelle, le ministre des affaires étrangères fit insérer dans le *Constitutionnel* la note suivante : « Si la nation espa-
« gnole sanctionne ou conseille cette démarche, nous devons avant tout
« l'examiner avec le respect qu'inspire la volonté d'un peuple réglant ses
« destinées. Mais en rendant hommage à la souveraineté du peuple
« espagnol, seul juge compétent en pareille matière, nous ne pourrions
« réprimer un mouvement de surprise en voyant confier le sceptre de

vernement va suivre. Vis-à-vis de l'Espagne on ne bougera pas, certain qu'on est que, si à Madrid on savait que le gouvernement français est contre la candidature du prince Léopold, cela suffirait pour assurer sa nomination.

On s'en tiendra uniquement à la Prusse.

Déjà une explication fort nette a eu lieu entre le duc de Gramont et le baron de Werther. Ce dernier est parti emportant la conviction, qu'on ne veut pas laisser se poser cette candidature, et il a promis de faire tous ses efforts pour obtenir du roi, qu'il est allé voir à Ems, d'engager son parent à refuser la couronne d'Espagne.

C'est ce qu'on demande à la Prusse comme acte de bon procédé.

J'ai dit au duc que je serais fort étonné que, dans une question qui n'intéresse pas directement la Prusse, cette dernière ne voulût pas céder ; — que c'était là un succès diplomatique que M. de Bismarck pourra accorder à la France, surtout s'il en obtient en compensation d'autres bons procédés dans les questions qui l'intéressent plus directement.

Le duc me répliqua que le coup était porté, qu'il ressortira de cette affaire une preuve évidente du mauvais vouloir de la Prusse, qui ne pourra plus être oublié, lors même qu'elle céderait devant la mise en demeure assez catégorique qu'il allait lui adresser.

Il me demanda si je croyais qu'il serait utile que nous intervinssions dans cette affaire dans le sens de la conciliation.

Je lui ai répondu que, selon moi, nous ne devrions le faire que d'une façon fort prudente et dans un but loyalement pacifique.

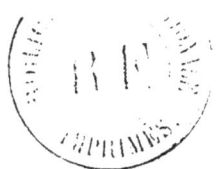

Fig. 16. — Dernière entrevue du roi de Prusse et de M. Benedetti, à Ems.

« Charles-Quint à un prince prussien, petit-fils d'une princesse de la
« famille Murat, dont le nom ne se rattache à l'Espagne que par de dou-
« loureux souvenirs. »

La presse, saisie de la question par la note officieuse, prit la parole le
lendemain, et, chose singulière, les journaux du vieux bonapartisme, qui
allaient bientôt montrer une si grande ardeur belliqueuse, se demandè-
rent comment on pouvait voir une offense, dans une démarche si conforme au nouveau droit public. Les journaux récemment rattachés à
l'Empire, au contraire, s'efforcèrent de démontrer que l'avènement d'une
dynastie allemande en Espagne constituait un danger pour la France et
un affront pour son gouvernement. Les vieux journaux démocratiques
tenaient avec plus de vigueur un langage pareil. Le public, dans ce pays
d'entraînement et d'imitation, à qui l'esprit politique a toujours manqué,
et dans ce temps plus que jamais, parlait comme la presse, et poussait à la
guerre en souhaitant un arrangement. Un gouvernement plus sage et plus
prudent que celui de Napoléon III se fût difficilement soustrait à l'influence de cette passion menteuse ; mais non seulement il la partageait,
mais encore il la soufflait à ceux qui ne l'avaient pas. L'Europe était pour
lui, disait-il, il n'avait qu'à la laisser faire ; l'Autriche, l'Angleterre, l'Italie
le soutenaient. Aussi c'est le moment qu'il choisit pour adresser sa sommation à la Prusse.

Le Corps législatif, ne voulant pas rester en arrière de la presse, allait
discuter le 6 une interpellation du centre gauche sur la question
Hohenzollern.

Le Corps législatif, chargé du recensement des votes du plébiscite,
n'entra en session le 12 mai que pour la forme. Les dossiers de treize
départements étaient seuls parvenus à la questure ; l'arrivée des autres ne
pouvait avoir lieu avant un délai de huit jours. Les séances ne reprirent
que le 18 mai, quoique MM. Jules Simon, Magnin, Jules Ferry, de La
Monneraye, Cochery, Wilson, Laroche-Joubert, Babcin, de Dalmas,
Gorse, de Grammont, Haentjens, Malezieux, Houssard, d'Hesecques, de
Guiraud, Bastid eussent écrit à M. Schneider pour lui rappeler que la
Chambre touchait à son cinquième mois d'existence, et à son troisième
ajournement, que la loi sur la presse était en discussion et qu'il n'y avait
pas de raison pour tenir plus longtemps le Corps législatif dans l'inaction.

Les rapporteurs des divers bureaux constatèrent enfin que les opérations du vote du plébiscite avaient été régulièrement accomplies et que le

recensement général des suffrages accusait 7,350,142 bulletins portant le mot *oui*, 1,538,825 bulletins portant le mot *non*, 112 975 bulletins nuls. Paris avait donné 156,377 *non* et 111,463 *oui*. Les *non* furent assez considérables dans l'armée. Le chiffre des votants fit connaître à la Prusse le total de nos forces militaires. Le Corps législatif déclara que le peuple français avait accepté le plébiscite. Les cris de : *Vive l'Empereur!* accueillirent cette déclaration.

L'Empereur reçut deux jours après, dans la salle des États, au Louvre, le président et les membres du bureau du Corps législatif, qui lui apportaient la déclaration officielle du résultat du recensement général. Un échange insignifiant de discours eut lieu à cette occasion; celui de l'Empereur peut se résumer ainsi : « Le temps des discussions sur la forme du gouverne-« ment et sur les bases de la constitution est passé; nous n'avons plus qu'à « nous occuper des améliorations pratiques que réclame l'état du pays. »

La séance du 30 juin avait commencé avec assez de calme; M. de La Tour s'était efforcé de démontrer que le contingent n'était pas assez fort et qu'on ferait bien d'emprunter quelques dispositions à la législation prussienne. M. Garnier-Pagès, son successeur à la tribune, se plaignit que la France n'obtînt pas, avec les 600 millions que lui coûtait par an son armée, des résultats égaux à ceux que réalisent certaines puissances avec beaucoup moins de sacrifices. Le ministre de la guerre lui répondit qu'il avait réduit le contingent à 90 000 hommes comme invitation aux autres puissances d'en faire autant, mais que, n'ayant pas été imité, il jugeait toute nouvelle réduction impossible. La cause du contingent ne semblait pas courir grand risque, lorsque, après une réplique de M. Picard au ministre de la guerre, M. Thiers, qui venait d'arriver à cinq heures, demanda la parole et se mit, après avoir fait un tableau assez menaçant de la situation de l'Europe, à conjurer la Chambre de ne pas toucher à notre organisation militaire, et à ne point diminuer le nombre des jeunes gens appelés au service. La France, dit-il, ne gardera la paix qu'à la condition d'être forte, et elle ne l'est point assez avec 400,000 hommes sous les armes, quand on songe aux difficultés que rencontrerait le passage du pied de paix au pied de guerre. M. Thiers, après s'en être pris à ces gens qui « se plaignent toujours qu'on ait 400,000 hommes sous les armes pour n'en rien faire et qui appellent cela la *paix armée* », ajouta : « La paix armée, dites au contraire la *paix désarmée*. » M. Thiers, s'adressant ensuite au ministre de la guerre, lui reprocha l'état d'infériorité numérique de l'armée : « Quoi!

vos régiments d'infanterie ont 1 200 hommes; est-ce qu'il y a des régiments à cette condition, même en temps de paix? » Le maréchal Le Bœuf convint que rien n'était plus vrai, que les chiffres de M. Thiers; les effectifs des régiments n'étaient que d'environ 1 200 hommes. L'armée n'existait pas, et quelques jours plus tard le même maréchal Le Bœuf se disait prêt à entrer en campagne [1].

M. Jules Favre, au nom de l'opposition, répondit aux partisans de l'élévation du contingent que la force d'une nation n'est pas dans les soldats, mais dans les citoyens. « L'État de l'Europe, d'ailleurs, ne cause « aucune inquiétude. Le livre jaune serait mieux nommé le livre rose. « Ces préoccupations militaires décèlent des projets ourdis dans l'intérêt « de la dynastie; que les « nouveaux clients de M. Thiers » s'expliquent; « où vont-ils? où nous mènent-ils? » Tout cela entremêlé de doutes sur la parfaite bonne foi de l'Empereur, dans son rôle de souverain constitutionnel.

M. E. Ollivier court à la tribune; mais il cède la parole à M. Thiers, qui exprime ses craintes depuis que la bataille de Sadowa a complètement changé l'état de l'Europe, et mis à la disposition de la Prusse, par des traités militaires, 45 millions d'habitants. « Je ne crois pas, dit-il, au « peuple armé; la véritable force réside dans une armée sachant bien « son métier, et facile à mettre en mouvement. L'Autriche n'était pas « prête, c'est ce qui a causé sa ruine; ne l'imitons pas. »

La parole est enfin au garde des sceaux, qui déclare que la situation de l'Europe ne lui inspire pas la moindre alarme; si la Prusse a eu sa victoire de Sadowa, l'Empire a eu la sienne dans le plébiscite, et depuis cette époque tout le monde s'incline devant la France. Paroles aussi fausses qu'imprudentes, car, s'il y a des vainqueurs, il y avait donc aussi des vaincus du plébiscite : l'orage gronde à gauche; les interruptions, les exclamations, les interpellations s'entre-choquent; plusieurs députés

---

[1]. L'intervention de M. Thiers dans cette discussion ne pouvait être agréable à ses collègues de la gauche. Il s'y jeta d'abord pour obéir à sa conviction personnelle, et ensuite par un autre motif. Le maréchal Le Bœuf, quelques jours avant cette séance, était venu chez lui. « L'Empereur, lui dit-il, en lui remettant une lettre de sa part, sait que vous n'êtes pas de ses amis, mais il sait aussi que, lorsqu'il s'agit des intérêts de l'armée, vous ne marchandez pas votre concours; il vous le demande donc pour la défense de l'effectif, très menacé au Corps législatif. » M. Thiers lui répondit : « L'Empereur se trompe, je suis étranger à son gouvernement, et je le serai toute ma vie, mais je ne suis l'ennemi de personne; je n'ai jamais eu de haine dans le cœur. L'Empereur a raison de croire que je m'intéresse ardemment à l'armée; je l'ai défendue et je la défendrai toujours. » C'est ce motif qui lui avait fait prendre la parole. (Déposition de M. Thiers devant la commission d'enquête du 4 septembre).

sont menacés d'un rappel à l'ordre. Ce n'est qu'à grand'peine que le ministre de la justice parvient à expliquer sa pensée, et à répondre au nom du cabinet, à ceux qui doutent que l'Empereur accepte parfaitement son rôle de souverain parlementaire, que rien ne justifie leurs doutes, et qu'il n'y a pas en Europe de monarque plus sincèrement constitutionnel que lui. C'était le droit incontestable de M. Jules Favre de répondre au garde des sceaux ; mais interrompu à chaque instant par la majorité, il descend avec dignité de la tribune. Le président l'y rappelle ; il refuse d'y remonter. La gauche veut renvoyer la discussion au lendemain : Non ! vocifère la droite en réclamant la clôture. La gauche, au milieu d'un inexprimable tumulte, demande le scrutin avec appel nominal. Les membres de la droite, menacés de dîner une heure plus tard, abandonnent leurs bancs, et la séance finit faute de députés.

Le lendemain, le contingent, cause d'un si grand orage, fut voté presque sans débat.

La discussion de la pétition des princes d'Orléans, demandant à être autorisés à rentrer en France, avait attiré le 2 juin beaucoup de curieux au Corps législatif ; on était désireux de savoir quelles raisons feraient valoir, pour repousser la pétition, les représentants du gouvernement d'un prince, longtemps exilé, parlant à chaque instant de sa force et des millions de suffrages des plébiscites passés et présents. Le rapporteur, M. Dréolle, n'invoqua que des motifs d'ordre public, qui lui furent empruntés bientôt par le garde des sceaux.

M. Estancelin, ami particulier des princes d'Orléans, plaida convenablement leur cause en invoquant leurs droits de citoyens. M. Esquiros, exilé lui-même et victime des lois d'exception, demanda qu'on y mît fin. M. Jules Favre et M. Ernest Picard soutinrent la pétition. M. J. Grévy et Emmanuel Arago l'auraient accueillie, s'ils n'avaient pas craint, dirent-ils, de s'associer à un acte susceptible de ressembler à une adhésion à une des formes du passé monarchique. Ils s'abstinrent, ainsi que M. Garnier-Pagès, Dorian, Jules Ferry, de Jouvencel, Marion, Ordinaire, Raspail. Les autres membres de la gauche votèrent pour le renvoi de la pétition au gouvernement. M. Martel, membre du centre gauche, déclara qu'il ne voulait parler ni en juge ni en juré, mais en homme politique. Il crut sans doute remplir sa promesse, en déclarant qu'il ne voterait pas la loi, si on la lui présentait, mais qu'il ne l'abrogera pas, si le gouvernement juge cette abrogation dangereuse. M. de Piré, orateur plus excentrique cette fois que de coutume, demanda la rentrée des princes d'Orléans en France au nom de la ville de Rennes, dont il était le député. M. le général questeur Lebreton conseilla la magnanimité au gouvernement, la magnanimité seule, selon lui, pouvant empêcher que l'exil ne fît un piédestal à ses victimes.

C'est au moment où les orléanistes se félicitaient du résultat de la discussion, quoiqu'elle eût fini à leur désavantage, et se plaisaient à voir dans la séance une « bonne journée » pour eux, que la nouvelle de la candidature du prince de Hohenzollern vint surprendre le Corps législatif. Une réception avait lieu le soir même chez le garde des sceaux; lord Lyons s'y était rendu. M. E. Ollivier le prit à part pour lui dire qu'un cabinet qui consentirait à l'élection du prince de Hohenzollern serait renversé le lendemain et que le cabinet actuel ne la permettrait pas. Le langage de la presse, de la bourse, des lieux publics annonçait, dans l'opinion publique, une vive irritation contre la Prusse. La note du *Constitutionnel* déclarant que le gouvernement ne tolérerait pas « un nouvel outrage » de la Prusse, les déclarations réitérées, dans le même sens, faites par M. E. Ollivier aux nombreux journalistes qui venaient tous les matins chercher le mot d'ordre dans son cabinet, émurent la Chambre. Les craintes des députés étaient d'autant plus vives qu'ils se rappelaient l'expédition du Mexique. La guerre, cette fois encore, serait-elle engagée sans la participation des représentants du pays? On craignit, en gardant le silence, de laisser au gouvernement toute liberté d'engager la question de manière à ne plus pouvoir reculer. M. Cochery, membre de la partie du centre gauche la plus rapprochée de la gauche, se fit l'interprète de l'émotion générale, en signant avec MM. Genton et Planat du centre droit, Riondel et Lecesne de la gauche ouverte, Karré-Kerisouët, d'Ivoire, Tassin, Baboin, d'Hesecques du centre gauche, une demande d'interpellation ainsi formulée : « Nous demandons à interpeller le gouvernement sur la candidature éventuelle d'un prince de la famille royale de Prusse au trône d'Espagne. »

L'intention des signataires de l'interpellation n'étant nullement d'embarrasser le cabinet, ils crurent, avant de la déposer, non seulement devoir en prévenir les ministres, mais encore les assurer qu'ils pourraient prendre tout le temps nécessaire pour y répondre; leur but consistait uniquement à saisir le parlement de la question, et à empêcher le gouvernement de prendre sans son concours une décision irrévocable. La plus grande réserve n'en était pas moins imposée à ce dernier : on ne fut donc pas médiocrement surpris, dans la séance du 5 juillet, d'entendre

M. de Gramont annoncer, avec un empressement peu ordinaire aux ministres interpellés par les députés de l'opposition, qu'il répondrait le lendemain à M. Cochery.

Les tribunes de la Chambre se remplirent bien avant l'ouverture de la séance; la tribune diplomatique était depuis longtemps au grand complet, lorsque M. de Gramont lut, au milieu d'une émotion toujours croissante, la déclaration suivante, délibérée en conseil des ministres :

« Je viens répondre à l'interpellation déposée hier par l'honorable M. Cochery.

« Il est vrai que le maréchal Prim a offert au prince Léopold de Hohenzollern la couronne d'Espagne et que ce dernier l'a acceptée. Mais le peuple espagnol ne s'est point encore prononcé, et nous ne connaissons pas encore les détails vrais d'une négociation qui nous a été cachée. Aussi une discussion ne saurait-elle aboutir maintenant à aucun résultat pratique; nous vous prions, messieurs, de l'ajourner.

« Nous n'avons cessé de témoigner nos sympathies à la nation espagnole et d'éviter tout ce qui aurait pu avoir les apparences d'une immixtion quelconque dans les affaires d'une noble et grande nation, en plein exercice de sa souveraineté; nous ne sommes pas sortis à l'égard des divers prétendants au trône de la plus stricte neutralité, et nous n'avons jamais témoigné pour aucun d'eux ni préférence ni éloignement.

« Nous persisterons dans cette conduite, mais nous ne croyons pas que le respect des droits d'un peuple voisin nous oblige à souffrir qu'une puissance étrangère, en plaçant un de ses princes sur le trône de Charles-Quint, puisse déranger à notre détriment l'équilibre actuel des forces en Europe (*bruyants applaudissements*) et mettre en péril les intérêts et l'honneur de la France. (*Nouveaux applaudissements.*) Cette éventualité, nous en avons la ferme espoir, ne se réalisera pas.

« Pour l'empêcher, nous comptons à la fois sur la sagesse du peuple allemand, et sur l'amitié du peuple espagnol.

« S'il en était autrement, forts de votre appui, messieurs, et de celui de la nation, nous saurions remplir notre devoir sans hésitation et sans faiblesse » (*Mouvement général et prolongé.*)

C'est la guerre! tel fut le sens donné par les représentants des puissances à cette déclaration couverte d'applaudissements par les députés de l'extrême droite et par un grand nombre de spectateurs [1]. Le général Changarnier, debout dans la tribune des anciens députés, se faisait remarquer par son enthousiasme.

C'était la guerre en effet, car, si l'Empereur eût voulu uniquement éviter les dangers d'une candidature prussienne au trône d'Espagne, il devait s'adresser directement à l'Espagne, sauf à faire intervenir ensuite

---

[1]. « A S M. l'Empereur, Saint Cloud. Paris, Corps législatif, 6 juillet 1870, 3 h. 10 m. soir.

« La déclaration du ministre des affaires étrangères, très habile, très nette et très ferme, a excité le plus vif enthousiasme au Corps législatif.

« Conti. »

« A l'Empereur, Saint-Cloud. Paris, 6 juillet 1870, 9 h. 3 m. soir. Recevez mes félicitations les plus ardentes. La France entière vous suivra. L'enthousiasme est unanime.

« Persigny. »

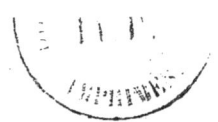

Fig. 17. — L'Impératrice presse l'Empereur, encore hésitant, de prendre une résolution définitive, et lui dit :
« Cette guerre sera ma guerre »

les puissances amies, notamment l'Angleterre et l'Italie. La question ainsi posée aurait bien vite été résolue par l'Europe, dans un sens favorable aux réclamations de Napoléon III ; mais s'en prendre à la Prusse d'abord, c'était montrer clairement qu'on cherchait une revanche diplomatique de Sadowa, et faire le jeu d'une puissance non seulement très bien informée des ressources militaires de la France, mais encore prête depuis longtemps à la guerre. Le langage de M. de Gramont surprit l'Europe et l'affligea. Si elle ne voulait pas la guerre, elle ne se croyait pas en droit de forcer la main au roi de Prusse. L'Angleterre ne voyait qu'une provocation dans le langage tenu le 7, par M. de Gramont à lord Lyons; l'Autriche se plaignait que la déclaration du 6 ne lui eût pas été communiquée, et mit moins d'empressement à soutenir Napoléon III par ses efforts diplomatiques. L'Angleterre et l'Autriche avaient cependant encore un espoir : celui d'amener le gouvernement espagnol à renoncer à son projet. En France, tous les yeux étaient fixés sur le Corps législatif, où se débattait la question.

M. Thiers, peu suspect de sympathie pour l'Allemagne, repoussait la candidature Hohenzollern ; mais il voulait laisser une ligne de retraite à la Prusse, au lieu de la forcer dans ses derniers retranchements, et en appeler à l'Europe. M. E. Ollivier goûta ces conseils et en fit part à l'Empereur au sortir de la séance, comme s'il était temps encore de les suivre, et comme si ce n'était pas une déclaration de guerre, qu'on venait de lire à la tribune. On aurait compris cette précipitation, si M. de Gramont avait pu compter sur la neutralité des Etats du sud, et sur l'appui direct de l'Autriche et de l'Italie. A quoi bon ? « Une vigoureuse offensive » de l'armée française en Allemagne ne lui assurerait-elle pas ces avantages? Le ministre de la guerre connaissait l'infériorité numérique de l'armée, et il n'en avait pas fait mystère au conseil; mais cette infériorité pouvait se compenser par la rapidité d'une mobilisation qui devancerait celle de la Prusse, et par la neutralité armée de l'Autriche, qui la forcerait à immobiliser une partie de ses forces et à renoncer au concours des Etats du sud, qui ne prendraient pas les armes dans une querelle où l'intérêt prussien seul serait en jeu.

M. Picard, le jour même de la déclaration de M. de Gramont, demanda communication des pièces diplomatiques : « Je crois répondre à un sentiment général dans la Chambre en disant que notre premier devoir est de veiller à ce que les destinées du pays ne soient jamais engagées sans le concours et l'asssentiment de ses représentants.

« M. Jules Favre : On nous donnera des explications quand la France sera engagée.

« M. Crémieux : Nous voulons la paix, à moins que l'honneur de la France ne soit en jeu. »

Le gouvernement eût été bien embarrassé pour déposer des pièces diplomatiques quelconques; il n'en avait pas une seule en sa possession. On eût dit que la droite, instruite de cette situation, essayait d'étouffer sous ses clameurs les protestations de l'opposition. « Les documents sont inutiles, s'écrie M. Granier de Cassagnac, quand la dignité et la sécurité de la France sont en jeu. » M. Dugué de La Fauconnerie répond à M. E. Picard : « Il est bien question de cela quand l'honneur de la France est engagé! »

La gauche ne se découragea pas cependant. M. Picard, le lendemain 7 juillet, renouvela sa demande de communication des pièces diplomatiques. M. Jules Favre, signalant les tripotages de bourse, ce sont ses expressions, auxquels le silence du gouvernement pouvait donner lieu, demanda la prompte mise à l'ordre du jour de l'interpellation Cochery. Les deux députés de l'opposition paraissaient ne pas douter de la réception, par le gouvernement, de dépêches de Berlin. La Chambre partageait leur croyance, car les centres accueillirent fort mal MM. Segris et Ollivier, quand ils vinrent déclarer que le gouvernement n'avait reçu encore aucune communication de la Prusse. M. E. Ollivier, dans un état d'irritation visible, réclama l'ajournement du débat.

La gauche, loin de vouloir attaquer le gouvernement, partageait en partie ses sentiments. M. Gambetta, son orateur en ce moment le plus populaire, soutenait énergiquement que l'unification de l'Allemagne rendait une rectification de ses frontières tôt ou tard indispensable pour la France, et qu'une grande nation ne devait pas s'incliner devant une intrigue ourdie par le général Prim et par M. de Bismarck. L'opposition, dans toutes ses nuances, d'accord là-dessus, blâmait seulement les moyens employés par le gouvernement pour soutenir son droit, et notamment l'envoi d'un ultimatum au début des négociations, faute dont la Prusse ne manquerait pas de profiter et qui lui permettrait de se placer sur un terrain où elle pourrait ramener à elle l'opinion européenne. M. de Werther, en partant pour Ems, avait déjà déclaré à M. de Gramont que si Guillaume Ier, comme chef de la famille de Hohenzollern, avait pu donner son avis à son parent, sur sa candidature au trône d'Espagne, le roi de Prusse et le cabinet de Berlin étaient complètement étrangers à cette affaire. Cette distinction paraissait bien subtile à la gauche ; mais elle pensait qu'il fallait l'accepter, puisqu'elle paraissait valable aux puissances européennes. M. E. Ollivier était de cet avis ; mais, menacé par la droite, il voyait ses dangers personnels plutôt que ceux de la France.

Les dispositions du Sénat, encore plus belliqueuses que celles de la droite du Corps législatif, augmentaient les difficultés déjà fort grandes de la position du cabinet. Le sénateur Brenier, en adressant le 8 une question au gouvernement sur la situation politique, n'hésita pas à le féliciter de « répudier cette politique qui depuis quatre « années affligeait le patriotisme de la France et pouvait compromettre « ses plus chers intérêts. Je le félicite de déchirer cet acte diplomatique « qui porte la date du 16 septembre 1866 et qui pesait d'une façon si « funeste sur les résolutions du gouvernement. Il reprend le vrai dra- « peau de la France ; il peut le conduire jusqu'où il voudra ; la France « tout entière le suivra. » M. E. Ollivier, pour calmer le Corps législatif, s'efforçait de lui faire entendre que le gouvernement ne déclarerait pas la guerre sans le consulter ; le sénateur Brenier demanda au contraire, avec l'approbation de tous ses collègues, « que le souverain de par la constitution eût le droit de déclarer la guerre, sans l'intervention d'aucun autre pouvoir ». Si quelques voix s'élevaient au Palais-Bourbon en faveur d'une solution pacifique, au Luxembourg tout le monde voulait la guerre ; les sénateurs qui avaient avec la cour les relations les plus intimes, étaient les plus ardents.

La déclaration du 6 était la première faute du gouvernement. La sympathie de l'Europe pour la France était au prix de la paix. Il venait de la rendre impossible.

Les positions avaient changé : l'Europe, hostile à la Prusse au début de la crise, lui devenait plus favorable. Le gouvernement de Berlin s'était efforcé de s'isoler en quelque sorte de l'incident Hohenzollern, et de le traiter comme une affaire concernant uniquement la famille royale. Les journaux prussiens s'étaient empressés d'adopter cette tactique. La Prusse avait du reste plus d'un moyen de se dégager : désistement du prince, renonciation de l'Espagne, refus du roi de sanctionner l'élection. Elle voulait attendre, pour se prononcer, le vote des Cortès ; mais cela était plus difficile à Napoléon III. Prim voulait bien faciliter la retraite du prince, mais il n'entendait pas en prendre l'initiative. Que l'Espagne prononce, disait la Prusse. Que la Prusse décide, répondait l'Espagne. Le roi de Prusse aurait pu terminer honorablement cette affaire ; ses représentants à l'étranger convenaient que la Prusse ne pouvait laisser croire qu'elle avait un intérêt quelconque à placer un Hohenzollern sur le trône d'Espagne. Mais la déclaration du 6 rendait les choses plus difficiles à arranger, jusqu'au jour où des actes encore plus incohérents et plus inexplicables devaient rendre un arrangement impossible.

Le gouvernement prussien persistant dans son ignorance officielle au sujet de la candidature Hohenzollern, Napoléon III résolut d'agir sur le roi de Prusse.

M. Benedetti, ambassadeur de Napoléon III près la cour de Prusse, alors aux eaux de Wilbad, avait reçu le 7 de M. de Gramont l'invitation de se rendre à Ems, où Guillaume Ier se trouvait seul avec M. de Keudell, directeur au ministère des affaires étrangères, M. de Thile, sous-secrétaire d'État, et quelques aides de camp. M. de Bismarck était à Varzin, et M. de Moltke en Silésie. M. Benedetti arriva le 8 à Ems. La première dépêche *officielle* qu'il reçut du ministre des affaires étangères portait la date du 7 juillet, et était d'un ton assez raisonnable. « Si le chef de la maison de Hohenzollern a été jusqu'à présent indifférent à cette affaire, nous lui demandons de ne plus l'être, et nous le prions d'intervenir sinon par ses ordres, du moins par ses *conseils* auprès du prince Léopold. » M. de Gramont ajoute que le gouvernement français verra dans l'intervention du roi Guillaume, le gage de l'affermissement de la paix et de ses bons rapports avec la Prusse, et il termine ainsi : « Inspirez-vous de ces considérations; faites-les valoir auprès du roi, et efforcez-vous d'obtenir que Sa Majesté *conseille* au prince de Hohenzollern de *revenir* sur son acceptation. » Cette dépêche n'aurait rien eu d'inquiétant, si M. de Gramont, dans une lettre particulière, n'avait formulé lui-même la réponse qu'il attendait de Guillaume Ier : « Le gouvernement
« du roi n'approuve pas l'acceptation du prince de Hohenzollern et lui
« donne l'ordre de revenir sur cette détermination prise sans sa permis-
« sion. Nous sommes très pressés, parce qu'il faut prendre les devants
« dans le cas d'une réponse non satisfaisante et, dès samedi, commencer
« les mouvements de troupes pour entrer en campagne dans quinze jours.
« Tenez-vous en garde contre une réponse qui consisterait à dire que le
« roi abandonne le prince de Hohenzollern à son sort, et se désintéresse de
« tout ce qui arrivera… nous ne pourrions accepter cette réponse comme
« satisfaisante, car le gouvernement du roi ne peut se désintéresser
« aujourd'hui par de simples paroles d'une situation qu'il a contribué à
« créer. » M. de Gramont ajoute : « Si vous obtenez du roi qu'il *révoque*

« l'acceptation du prince de Hohenzollern, ce sera un grand succès et un
« immense service; le roi de son côté aura assuré la paix de l'Europe.
« Sinon, c'est la guerre... ainsi donc, pas d'ambages et pas de len-
« teurs...... »

Que le roi de Prusse conseille à son parent de renoncer au trône
d'Espagne, M. de Gramont ne demande pas autre chose dans sa
dépêche; il exige dans la lettre, datée de minuit, qui l'accompagne, que
les conseils se transforment en ordres. Ainsi donc, le 7, au début même
des négociations, il posait la question de guerre à la Prusse; cependant,
comme il la terminait, un télégramme de Madrid lui apprenait que Prim
ne lui demandait qu'une chose pour faciliter la retraite du prince de
Hohenzollern : c'est qu'il se désistât lui-même. C'était la solution recom-
mandée par l'Autriche, l'Angleterre et l'Italie. M. de Gramont réfléchit,
et, sans crainte de se mettre en contradiction avec lui-même, il télé-
graphie le lendemain 8, à une heure du matin, à M. Benedetti la proposition de Prim, en ajoutant : « Si le prince veut éviter tous les maux que
sa candidature rend inévitables, il le peut encore. Dites-le au roi; allez le
dire au prince lui-même »

La presse bonapartiste, pendant ce temps-là, redoublait de violence :
« Plutôt que de compromettre l'œuvre de M. de Bismarck, la Prusse
refusera de se battre? — Eh bien, à coups de crosse dans le dos nous la
contraindrons à passer le Rhin, et à vider la rive gauche. » Ainsi parlait
M. E. de Girardin dans *la Liberté* du 8 juillet. M. de Gramont fit part le
même jour de préparatifs militaires. L'Angleterre, mécontente, parle de
renoncer à des efforts « que la précipitation de la France risque de rendre
vains et illusoires ». Cette note du comte de Granville, en date du 9 juillet,
est le signal de son refus d'action commune avec l'Italie.

Le général Fleury, chargé de sonder la Russie, répondit que l'accueil
« ouvert, libre d'arrière-pensée » du czar lui donne le droit de « penser que
le commentaire de ses paroles sobres est qu'il a écrit au roi de Prusse pour
lui donner des conseils de sagesse. » Le czar écrivait en effet au roi d'agir
avec prudence, et de ne se laisser influencer ni irriter par le langage de
la presse française. Si la Russie agissait, ce n'était pas en faveur de la
politique de la déclaration du 6. Elle resserrait ses liens avec la Prusse.

Jamais mission plus difficile et plus délicate que celle de M. Benedetti
ne fut confiée à un diplomate. Il s'agissait de faire tomber le masque
Hohenzollern, derrière lequel se dissimulait le visage du roi de Prusse,
et de le forcer à s'expliquer sur une question où toute explication était

une blessure pour son amour propre. Mais tout n'était pas là, et les plus grandes difficultés allaient lui venir de son gouvernement lui-même.

Le ton si différent de la dépêche et de la lettre du 7 devait singulièrement embarrasser M. Benedetti, quelque habitué qu'il fût à se mouvoir dans les ténèbres de la diplomatie impériale ; mais, comprenant les périls de sa situation, il était bien décidé à ne pas les aggraver ; c'est dans ces sages dispositions qu'il se rendit à l'audience que le roi de Prusse lui avait accordée pour le 9 juillet, en le faisant prévenir qu'il le retiendrait à dîner. M. Benedetti avait vu, avant l'audience, M. de Werther qui lui avait parlé de la difficulté qu'il y aurait à obtenir du roi de Prusse qu'il conseillât à son cousin de renoncer à la couronne, après lui avoir conseillé de l'accepter. M. Benedetti, dans cette première conversation, qui commença le 9 à trois heures de l'après-midi, se garda bien de parler d'*ordres* à donner au candidat au trône d'Espagne par un parent qui sentait fort bien qu'un simple conseil publiquement offert par lui, dans une affaire aussi hardiment dirigée contre la France, était une reculade et un aveu de défaite de sa part. Il parla de l'intérêt qu'avait la Prusse de consolider ses rapports avec la France, que le gros bon sens de cette dernière l'empêcherait de saisir la différence entre le roi de Prusse et le chef de la maison de Hohenzollern. L'audience en définitive s'était bien passée, car, après quelques observations sur la déclaration de M. de Gramont, le roi avait ajouté qu'il s'était mis en communication avec le prince Antoine de Hohenzollern, père du prince Léopold, et que, si ses cousins étaient disposés à retirer leur acceptation, *il approuverait cette résolution*, mais qu'il n'était pas libre de donner le conseil qu'on lui demandait.

M. de Gramont savait par deux dépêches du cabinet de Madrid adressées à M. Olozaga, ambassadeur à Paris, et communiquées par lui au ministère des affaires étrangères, que le gouvernement espagnol sollicitait en quelque sorte la renonciation du prince de Hohenzollern. M. de Gramont envoya à M. Benedetti les deux dépêches de l'ambassadeur d'Espagne en l'autorisant à s'en servir, s'il le jugeait utile au succès de ses efforts, mais ajoutant qu'il serait bien préférable, pour le gouvernement impérial, de ne devoir le retrait de la candidature qu'à l'intervention du roi de Prusse. M. Benedetti ne fit pas usage de ces documents. Il n'en devenait pas moins de jour en jour plus évident que, si l'on voulait réellement la paix, c'était du côté de Madrid qu'il fallait chercher l'issue de l'affaire.

Fig. 18. — Enthousiasme du Sénat après la lecture de la déclaration de M. de Gramont.

Le chef nominal du cabinet des Tuileries, M. E. Ollivier, rassuré d'avance sur la réponse à la première dépêche de M. Benedetti par le contenu de cette dernière, s'attendait d'heure en heure à recevoir la dépêche; mais, un violent orage ayant éclaté dans la vallée du Rhin dans la nuit du 9 au 10, le télégramme de M. Benedetti, lancé dans la soirée du 9, n'arriva que le lendemain à dix heures du matin à Paris, tronqué et dénaturé. Ce contre-temps augmenta encore l'impatience de M. de Gramont. « J'ai reçu seulement ce matin votre dépêche d'hier « avec des parties tronquées. Il faut employer tous vos efforts pour « obtenir une réponse décisive; nous ne pouvons pas attendre, sous peine « d'être devancés par la Prusse dans nos préparatifs. La journée ne peut « pas s'achever sans que nous commencions. » M. de Gramont, songeant aux dispositions belliqueuses du Corps législatif et du Sénat, adresse cette demande à M. Benedetti : « Écrivez-moi une dépêche que je puisse lire « aux Chambres ou publier, dans laquelle vous démontrerez que le roi a « connu et autorisé l'acceptation du prince de Hohenzollern, et dites « surtout qu'il vous a demandé de se concerter avec le prince avant de « faire connaître ses résolutions. »

Le gouvernement britannique trouvant que le langage du cabinet et des journaux français n'était guère propre à favoriser ses efforts en faveur de la paix, avait chargé lord Lyons de faire à M. de Gramont quelques observations à ce sujet; celui-ci lui répondit qu'il ne serait plus question de rien si, sur le conseil du roi de Prusse, le prince de Hohenzollern renonçait au trône d'Espagne. Le même jour cependant, il adresse à M. Benedetti une lettre particulière écrite sous la même inspiration qui lui avait dicté la lettre jointe à la dépêche du 7 : « Nous « ne *pouvons plus attendre*. Pendant que le roi vous remet d'heure en « heure sous prétexte de se concerter avec le prince de Hohenzollern, l'on « rappelle en Prusse les hommes en congé et l'on gagne sur nous un « temps précieux. A aucun prix nous ne voulons donner à nos adver- « saires les mêmes avantages qui ont été en 1866 si funestes à l'Autriche. « Et d'ailleurs je vous le dis nettement, l'opinion publique s'enflamme et «va nous devancer; nous n'attendons plus que votre dépêche, pour appeler « les trois cent mille hommes qui sont à appeler. Je vous en prie instam- « ment, écrivez-nous, télégraphiez-nous quelque chose de bien clair. Si le « roi ne veut pas conseiller au prince de Hohenzollern de renoncer, eh bien, « c'est la guerre tout de suite, et dans quelques jours nous sommes au « Rhin; » et, comme si cela ne suffisait pas, M. de Gramont, excité sans

doute par la lecture de quelques rapports de la préfecture de police, expédie à une heure du matin un nouveau télégramme à M. Benedetti :
« Vous ne pouvez pas vous imaginer à quel point l'opinion publique est
« exaltée; elle nous déborde, et nous comptons les heures. Il faut absolu-
« ment insister pour obtenir une réponse du roi, négative ou affirmative.
« Il nous la faut pour demain ; après-demain, serait trop tard. »

Le chancelier de la Confédération du Nord fit le jour même où parut cette dépêche une communication à ses confédérés, dans laquelle il déclarait que la Prusse restait complètement étrangère à ce qui pouvait se passer entre l'Espagne et le prince de Hohenzollen, dont elle respectait la liberté mutuelle. « Le gouvernement français le sait, quoique la manière dont il a posé la question devant la Chambre n'ait pas permis d'échanger des communications amicales. » Habile déclaration que les confédérés de la Prusse allaient accepter comme vraie en attendant que l'Europe en fît autant.

La journée du 10 s'était passée à Ems sans que M. Benedetti eût revu le roi de Prusse ou reçu une communication de sa part, quoiqu'il n'eût pas hésité à lui faire savoir que les considérations les plus importantes lui commandaient de satisfaire, sans de trop longs retards, la légitime impatience de l'Empereur. M. Benedetti vit cependant M. de Werther, qui lui annonça le soir même que le roi avait reçu des dépêches du prince Antoine de Hohenzollern, père du prince Léopold, mais que, ce dernier n'étant pas auprès de son père, les informations reçues se trouvaient incomplètes ou insuffisantes. M. Benedetti ayant rencontré le roi vers onze heures du soir à la promenade, Sa Majesté s'arrêta pour lui confirmer les paroles de M. de Werther. M. Benedetti, en le remerciant, lui répondit que le moment approchait où son gouvernement serait obligé de fournir des explications au pays, et qu'il lui demandait la permission de lui exposer les nécessités de la situation. Le roi lui promit de le recevoir le lendemain matin.

La Chambre, depuis la déclaration du 6, ne savait rien des négociations; le ministère se taisait. Vainement, MM. Jules Favre et Ernest Picard avaient-ils demandé dans la séance du 7 la fixation d'un jour prochain pour la discussion de l'interpellation de M. Cochery et le dépôt des documents diplomatiques. Le gouvernement refusa de sortir d'un silence aussi favorable aux spéculateurs de bourse, que mortel pour le commerce et l'industrie. La Chambre savait que M. Benedetti devait avoir le 9 une première entrevue avec le roi de Prusse; on devine avec quelle impatience elle en attendait le résultat, et son profond désappointement quand elle apprit en gros les perturbations causées dans la transmission des dépêches, par le fameux orage de la vallée du Rhin. Les membres de la droite refusaient de croire à ce qu'ils appelaient un orage de commande. La situation du ministère, placé entre le centre gauche, qu'il avait abandonné, et l'extrême droite, qui se méfiait de lui, devenait à chaque instant plus difficile. M. de Gramont était peu rassuré en montant à la tribune, où il s'exprima ainsi :

« Le gouvernement comprend l'impatience de la Chambre et du pays,
« mais il lui est impossible de porter à sa connaissance un résultat défi-
« nitif. Il attend la réponse d'où dépendent ses résolutions. *Tous les*
« *cabinets auxquels nous nous sommes adressés paraissent*
« *admettre la légitimité de nos griefs* [1]. J'espère être prochaine-
« ment en mesure d'éclairer la Chambre ; mais aujourd'hui je fais appel
« à son patriotisme et au sens politique de chacun de ses membres, pour
« les prier de se contenter pour le moment de ces informations incom-
« plètes. »

De timides applaudissements éclatèrent au centre. La droite resta froide. M. Emmanuel Arago pria le ministre de s'expliquer au sujet des bruits de guerre. M. de Gramont répondit qu'il aurait été heureux d'empêcher l'opinion de s'égarer sur ses intentions, mais qu'une réponse pouvait provoquer une discussion et rendre la situation plus grave. La majorité prononça la clôture.

La froideur presque hostile de la droite avait effrayé M. de Gramont. A peine rentré dans son cabinet, à six heures et demie, il lança ce télégramme à M. Benedetti : « Je ne dois pas vous laisser ignorer que votre
« langage ne répond plus comme fermeté à la position prise par le gouver-
« nement de l'Empereur. Il faut aujourd'hui l'accentuer davantage. Nous
« ne pouvons admettre la distinction entre le roi et son gouvernement qui
« vous a été exposée. Nous demandons au roi qu'il défende au prince de
« Hohenzollern de persévérer dans sa candidature, et, si nous n'avons pas
« une réponse décisive demain, nous considérerons le silence ou l'ambi-
« guïté comme un refus de faire ce que nous demandons. »

M. Benedetti avait reçu cette réponse dans l'audience qu'il eut du roi de Prusse le 11 juillet à midi. Malgré les plus grands efforts pour déterminer Guillaume Ier à lui permettre d'adresser à son

---

[1]. Assertion que le cabinet de Londres se hâta de démentir et qui n'était pas plus vraie en ce qui concerne les autres cabinets.

gouvernement, sans attendre la réponse des princes de Hohenzollern, une déclaration ou même une simple assurance de sa part, qui eût, croyait-il, tout concilié, il n'obtint du roi que sa réponse habituelle qu'il ne voulait ni ne pouvait donner au prince de Hohenzollern l'ordre de retirer sa parole, mais que, s'il la retirait, il n'hésiterait pas à approuver sa résolution. Guillaume Ier annonça ensuite à M. Benedetti qu'il recevrait le soir ou le lendemain des nouvelles de Sigmaringen, où les princes de Hohenzollern étaient tous réunis, et qu'il s'empresserait de lui communiquer leur réponse définitive. « Je n'ignore pas, ajouta-t-il, les préparatifs qui se font à Paris, et je ne dois pas vous cacher que je prends mes précautions pour ne pas être surpris. »

Rien encore cependant ne rendait un arrangement impossible, et M. Benedetti, répondant dans la même soirée à un télégramme de M. de Gramont, l'engageait à ne rien précipiter. « La guerre, disait-il, deviendrait inévitable, si nous commencions ostensiblement les préparatifs militaires. » Le roi de Prusse, en définitive, ne demandait qu'à gagner du temps pour laisser le prince se désister, et la nouvelle se répandre en Europe, de telle façon qu'il n'eût plus qu'à donner son approbation au désistement. Napoléon III et son conseil, de plus en plus hésitants entre la paix et la guerre, faisant tout pour rendre l'une impossible, et ne faisant rien pour assurer le succès de l'autre, résolurent cette fois d'attendre.

M. Benedetti, en sortant de chez le roi, avait rencontré M. de Werther, qui allait faire ses préparatifs de départ pour Paris ; M. Benedetti ajoutait, en faisant part à trois heures de cette nouvelle à M. de Gramont : « Sa Majesté me laisse deviner et me fait entendre par son entourage, ainsi que vous le répétera M. de Werther, que le prince doit renoncer spontanément à la couronne qui lui est offerte, et que le roi n'hésitera pas à approuver sa résolution. »

Le désistement du prince de Hohenzollern n'était point encore arrivé à Paris, mais tout le monde le pressentait et l'attendait comme dénouement de la crise. Comment en effet la guerre aurait-elle pu sortir de la situation? Si le roi de Prusse refusait de prendre devant l'Allemagne la responsabilité du refus du prince de Hohenzollern, il l'approuvait, et il semblait que cela eût dû suffire au gouvernement impérial. M. Benedetti le croyait, comme tous les gens de bon sens. « Nous avions à la vérité
« demandé au roi d'inviter le prince à renoncer à la couronne d'Espagne ;
« le roi se bornait à donner son acquiescement à une décision que le
« prince avait, pouvait-on dire, prise de son propre mouvement. Devions-

« nous considérer comme insuffisante la satisfaction qui nous était accor-
« dée de la sorte? Pour ma part, je ne l'ai point pensé, et rien dans les
« dépêches qui m'étaient à ce moment expédiées de Paris ne me faisait
« soupçonner que le gouvernement de l'Empereur en jugeât autrement.
« A mon sens, ce qu'il nous importait d'obtenir, c'était la renonciation
« du prince validée par l'approbation du roi, et ce résultat, nous étions
« assurés de l'atteindre [1]. »

M. de Bismarck quitte sa terre de Varzin pour se rendre à Berlin, et de là à Ems quand le moment sera venu de transformer la question Hohenzollern en question allemande. L'opinion publique se transforme sous l'influence du langage imprudent des journaux bonapartistes de Paris. Les fragments qu'on en cite dans la presse allemande lui prouvent que la candidature Hohenzollern n'est qu'un prétexte pour détruire l'œuvre de Sadowa. Si l'Europe désire la paix, elle commence à n'y plus croire. L'Angleterre s'éloignait de Napoléon III; la Russie n'avait pas été dans cette question un appui bien réel pour lui; l'opinion publique, partagée entre les deux adversaires, ne pouvait prêter au gouvernement italien la force nécessaire pour agir au gré de ses préférences : il restait dans les limites d'une politique expectante. L'Autriche déclarait nettement que le retrait de la candidature Hohenzollern lui paraissait une solution très convenable de la question.

Le roi de Prusse, d'après M. Benedetti, cherchait un expédient pour en finir. Il consistait en une déclaration du prince Antoine de Hohenzollern adressée au maréchal Prim : « Vu les complications que paraît faire
« naître la candidature de mon fils Léopold au trône d'Espagne, et la si-
« tuation pénible que les derniers événements ont créée au peuple espa-
« gnol, en le mettant dans une alternative où il ne saurait prendre conseil
« que du sentiment de son indépendance, convaincu qu'en pareille cir-
« constance son suffrage ne saurait avoir la sincérité et la spontanéité
« sur lesquelles mon fils a compté en acceptant la candidature, je la retire
« en son nom. »

Le prince Antoine informait le 12 par un courrier le roi de Prusse de sa détermination, que le télégraphe portait immédiatement à la connaissance de Prim, de M. Olozaga [2] et des journaux. Le roi de Prusse, instruit le dernier, n'avait plus qu'à donner son approbation à un acte spontané. Napoléon III n'avait qu'à laisser les choses se dérouler. Mais il n'était plus

---

1. *Ma mission en Prusse.*
2. M. Olozaga avait mené l'affaire avec M. de Stratt, agent de Roumanie.

question de terminer un incident plus ou moins dangereux ; il s'agissait d'obtenir un avantage signalé sur la Prusse, de lui faire mettre les pouces, comme on dit vulgairement ; M. de Gramont écrivit le 12, vers une heure, par le télégraphe, à M. Benedetti : « Nous ne pouvons refuser au roi de Prusse le délai qu'il nous demande, mais nous espérons qu'il ne s'étendra pas au delà d'un jour. » M. Olozaga avait reçu le matin et transmis à l'Empereur la dépêche de la renonciation, dont l'administration des télégraphes s'était empressée d'adresser une copie au gouvernement.

Le télégramme de Sigmaringen n'était nullement une réponse du roi de Prusse aux réclamations de Napoléon III. On savait qu'elle consistait en une approbation du désistement et qu'il la ferait connaître le lendemain. Le parti de la guerre n'accepterait certainement pas le télégramme comme une satisfaction. M. de Gramont écrivit par le télégraphe à M. Benedetti à une heure quarante : « *Très confidentiel.* Employez votre « habileté, je dirai même votre adresse, à constater que la *renonciation* « du prince de Hohenzollern vous est *annoncée, communiquée* ou « *transmise* par le roi de Prusse ou par son gouvernement. C'est pour « nous de la plus haute importance. La participation doit à tout prix être « consentie par lui ou résulter des faits d'une manière *saisissable.* »

Cette dépêche partait pour Berlin au moment où M. E. Ollivier arrivait au Corps législatif. Oisifs, curieux, journalistes, gens de bourse s'agitaient autour du Palais-Bourbon, s'informant des bruits, demandant des nouvelles, cherchant à s'introduire dans l'enceinte interdite par une sévère consigne à tous les étrangers, et installant tous les jours une espèce de bourse où des agioteurs cosmopolites cotaient la rente devant les statues de Malesherbes et de d'Aguesseau. La salle des Pas-Perdus et les couloirs n'étaient pas pourtant si bien gardés qu'il ne fût possible à des gens audacieux et persistants d'y pénétrer. Les députés d'ailleurs leur en facilitaient l'entrée. Ces intrus formaient aussitôt des groupes où la question du moment était discutée avec la plus grande animation ; la gravité de la situation déliait les langues ; on s'exprimait de tous côtés avec la plus entière franchise sur l'Empereur, l'Impératrice, les ministres, les généraux. La foule était plus grande que les autres jours dans la salle des Pas-Perdus, au début de la séance du 12 juillet. Aucun ministre ne se trouvait à son banc, à deux heures et demie, et on désespérait d'apprendre quelque chose, lorsque M. E. Ollivier, un papier à la main, fit son entrée. Ce papier contenait le télégramme annonçant à M. Olozaga que le prince de Hohenzollern renonçait au trône d'Espagne et que le roi de Prusse

Fig. 19. — M. Thiers monte à la tribune et essaye de s'opposer à la déclaration de guerre. Il est violemment interrompu par les députés de la droite, qui ne lui permettent pas de terminer son discours.

approuvait sa résolution. M. E. Ollivier, entouré, pressé, supplié de dire où en est l'affaire, aperçoit M. Thiers; il lui communique la dépêche du prince Antoine, qu'il lui présente comme la satisfaction accordée par le roi de Prusse à Napoléon III. « Nous avons obtenu ce que nous désirions, ajoute-t-il : c'est la paix. — Maintenant, répondit M. Thiers, après avoir lu la dépêche, il faut vous tenir tranquille. — Soyez rassuré, nous avons la paix, nous ne la laisserons pas échapper. » C'est la paix ! La salle s'était à ces mots aussitôt vidée; les journalistes et les correspondants se dirigent immédiatement vers leurs bureaux; les agioteurs montent dans les voitures qui les attendent à la porte du Corps législatif et vont au galop rapporter les paroles du ministre à la Bourse, où elles occasionnent une hausse considérable des fonds publics.

La communication faite par M. le garde des sceaux à M. Thiers, dans la salle des Pas-Perdus, avait mécontenté les députés ultra-bonapartistes[1], qui affectaient de voir une espèce d'offense dans la préférence accordée à un simple particulier sur un corps de l'État, dans une circonstance où il s'agissait de faire connaître un fait se rattachant à l'avenir même du pays. La dépêche du père Antoine, comme on disait dédaigneusement sur les bancs de la droite, ne contenait pas d'ailleurs à leurs yeux une réparation suffisante, et les ministres étaient des « lâches » de l'accepter. M. E. Ollivier avait sans doute commis une faute en parlant de la dépêche du père Antoine, sans parler de l'approbation promise par le roi de Prusse; mais c'était à M. de Gramont à venir en aide à son collègue et à fournir à la Chambre les explications qu'il n'avait pas su lui donner. M. de Gramont se tut, et les esprits, sur les bancs de l'extrême droite, s'échauffant de plus en plus contre le ministère, M. Clément Duvernois et M. de Lausse déposèrent cette demande d'interpellation, assez menaçante : « Nous demandons à interpeller le cabinet sur les garanties qu'il a stipulées ou qu'il compte stipuler pour éviter le retour de complications successives avec la Prusse. »

Le moment aurait pu être mieux choisi pour essayer de renverser le ministère, mais M. Duvernois cédait à sa rancune. Le cabinet actuel lui devait, en quelque sorte, le jour; il avait compté, grâce à sa position auprès de Napoléon III, exercer sur lui une tutelle indirecte; mais les nou-

---

1. Voici comment s'exprime un de leurs journaux, le *Pays* :
« *Trois heures*. — La reculade est commencée.
« Le ministère, par l'organe de M. le duc de Gramont, déclare la France satisfaite par la dépêche du prince Antoine de Hohenzollern.
« Ce ministère aura désormais un nom : le ministère de la honte. »

veaux ministres, plus ombrageux que reconnaissants, s'étaient empressés de placer respectueusement le chef de l'État dans la nécessité d'opter entre leurs conseils et ceux de son favori. L'Empereur, fidèle sur ce point à son rôle de monarque constitutionnel et se rendant aux observations de ses conseillers officiels, tenait depuis quelque temps M. Duvernois éloigné de sa personne ; aussi une bonne partie de la droite, qui n'ignorait rien de tout cela, le laissa-t-elle seul avec M. de Lausse attacher le grelot, quitte à profiter plus tard de sa victoire. La Chambre, en attendant, continua la discussion du budget, sans plus s'émouvoir en apparence de l'interpellation de M. Clément Duvernois que de celle formulée par M. Guyot-Montpayroux dans la même séance : « Je pré-
« viens le cabinet que demain, de concert avec plusieurs de mes amis,
« je compte faire tous mes efforts pour le contraindre à sortir d'un silence
« que je considère comme indigne de la Chambre et du pays. »

L'interpellation de M. Clément Duvernois, favori de Napoléon III, parut à M. de Gramont contenir l'expression de la pensée du maître. Elle parlait de s'assurer des garanties pour l'avenir. Il fallait donc les obtenir de la Prusse ; ce n'était pas facile. M. de Gramont songeait aux moyens à employer lorsque, vers trois heures moins un quart, l'huissier de son cabinet annonça M. de Werther. Un duel de paroles s'engagea entre les deux diplomates, M. de Gramont cherchant à amener son interlocuteur à convenir que la renonciation du prince de Hohenzollern avait eu lieu sur le conseil du roi de Prusse, et M. de Werther niant l'existence d'un conseil de ce genre. M. de Gramont, repoussé sur ce point, laissa brusquement de côté la candidature Hohenzollern, sur laquelle l'Empereur, dit-il, aurait toujours mis son véto, témoigna la crainte que la conduite de la Prusse n'eût fait naître entre la France et elle, un germe fâcheux de haine et d'animosité : « Si le roi, comme vous le dites, est désolé de ce qui arrive, s'il tient à conserver de bons rapports avec l'Empereur, s'il y a malentendu, qu'il s'explique. Vous désirez la paix autant que moi. Si nous pouvons arranger cette affaire, nous rendrions un grand service à nos deux pays. — Que pourrait faire le roi ? demanda M. de Werther.
— Il pourrait écrire à l'Empereur une lettre dans le genre de celle-ci :
« En autorisant le prince Léopold de Hohenzollern à accepter la couronne
« d'Espagne, le roi croyait ne pas porter atteinte aux intérêts ni à la
« dignité de la nation française. Sa Majesté s'associe à la renonciation
« du prince de Hohenzollern et exprime son désir que toute cause de
« mésintelligence disparaisse désormais entre son gouvernement et celui

« de l'Empereur. » M. de Werther fit remarquer qu'il se trouvait, dans la déclaration du 6, des passages blessants qui empêcheraient le roi de signer une pareille lettre. M. de Gramont donnait à son interlocuteur quelques explications à ce sujet, lorsque M. E. Ollivier arriva chez son collègue, encore tout ému de l'accueil fait par la Chambre à la dépêche de Sigmaringen. Mis au courant de la conversation et averti qu'il était question d'amener Guillaume Ier à constater par un mot, son intervention comme roi de Prusse, dans les démarches qui avaient amené le désistement du prince Léopold de Hohenzollern, il joignit ses instances à celles de M. de Gramont auprès de M. de Werther, pour qu'il appuyât leur expédient. MM. de Gramont et E. Ollivier parlèrent ensuite de la force qu'acquiert l'opinion publique dans certains moments et de l'impérieuse nécessité où se trouve parfois un gouvernement de lui obéir, et ils ajoutèrent que le consentement du roi de Prusse à faire ce qu'on lui demandait contribuerait puissamment à raffermir le cabinet du 4 janvier. M. de Werther parut peu désireux de prêter son aide à de pareilles négociations, et peu disposé à croire que le roi de Prusse s'y prêterait. Les trois interlocuteurs se séparèrent, et M. de Gramont se rendit à Saint-Cloud, où l'on se moquait fort de la légèreté de M. E. Ollivier et de la dépêche du père Antoine. L'interpellation de M. Clément Duvernois lui parut plus menaçante que jamais. Il lança donc à M. Benedetti une dépêche datée du 12, à sept heures du soir, contenant la dépêche de l'ambassadeur d'Espagne et le priant de se rendre immédiatement auprès du roi de Prusse et de lui demander la déclaration « qu'il ne saurait refuser s'il n'est véritablement animé d'aucune arrière-pensée ». M. de Gramont est convaincu que, pour que « la renonciation fasse tout son effet, il est nécessaire que Guillaume Ier s'y associe et nous donne l'assurance qu'il n'autoriserait pas de nouveau cette candidature ».

M. de Gramont reçut à huit heures un télégramme d'Ems dans lequel M. Benedetti lui annonçait qu'il venait d'apprendre de la bouche même du roi que la réponse du prince de Hohenzollern lui parviendrait sûrement le lendemain, et qu'il le ferait demander en la recevant; mais le parti de M. de Gramont était pris, de ne voir là qu'une ruse et de pousser à une rupture. Lord Lyons lui reprocha vainement de manquer à la promesse faite à l'Angleterre de considérer l'incident comme terminé par la renonciation du prince [1]. M. de Gramont ne répondit aux sages

---

1. « La renonciation du prince, dit l'ambassadeur d'Angleterre, a totalement changé la position de la France. Si la guerre éclate, l'Europe dira que c'est par sa faute et qu'elle

observations d'un ami solide de la France, qu'en donnant à ses communications à M. Benedetti une couleur plus menaçante. L'Empereur le poussa du reste dans cette voie en lui mandant de Saint-Cloud, à dix heures du soir : « Il faut que Benedetti insiste pour avoir une réponse catégorique
« par laquelle le roi s'engagerait pour l'avenir à ne pas permettre au
« prince Léopold (qui n'est pas engagé), de suivre l'exemple de son frère
« et de partir un beau matin pour l'Espagne. Tant que nous n'aurons pas
« une communication officielle d'Ems, nous sommes censés n'avoir pas
« eu de réponse à nos justes demandes ; tant que nous n'aurons pas eu
« cette réponse, nous continuerons nos armements. »

M. de Gramont vit le soir même M. E. Ollivier, et ils rédigèrent ensemble cette dépêche à onze heures quarante-cinq : « Il est indispensable que le roi veuille bien nous dire qu'il ne permettra pas au prince de revenir sur sa renonciation... Dites bien au comte de Bismarck et au roi que nous n'avons aucune arrière-pensée, que nous ne cherchons pas un prétexte de guerre, et que nous ne demandons qu'à sortir honorablement d'une difficulté que nous n'avons pas créée. »

Ainsi se terminait à Paris cette journée du 12, si fertile en péripéties. Comment s'était-elle passée à Berlin ?

La guerre était considérée comme imminente, au dire de l'ambassadeur d'Angleterre, lord Loftus. Le sous-secrétaire d'Etat, M. de Thile, partageait cette opinion. Le langage de M. de Gramont et de la presse officieuse la rendait, selon lui, inévitable. Le parlement allemand allait être convoqué, et des communications, en vertu des traités, ne tarderaient pas à être faites aux États du Sud, dont l'adhésion à la politique prussienne n'était pas douteuse [1]. On comprend quel effet pouvaient produire à Berlin les exigences de Napoléon III.

Le 13, à neuf heures du matin, le conseil, auquel assistait l'Impératrice, était réuni à Saint-Cloud, lorsqu'on annonça l'arrivée au palais d'un secrétaire de l'ambassade anglaise porteur d'une lettre de lord Lyons pour l'Empereur. L'ambassadeur avait été chargé par lord Granville

s'est jetée dans la guerre par orgueil et par ressentiment. La querelle avait commencé par un incident qui ne touchait que très peu aux passions de l'Allemagne et n'engageait que très peu ses intérêts. La Prusse peut désormais espérer de rallier l'Allemagne pour résister à une attaque qui ne pourrait être attribuée qu'au mauvais vouloir et à la jalousie de la France, à un désir passionné d'humilier ses voisins. La France aura contre elle l'opinion du monde entier, et sa rivale aura l'avantage d'être manifestement contrainte à la guerre pour sa défense et pour repousser une agression. »

1. M. de Beust, d'après un rapport de lord Bloomfild en date du 12 juillet, en devait avertir Napoléon III, « dans l'intérêt de la paix et pour le détourner de chercher quelque appui de ce côté ».

de renouveler ses observations à M. de Gramont et de lui remettre une note qui se terminait ainsi : «... Lord Granville considère que le gouvernement de la reine est justifié, même tenu, de presser le gouvernement français d'une façon amicale, mais en même temps très urgente, d'accepter comme une solution satisfaisante, la renonciation du prince. »

La lecture de cette note donna quelque courage aux ministres partisans de la paix, mais ne déconcerta pas les autres. Le conseil cependant inclinait en masse à se rendre aux conseils de lord Granville, mais il se contenta d'ajourner l'appel des réserves, en maintenant la nécessité des garanties. C'était rendre la guerre inévitable et se priver des moyens de la soutenir.

La Chambre attendait avec anxiété une communication du gouvernement annonçant la paix ou la guerre. Le duc de Gramont, après avoir donné des nouvelles des missionnaires en Chine, prononça ces mots : « L'ambassadeur d'Espagne nous a fait connaître officiellement la renon-
« ciation du prince Léopold de Hohenzollern à sa candidature au trône
« d'Espagne. Les négociations que nous poursuivons avec la Prusse, et
« qui n'ont jamais eu d'autre objet, ne sont pas encore terminées. Il
« nous est donc impossible d'en parler et de soumettre aujourd'hui à la
« Chambre et au pays, un exposé général de l'affaire. »

Cette déclaration ne satisfit personne. Quelles pouvaient être les négociations entamées après la renonciation? En quoi consistaient-elles? On commença à le pressentir lorsqu'on vit les partisans de la guerre entrer en scène et lorsqu'on entendit M. Jérôme David, leur représentant, demander d'un ton significatif de qui émanait la renonciation, en se plaignant des interprétations auxquelles avait donné lieu, la veille, la lecture de ce document dans la salle des Pas-Perdus. M. de Gramont répondit que la renonciation était officielle, qu'il l'avait transmise telle qu'il l'avait reçue; « quant aux bruits qui peuvent circuler dans les couloirs, je n'ai pas à m'en occuper, » ajouta-t-il avec un dédain qui tombait en plein sur le garde des sceaux. M. Jérôme David insista pour avoir communication de la dépêche connue la veille à la Bourse, et, après que M. Clément Duvernois eut demandé que la Chambre fixât le jour de son interpellation, M. Jérôme David déposa à son tour celle-ci :

« Considérant que les déclarations fermes, nettes, patriotiques du
« ministère à la séance du 6 juillet ont été accueillies avec faveur par la
« Chambre et par le pays;

« Considérant que ces déclarations sont en opposition avec la lenteur

« dérisoire des négociations avec la Prusse, je demande à interpeller le
« ministère sur les causes de sa conduite à l'extérieur, qui non seule-
« ment jette la perturbation dans les branches diverses de la fortune
« publique, mais aussi risque de porter atteinte à la dignité nationale. »

La rumeur soulevée par ces mots « lenteur dérisoire » força M. Jérôme David à les supprimer. L'interpellation, même allégée de ces termes, n'en fut pas moins accueillie par la Chambre avec plus d'étonnement que de sympathie, excepté sur les bancs où siégeait son auteur. La gauche était divisée : la majeure partie redoutait la guerre, qui pouvait consolider l'Empire. Le reste écoutait plus volontiers les conseils de ce patriotisme exalté connu sous le nom de chauvinisme. M. de Kératry demanda communication de la dépêche du prince Antoine, et M. Clément Duvernois demanda qu'on plaçât son interpellation à l'ordre du jour. La Chambre décida qu'elle la discuterait le vendredi suivant, en même temps que celle de M. Clément Duvernois. Les deux interpellations en effet n'en faisaient qu'une. Dirigées toutes les deux contre le ministère, elles donnaient à la droite, l'occasion de former une nouvelle majorité sur le terrain de la guerre.

L'orage grondait sur le cabinet, et non seulement du côté du Palais-Bourbon, mais encore du côté du Luxembourg. Le président du Sénat, secondant par tous les moyens les efforts du parti de la guerre, dont il était un des chefs les plus ardents, convoqua le Sénat le 13, quoique aucune question ne fût à l'ordre du jour; aussi les sénateurs, en entrant en séance, se demandaient-ils les uns aux autres la cause de cette convocation; la présence de M. de Gramont à la tribune fit bientôt cesser leur étonnement. Le ministre des affaires étrangères lut au Sénat la déclaration dont M. E. Ollivier donnait au même moment lecture au Corps législatif; mais les sénateurs se montrèrent, comme on le verra, bien plus belliqueux que les députés. « Cela ne suffit pas, s'écrièrent plusieurs voix, nous voulons connaître l'attitude de la Prusse. — Et l'article 6 du traité de Prague? » demanda M. Larabit. M. Hubert Delisle posa la même question que M. Jérôme David au Corps législatif, relativement à l'auteur de la renonciation au trône d'Espagne. Lequel était-ce des deux princes, le fils ou le père?

Plusieurs demandes d'interpellation auraient été déposées si le Sénat n'avait appris l'acceptation, par le gouvernement, d'une interpellation de M. Brenier et la fixation de sa discussion au vendredi suivant; c'était également le jour choisi, comme on sait, par le Corps législatif,

Fig. 20. — Le Corps législatif se rend à Saint-Cloud pour féliciter l'Empereur.

pour discuter les interpellations de MM. Clément Duvernois et Jérôme David ; le Sénat ne pourrait-il renvoyer le débat ? La proposition lui en fut faite, il la repoussa à l'instigation de son président, qui, en s'efforçant d'obtenir que le Sénat entamât la discussion avant le Corps législatif, cherchait à engager d'avance la question dans le sens de la guerre et à exercer une pression sur l'Assemblée élective. Il s'en fallut même de bien peu que le Sénat ne forçât le ministère à s'expliquer tout de suite, quoiqu'il fît de son silence une question de cabinet. Un ministère renversé par le Sénat ! Qui s'y serait jamais attendu ?

Le pays, en attendant, vivait sous un gouvernement qui s'intitulait constitutionnel, et aucune des règles qui constituent le gouvernement constitutionnel n'était observée. L'Empereur donnait directement des ordres au ministre des affaires étrangères, qui les exécutait sans daigner même en prévenir le garde des sceaux, chef du cabinet. Le cabinet lui-même, divisé en deux fractions l'une favorable, l'autre opposée à la guerre, ne délibérait plus sur les questions à résoudre. Les journaux officieux, depuis la veille, trahissaient ce désaccord ; le *Constitutionnel*, organe de M. E. Ollivier, satisfait du désistement du prince de Hohenzollern, s'écriait : « Nous n'en demandons pas davantage, et c'est avec orgueil que nous accueillons cette solution pacifique ; une grande victoire qui ne coûte pas une larme, pas une goutte de sang. » Les autres feuilles bonapartistes protestaient au contraire avec vivacité contre la pensée de cet arrangement [1], plus funeste « que la perte de dix batailles rangées ».

Un télégramme d'Ems, daté du 13, dix heures du matin, annonçait à M. de Gramont que le roi n'avait pas encore reçu de réponse de Sigmaringen, mais qu'il refusait d'accorder la garantie d'avenir. Raison de plus, selon M. de Gramont, pour l'exiger. Vainement lord Lyons fit-il vers quatre heures une nouvelle tentative auprès de lui. L'ambassadeur d'Angleterre le quittait à peine, depuis cinq minutes, qu'il fit transmettre par le télégraphe cette dépêche à M. Benedetti : « Faites un dernier effort auprès du roi, dites-lui que nous nous bornons à lui demander de défendre au prince de Hohenzollern de revenir sur sa renonciation. Qu'il nous dise : Je le lui défendrai ! et qu'il vous autorise à nous l'écrire, ou qu'il charge son ambassadeur de nous le faire savoir. Cela suffit. » Si tous les cabinets voulaient la paix, aucun d'eux, quoi qu'en ait dit le duc de Gramont, n'appuyait les prétentions de Napoléon III. La

---

1. « Commencer par la déclaration du 6, s'écriait l'*Opinion nationale*, et finir par la dépêche du *père Antoine* est triste et ridicule. »

Russie proposait de faire signer la renonciation du prince de Hohenzollern et par toutes les puissances. Le temps ne permit pas de discuter cette proposition.

Le roi de Prusse, après avoir, on s'en souvient, annoncé le 11 sa réponse pour le 12, l'avait remise au lendemain. M. de Bismarck, au nom du cabinet tout entier, avait averti le roi qu'il état bon, avant d'approuver la renonciation, d'attendre qu'elle fût connue à Paris, afin qu'il n'eût pas l'air de céder à un ordre de Napoléon III, en face duquel l'opinion publique se plaignait qu'il n'eût pas pris une attitude plus haute. On s'arrangea en même temps pour que le courrier de Sigmaringen n'arrivât à Ems que le 13. On comprend dans quelles dispositions d'esprit se trouvait le roi de Prusse dans la nuit du 12 au 13, pendant laquelle M. Benedetti reçut l'ordre d'exiger la garantie. M. Benedetti ne pouvait se dispenser d'obéir aux instructions du ministre; il se rendit donc dès le matin auprès de l'aide de camp de service, prince Radziwil, et le pria de solliciter une audience du roi en sa faveur. Guillaume Ier lui fixa un rendez-vous après sa promenade; mais, l'ayant aperçu dans une allée, il voulut savoir dans quelle intention il demandait à le voir le soir même, puisqu'il était convenu qu'il le recevrait à l'arrivée du courrier du Sigmaringen, attendu d'un moment à l'autre. M. Benedetti fit part alors au roi de Prusse des deux demandes de son gouvernement : déclaration du roi de Prusse que, si le prince de Hohenzollern revenait à son projet, il s'y opposerait directement, et autorisation à M. Benedetti de communiquer cette déclaration au gouvernement impérial. Le roi de Prusse répondit par un refus formel, et mit fin à la conversation en annonçant à M. Benedetti qu'il l'inviterait à se rendre auprès de lui à l'arrivée des dépêches du prince de Hohenzollern.

M. Benedetti ne connaissait pas l'entretien du 12 entre M. de Gramont et M. de Werther; il ne pouvait pas en combattre l'effet; il n'y serait point parvenu d'ailleurs. Vainement fit-il des efforts pour obtenir une nouvelle audience du roi; Guillaume Ier lui fit dire à cinq heures, par le prince Radziwil, qu'il n'avait plus rien à lui dire.

Le courrier de Sigmaringen arriva de midi à une heure; mais alors le roi, ne voulant pas traiter de nouveau la question des garanties avec M. Benedetti, chargea le prince Radziwil, son aide de camp, de faire connaître à l'ambassadeur de Napoléon III, le désistement du prince Léopold, et d'ajouter de la part du roi qu'il l'autorisait à faire savoir à l'Empereur qu'il l'approuvait entièrement et sans réserve. Quel motif avait engagé le roi à modifier ses dispositions? Les avis de M. de Bismarck, sur le mécontentement causé par sa trop grande modération et la réception de la dépêche de M. de Werther rendant compte de sa conversation du 12, avec M. de Gramont et E. Ollivier, et du projet de lettre à soumettre à la signature du roi.

M. Benedetti s'attendait à cette défense; malgré l'accueil gracieux du roi, il avait compris que Guillaume Ier n'ignorait pas quel échec personnel il allait subir, et qu'il ne consentirait pas à prendre envers Napoléon III un engagement dans le genre de celui qu'il lui demandait. Il prévoyait même qu'à partir de ce moment, il lui serait moins facile de l'aborder [1].

La question du reste avait déjà pris à Berlin une bien autre tournure : la note du 6 juillet, selon M. de Bismarck, était un affront fait au roi de Prusse et à la nation en face de l'Europe, et, après ce qui venait de se passer, c'était à la Prusse à se plaindre et à exiger des garanties. M. de Bismarck, par ce hardi changement de rôle, mit l'Europe de son côté. M. de Moltke revint le 13 de sa terre de Silésie; le soir même, le conseil des ministres se réunit. MM. de Roon et de Moltke, sûrs de ce qu'ils avançaient, déclarèrent que jamais la Prusse n'avait été mieux en mesure d'entreprendre la guerre. Il ne s'agissait que de transformer en rupture ce qui s'était passé à Ems entre le roi de Prusse et M. Benedetti. Ce fut l'affaire d'un télégramme d'Ems inséré dans un supplément de la *Gazette de l'Allemagne du Nord*, publié à neuf heures du soir, et répandu gratuitement. Les faits n'y étaient pas sensiblement altérés; mais les commentaires et les explications en changeaient la portée. C'est de parti pris que l'ambassadeur de Napoléon III avait abordé le roi de Prusse, dans un jardin public, démarche inconvenante, digne prélude d'une demande exorbitante, à laquelle le roi ne répondit qu'avec la dignité et la fermeté d'un gentilhomme. La population adopte cette version et se porte devant le palais royal, où jusqu'à minuit retentissent les hurrahs en l'honneur du roi, et les cris : Au Rhin! Le soir même, le télégramme fut communiqué à tous les représentants de la confédération du Nord à l'étranger; le lendemain, les journaux répandirent dans toute l'Allemagne le récit de la double insulte et un extrait du rapport de M. de Werther contenant la lettre d'*excuses* et la réponse de M. de Bismarck : « Vous avez mal compris, j'en suis convaincu, les ouvertures verbales du ministère français.

---

[1]. Rapport du 13 juillet.

De telles ouvertures sont inadmissibles. Je me refuse, comme ministre responsable, à soumettre votre rapport à Sa Majesté. » M. de Werther reçut l'ordre de prendre un congé.

M. Benedetti, dans un entretien avec le ministre de l'intérieur, qui se trouvait à Ems, était revenu sur la question de garantie, en le priant d'en référer au roi; le ministre le lui promit et s'acquitta de sa promesse, mais ne reçut pas de réponse. M. Benedetti, qui partait le soir, fit demander au roi la permission de prendre congé de lui. Guillaume Ier, qui se rendait à Coblentz, lui fit savoir qu'il le recevrait à la gare dans son salon réservé. M. Benedetti y fut introduit; la conversation fut courte; le roi répéta qu'il n'avait rien à communiquer à l'ambassadeur. Guillaume Ier et M. Benedetti se séparèrent courtoisement, ne se doutant pas, l'un que M. Benedetti eût manqué aux égards qui lui étaient dus, l'autre que le roi de Prusse eût offensé la France en sa personne.

Napoléon III apprit, le 13 au soir, ce qui s'était passé à Ems entre le roi de Prusse et M. Benedetti. Le conseil était disposé en ce moment à voir dans l'approbation royale donnée à la renonciation du prince Hohenzollern un élément d'accord futur. Quant au refus de recevoir l'ambassadeur, il était difficile de se fâcher d'un refus que rien de blessant[1] n'accompagnait. L'Empereur du reste inclinait visiblement à la paix.

Tout espoir de paix ne paraissait pas perdu dans la nuit du 13 au 14. La publication du télégramme d'Ems dans la *Gazette de l'Allemagne du Nord* changea les choses; le conseil des ministres, réuni à neuf heures, délibérait encore à midi sur l'appel des réserves. Cet appel, résolu à l'unanimité, devint l'objet de nouvelles délibérations après le départ du ministre de la guerre. L'indécision de l'Empereur reprenait le dessus; les ministres pacifiques redoublèrent d'efforts. M. de Gramont prit la parole et proposa un congrès[2]. Napoléon III accueillit avec joie cette vieille idée, si longtemps caressée par lui. Un projet de communication aux puissances étrangères, relatif à un congrès, fut rédigé séance tenante. On devait l'annoncer le lendemain aux Chambres; les membres du cabinet, en

---

1. *La France et la Prusse*, par M. de Gramont.
2. Napoléon III avait dit en causant la veille avec deux ambassadeurs : « L'abandon de la candidature Hohenzollern, c'est la paix; je le regrette, car l'occasion était bonne; mais, à tout prendre, la paix est un parti plus sûr. Vous pouvez regarder l'incident comme terminé, » ajouta-t-il d'un ton de regret véritable. (*Déposition de M. Thiers dans l'enquête du 4 septembre.*)
3. L'Empereur aurait été saisi, en entendant ce mot, d'une émotion extraordinaire, « qui alla jusqu'à des larmes sensibles ». (Rapport de M. Saint-Marc Girardin.)

se séparant à six heures, croyaient avoir voté la paix. Le parti bonapartiste, soutenu par l'Impératrice, agit auprès de l'Empereur, le conjurant de relever, avec l'appui d'une invincible armée, le trône impérial, tombé, disaient-ils, dans la boue, et d'écraser la Prusse avant qu'elle ait pu faire un mouvement. M. de Gramont se rangea du côté de l'Impératrice. Averti par les agents français dans les Etats allemands et en Suisse, de la communication faite aux États allemands, à la Suisse et à la Bavière du télégramme d'Ems, il n'hésita pas à voir dans cette communication, l'intention formelle de placer la France en présence d'un affront public. « L'Europe apprend que l'ambassadeur de France s'est vu refuser l'accès « du souverain auprès duquel il est accrédité ; pour un peuple comme pour « un homme, la publicité d'une injure en aggrave considérablement le « caractère et rend la réparation difficile. Le calcul était donc infaillible, « et, si la France hésitait à entrer en campagne, le chancelier avait trouvé « un excellent moyen de l'y contraindre. » Puis M. de Gramont reconnaît qu'il y avait un calcul dans la conduite de M. de Bismarck ; pourquoi ne pas le déjouer, au lieu de donner dans le piège? Le conseil des ministres, réuni à dix heures du soir, paraissait, malgré cela, résolu à recourir au congrès, et à ajourner la mobilisation, lorsqu'une dépêche remise à onze heures, au ministre des affaires étrangères, annonçant la résolution prise par M. de Bismarck, et communiquée par lui à lord Loftus, d'exiger une rétractation des menaces contenues dans la déclaration du 6, vint tout changer. Le ministère se trouvait donc placé dans cette alternative : tomber devant M. de Bismarck, ou faire la guerre. Il fut décidé qu'on rappellerait les réserves et qu'on communiquerait le lendemain cette résolution aux Chambres. M. E. Ollivier se montra plus ardent que tous ses collègues, sous prétexte qu'il serait renversé s'il ne donnait pas satisfaction aux vœux de la majorité, et qu'un ministère réactionnaire ferait la guerre dans des conditions moins favorables : « Puisque nous ne pouvons empêcher la guerre, notre devoir est de la rendre populaire. En nous retirant, nous découragerions le pays, nous démoraliserions l'armée, nous contesterions le droit de la France et la justice de sa cause [1]. » M. E. Ollivier se faisait une idée singulièrement exagérée de sa popularité. L'armée n'aurait pas été démoralisée, et la France n'aurait pas douté de son droit, parce que M. Emile Ollivier et ses collègues auraient abandonné leur portefeuille, parce

---

1. Conversation avec M. Robert Mitchell, dans le *Courrier de France* du 22 décembre 1872.

que le gouvernement, se refusant à suivre leurs conseils, n'aurait pas voulu, avant de recourir aux armes, faire appel à l'arbitrage des puissances réunies en congrès.

« La mobilisation de l'armée active, avait dit le ministre de la guerre au « conseil, tenu le jour où M. de Gramont avait lu sa déclaration au Corps « législatif, ne pourra nous donner que 300 000 hommes. J'espère que « dans quinze jours nous en aurons 250 000 suffisamment organisés. « Pour en réunir 300 000 hommes, je crois qu'il faudra au moins trois « semaines. » Le ministre se croyait non seulement en mesure de devancer l'armée prussienne, dont il connaissait les effectifs et le système de mobilisation, mais encore à se mesurer avec elle dans les premiers temps à égalité de nombre, grâce à la neutralité bienveillante de l'Autriche et de l'Italie. C'est sans doute sur les assurances de M. de Gramont, que le maréchal Le Bœuf escomptait cette neutralité, de même que c'est à force d'entendre le maréchal Le Bœuf répéter aux députés, aux officiers, à ses amis, dans les couloirs de la Chambre, dans son cabinet, dans les salons : « Jamais nous n'avons été aussi prêts; jamais nous ne le serons aussi bien; la guerre est tôt ou tard inévitable, acceptons-la. » Lorsque M. de Gramont se lançait dans cette voie, qui devait nous conduire à un désastre, M. E. Ollivier, premier ministre de nom, incapable de contrôler les assertions du ministre des affaires étrangères et du ministre de la guerre, les adoptait sans y croire et sans oser les contredire. Les autres ministres s'en rapportaient à l'Empereur, qui s'en rapportait à son étoile déjà bien pâlissante, et qui se servait du titre de souverain constitutionnel, obligé de laisser agir ses ministres, pour cacher son impuissance. Les hommes de son entourage, divisés sur la guerre comme sur tout, livraient à son indolence maladive et fataliste, le soin d'une décision qui fatiguait son esprit sans le stimuler. L'Impératrice, voyant l'affaissement de son mari et le danger que courait la couronne de son fils, cherchait dans la guerre un expédient, que les politiques cléricaux qui formaient sa cour, baptisaient du nom de croisade des races latines et catholiques, contre les races saxonnes et protestantes [1].

---

[1]. Sans croire, comme un écrivain d'origine allemande, M. Vogt, « que la situation eût été terrible si Eugénie victorieuse eût tenu la campagne avec une suite de prêtres et de paysans fanatiques, » on peut admettre avec M. de Sybel que « le triomphe de Napoléon eût été le triomphe du cléricalisme dans une moitié de l'Europe ». M. de Bismarck a dit en plein *Reichstag* que la déclaration de guerre avait abrégé le concile, et hâté la promulgation de ses décrets, qui n'auraient pas été tels qu'on les connaît, si l'on n'avait pas cru la victoire des Français certaine d'avance. M. de Bismarck a ajouté que la paix, décidée pendant une demi-heure, avait été abandonnée sous la passion des hommes du parti clérical.

Fig. 21. — Portrait de M. Jules Favre.

La France était-elle prête, comme l'affirmait avec tant d'insistance le ministre de la guerre? La *Situation de l'Empire*, distribuée aux députés le 1er novembre 1869, est la meilleure réponse à cette question. Ce document décompose comme il suit l'effectif de l'armée à la date du 1er octobre : intérieur 350 000 hommes, Algérie 64 000 hommes, États pontificaux 5 000 hommes, total 419 000 hommes dont il fallait déduire les hommes en congé à divers titres, s'élevant au chiffre de 100 000, ce qui réduisait le nombre des présents à 319 000 hommes. L'effectif de la réserve était de 212 000 hommes, soit pour l'armée active et la réserve 631 000 hommes en chiffres ronds. La garde nationale mobile, destinée à la défense des places fortes et de l'intérieur, comprenait cinq classes dont l'effectif était de 560 000 hommes, qui, ajoutés aux 631 000 de l'armée et de la réserve, donnaient sur le papier le chiffre de 1 191 000 *combattants*, mais sur les contrôles des régiments figuraient un nombre considérable de non-valeurs; les gardes nationaux mobiles ne savaient pas se servir du fusil, et l'organisation des cadres était à peine ébauchée. L'Empereur ne pouvait donc compter au début de la campagne que sur l'armée active et sur la réserve, formant un effectif évalué par la *Situation de l'Empire* à 631 000 hommes et par les bureaux de la guerre à 626 000, d'où il fallait défalquer les 75 000 jeunes soldats du contingent de 1869, qui ne furent incorporés que le 1er août.

Le chiffre des hommes disponibles immédiatement était de 567 000 hommes, ainsi répartis : 393 500 sous les drapeaux; 61 000 anciens militaires de la réserve, ayant quatre mois d'instruction en moyenne, pris dans les dépôts, mais qui, la plupart, n'avaient pas eu le temps de s'y familiariser complètement avec le maniement du chassepot. Le total de 393 500 hommes sous les drapeaux fourni par les bureaux de la guerre avait été formellement contesté par le *Constitutionnel* au lendemain du plébiscite. Le *Peuple français*, organe du gouvernement, avait beau invoquer contre les assertions de son confrère « nos admirables règles de comptabilité qui ne permettent pas à des dépenses fictives de figurer au budget », on ne se fiait guère à ces prétendues règles en voyant que des sommes immenses, comme celles dépensées par les expériences des ateliers de Meudon et pour la construction des hôtels de maréchaux, dans les sièges des grands commandements militaires, avaient pu être dépensées sans laisser la moindre trace au budget. Le gouvernement coupa court à la polémique engagée sur cette délicate question de l'effectif entre le *Constitutionnel* et le *Peuple français;* il n'en resta pas moins prouvé, en admettant même l'exactitude du chiffre des hommes présents sous les drapeaux, fourni par le ministère, que le total des forces que la France pouvait mettre en ligne, pendant les premiers mois de la guerre, ne dépassait pas 567 000, d'où il fallait déduire 36 000 hommes de troupes hors rang, compagnies de discipline, de remonte, infirmiers, 13 000 hommes de gendarmerie, 28 000 hommes de dépôts, 78 000 dans les garnisons des forteresses, 50 000 en Algérie, en tout 231 000 hommes pour l'intérieur et l'Algérie. Il restait donc 336 000 hommes à opposer aux 500 000 que, dès la première heure de l'ouverture des hostilités, la Prusse pouvait jeter sur nous. Le maréchal Le Bœuf n'en répétait pas moins sur tous les tons : « Nous sommes prêts ! » Inexplicable et fatale assurance, qui faisait le désespoir de ceux qui connaissaient la vérité et qui essayaient vainement de la faire connaître.

Étions-nous mieux prêts du côté des alliances?

L'Angleterre, en froideur et en méfiance avec Napoléon III, depuis la fin de la guerre de Crimée, souhaitait ardemment la paix. On l'a vu par les démarches de lord Lyons, auprès de M. de Gramont. On peut même donner le nom d'intervention, au projet d'arrangement proposé par elle. La France retirerait sa demande de garanties, et la Prusse donnerait une approbation plus explicite à la renonciation du prince de Hohenzollern. L'Angleterre ne croyait pas ces garanties ni nécessaires ni justes ; elle était convaincue que ces exigences donneraient à la France, le rôle d'agresseur dans cette guerre. La Russie était liée à la Prusse par un traité conclu précisément en vue d'une guerre entre l'Allemagne et la France ; le général Fleury, ambassadeur à Saint-Pétersbourg, tout fier d'être admis les jours de chasse à l'extrémité de la banquette du droski impérial, niait l'existence de ce traité, qui remontait à l'année 1866, c'est-à-dire au moment où les exigences de Napoléon III obligèrent la Prusse à chercher, sur la Vistule, un allié moins onéreux que celui qui s'offrait à elle sur le Rhin. La Russie ne lui demandait en échange de son alliance que deux choses : son appui moral pour arriver à la révision du traité de 1856, et son appui matériel pour réprimer, le cas échéant, une insurrection en Pologne. Que le czar ait adressé à son oncle des conseils de prudence et de modération, nous le croyons d'autant plus volontiers que cela n'engage à rien.

L'Autriche seule pouvait désirer une entente avec la France. Napoléon III, songeant à la guerre et la préparant avec ce mélange d'irrésolution et de témérité qui a toujours été le fond de son caractère, et François-

Joseph, toujours ulcéré de sa défaite, avaient dû plus d'une fois s'interroger par lettres sur la possibilité d'une alliance. L'entrevue de Salzbourg, ce chef-d'œuvre de la politique de M. de Gramont, n'eut lieu que pour fournir à Napoléon III et à François-Joseph l'occasion de traiter la question plus directement. Les deux souverains, sans sortir du cercle des pourparlers, passèrent en revue les principales conditions de l'alliance, et ils continuèrent à se soumettre leurs réflexions par voie de correspondance; à la veille même des événements militaires de 1870, cette correspondance durait encore. Dix millions d'Allemands disposés à voir dans la guerre le début d'une lutte nationale, autant de Hongrois très peu enclins à verser leur sang pour rendre à l'Autriche son ancienne position en Allemagne, condamnaient l'Autriche à la neutralité. Elle s'était cependant mise en rapport avec l'Italie au sujet d'une médiation dont Napoléon III lui avait laissé l'initiative. L'appui conditionnel de François-Joseph pouvait néanmoins passer pour acquis à Napoléon III contre la Prusse, dans certains cas. La candidature d'un prince prussien au trône d'Espagne s'y trouvait-elle comprise? Cela semble peu probable, car, dès qu'on vit en Autriche où tendaient les vues de Napoléon III dans cette affaire, François-Joseph lui fit savoir qu'il ne se considérait pas comme tenu de concourir activement à une guerre entreprise contre ses conseils. Le langage de M. de Beust donna fort à penser à Napoléon III. M. de La Tour d'Auvergne, son représentant à Vienne, eut l'ordre d'adresser, de vive voix, des observations au ministre autrichien, et de les pousser jusqu'à la menace de voir, une fois les hostilités engagées, la France et la Prusse s'entendre aux dépens de l'Autriche après une première bataille.

L'Autriche, instruite de longue date à se méfier des soubresauts de la politique napoléonienne, ne se crut pas en droit de dédaigner ces menaces. Un diplomate, un envoyé spécial de la cour de Vienne, M. de Witzthum, se rendit à Paris pour reprendre ses négociations, qui n'eurent et qui ne pouvaient avoir aucun résultat autre que celui d'amener certains arrangements, par lesquels les deux souverains s'engageaient à ne rien entreprendre sans s'être préalablement concertés, mais pas d'alliance formelle.

En froid avec l'Angleterre, n'ayant rien à attendre de la Russie et rien à espérer de l'Autriche, sinon un concours borné, l'Empereur des Français pouvait-il compter sur l'Italie? Encore moins que sur l'Autriche; si de l'autre côté des monts, une fraction importante du parlement et de la population affectaient de voir dans la Prusse, la puissance à laquelle l'Italie devait la Vénétie, le roi et la cour persistaient à faire honneur de ce présent à Napoléon III. Victor-Emmanuel croyait d'ailleurs ses intérêts dynastiques liés au maintien de l'empire en France, et il se sentait blessé, au souvenir de l'espèce de délaissement dont la Prusse s'était rendue coupable envers lui en 1866 ; mais l'ambition et la force des choses le poussaient vers Rome, et il était évident que la Prusse, en lui assurant sa capitale, mettrait à une rude épreuve la reconnaissance de Victor-Emmanuel pour Napoléon III.

L'Empereur, sur la fin de l'été 1869, avait fait des démarches pour conclure une alliance avec Victor-Emmanuel. Le roi d'Italie y mettait deux conditions : autorisation dans certains circonstances d'occuper une partie du territoire pontifical ; formation entre l'Italie, la France et l'Autriche d'une entente préalable, pour arriver d'avance au règlement commun d'un *modus vivendi* entre les trois puissances et le successeur de Pie IX. Napoléon III, après avoir rejeté ces conditions, reprit les négociations, à la veille même de la guerre. Elles aboutirent à un projet de traité : 60 000 soldats italiens, commandés par Cialdini, devaient entrer en Allemagne par le Tyrol. Victor-Emmanuel, cette fois, ne mettait à son concours d'autre condition que l'occupation de Rome. « Plutôt une défaite sur le Rhin que l'abandon du pape. » Ce fut la réponse de Napoléon III [1].

Tel était l'état de nos alliances au moment où l'Empereur allait se lancer dans la guerre terrible qui devait finir par le démembrement de la France. Il peut convenir aujourd'hui aux bonapartistes de présenter cette guerre comme lui ayant été imposée par la nation ; mais il n'est pas possible d'oublier que, à la veille même du jour où elle fut engagée, M. Rouher, dans une occasion solennelle [2], avait félicité son maître de la préparer depuis quatre ans.

1. L'Autriche lui avait prouvé l'impossibilité de la convention du 15 septembre, et la nécessité de placer le pape sous la protection des Italiens.
2. Discours au sénat, séance du 15.

CHAPITRE V

LA DÉCLARATION DE GUERRE. — DÉPART DE L'EMPEREUR

Arrivée de M. Benedetti à Paris. — Il apprend avec étonnement la prétendue insulte qu'on lui a faite. — Déclaration de guerre lue au Sénat. — Enthousiasme du Sénat à la lecture de ce document. — Déclaration de guerre lue au Corps législatif. — Situation ambiguë de divers membres de la droite. — La gauche réclame vainement la communication des dépêches de M. Benedetti. — Discussion entre M. Gambetta et M. Em. Ollivier. — M. Ollivier invoque la dépêche de la *Gazette de Cologne*. — M. Ollivier s'obstine à déclarer que M. Benedetti a été insulté. — Discours de M. Thiers. — Phrases ronflantes de M. de Gramont et de M. de Keratry. — M. Buffet se joint à M. Jules Favre pour demander communication des dépêches. — La droite repousse cette motion. — La commission se laisse tromper par le ministère. — Le ministre des affaires étrangères et le ministre de la guerre affirment que nous sommes prêts. — On croit à la possibilité de détacher de la Prusse les Etats du Sud. — Séance de nuit. — La Chambre vote les quatre projets de loi. — Napoléon III veut défaire ce qu'a fait Sadowa. — Il n'est plus temps. — Clôture de la session. — Le Corps législatif aux Tuileries. — L'article du *Constitutionnel*. — Diverses manifestations pour et contre la guerre. — La *Marseillaise* à l'Opéra. — Le Sénat à Saint-Cloud. — Discours de M. Rouher. — Réponse de l'Empereur. — Départ des troupes. — Lettre de l'Empereur à la garde nationale. — La Régence est déclarée. — Proclamation de l'Empereur. — L'Empereur n'ose pas traverser Paris. — La police favorise les braillards.

M. Benedetti, mandé à Paris, y arriva le 15 juillet, à dix heures du matin ; après avoir complété verbalement deux heures après, devant le conseil des ministres, le compte rendu de ses négociations, par le récit de son entretien avec le ministre de l'intérieur, M. d'Eulenburg, relativement à la nouvelle démarche qu'il comptait faire auprès du roi, il termina en racontant le refus de ce dernier, de rien ajouter à ce qu'il lui avait dit le 13, son départ pour Coblentz, l'accueil bienveillant qu'il en avait reçu à la gare en lui présentant ses hommages, et enfin la déclaration de Guillaume Ier, que si des négociations ultérieures devenaient nécessaires, elles seraient désormais poursuivies par son gouvernement. Comme il n'y avait pas eu d'autres paroles échangées, entre le roi de Prusse et lui, la surprise de M. Benedetti fut grande en apprenant qu'il avait été insulté, et la France avec lui, par le roi de Prusse, dans les quelques minutes passées à la gare d'Ems. Nul n'était mieux que lui en position de remontrer au cabinet son erreur et le danger qu'il courait; mais l'Impératrice voulait la guerre, l'Empereur subissait la volonté de l'Impératrice; M. Benedetti était du parti de la guerre, il se tut.

Le conseil des ministres fini, et les suprêmes résolutions prises, MM. de Gramont, l'amiral Rigault de Genouilly et le maréchal Le Bœuf se rendirent au Luxembourg; M. E. Ollivier et les autres ministres prirent le chemin du Palais-Bourbon; il était une heure lorsque M. de Gramont lut cette déclaration au Sénat :

« La manière dont vous avez accueilli notre déclaration du 6 juillet nous ayant donné la certitude que vous approuviez notre politique, et que nous pouvions compter sur votre appui, nous avons aussitôt commencé des négociations avec les puissances étrangères pour obtenir leurs bons offices; avec la Prusse, afin qu'elle reconnût la légitimité de nos griefs.

« Dans ces négociations, nous n'avons rien demandé à l'Espagne, dont nous ne voulions ni éveiller les susceptibilités ni froisser l'indépendance; nous n'avons pas agi auprès du prince de Hohenzollern, que nous considérions comme couvert par le roi; nous avons également refusé de mêler à notre discussion aucune récrimination, ou de la faire sortir de l'objet même dans lequel nous l'avions renfermée dès le début.

« La plupart des puissances étrangères ont été pleines d'empressement à nous répondre, et elles ont, avec plus ou moins de chaleur, admis la justice de notre réclamation.

« Le ministre des affaires étrangères prussien nous a opposé une fin de non-recevoir en prétendant qu'il ignorait l'affaire et que le cabinet de Berlin y était resté étranger.

« Nous avons dû alors nous adresser au roi lui-même, et nous avons donné à notre ambassadeur l'ordre de se rendre à Ems, auprès de Sa Majesté.

« Tout en reconnaissant qu'il avait autorisé le prince de Hohenzollern à accepter la candidature qui lui avait été offerte, le roi de Prusse a soutenu qu'il était resté étranger aux négociations poursuivies entre le gouvernement espagnol et le prince de Hohenzollern, qu'il n'y était intervenu que comme chef de famille et nullement comme souverain, et qu'il n'avait ni réuni ni consulté le conseil de ses ministres. Sa Majesté a reconnu cependant qu'elle avait informé le comte de Bismarck de ces divers incidents.

« Nous ne pouvions considérer ces réponses comme satisfaisantes; nous n'avons pu admettre cette distinction subtile entre le souverain et le chef de famille, et nous avons insisté pour que le roi conseillât et imposât, au besoin, au prince Léopold une renonciation à sa candidature.

« Pendant que nous discutions avec la Prusse, le désistement du prince Léopold nous

Fig. 22. — Manifestations sur les boulevards en faveur de la guerre.

vint du côté d'où nous ne l'attendions pas et nous fut remis le 12 juillet par l'ambassadeur d'Espagne.

« Le roi ayant voulu y rester étranger, nous lui demandâmes de s'y associer et de déclarer que si, par un de ces revirements toujours possibles dans un pays sortant d'une révolution, la couronne était de nouveau offerte par l'Espagne au prince Léopold, il ne l'autoriserait pas à l'accepter, afin que le débat pût être considéré comme définitivement clos. (*Approbation.*)

« Notre demande était modérée; les termes dans lesquels nous l'exprimions ne l'étaient pas moins : « Dites bien au roi, écrivions-nous au comte Benedetti le 12 juillet « à minuit, dites bien au roi que nous n'avons aucune arrière-pensée, que nous ne « cherchons pas un prétexte de guerre et que nous ne demandons qu'à résoudre hono- « rablement une difficulté que nous n'avons pas créée nous-mêmes. » (*Oui! oui! c'est vrai! très bien!*)

« Le roi consentit à approuver la renonciation du prince Léopold, mais *refusa* de déclarer qu'il n'autoriserait plus à l'avenir le renouvellement de cette candidature. (*Mouvement.*)

« J'ai demandé au roi, nous écrivait M. Benedetti le 13 juillet à minuit, de vouloir « bien me permettre de vous annoncer en son nom que, si le prince de Hohenzollern « revenait à son projet, Sa Majesté interposerait son autorité et y mettrait obstacle. Le « roi a *absolument* refusé de m'autoriser à vous transmettre une semblable déclaration. « (*Nouveau mouvement.*) J'ai vivement insisté, mais sans réussir à modifier les dispositions « de Sa Majesté. Le roi a terminé notre entretien en me disant qu'il ne pouvait ni ne « *voulait* prendre un pareil engagement, et qu'il devait, pour cette éventualité comme « pour toute autre, *se réserver la faculté de consulter les circonstances.* » (*Exclamations, vives protestations.*)

« *Une voix* : On ne pousse pas plus loin l'insolence.

« *M. Duruy* : C'est un défi.

« Quoique ce refus nous parût injustifiable, notre dessein de conserver à l'Europe les bienfaits de la paix était tel que nous ne rompîmes pas les négociations, et que malgré votre impatience légitime, craignant qu'une discussion ne les entravât, nous vous avons demandé d'ajourner nos explications jusqu'à aujourd'hui. (*Assentiment marqué.*)

« Aussi notre surprise a-t-elle été profonde lorsqu'hier nous avons appris que le roi de Prusse avait notifié par un aide de camp à notre ambassadeur qu'il ne le recevrait plus (*profond mouvement d'indignation*) et que, pour donner à ce refus un caractère non équivoque, son gouvernement l'avait communiqué officiellement aux cabinets d'Europe. (*Explosion de murmures. — Oh! oh! c'est trop fort!*)

« *Quelques membres* : Décidément on ne pousse pas plus loin l'impertinence et l'audace.

« Nous apprenions en même temps que M. le baron de Werther avait reçu l'ordre de prendre un congé et que des armements s'opéraient en Prusse.

« Dans ces circonstances, tenter davantage pour la conciliation eût été un oubli de dignité et une imprudence. (*Adhésion prolongée, unanimes bravos.*)

« Nous n'avons rien négligé pour éviter la guerre. Nous allons nous préparer à soutenir celle qu'on nous offre, en laissant à chacun la part de responsabilité qui lui revient. Dès hier, nous avons rappelé nos réserves, et avec votre concours nous allons prendre immédiatement les mesures nécessaires pour sauvegarder les intérêts, la sécurité et l'honneur de la France. »

Les applaudissements, les cris de : « Vive l'Empereur! » éclatent. Les sénateurs se lèvent et redoublent d'acclamations et d'applaudissements. Les tribunes partagent l'enthousiasme du Sénat.

« *M. le président* : Personne ne demande la parole?

« *M. le baron Brenier* se lève...

« *De toutes parts* : Non, non, plus de discours, de l'action.

« *M. Hubert-Delisle* : Plus de paroles, des actes.

« *M. Boinvilliers* : Rien de plus. Vive la France! Vive l'Empereur!

« Ces cris éclatent de nouveau sur tous les bancs.

« *M. le président* : Le Sénat, par ses bravos enthousiastes, a donné sa haute approbation à la conduite du gouvernement.

« *De toutes parts* : Oui, oui! bravo!

« *M. le président* : L'émotion qu'il éprouve est le précurseur des nobles sentiments du pays. (*Assentiment unanime.*)

« Attendons de Dieu et de notre courage le triomphe de l'épée de la France. (*Applaudissements.*) Je propose de lever la séance comme témoignage d'ardente sympathie pour les résolutions prises par l'Empereur. » (*Mouvement prolongé d'adhésion. — Oui! très bien!*)

Le cri : *Vive l'Empereur!* retentit encore une fois; le président prononce la clôture de la séance, et les sénateurs se séparent sous l'empire des sentiments les plus belliqueux.

L'exposé lu par M. de Gramont pouvait donner matière à plus d'une observation. Quoi de plus singulier, par exemple, que ce passage dans lequel M. le ministre des affaires étrangères essaye de préciser les causes de la guerre : « Le roi consentit à approuver la renonciation du prince « Léopold, mais il refusa de déclarer qu'il n'autoriserait plus à l'avenir « le renouvellement de cette candidature. » Si ce refus est le motif de la rupture entre la France et la Prusse, il faut convenir que la nature des raisons par lesquelles les gouvernements se déterminaient autrefois à s'armer les uns contre les autres, a singulièrement changé. Jusqu'ici, on déclarait la guerre pour obtenir satisfaction d'une injustice commise dans le présent, et non point pour tirer d'un ennemi la promesse de ne se livrer, à l'avenir, à aucun acte d'hostilité, comme si un pareil engagement pouvait avoir la moindre valeur. La Prusse, en tout cas, refusait de le prendre. M. de Gramont, après avoir constaté ce refus, vantait la condescendance du gouvernement impérial, qui, loin de couper court aux négociations, les a continuées, assurait-il, dans l'intérêt de la paix européenne : « ... Aussi notre surprise a-t-elle été profonde lorsque nous « avons appris que le roi de Prusse avait notifié par un aide de camp à « notre ambassadeur qu'il ne le recevrait plus, et que, pour donner à ce « refus un caractère non équivoque, son gouvernement l'avait communiqué officiellement aux cabinets de l'Europe. » M. de Gramont ajoutait : « Nous étions informés d'un autre côté que M. de Werther « avait reçu l'ordre de prendre un congé, et que des armements s'opéraient en Prusse. »

La déclaration ministérielle, sans contenir précisément de mensonge, dissimulait cependant la vérité, en passant sous silence quelques-unes des phases de la négociation : elle présentait sans hésitation la note de la *Gazette de Cologne* comme un document officiel de la chancellerie prussienne, adressé à toutes les cours de l'Europe; elle en exagérait la portée et en altérait même le sens jusqu'à y voir une insulte [1]; mais était-ce en présence d'une assemblée aussi belliqueuse que le Sénat, qu'on pouvait se permettre la moindre observation qui eût l'air d'un argument en faveur de la paix?

M. E. Ollivier lut au Corps législatif la même déclaration que M. de Gramont au Sénat, et la fit suivre d'une demande de crédit de 50 millions, en réclamant l'urgence, aussitôt votée. M. le garde des sceaux, se sentant impuissant à lutter contre le torrent, et ne trouvant pas en lui la force de renoncer au pouvoir, passa dès lors dans les rangs des partisans de la guerre; les députés de la droite, forcés de suivre le mot d'ordre du gouvernement auquel ils devaient leur siège, affectaient en public un enthousiasme belliqueux qui les abandonnait bien vite dès qu'ils se trouvaient seuls ou avec des personnes sûres; tous les jours, on les surprenait dans les couloirs de la Chambre, serrant à la dérobée la main à M. Thiers, et lui disant à voix basse : « Défendez la paix, nous la voterons. »

La dernière faute de l'Empire serait-elle commise? M. Thiers s'était promis de tout faire pour l'empêcher. Très au courant de la marche des négociations, il n'aurait pas eu beaucoup de peine à démontrer à la

---

1. M. Benedetti a été entendu par la commission d'enquête du 4 septembre. A cette question du président : « Auriez-vous reçu une offense à Ems, et est-ce là ce qui a pu amener la guerre? » il répond : « Je n'ai reçu aucune offence à Ems, et ma correspondance établira que je ne me suis jamais plaint d'aucun mauvais procédé. »

« *M. le président* : Ainsi, il n'y a pas eu un seul mauvais procédé de votre part vis-à-vis de la Prusse, ni de la Prusse vis-à-vis de nous? vous n'avez reçu d'autre offense que le refus d'une audience de congé que vous auriez sollicitée? »

« *M. Benedetti* : Je vous demande pardon, le roi n'a pas refusé de me recevoir.... (Suivent des explications sur ses entrevues avec le roi Guillaume.)

M. Benedetti parle ensuite de ses entrevues avec M. d'Eulenburg, surtout de la seconde. Ce ministre revint en effet auprès de M. Benedetti pour lui déclarer que sur le dernier point, c'est-à-dire sur l'approbation du roi au désistement du prince de Hohenzollern, il y avait eu une omission de sa part, et que le roi l'autorisait à déclarer au gouvernement de l'Empereur, qu'il donnait son entière approbation à la renonciation du prince de Hohenzollern.

« Vous voyez donc que le roi n'a pas refusé de me recevoir; il ne m'a pas reçu, il est vrai, mais il donnait pour raison que nous n'avions pas à continuer notre entretien sur le troisième point; qu'il était obligé de s'en tenir à ce qu'il m'avait dit dans la matinée. Le matin du 14 juillet, je reçus l'ordre de rentrer à Paris; je le fis savoir au roi, en lui demandant la permission de prendre congé. Le roi partait pour Coblentz, il me fit répondre que si je voulais me trouver à la gare, dans son salon réservé, il m'y recevrait. Je m'y rendis, et je fus introduit seul; le roi y est arrivé un instant après.... »

Chambre que l'Empire, satisfait sur la question de fond, ranimait le débat sur une question de forme, si le ministère avait consenti à communiquer à la Chambre les dépêches de M. Gramont et les réponses du roi de Prusse; mais le gouvernement sentait trop bien le danger de produire de pareilles pièces, pour céder aux demandes de M. Thiers. Aussi M. E. Ollivier, en lui répondant, chercha-t-il seulement à établir que le gouvernement avait eu raison de réclamer des garanties pour l'avenir; il insista ensuite de nouveau sur l'importance de ce fait : « que le roi de Prusse « aurait envoyé un aide de camp à notre ambassadeur pour lui déclarer « qu'il refusait de le recevoir. »

« Communiquez la dépêche, » s'écrie M. Jules Favre : « Cette commu- « nication, ajoute M. d'Andelarre, est indispensable pour que l'on puisse « statuer en connaissance de cause. » M. E. Ollivier répond avec le plus admirable sang-froid : « Ces communications sont faites, nous les avons mises dans notre exposé. »

M. Jules Favre : C'est exactement comme pour le Mexique, on nous disait cela aussi, et on nous a indignement trompés.

« *M. le garde des sceaux* : Nous n'avons rien que des dépêches confidentielles que les usages diplomatiques ne nous permettent pas de communiquer! Nous ne communiquerons rien de plus... (*Vives réclamations à gauche.*)

« *M. Jules Favre :* C'est le gouvernement personnel de Louis XIV; il n'y a plus de gouvernement parlementaire!

« *M. Horace de Choiseul* : Vous froissez la Chambre! (*Bruit.*) Nous protestons.

« *M. Gambetta :* Monsieur le ministre, voulez-vous me permettre une observation?

« *M. le garde des sceaux* : Je vous écoute.

« *M. le président Schneider* : M. Gambetta a la parole avec l'autorisation de l'orateur.

« *M. Gambetta :* Je vous demande pardon de vous interrompre, mais il me semble que les paroles que vous venez de prononcer, à savoir que vous avez, dans le mémorandum dont vous avez donné lecture à la tribune, exposé tout ce qu'il est nécessaire à la Chambre de connaître, contiennent à la fois un manque de véracité politique et une atteinte aux droits de l'assemblée, ce que je demande à démontrer d'un mot. (*Très bien! à gauche.*)

« Vous dites, — et je n'entre pas dans le fond du débat, — vous dites : Nous ne vous communiquerons rien de plus; or vous faites reposer toute cette grave, cette effroyable question dont vous ne vous êtes pas dissimulé, pendant huit jours, les conséquences redoutables pour l'Europe et pour votre propre responsabilité, vous la faites reposer sur une dépêche notifiée, à votre insu, à tous les cabinets de l'Europe, par laquelle on aurait mis votre ambassadeur hors des portes de la Prusse. Eh bien, je dis que ce n'est pas par extraits, par allusions, mais par une communication directe, authentique que vous devez en saisir la Chambre; c'est une question d'honneur, dites-vous, et il faut que nous sachions dans quels termes on a osé parler à la France. (*Vive approbation sur quelques bancs à gauche.*)

« *M. E. Ollivier :* Les dépêches de deux de nos agents dont je ne puis citer les noms, car, le lendemain, ils seraient obligés de quitter les cours auprès desquelles ils sont accrédités [1], ces deux dépêches nous apprennent le langage que M. de Bismarck tient auprès de tous les cabinets de l'Europe.

« Voici la première : « On m'a communiqué ce matin un télégramme de M. le comte « de Bismarck annonçant le refus du roi Guillaume de s'engager comme roi de Prusse à « ne plus jamais donner son consentement à la candidature du prince de Hohenzollern « s'il en était de nouveau question, et le refus également du roi, suite de cette demande, « de recevoir notre ambassadeur. »

« La Chambre doit savoir qu'aucun de ceux qui sont assis sur ces bancs ministériels « n'a jamais affirmé sciemment un fait qui ne fût pas vrai. (Oui, oui! Très bien!) Je lis « une autre dépêche : « Je crois devoir vous transmettre la copie à peu près textuelle de « la dépêche télégraphiée par M. le comte de Bismarck : Après que la renonciation du « prince de Hohenzollern a été communiquée officiellement au gouvernement français « par le gouvernement espagnol, l'ambassadeur de France a demandé à S. M. le roi, à « Ems, de l'autoriser de télégraphier à Paris que Sa Majesté s'engagerait à refuser à tout « jamais son consentement si les princes de Hohenzollern revenaient sur leur détermina-« tion. Sa Majesté a refusé de recevoir de nouveau l'ambassadeur et lui a fait dire par « un aide de camp qu'elle n'avait pas de communication ultérieure à lui faire. » (Mouvement prolongé.)

« Cette nouvelle du refus de recevoir notre ambassadeur n'a pas été dite à l'oreille des ministres. On l'a répandue dans l'Allemagne entière ; les journaux officieux l'ont reproduite dans des suppléments. Les ministres prussiens, partout, l'ont annoncée à leurs collègues. C'est le bruit de l'Europe. En même temps, le baron de Werther recevait un congé. Dans la nuit du 13 au 14, les mesures militaires commençaient en Prusse. Est-ce que nous devions supporter tout cela? Est-ce qu'à de tels actes nous devions répondre par l'abstention et le silence? Je ne comprends pas ainsi le devoir d'un gouvernement. » (Très bien! très bien!)

Le gouvernement n'avait donc pas d'autre motif pour lancer la France dans cette terrible guerre que la dépêche de la *Gazette de Cologne* en date du 14, et la note-circulaire de M. de Bismarck aux agents diplomatiques de la Prusse ; mais écoutons encore M. le garde des sceaux :

« *M. E. Ollivier* : Messieurs, le gouvernement, dans cette affaire, a surtout le désir d'exposer absolument toute la vérité ; il n'a rien à dissimuler. Et lorsque, à des demandes de communication de dépêches, il répond qu'il n'a rien à communiquer, c'est qu'il n'y a pas eu, dans le sens vrai du mot, de dépêches échangées ; il n'y a eu que des communications verbales, recueillies dans des rapports qui, d'après des usages diplomatiques, ne sont pas communiqués.

« *M. Emmanuel Arago* : C'est sur ces rapports que vous faites la guerre?

« *M. le garde des sceaux* : Est-il nécessaire que j'explique de nouveau le fait qui a amené la rupture. Il l'a été suffisamment dans l'exposé que j'ai eu l'honneur de vous lire ; je tiens à le bien préciser, de façon que vous soyez en mesure d'avoir une opinion aussi éclairée que la nôtre.

« Il peut arriver qu'un roi refuse de recevoir un ambassadeur ; ce qui est blessant, c'est le refus intentionnel, divulgué dans les suppléments de journaux, dans des télégrammes adressés à toutes les cours de l'Europe. (Mouvements en sens divers.)

---

1. On se demande pourquoi. N'est-ce pas le devoir d'un agent diplomatique de tenir son gouvernement au courant des faits qui peuvent l'intéresser.

« Et ce fait nous a paru d'autant plus significatif que l'aide de camp qui a annoncé à M. Benedetti le refus d'audience n'a manqué à aucune des formes de la courtoisie... (*Interruptions à gauche.*)

« *Voix nombreuses* : Ecoutez donc !

« *M. Thiers* : Je demande la parole. (*Murmures à droite.*)

« *M. le garde des sceaux* : ...... de telle sorte que notre ambassadeur n'a pas d'abord soupçonné la signification qu'on attacherait à un refus qui, accompli de certaines manières, eût pu être désagréable, sans devenir offensant. L'offense résulte d'une publication intentionnellle.

« Ce n'est qu'après l'avoir connue que notre ambassadeur a été touché, comme nous, d'un acte qu'au premier moment il nous avait signalé purement et simplement sans le caractériser. »

M. le garde des sceaux s'éloignait complètement de la vérité relativement à l'impression de M. Benedetti sur la note-circulaire aux agents de la Prusse ; nulle part, dans ses dépêches et dans ses déclarations, il ne la considère comme une humiliation et un outrage. La vérité va surgir de l'endroit où l'on s'attendait le moins à la trouver, c'est-à-dire des télégrammes que M. E. Ollivier croit pouvoir, sans danger, livrer à la curiosité de la Chambre.

« *M. le garde des sceaux* : Voulez-vous connaître ces télégrammes ? Il n'y a aucun inconvénient à vous les communiquer. Le premier est de quatre heures vingt-cinq du soir le 13 ; l'autre est de quatre heures trois quarts.

« Le roi a reçu la réponse du prince de Hohenzollern ; elle est du prince Antoine, et
« elle annonce à Sa Majesté que le prince Léopold, son fils, s'est désisté de sa candida-
« ture à la couronne d'Espagne. Le roi m'autorise à faire savoir au gouvernement de
« l'Empereur qu'il approuve cette résolution. Le roi a chargé un de ses aides de camp de
« me faire cette communication et j'en reproduis exactement les termes. Sa Majesté ne
« m'ayant rien fait annoncer au sujet de l'assurance que nous réclamons pour l'avenir,
« je sollicite une dernière audience pour lui soumettre de nouveau et développer les
« observations que j'ai présentées ce matin. »

« *M. Thiers* : Je prie M. le ministre de vouloir bien relire la phrase précédente.

« *M. le garde des sceaux* : Quelle phrase ?

« *M. Glais-Bizoin* : Celle qui commence par : « Le roi m'autorise... » et ce qui suit.

« *M. le garde des sceaux* : « Le roi m'autorise à faire savoir au gouvernement de
« l'Empereur qu'il approuve cette résolution, et j'en reproduis exactement les termes.
« Sa Majesté ne m'ayant rien fait annoncer au sujet de l'assurance que nous réclamons
« pour l'avenir, je sollicite une dernière audience pour lui soumettre de nouveau et dé-
« velopper les observations que j'ai présentées ce matin. (*Mouvements divers.*)

« A la demande d'une nouvelle audience, le roi m'a fait répondre qu'il ne saurait
« reprendre avec moi la discussion relativement aux assurances qui devaient, à notre
« avis, nous être données pour l'avenir. Sa Majesté m'a fait déclarer qu'il s'en référait à
« cet égard aux considérations qu'il m'avait exposées le matin, et je vous en ai fait con-
« naitre la substance dans mon dernier télégramme. »

« *M. Thiers* : Que tout le monde en juge !

« *M. Horace de Choiseul* : On ne peut pas faire la guerre là-dessus... C'est impossible.

« *M. Garnier-Pagès* : Ce sont des phrases.

« *M. Emmanuel Arago* : Ceci connu, si vous faites la guerre, c'est que vous la voulez à tout prix. (*Exclamations sur un grand nombre de bancs. — Assentiments à gauche.*)

Fig. 23. — L'Empereur part de Saint-Cloud pour aller prendre le commandement de l'armée à Metz.

« *M. Jules Favre* : Cela est vrai, malheureusement.
« *M. le garde des sceaux* : On a voulu nous infliger une humiliation ..
« *Un membre à gauche* : Non! n'interrompez pas! attendez donc.
« *M. le garde des sceaux* : ...... une humiliation, un échec pour se procurer une compensation du désistement insuffisant du prince Léopold de Hohenzollern... (*Bruit à gauche.* — *Assentiment au centre.*)
« *M. Jules Grévy* : La preuve de ce que vous dites, où est-elle? »

Les remarques de M. Thiers avaient produit d'autant plus d'effet sur la Chambre qu'il approuvait sans réserve le gouvernement de s'être opposé à la candidature du prince de Hohenzollern. Le seul reproche qu'il méritât à ses yeux était d'avoir compromis sa légitime victoire par des exigences puériles et engagé une terrible guerre non pour une question d'honneur, mais pour une question d'étiquette.

M. E. Ollivier, amené peu à peu à donner des explications plus précises, avait fini par lire la dépêche de M. Benedetti datée du 13. L'effet fâcheux de cette lecture ayant averti le garde des sceaux de fuir ce terrain dangereux, il se rejeta de plus belle sur la prétendue insulte infligée à notre ambassadeur et rappela le temps où il défendait la paix contre l'opposition qui, après avoir affecté de voir une humiliation pour la France dans l'agrandissement de la Prusse après Sadowa, refusait d'apercevoir l'insulte dans la conduite du roi de Prusse à son égard.

M. Thiers voulut, malgré sa fatigue, répondre au ministre. « La guerre une fois déclarée, personne, dit-il, ne sera plus empressé que moi à fournir au gouvernement les moyens de la soutenir victorieusement, mais il faut donner à chacun le temps de la réflexion. L'histoire, la France, le monde vous regardent; de la décision que vous allez prendre dépendent la vie de milliers d'hommes et peut-être les destinées de notre pays; il faut réfléchir avant de prendre une décision. »

Ces mots si sages et si patriotiques donnent le signal de la lutte sans pitié pour un homme déjà avancé en âge, d'une complexion délicate, d'un organe faible. La droite, montée au plus haut degré de l'exaspération, se livre aux plus furibondes interruptions; mais le corps le plus débile, animé par le patriotisme, résiste à tout. MM. de Piré, Jérôme David, Belmontet, Granier de Cassagnac harcèlent en vain M. Thiers.
« Souvenez-vous, leur dit-il d'une voix que l'émotion rend vibrante : vous
« me refusiez alors aussi la parole. Ce souvenir devrait vous inspirer le
« désir de m'écouter; je suis très résolu à braver vos murmures. La
« demande principale du gouvernement a été accueillie, vous rompez sur
« une question de forme, vous voulez que l'Europe dise que vous faites

« verser des torrents de sang sur une question d'étiquette. Chacun ne
« doit prendre ici que la part de responsabilité qu'il veut accepter. Quant
« à moi, ajoute-t-il en mêlant des sanglots à ses paroles, je n'en veux
« aucune, car j'ai souci de ma mémoire. Je demande à la face du pays
« qu'on nous communique les dépêches qui ont motivé la déclaration de
« guerre, et ceux qui ne s'associent pas à ma demande ne remplissent
« pas leur devoir. Ils laissent voir que leur résolution est une résolution
« de parti. » Émigré, traître, telles sont les moindres injures dont la droite
couvre l'orateur. On va jusqu'à lui crier qu'il déshonore ses cheveux
blancs.

Jamais citoyen ne mérita mieux la reconnaissance de son pays que
M. Thiers dans cette journée, où, après avoir montré l'Empire dupe et
complice de Sadowa, il tenta vainement de préserver la France du nouveau Sadowa qui l'attendait. L'extrême droite est si exaspérée, qu'on
put craindre un moment que les furieux n'arrachassent M. Thiers de la
tribune; ils se bornèrent à étouffer la discussion. C'est en vain que les
membres de la gauche invoquent le règlement à l'appui de la continuation des débats. « Il y a quelque chose au-dessus du règlement et de
votre propre sentiment, c'est le sentiment du pays, c'est le patriotisme
de la France, » s'écrie un nouveau député nommé Dugué de La Fauconnerie, qui, depuis qu'il est à la Chambre, cherche à se faire une célébrité
par ses interruptions. M. de Gramont s'indigne qu'on prête l'oreille à
M. Thiers. « Quoi, s'écrie-t-il, délibérer, quand la Prusse refuse de rece-
« voir notre ambassadeur, c'est là un affront pour l'Empereur et pour la
« France, et, s'il se trouvait dans mon pays une Chambre pour le suppor-
« ter, je ne resterais pas cinq minutes ministre des affaires étrangères. »
A cette fière déclaration succèdent quelques mots de M. de Kératry. Il
ne peut plus être question de dépêches; il y a longtemps que, dans des
circonstances pareilles, s'écrie-t-il, la Convention aurait cessé de délibérer
pour agir.

M. Jules Favre obtient cependant un moment d'attention.

« *M. J. Favre :* La question est réduite à celle de savoir si l'honneur de la France a été engagé. (*Interruptions.*) Il faut la préciser d'un mot.

« Comment l'honneur de la France a-t-il été engagé et quelle est la preuve qui nous est fournie qu'il le soit? Où est la dépêche officielle? où est le compte rendu de la conférence dans laquelle notre ambassadeur a vu méconnaître notre dignité nationale?

« Voilà ce que nous avons intérêt et devoir d'examiner.

« Eh bien, on n'a rien apporté à cette tribune (*exclamations*), si ce n'est un télégramme, et nous savons quel est l'usage coupable qu'on peut faire d'un télégramme...
(*Vives réclamations.*)

LA GAUCHE DEMANDE COMMUNICATION DES DÉPÊCHES

Un long tumulte suit cette allusion. M. Jules Favre reprend :

« Il faut que la Chambre voie les dépêches (*interruption*), et je dépose sur le bureau de la Chambre une résolution sur laquelle je provoque le vote de la Chambre, car je ne veux pas accepter la responsabilité d'un vote comme celui qu'on nous demande et qui se passerait dans les ténèbres.
 « *Voix au centre* : Ne l'acceptez pas, si vous voulez.
 « *M. Jules Favre* : La voici :
 « Nous demandons communication des dépêches, et notamment de celles par les« quelles le gouvernement prussien a notifié sa résolution aux gouvernements étran« gers. »
 « Voilà ce que nous demandons de nous produire, et nous réclamons sur cette proposition le vote de la Chambre. (*Longue agitation.*)
 « *M. de Choiseul* : Il y a une demande de scrutin, il s'agit de savoir qui veut la paix, qui veut la guerre. »

M. Buffet intervient dans le débat et met au service de la proposition de M. Jules Favre, l'appui d'une parole qui ne pouvait être suspecte d'hostilité passionnée contre le ministère.

« *M. Buffet* : Au moment où l'on demande à cette Chambre, représentation du pays, d'engager à son tour sa responsabilité avec celle du gouvernement, la Chambre doit connaitre tout ce que le gouvernement a connu.
 « *Sur divers bancs* : Très bien, très bien. (*Applaudissements à gauche.*)
 « *M. Buffet* : Je comprends parfaitement les réserves, les réticences, quand les négociations sont engagées; mais à l'heure qu'il est, dans la pensée du gouvernement, il n'y a plus de négociations. C'est le pays qui va être engagé dans une guerre dont il sortira, j'en suis convaincu, victorieux, et, dans une conjecture aussi grave, il n'y a plus rien à cacher, et c'est, à mon avis, un droit et un devoir absolu pour la Chambre de demander qu'il lui soit donné, ou à la commission, communication de toutes les pièces, et c'est le devoir impérieux du gouvernement de lui faire cette communication. (*Vives approbations sur plusieurs bancs.* — *Nombreuses réclamations sur d'autres.*)
 « J'ajouterai à l'appui de cette demande que, avant d'avoir entendu les explications de l'honorable garde des sceaux, je croyais la communication éminemment utile; après les avoir entendues, je la considère comme indispensable. (*Nouvelles marques d'approbation à gauche et au centre gauche.*)
 « Car, dans l'exposé du *memorandum*, les faits les plus graves prenaient un caractère qui m'a paru plus ou moins modifié par les dépêches dont il a été donné lecture. »

L'espèce d'enquête que M. Buffet proposait de confier à la commission qu'allait nommer la Chambre, pouvait ramener la droite au sentiment de la vérité; mais l'orateur du centre gauche ne fut pas plus heureux que ceux de la gauche dans ses efforts; le gouvernement ne pouvait montrer aucun des documents demandés, parce que tous ils étaient la condamnation de la guerre; la droite, de son côté, se dispensait d'autant plus volontiers d'en demander le dépôt, qu'il l'aurait obligée à faire amende honorable devant M. Thiers. La proposition de M. Buffet fut repoussée par 159 voix contre 84.

« De ce jour commence pour mes collègues et pour moi une grande responsabilité ; nous l'acceptons d'un cœur léger, » dit M. E. Ollivier. Et ces mots, accueillis avec une froideur glaciale, semblèrent se prolonger comme un écho lugubre. Le Corps législatif, séance tenante, nomma une commission chargée de lui faire un rapport sur les projets de loi présentés par le gouvernement. Elle se composait de MM. d'Albuféra, de Kératry, Dréolle, comte Lagrange, Pinard (Nord), Sénéca, Chadenet, Millon. La séance fut suspendue à cinq heures et demie, pour permettre aux membres de cette commission de se réunir, d'interroger les ministres et de nommer leur rapporteur.

Les commissaires, après avoir voté contre la demande d'enquête, avaient hâte de puiser dans les déclarations des ministres des motifs de rassurer leur conscience ; ils les interrogèrent d'abord sur un point auquel, non sans raison, ils attachaient une grande importance : celui de savoir si les termes de la demande adressée au roi de Prusse n'avaient pas varié depuis le premier moment des négociations jusqu'au 13 juillet. Le duc de Gramont répondit que le gouvernement français avait toujours désiré que le roi de Prusse intervînt pour obtenir du prince de Hohenzollern son désistement, mais que la forme d'intervention avait bien pu varier vers la fin. La commission le pria de faire connaître les dépêches adressées par lui à M. Benedetti. M. de Gramont, en s'acquittant de ce soin, lut par une distraction véritablement étonnante, sous la date du 7, la dépêche du 12 juillet, sept heures du soir. Cette dépêche contenait les premières traces d'une démarche du gouvernement impérial à l'effet d'obtenir que le roi de Prusse intervînt personnellement et publiquement auprès de son parent Antoine de Hohenzollern, pour exiger le désistement du prince Léopold, son fils. « Il semble résulter de cette lecture, dit M. d'Albuféra, président de la commission, à M. de Gramont, que vous avez toujours demandé la même chose? Nous considérons ce point comme très important. » M. de Gramont, chose étrange, fit un signe affirmatif ; l'erreur n'aurait pas pu persister, si le président de la commission et son rapporteur avaient pris eux-mêmes connaissance des pièces, comme c'était leur devoir, et si M. de Gramont, au lieu de les emporter, les avait déposées sur le bureau ; mais comment s'étonner de la négligence de la commission quand on songe qu'elle n'a pas même cherché à s'éclairer sur ces points : Le roi de Prusse a-t-il insulté l'ambassadeur français? La France a-t-elle des alliés? Est-elle préparée à faire la guerre?

Le gouvernement a commencé par tromper la commission sur l'origine de la dépêche qui, d'après lui, constituait une grave insulte à l'ambassadeur de France, et par cacher à la commission l'existence de deux télégrammes de M. Benedetti qui montrent clairement que cette insulte est un mensonge ; il avait attaché une importance fort exagérée à la dépêche de la *Gazette de Cologne* et à la circulaire dans laquelle M. de Bismarck faisait connaître non pas aux gouvernements étrangers, comme le prétendaient M. E. Ollivier et M. de Gramont, mais à ses propres agents diplomatiques, que le roi de Prusse avait refusé de recevoir une dernière fois le ministre français. Qu'on taxe d'inconvenance cette circulaire communiquée au gouvernement impérial par ses représentants à Berne et à Munich, soit ; mais d'insulte, c'est ce qui aurait paru incompréhensible à quiconque se serait donné la peine de la lire, mais personne dans la commission ne prit cette précaution. MM. Émile Ollivier et de Gramont avaient vu une insulte dans la circulaire, donc l'insulte existait. Les commissaires s'en rapportent à la parole de M. de Gramont et rédigent leur rapport séance tenante, sans avoir pris la peine d'examiner les pièces. La plupart sont convaincus que plusieurs dépêches mentionnent l'insulte faite à notre honneur. Quant à nos alliés, la commission interrogea M. de Gramont à ce sujet, si l'on peut appeler interrogatoire quelques questions adressées du bout des lèvres à quelqu'un qui prend à peine le temps d'y répondre. Le ministre des affaires étrangères dit avec une complaisante fatuité quelques mots de ses rapports avec les États du Sud ; le Wurtemberg et la Bavière n'attendaient plus, à l'entendre, que le signal pour se ranger à nos côtés ; il en était de même du Danemark ; non content de disposer des petits États de l'Allemagne, il tenait l'Autriche et l'Italie dans sa main. « Si j'ai fait attendre la com-« mission, c'est que j'avais chez moi l'ambassadeur d'Autriche et le mi-« nistre d'Italie. J'espère que la commission ne m'en demandera pas « davantage. » Hélas ! non, la commission, en entendant des assertions aussi contraires à tout ce que l'on savait de la situation générale de l'Europe, jugea parfaitement inutile de s'assurer de leur vérité par la lecture de documents diplomatiques ; elle s'en tint aux hâbleries de M. de Gramont.

On vient d'entendre le ministre des affaires étrangères ; voici maintenant de quel ton le ministre de la guerre répond à la question : Sommes-nous prêts ? « Jusqu'au dernier bouton de guêtre [1], s'écrie-t-il, et nous

---

1. Le ministre de la guerre, quelques jours auparavant, avait répondu à un général,

« avons huit jours d'avance sur l'ennemi. » M. de Kératry lui dit : « Nous
« passons donc le Rhin cette nuit? » Le maréchal Le Bœuf reprend :
« C'était mon avis ; mais, sur les conseils de l'Empereur, les divisions ne
« s'ébranleront que dans trois jours. Sa Majesté éprouve des scrupules et
« ne veut pas faire irruption en Allemagne avant d'avoir notifié officiel-
« lement la déclaration de guerre [1]. »

La commission satisfaite, il ne restait plus à M. de Gramont et au maréchal Le Bœuf qu'à se retirer, l'un pour ne pas faire attendre les représentants de l'Autriche et de l'Italie, l'autre pour régler les derniers détails de l'invasion. La commission se garda bien de les retenir.

Quoique la séance de nuit n'eût pas été annoncée, la foule était énorme dans la salle. Les dames occupaient le premier rang des tribunes, et les hommes s'entassaient dans le fond. M. Schneider prit place au fauteuil à neuf heures ; mais ce ne fut qu'une demi-heure après que M. de Talhouët, le rapporteur de cette commission fatale, gravit l'escalier de la tribune. Il commence par déclarer que, s'il conclut au vote de projets de loi aussi tristes, il a du moins la satisfaction de pouvoir déclarer au Corps législatif que le gouvernement a toujours mis en avant les mêmes exigences depuis l'ouverture jusqu'à la fin des négociations, et que déjà la première dépêche, en date du 7, contient cette phrase : « Pour que cette renonciation produise son effet, il est nécessaire que le roi de Prusse nous donne l'assurance qu'il n'autorisera pas de nouveau cette candidature. » Or, cette phrase ne se trouve que dans la dépêche du 12. Comment M. de Gramont, assis à son banc, ne rectifie-t-il point une erreur qui a pu lui échapper une première fois, mais que sa mémoire doit lui signaler maintenant? Il se tait cependant, et M. de Talhouët continue la lecture de son rapport :

« ..... Nous avons entendu successivement M. le garde des sceaux, M. le maréchal ministre de la guerre et M. le ministre des affaires étrangères.

« M. le ministre de la guerre nous a justifié en peu de mots l'urgence des crédits demandés, et ses explications catégoriques, en même temps qu'elles nous conduisaient à l'approbation des projets de loi, nous montraient que, inspirées par une sage prévoyance, les deux administrations de la guerre et de la marine se trouvaient en état de faire face *avec une promptitude remarquable aux nécessités de la situation.* »

qui lui vantait l'armée prussienne et son excellent état : « L'armée prussienne n'existe pas, je la nie. »

[1]. L'idée fixe de l'alliance des Etats du Sud hantait encore les hallucinés qui dirigeaient nos affaires militaires ; cette idée contribua peut-être à l'adoption de ce plan qui consistait à laisser le maréchal de Mac-Mahon presque sans forces en Alsace, et à tenir les autres généraux espacés sur le Rhin.

Fig. 21. — Portraits des chefs de corps de l'armée française.

M. de Talhouët eût été bien embarrassé de dire dans quels documents il avait puisé le droit de prodiguer de telles assurances? Mais personne n'éprouve le besoin d'en savoir plus que lui, et, comme il ne s'agit après tout que de la France, il est inutile d'y regarder de si près. Les applaudissements et les cris de : Vive l'Empereur! par lesquels le rapport de M. de Talhouët est salué, viennent à peine de finir que M. Gambetta, très fatigué, monte à la tribune. Grâce à la modération parfaite de son langage, il réussit à se faire écouter, malgré la faiblesse de sa voix. Il tente, après M. Buffet et après M. Jules Favre, de reprendre l'enquête que la commission est censée avoir faite. L'orateur trouve que l'attitude de la Chambre témoigne d'un grand changement dans sa manière de juger la politique de l'Empire ; il ne blâme pas ce changement, mais il regrette qu'il ne se soit pas produit le lendemain de Sadowa ; enfin, puisque ce changement existe, il faut le justifier devant l'Europe, et, pour cela, il est indispensable qu'on communique à la Chambre tous les documents relatifs aux récentes négociations, et surtout la dépêche injurieuse de M. de Bismarck.

M. le comte de Kératry : La commission vous répond que le fait est exact.

M. Dréolle : Je demande la parole. Comme membre de la commission nous avons vu les pièces.

M. Ollivier, garde des sceaux, affirme qu'il a montré à la commission les *pièces authentiques.*

M. de Kératry et d'autres membres : Parfaitement.

Les sentiments patriotiques dont M. Gambetta s'était fait l'organe dans cette discussion avaient arraché plus d'une fois les applaudissements unanimes de la Chambre ; mais les ministres paraissaient très désireux d'en finir. M. Émile Ollivier se tournait et retournait dans tous les sens ; M. Maurice Richard, si paisible d'ordinaire, ne cessait de s'agiter ; la droite partageait leur impatience. M. Gambetta, en dépit des interruptions, réussit pourtant à poser catégoriquement ces questions au ministère : « Existe-t-il une notification de la Prusse? Est-elle adressée aux cours de l'Europe ou seulement aux États de l'Allemagne du Sud? Pourquoi ne la communique-t-on pas à la Chambre [1]? »

---

1. Voici ce document : « Après que la renonciation du prince héréditaire de Hohenzollern eut été communiquée officiellement au gouvernement impérial français par le gouvernement royal espagnol, l'ambassadeur de France à Ems a demandé à S. M. le roi de l'autoriser à télégraphier à Paris que S. M. le roi s'engageait pour l'avenir à ne pas consentir à ce qu'un prince de Hohenzollern posât de nouveau sa candidature. — Sur ce,

Rien de plus facile que de répondre à ces questions, si, comme le gouvernement l'affirmait, la dépêche adressée par la Prusse à tous les cabinets est parfaitement authentique; or les membres de la commission déclarent sur l'honneur qu'ils l'ont vue, qu'elle est entièrement conforme aux allégations du ministère; comment dès lors s'expliquer la persistance de M. E. Ollivier à refuser de la mettre sous les yeux de la Chambre. Il est si simple, en produisant la dépêche, de faire cesser toutes les réclamations [1].

M. le garde des sceaux succède à M. Gambetta à la tribune. Il veut être cru sur parole, et c'est du ton le plus hautain et le plus violent qu'il répond au discours si sage et si calme de l'orateur de la gauche; il s'emporte, déclame dans le vide, élude la question, blesse ses adversaires et entasse maladresses sur maladresses. La Chambre écoute d'habitude les ministres avec assez de calme et de déférence; cette fois, les interruptions de la gauche et de la droite se mêlent et couvrent à chaque instant la voix du ministre. La droite, voyant qu'il a de la peine à se posséder, envoient quelques-uns de ses membres au pied de la tribune

S. M. le roi a refusé de recevoir l'ambassadeur français et lui a fait dire par l'aide de camp de service que Sa Majesté n'avait plus rien à communiquer à l'ambassadeur. »
Cette dépêche était adressée uniquement aux agents de la Prusse. Il ne fallait pas l'isoler de l'ensemble des négociations qui l'avaient précédée.

1. Le gouvernement se doutait bien qu'on ne voterait pas la guerre s'il montrait ces deux dépêches :

« Ems, 14 juillet. 12 h. 30.

« *Ambassadeur de France au ministre des affaires étrangères.*

« .... Afin de ne pas manquer aux convenances, j'ai prié l'aide de camp de service d'annoncer au roi que je partais ce soir, et j'ai exprimé le désir de prendre congé de Sa Majesté. Le roi m'a fait répondre qu'il me verra dans le salon qui lui est réservé à la gare, quelques instants avant son départ. Sa Majesté part en effet à trois heures pour aller, dit-on, à Coblentz, faire une visite à la reine.

« Je serai à Paris demain matin, à dix heures quinze minutes, et je me rendrai de suite au ministère. »

Télégramme. « Ems, 14 juillet, 3 h. 45 s.

« *Le même au même.*

« Je viens de voir le roi à la gare; il s'est borné à me dire qu'il n'avait plus rien à me communiquer, et que les négociations qui pourraient encore être poursuivies seraient continuées par son gouvernement. »

Si le Corps législatif, si la commission avaient eu connaissance de ces documents que les ministres avaient déjà en main lorsque le garde des sceaux est monté à la tribune pour demander l'ouverture des hostilités, jamais la guerre n'eût été déclarée avant audition de M. Benedetti.

Or voici ce que cet ancien ambassadeur a écrit après 1870 : « Il n'y a eu à Ems ni insulteur ni insulté, et le roi lui-même a été fort surpris, quand il a eu connaissance des fables publiées par certains journaux, qui croyaient cependant reproduire le récit de témoins oculaires. »

pour engager M. Émile Ollivier à terminer son discours. Il finit par céder ; mais le tumulte, loin de cesser, redouble. M. Girault, le meunier du Cher, essaye vainement de se faire entendre. MM. Picard, Grévy, Pelletan, Glais-Bizoin ne sont pas plus heureux. La majorité ne veut plus de discussion. MM. Granier de Cassagnac, Dugué de La Fauconnerie, Zorn de Bulach, tout le bataillon de l'extrême droite donne avec l'ensemble et l'ardeur des grandes journées.

La commission, à la place du ministère, consentira-t-elle du moins à donner quelques renseignements à la Chambre? Elle s'en garde bien : « Ou la Chambre nous accorde sa confiance, et alors notre parole lui suffit, dit M. de Talhouët, ou elle nous la refuse, et alors nous nous retirons. » L'assemblée s'incline et passe au vote sur les quatre projets de loi, qui, tous, sont adoptés à l'unanimité moins seize voix, celles de MM. Emmanuel Arago, Dessaux, Esquiros, Jules Favre, Gagneur, Garnier-Pagès, Glais-Bizoin, Grévy, Ordinaire et Pelletan. MM. Crémieux, Girault, Raspail, le colonel Reguis et Verlé s'abstinrent. M. de Rochefort était en prison.

L'Empire « libéral » avait promis la liberté à la France, il lui donnait la guerre! une guerre qui aurait pu être évitée, car si les difficultés survenues entre les gouvernements français et prussien n'avaient eu d'autre cause que la candidature du prince de Hohenzollern au trône d'Espagne, une politique droite, de franches négociations, les auraient aplanies. La solution était facile ; l'Empereur la tenait même entre ses mains, et, s'il ne s'en est pas contenté, c'est qu'il en cherchait une autre.

Napoléon III voulait défaire ce qu'avait fait Sadowa ; mais comment se flatter de ramener la Prusse à ses limites d'avant 1866, après lui avoir permis d'écraser sa rivale, de s'emparer de la suprématie en Allemagne, de s'étendre jusqu'à la mer du Nord, d'absorber les petits Etats du Nord, d'attirer à elle par la peur et la séduction ceux du Sud qu'elle n'avait pas conquis par les armes? Quoi! c'est quand la Prusse, maîtresse du terrain, dispose de toutes les forces de l'Allemagne, que Napoléon III se lance dans la politique des agrandissements ; car, ou la guerre qui commence n'a pas de sens, ou elle a pour but l'agrandissement de notre territoire, la rectification de nos frontières.

Les changements accomplis en Allemagne et l'ambition de la Prusse imposent à la France, disaient les bonapartistes, la nécessité de reculer, d'assurer ses frontières. Le moins qu'on pût obtenir, c'était donc de reconstituer dans leur ensemble nos limites de 1814, c'est-à-dire de rentrer en possession des quatre places perdues par nous en 1815, mais la Prusse, la Bavière et la Belgique allaient-elles s'entendre pour nous restituer spontanément Sarrelouis, Landau, Philippeville et Marienbourg? Il était absurde d'y songer. Il fallait donc, pour que la France reprît ses frontières naturelles, s'emparer d'abord de la Belgique et de la partie de la Hollande qui la rendrait maîtresse des bouches du Rhin et de l'Escaut. Si l'Empereur voulait cela, c'est l'Europe qu'il se mettait sur les bras ; s'il voulait moins, la guerre était disproportionnée aux sacrifices qu'elle nous imposait. Le temps des compensations gratuites était, hélas! passé; Napoléon III, après avoir manqué en 1866 une occasion admirable de regagner une partie de nos frontières naturelles, s'imaginait l'avoir retrouvée. Grande erreur ; en tout cas, il ne pouvait manquer de payer d'un prix très élevé ce que la Prusse, avant Sedowa, lui eût accordé pour rien.

La Chambre vota d'urgence, le 19 juillet, les projets de loi destinés à créer les premières ressources que réclamait la guerre. Elle décida sans observation, sur la proposition du gouvernement, que le Trésor se procurerait les fonds dont il avait besoin au moyen d'une émission de bons dont le total pourrait être porté de 150 millions à 500. On n'avait pas cru pouvoir faire actuellement un emprunt par voie d'émission de rentes, et on ajournait la consolidation de cette dette flottante après la guerre, c'est-à-dire, selon M. le rapporteur, à six mois. La droite accueillit ce délai par ses ricanements et par ses murmures : « Six mois, dites donc six semaines! » répondit un de ses membres.

M. E. Ollivier, le mercredi 20 juillet, lut la déclaration de guerre à la Prusse devant le Corps législatif attentif et silencieux :

« Messieurs, l'exposé qui vous a été présenté dans la séance du 15 a fait connaître au Corps législatif les justes causes de guerre que nous avons contre la Prusse. Conformément aux règles en usage et par ordre de l'Empereur, j'ai invité le chargé d'affaires de France à notifier au cabinet de Berlin notre ferme résolution de poursuivre par les armes les garanties que nous n'avons pu obtenir par la discussion. Cette démarche a été accomplie, et j'ai l'honneur de faire savoir au Corps législatif qu'en conséquence l'état de guerre existe à partir du 10 juillet entre la France et la Prusse. Cette déclaration s'applique également aux alliées de la Prusse qui lui prêtent contre nous le concours de leurs armes. »

Cette communication fut accueillie avec une froideur qui contrastait singulièrement avec l'explosion d'enthousiasme par laquelle la majorité saluait, quatre jours auparavant, les conclusions du rapport de M. de Talhouët.

CLOTURE DE LA SESSION

Le Corps législatif, après avoir voté plusieurs projets de loi d'intérêt local et rendu aux Lyonnais le droit d'élire leurs conseillers municipaux, allait se séparer le 21, lorsque M. Jules Favre, appuyé par M. E. Picard, demanda si le gouvernement entendait clore la session, proroger ou simplement ajourner la Chambre, de telle façon que le président pût la réunir, en cas de circonstances pressantes, par voie de simple convocation et sans décret du pouvoir exécutif. M. Émile Ollivier refusa de répondre à une question qui engageait, dit-il, la prérogative de la couronne. M. Jules Brame se joignit à M. Jules Favre pour prier le gouvernement de se borner à prononcer l'ajournement des séances. Un vote intervint, et 178 membres contre 57 donnèrent au ministère le blanc-seing qu'il réclamait. Les représentants de la nation cessaient d'avoir le droit de se réunir, la patrie fût-elle en danger. C'était là, comme le fit remarquer M. Emmanuel Arago, une situation sans exemple; la tribune muette, la presse enchaînée, la France faisait un plongeon dans les ténèbres.

Le *Journal officiel*, le 24, déclara closes la session du Sénat et celle du Corps législatif. Aucune session ne fut si souvent interrompue. Le Corps législatif suspendit ses séances une première fois pour laisser à l'Empereur le temps de former un nouveau ministère, de rédiger une nouvelle constitution, en un mot d'organiser ce qu'on est convenu d'appeler le gouvernement parlementaire; le plébiscite survient, les députés cessent de siéger et se transforment en courtiers plébiscitaires. On espérait que les grandes discussions pourraient enfin être reprises à l'occasion du budget indéfiniment retardé; la guerre éclate, et tout se vote par assis et levé. Impossible d'aborder l'examen de la conduite de ceux qui s'appellent des ministres parlementaires. Jamais Chambre n'eut à prendre de résolutions plus graves pour l'honneur et l'avenir de la France, et jamais Chambre ne discuta si peu!

Le ministère sortait fort affaibli de cette session, M. E. Ollivier surtout, qui, d'abord favorable à la paix, s'était passé dans le camp opposé, voyant que l'appui de la droite était à ce prix; le garde des sceaux ne pouvait d'ailleurs cacher à lui-même et aux autres que les résolutions les plus graves étaient prises en dehors de lui, dans le secret des appartements impériaux, entre l'Empereur, l'Impératrice et M. de Gramont. Le rôle effacé et peu digne qu'il avait joué dans ces derniers jours n'était ignoré de personne; la prépondérance de l'homme avait disparu, celle du ministre ne pouvait durer encore bien longtemps.

Le Corps législatif voulut, avant de se séparer, présenter, comme le Sénat, ses hommages et ses félicitations à l'Empereur; il se rendit le 22 juillet aux Tuileries, sous la conduite de son président, dont l'allocution ne diffère en rien, pour le fond des idées, de la harangue prononcée trois jours auparavant par le président du Sénat. M. Schneider, comme M. Rouher, déclara que la responsabilité de la guerre revenait tout entière à la Prusse; comme M. Rouher, il couvrit l'Empereur, le Prince impérial et l'Impératrice des fleurs les plus abondantes et les plus vulgaires de la rhétorique de cour. L'Empereur, dans sa réponse, se contenta de paraphraser chaque paragraphe du discours de M. Schneider : « Le véritable auteur de la guerre n'est pas celui qui la déclare, mais celui qui la rend nécessaire, » avait dit M. le président du Corps législatif d'après Montesquieu. L'Empereur, en répétant cette citation, y ajouta ce commentaire : « Nous avons fait tout ce qui dépendait de nous « pour éviter la guerre, et je puis dire que c'est la nation tout entière « qui, dans son irrésistible élan, a dicté nos résolutions. » Un mois plus tard, le jour de sa honteuse reddition à Sedan, il devait dire également au roi de Prusse : « Je ne voulais pas la guerre, c'est la France qui m'a forcé à la faire. »

« L'irrésistible élan de la nation, » pour rester dans la réalité des faits, était plus que contestable; l'opinion publique, surprise, n'avait eu le temps ni de se former ni de se manifester; Napoléon III mentait en parlant de pression exercée sur ses résolutions par l'ardeur belliqueuse de la France, comme il mentit quelques mois plus tard lorsque, prisonnier du roi de Prusse, il essaya de faire tomber sur la nation la responsabilité de sa criminelle folie.

L'impression produite par la note de la *Gazette de Cologne* n'avait pas été très vive, ni très favorable à ceux qui prétendaient que la guerre était devenue inévitable.

Ce que l'on savait s'être passé à Ems ne justifiait nullement cette opinion, et, si les avis étaient partagés, on peut dire néanmoins que le nombre de ceux qui se sentaient insultés était loin d'être le plus considérable, lorsque le *Constitutionnel* publia le 14 juillet, à midi, une édition extraordinaire contenant cet article :

LA GUERRE!

« Le roi de Prusse a refusé de recevoir le représentant de la France, et *lui a fait dire par un adjudant de service* qu'il n'avait rien à lui communiquer.

Fig. 25. — Portrait de M. de Bismarck.

« Ce fait a été publié le soir même dans la *Gazette officielle* de Berlin et porté par M. de Bismarck à la connaissance des cours étrangères.

« A une telle insolence, il n'y a qu'une réponse : *La guerre!*

« Notre gouvernement a tout fait pour éviter un conflit.

« Il a circonscrit le différend franco-prussien à une simple question dynastique; il n'a fait revivre aucun des griefs qui pouvaient résulter pour nous de l'inexécution du traité de Prague : il voulait la paix, une paix qui sauvegardât l'honneur national.

« La Prusse a pris notre modération pour de la faiblesse; aux déclarations calmes, dignes, pacifiques de notre ambassadeur, elle a répondu par une injure..., une grossièreté.

« En cela elle a obéi à ses traditions; nous obéirons aux nôtres!

« On ne joue pas impunément avec les susceptibilités de la France.

« Les souvenirs de 1814 étaient assoupis; le roi de Prusse les a brutalement réveillés.

« Il veut la guerre, soit! Nous l'acceptons, sûrs de notre droit, confiants dans la supériorité de nos armes.

« La Prusse nous insulte, passons le Rhin!

« Les soldats d'Iéna sont prêts. »

Le soir même, des bandes, après avoir parcouru les boulevards, stationnèrent devant le ministère de la justice, l'État-major et les Tuileries, en poussant les cris : A bas la Prusse! à Berlin! Sincères ou non, ces cris, qui faisaient écho à la note du *Constitutionnel*, n'étaient pas encore très nombreux.

La déclaration de guerre est à peine connue, le 15 juillet, de la population, que les spéculateurs se pressent devant la vitrine des changeurs où sont affichées les dernières cotes des fonds français; la bourse interlope du boulevard des Italiens déborde jusque dans la rue Le Peletier; les boursiers, haletants, fiévreux, se communiquent les nouvelles qui circulent; la ligne des boulevards est tellement encombrée, que les omnibus sont obligés de prendre les rues parallèles; les manifestations se succèdent; ici, des gens aux traits avinés, aux allures douteuses, suivis de femmes dont on devine trop bien la profession, crient : Vive la guerre! à Berlin! là, des étudiants, des ouvriers crient : Vive la paix! Les Hanovriens, réunis au nombre d'un millier environ, sur la place de la Bastille, suivent les boulevards, drapeau déployé, aux cris de : Vive la France! A Berlin!

Le préfet de police, qui passait pour n'être pas étranger à ces démonstrations belliqueuses, crut devoir lancer une proclamation pour engager la population au calme.

L'autorisation de chanter la *Marseillaise* avait été donnée depuis quelques jours à tous les cafés-concerts. Le public de l'Opéra, composé de gens d'argent et de plaisirs, fort sceptiques pour la plupart, et fort peu susceptibles d'élan patriotique, non content de demander tous les soirs la *Marseillaise*, s'avisa un beau soir d'y joindre le *Rhin allemand*. La chanson d'Alfred de Musset, vieille de trente ans, était inconnue des chanteurs de 1870. Le régisseur vint annoncer qu'aucun artiste de l'Opéra ne la savait. Les abonnés firent un tel tapage, qu'on fut obligé d'envoyer chercher tout de suite le morceau demandé, et qu'un des premiers sujets [1] fut obligé de le chanter, le cahier à la main. Le *Rhin allemand* précéda dès lors tous les soirs la *Marseillaise*.

Le Sénat, après sa dernière séance, s'était, le 16, rendu à Saint-Cloud, où il avait été reçu par l'Empereur, l'Impératrice et le Prince impérial. Le discours de l'Empereur et la réponse de M. Rouher furent placardés sur tous les murs de Paris :

« Sire,

« Le Sénat remercie l'Empereur de lui avoir permis de venir porter au pied du trône l'expression des sentiments patriotiques avec lesquels il a accueilli les communications qui lui ont été faites à la séance d'hier.

« Une combinaison monarchique nuisible au prestige et à la sécurité de la France avait été mystérieusement favorisée par le roi de Prusse.

« Sans doute, sur notre protestation, le prince Léopold a retiré son acceptation; l'Espagne, cette nation qui connait et nous rend les sentiments d'amitié que nous avons pour elle, a renoncé à une candidature qui nous blessait.

« Sans doute, le péril immédiat était écarté ; mais notre légitime réclamation ne subsistait-elle pas tout entière? N'était-il pas évident qu'une puissance étrangère, au profit de son influence et de sa domination, au préjudice de notre honneur et de nos intérêts, avait voulu troubler une fois de plus l'équilibre de l'Europe ?

« N'avions-nous pas le droit de demander à cette puissance des garanties contre le retour possible de pareilles tentatives?

« Ces garanties sont refusées; la dignité de la France est méconnue ; Votre Majesté tire l'épée ; la patrie est avec vous, frémissante d'indignation et de fierté.

« Les écarts d'une ambition surexcitée par un jour de grande fortune devaient tôt ou tard se produire.

« Se refusant à des impatiences hâtives, animé de cette calme persévérance qui est la vraie force, l'Empereur a su attendre ; mais, depuis quatre années, il a porté à sa plus haute perfection l'armement de nos soldats, élevé à toute sa puissance l'organisation de nos forces militaires.

« Grâce à vos soins, la France est prête, Sire, et, par son enthousiasme, elle prouve que, comme vous, elle était résolue à ne tolérer aucune entreprise téméraire.

« Que notre auguste souveraine redevienne dépositaire du pouvoir impérial; les grands corps de l'Etat l'entoureront de leur respectueuse affection, de leur absolu dévouement. La nation connait l'élévation de son cœur et la fermeté de son âme ; elle a foi dans sa sagesse et dans son énergie.

« Que l'Empereur reprenne avec un juste orgueil et une noble confiance le commandement de ses légions agrandies de Magenta et de Solférino, qu'il conduise sur les champs de bataille l'élite de cette grande nation.

« Si l'heure des périls est venue, l'heure de la victoire est proche.

« Bientôt la patrie reconnaissante décernera à ses enfants les honneurs du triomphe;

---

1. M. Favre.

bientôt, l'Allemagne affranchie de la domination qui l'opprime, la paix rendue à l'Europe par la gloire de nos armes, Votre Majesté, qui, il y a deux mois, recevait pour elle et pour sa dynastie une nouvelle force de la volonté nationale, Votre Majesté se dévouera de nouveau à cette grande œuvre d'améliorations et de réformes dont la réalisation — la France le sait et le génie de l'Empereur le lui garantit — ne subira d'autre retard que le temps que vous emploierez à vaincre. »

L'Empereur a répondu :

« Messieurs les Sénateurs,

« J'ai été heureux d'apprendre avec quel vif enthousiasme le Sénat a reçu la déclaration que le ministre des affaires étrangères a été chargé de lui faire. Dans toutes les circonstances où il s'agit des grands intérêts et de l'honneur de la France, je suis sûr de trouver dans le Sénat un appui énergique. Nous commençons une lutte sérieuse. La France a besoin du concours de tous ses enfants. Je suis bien aise que le premier cri patriotique soit parti du Sénat; il aura dans le pays un grand retentissement. »

Le Sénat, en expliquant à sa façon les origines de la guerre, aurait pu s'épargner l'aveu que depuis quatre ans le gouvernement impérial s'y préparait : « *L'Empereur a su attendre;* mais, en attendant depuis « quatre années, avec ce calme persévérant qui est la vraie force, ajoute « M. Rouher, il a porté à sa plus haute perfection l'armement de nos « soldats, élevé à toute sa puissance l'organisation de nos forces mili- « taires. » Ces flatteries, dont les événements allaient faire une si lamentable dérision, étaient suivies d'une espèce d'invocation à l'Empereur, pour le supplier de confier la régence à l'Impératrice; les grandes phrases de M. Rouher n'auraient rien perdu à rester renfermées dans le *Journal officiel;* elles refroidissaient l'ardeur de la population au lieu de l'exciter. La bouche qui avait défendu l'expédition du Mexique et Sadowa aurait dû se taire, à cette heure terrible où nos premiers détachements partaient pour la frontière.

Le 16 juillet, à neuf heures du matin, au moment même où le Sénat se rendait aux Tuileries, on placardait sur les murs de la gare de l'Est :

AVIS AUX VOYAGEURS.

« A partir du samedi 16 juillet courant, neuf heures du matin, le service des voyageurs sur le réseau des chemins de fer de l'Est est en partie supprimé. MM. les voyageurs devront s'adresser aux chefs des gares et stations pour avoir les renseignements nécessaires sur la marche des trains. »

C'était le signal de la mise en mouvement de l'armée. La foule, avide d'assister au spectacle émouvant du départ des régiments, s'accumula dès midi devant la gare de Strasbourg. Les régiments arrivent musique en tête; chacun d'eux est suivi de milliers d'individus chantant la *Marseillaise* et criant : *Vive l'armée !*

L'air fanfaron, la tenue un peu débraillée de la troupe, sans choquer précisément, donnaient matière à bien des réflexions; la satisfaction empreinte sur le visage de soldats marchant à l'ennemi ne peut déplaire; on eût souhaité cependant que l'expression d'un sentiment plus sérieux se joignît à leur joie, un peu turbulente, et que leur enthousiasme tapageur fût moins exempt de toute arrière-pensée un peu grave. Le départ des gardes mobiles offrit bientôt un spectacle plus triste. Voir ces jeunes gens sortir d'un restaurant ou d'un café, seuls ou par bandes, avec des femmes avinées comme eux et après une orgie, monter en voiture découverte, cela offensait la morale, affligeait le patriotisme et faisait douter de la victoire.

L'Empereur, avant de partir, voulut donner un témoignage de sa confiance à la garde nationale, dont le commandant en chef reçut la lettre suivante :

« Palais de Saint-Cloud, 26 juillet 1870.

« Mon cher général,

« Je vous prie d'exprimer de ma part à la garde nationale de Paris combien je compte sur son patriotisme et son dévouement.

« Au moment de partir pour l'armée, je tiens à lui témoigner la confiance que j'ai en elle pour maintenir l'ordre dans Paris et pour veiller à la sûreté de l'Impératrice.

« Il faut aujourd'hui que chacun, dans la mesure de ses forces, veille au salut de la patrie.

« Croyez, mon cher général, à mes sentiments d'amitié.

« NAPOLÉON. »

Un décret institua la régence :

« Napoléon,
« Par la grâce de Dieu et la volonté nationale, empereur des Français;
« A tous présents et à venir, salut;
« Voulant donner à notre bien-aimée épouse, l'Impératrice, des marques de la confiance que nous avons en elle;
« Et attendu que nous sommes dans l'intention de nous mettre à la tête de l'armée;
« Nous avons résolu de conférer, comme nous conférons par ces présentes, à notre bien-aimée épouse l'Impératrice le titre de régente, pour en exercer les fonctions dès que nous aurons quitté notre capitale, en conformité de nos instructions et de nos ordres, tels que nous les aurons fait connaître dans l'ordre général du service que nous aurons établi et qui sera transcrit sur le livre d'Etat.

« Entendons qu'il soit donné connaissance à nos ministres desdits ordres et instructions, et qu'en aucun cas l'Impératrice ne puisse s'écarter de leur teneur dans l'exercice de ses fonctions de régente.

« Voulons que l'Impératrice préside en notre nom le conseil des ministres. Toutefois, notre intention n'est point que l'Impératrice-Régente puisse autoriser par sa signature la promulgation d'aucune loi autre que celles qui sont actuellement pendantes devant le Sénat, le Corps législatif et le Conseil d'État, nous référant à cet égard au contenu des ordres et instructions mentionnés ci-dessus.

« Mandons à notre garde des sceaux, ministre de la justice et des cultes, de donner communication des présentes lettres patentes au Sénat, qui les fera transcrire sur ses registres, et de les faire publier au *Bulletin des lois.*

« NAPOLÉON.

« Vu et scellé du grand sceau :

« *Le garde des sceaux, ministre de la justice et des cultes,*

« ÉMILE OLLIVIER. »

« Par l'Empereur :

« *Le garde des sceaux, ministre de la justice et des cultes,*

« ÉMILE OLLIVIER. »

L'Empereur fit ses adieux à la population par la proclamation suivante :

« Français,

« Il y a dans la vie des peuples des moments solennels où l'honneur national, violemment excité, s'impose comme une force irrésistible, domine tous les intérêts et prend seul en main la direction des destinées de la patrie. Une de ces heures décisives vient de sonner pour la France.

« La Prusse, à qui nous avons témoigné pendant et depuis la guerre de 1866 les dispositions les plus conciliantes, n'a tenu aucun compte de notre bon vouloir et de notre longanimité. Lancée dans une voie d'envahissement, elle a éveillé toutes les défiances, nécessité partout des armements exagérés, et fait de l'Europe un camp où règnent l'incertitude et la crainte du lendemain.

« Un dernier incident est venu révéler l'instabilité des rapports internationaux et montrer toute la gravité de la situation. En présence des nouvelles prétentions de la Prusse, nos réclamations se sont fait entendre. Elles ont été éludées et suivies de procédés dédaigneux. Notre pays en a ressenti une profonde irritation, et aussitôt un cri de guerre a retenti d'un bout de la France à l'autre. Il ne nous reste plus qu'à confier nos destinées au sort des armes.

« Nous ne faisons pas la guerre à l'Allemagne, dont nous respectons l'indépendance. Nous faisons des vœux pour que les peuples qui composent la grande nationalité germanique disposent librement de leurs destinées.

« Quant à nous, nous réclamons l'établissement d'un état de choses qui garantisse notre sécurité et assure l'avenir. Nous voulons conquérir une paix durable, basée sur les vrais intérêts des peuples, et faire cesser cet état précaire où toutes les nations emploient leurs ressources à s'armer les unes contre les autres.

« Le glorieux drapeau que nous déployons encore une fois devant ceux qui nous provoquent est le même qui porta à travers l'Europe les idées civilisatrices de notre grande Révolution. Il représente les mêmes principes, il inspirera les mêmes dévouements.

« Français,

« Je vais me mettre à la tête de cette vaillante armée qu'anime l'amour du devoir et de la patrie. Elle sait ce qu'elle vaut, car elle a vu dans les quatre parties du monde la victoire s'attacher à ses pas.

« J'emmène mon fils avec moi, malgré son jeune âge. Il sait quels sont les devoirs que son nom lui impose, et il est fier de prendre sa part dans les dangers de ceux qui combattent pour la patrie.

« Dieu bénisse nos efforts ! Un grand peuple qui défend une cause juste est invincible !

« NAPOLÉON. »

L'empereur, partant pour la guerre d'Italie, avait mis une certaine affectation à entourer son départ du plus grand éclat et à parcourir une partie du faubourg Saint-Antoine. Il n'osa pas cette fois traverser Paris. Il partit de Saint-Cloud, le 17 juillet, pour rejoindre le chemin de l'Est par le chemin de ceinture.

Napoléon III aura beau dire plus tard que c'est la France qui a voulu la guerre, ce départ presque furtif lui donne d'avance un démenti. La surprise d'un brusque événement, l'émotion d'un spectacle dramatique comme la guerre de 1870, ne pouvait manquer d'allumer dans la population d'une grande ville comme Paris, une espèce de fièvre qu'il faut bien se garder de confondre avec le sentiment belliqueux et qui souvent lui est entièrement opposé. Ces bandes avinées qui parcouraient Paris en criant : A Berlin! ces malheureux qui se portaient à la maison de M. Thiers pour l'injurier et qui souillaient d'ordures les murs de l'hôtel de l'ambassade prussienne, ne formaient dans la population qu'une minorité bruyante d'un courage fort suspect; la police lui abandonnait les boulevards, mais elle était loin d'y régner en maîtresse. On vit, dans la soirée du 20, six mille personnes se former en rangs à la place de la Bastille, descendre les boulevards en criant : Vive la paix! et, parvenues à la hauteur du boulevard Bonne-Nouvelle, soutenir un vrai combat avec les conquérants de Berlin. La police vint en aide à ces derniers; une escouade de sergents de ville se jeta sur la phalange pacifique, lui enleva son drapeau et fit de nombreuses captures dans ses rangs.

Fig. 26. — Exécution, dans la cour de l'école militaire, de Harth, espion prussien.

CHAPITRE VI

PARIS EN ÉTAT DE SIÈGE

Effet de la déclaration de guerre à l'étranger. — Traité de partage de la Belgique. — Effet de ce traité. — Lettre de M. Benedetti à M. de Gramont. — Impossibilité de nier le traité. — Hostilité des journaux bonapartistes contre M. Benedetti. — La déclaration de guerre et l'Autriche. — Fausse politique de M. de Gramont à son égard. — Attente de Paris. — Le premier bulletin de la campagne. — Dépêche de l'Empereur. — Détail sur l'affaire de Sarrebruck. — La surprise de Wissembourg. — La foule dévaste les boutiques des changeurs. — Fausse dépêche annonçant une victoire. — Enthousiasme de la population. — Elle est vite détrompée. — Proclamation du ministère. — Première nouvelle de la bataille perdue par Mac-Mahon, donnée par une proclamation de la Régente. — Détails sur l'affaire de Forbach. — Convocation des Chambres et mise de Paris en état de siège. — Mesures contre la presse. — Tristesse de Paris. — Le Corps législatif est convoqué le 8 août pour le lendemain. — La gauche demande l'armement immédiat de tous les citoyens de Paris.

La proclamation de Napoléon III annonçant la guerre provoqua dans toutes les capitales une sensation qui ne fut nulle part aussi vive qu'à Londres. C'était comme un coup de canon qui venait subitement tirer l'Angleterre de son sommeil, et la forcer à un acte de vigueur dont elle paraissait désormais incapable. L'Angleterre, si elle se décidait à prendre un parti, devait se prononcer infailliblement pour la puissance qui lui paraîtrait la mieux disposée à respecter la neutralité de la Belgique.

M. de Bismarck le comprit, et, recourant à la complicité du *Times*, il fit insérer dans ce journal le projet de traité suivant, écrit tout entier, disait-il, de la main de M. Benedetti :

« S. M. le roi de Prusse et S. M. l'empereur des Français, jugeant utile de resserrer les liens d'amitié qui les unissent et de consolider les rapports de bon voisinage heureusement existant entre les deux pays, convaincus, d'autre part, que pour atteindre ce résultat, propre d'ailleurs à assurer le maintien de la paix générale, il importe de s'entendre sur des questions qui intéressent leurs relations futures, ont résolu de conclure un traité à cet effet, et nommé en conséquence pour leurs plénipotentiaires, savoir :

« S. M., etc.

« S. M., etc.

« Lesquels sont convenus des articles suivants :

« Art. 1er. — S. M. l'empereur des Français admet et reconnaît les acquisitions que la Prusse a faites à la suite de la dernière guerre qu'elle a soutenue contre l'Autriche et contre ses alliés.

« Art. 2. — Si M. le roi de Prusse promet de faciliter à la France l'acquisition du Luxembourg ; à cet effet, ladite Majesté entrera en négociations avec S. M. le roi des Pays-Bas pour le déterminer à faire à l'empereur des Français la cession de ses droits souverains sur ce duché, moyennant telle compensation qui sera jugée suffisante ou autrement. De son côté, l'empereur des Français s'engage à assumer les charges pécuniaires que cette transaction peut comporter.

« Art. 3. — S. M. l'empereur des Français ne s'opposera pas à une union fédérale de la Confédération du Nord avec les Etats du midi de l'Allemagne, à l'exception de l'Autriche, laquelle union pourra être basée sur un parlement commun, tout en respectant, dans une juste mesure, la souveraineté desdits Etats.

« Art. 4. — De son côté, S. M. le roi de Prusse, au cas où S. M. l'empereur des Français serait amené, par les circonstances, à faire entrer ses troupes en Belgique ou à la conquérir, accordera le secours de toutes ses armes à la France, et il la soutiendra avec toutes ses forces de terre et de mer, envers et contre toute puissance qui, dans cette éventualité, lui déclarerait la guerre.

« Art. 5. — Pour assurer l'entière exécution des dispositions qui précèdent, S. M. le roi de Prusse et S. M. l'empereur des Français contractent, par le présent traité, une alliance offensive et défensive, qu'ils s'engagent solennellement à maintenir. Leurs Majestés s'obligent en outre à l'observer, et notamment dans tous les cas où leurs Etats respectifs, dont elles se garantissent mutuellement l'intégrité, seraient menacés d'une agression, se tenant pour liées, en pareille conjoncture, de prendre sans retard et de ne décliner sous aucun prétexte les arrangement militaires qui seraient commandés par leur intérêt commun, conformément aux clauses et prévisions ci-dessus énoncées. »

L'éditeur du *Times*, quoique ce document lui eût été communiqué par l'ambassade prussienne, ne l'avait, à l'en croire, inséré qu'après beaucoup d'hésitation. Londres s'indigna à cette révélation ; le soir même, M. Disraeli interpella le ministère. M. Gladstone ajourna sa réponse ; mais déjà le langage du chef du cabinet et celui du chef de l'opposition indiquaient clairement que ni l'un ni l'autre ne mettait en doute l'authenticité du document.

M. E. Ollivier crut apaiser l'opinion publique en Angleterre en déclarant, dans une lettre adressée à un de ses amis de Londres, que le traité du *Times* était faux, et que le cabinet du 2 janvier n'était entré dans aucune négociation de ce genre avec la Prusse; mais M. E. Ollivier n'était pas une autorité suffisante. Le *Journal officiel* publia le 29 juillet une lettre de M. Benedetti à M. de Gramont, dont voici le passage le plus important :

« Il est de notoriété publique que M. le comte de Bismarck nous a offert, avant et pendant la dernière guerre, de contribuer à réunir la Belgique à la France en compensation des agrandissements qu'il ambitionnait et qu'il a obtenus pour la Prusse. Je pourrais à cet égard invoquer le témoignage de toute la diplomatie européenne, qui n'a rien ignoré. Le gouvernement de l'Empereur a constamment décliné ces ouvertures, et l'un de vos prédécesseurs, M. Drouyn de Lhuys, est en mesure de donner à cet égard des explications qui ne laisseraient subsister aucun doute.

« Au moment de la conclusion de la paix de Prague, et en présence de l'émotion que soulevait en France l'annexion du Hanovre, de la Hesse électorale et de la ville de Francfort à la Prusse, M. de Bismarck témoigna de nouveau le plus vif désir de rétablir l'équilibre rompu par ces acquisitions. Diverses combinaisons, respectant l'intégrité des États voisins de la France et de l'Allemagne, furent mises en avant; elles devinrent l'objet de plusieurs entretiens, pendant lesquels M. de Bismarck inclinait toujours à faire valoir ses idées personnelles.

« Dans une de ces conversations, et afin de me rendre un compte exact de ces combinaisons, j'ai consenti à les transcrire en quelque sorte sous sa dictée. La forme, non moins que le fond, démontre clairement que je me suis borné à reproduire un projet connu et développé par lui. M. de Bismarck garda cette rédaction, voulant la soumettre au roi. De mon côté, je rendis compte, en substance, au gouvernement impérial des communications qui m'avaient été faites.

« L'Empereur les repoussa dès qu'elles parvinrent à sa connaissance.

« Je dois dire que le roi de Prusse lui-même ne parut pas vouloir en agréer la base, et depuis cette époque, c'est-à-dire pendant les quatre dernières années, je ne suis plus entré dans aucun nouvel échange d'idées à ce sujet avec M. de Bismarck. Si l'initiative d'un pareil traité eût été prise par le gouvernement de l'Empereur, le projet aurait été libellé par le ministère, et je n'aurais pas eu à en produire une copie écrite de ma main; il eût été d'ailleurs autrement rédigé, et il aurait donné lieu à des négociations qui eussent été simultanément poursuivies à Paris et à Berlin. Dans ce cas, M. de Bismarck ne se serait pas contenté d'en livrer indirectement le texte à la publicité non sans surtout où Votre Excellence rectifiait, dans les dépêches qui étaient insérées au *Journal officiel*, d'autres erreurs qu'on cherchait également à propager. Mais pour atteindre le but qu'il s'est proposé, celui d'égarer l'opinion publique et de prévenir les indiscrétions que nous aurions pu nous permettre nous-mêmes, il a usé de cet expédient, qui le dispensait de préciser à quel moment, dans quelles circonstances et de quelle manière ce document avait été transcrit. Il s'est évidemment flatté de suggérer, grâce à ces omissions, des conjectures qui, en dégageant sa responsabilité personnelle, devaient compromettre celle du gouvernement de l'Empereur. De pareils procédés n'ont pas besoin d'être qualifiés ; il suffit de les signaler, en les livrant à l'appréciation du public européen.

« Veuillez agréer, etc.

« V. BENEDETTI. »

L'existence du projet de traité et de pourparlers relatifs à ses conditions n'étant pas niée, il importait peu de savoir quelle main l'avait écrit.

Du moment qu'il était établi que la discussion avait pu rouler entre les représentants de l'Empereur et du roi de Prusse sur une compensation à accorder à la France en échange des agrandissements de la Prusse, quoi de plus simple que de débattre certaines idées parmi lesquelles pouvait fort bien figurer l'annexion de la Belgique à l'Empire français, demandée si souvent par ses jounaux? Il suffisait que M. Benedetti n'eût pas rejeté immédiatement toute ouverture à ce sujet, pour que M. de Bismarck se crût le droit de préciser dans un écrit l'objet de ses entretiens avec lui.

Comment les choses s'étaient-elles passées? Nous le savons maintenant. Nous avons assisté jour par jour aux pourparlers après le traité de Prague pour rechercher les bases d'une alliance entre la France et la Prusse. Le gouvernement impérial se gardait bien de le dire; des explications catégoriques sur les réclamations de Napoléon III après Sadowa, en attestant la franchise de sa politique, auraient plus fait pour porter la conviction dans les esprits, que le démenti pur et simple donné au projet de traité, démenti qui ne portait même que sur l'écrit matériel, et laissait subsister le doute sur les intentions.

Les journaux du gouvernement impérial, en voyant le fâcheux effet de la lettre où M. Benedetti plaidait en quelque sorte les circonstances atténuantes, n'hésitaient pas à le jeter par-dessus bord. « Quant à
« M. Benedetti, disait la *Patrie*, nous ne voulons pas insister sur sa
« naïveté, sur son inexpérience si rare à son âge et dans sa situation.
« Nous formons seulement un vœu qu'exige l'intérêt du pays : les événe-
« ments viennent de faire à M. Benedetti des loisirs heureux pour nous;
« nous sommes convaincus que tous les ministres, quels qu'ils soient,
« continueront ces loisirs à M. Benedetti jusqu'à la fin de sa vie. » Le *Constitutionnel*, en cherchant à excuser le représentant de Napoléon III près la cour de Prusse, se montrait, sans s'en douter, aussi cruel à son égard que la *Patrie* : « L'auteur du projet est M. de Bismarck, qui,
« méditant déjà une astucieuse combinaison, a prié M. Benedetti de la
« copier *en français* pour la placer sous les yeux du roi. » Ainsi, selon le *Constitutionnel*, le roi Guillaume ne comprendrait pas l'allemand, puisqu'il fallait copier en français les documents qu'on voulait lui faire lire?

C'était aussi, on l'a vu, l'excuse mise en avant par M. Benedetti pour justifier sa conduite; M. de Bismarck avait réclamé de lui la minute du projet de traité, pour le mettre sous les yeux de Guillaume Ier, et M. Benedetti l'avait écrite de sa main. A quoi bon, en vérité, cette demande, puisque cette minute ne renfermait que les idées personnelles de M. de Bismarck, et quel besoin avait ce dernier de recourir à l'ambassadeur français pour les communiquer au roi?

M. Benedetti, après avoir raconté dans sa lettre à M. le ministre des affaires étrangères comment il s'était fait le secrétaire de M. de Bismarck, ajoute qu'il a rendu immédiatement compte au gouvernement des communications du ministre prussien. Le gouvernement impérial avait cependant déclaré « qu'il n'avait jamais eu connaissance d'un projet formulé par écrit ». C'est là évidemment une erreur ou un mensonge; mais, quelque opinion que l'on eût sur la valeur du traité en lui-même, on ne pouvait s'empêcher de reconnaître que M. de Bismarck y avait trouvé un excellent moyen d'offrir à l'Angleterre le prétexte qu'elle cherchait pour se désintéresser de la guerre et de ses conséquences.

La rupture entre la France et la Prusse n'était pas faite pour produire une impression bien agréable à Vienne. L'Autriche ne pouvait se complaire à l'idée de voir la France écrasée par la Prusse; l'empereur François-Joseph avait même pour la France une très vive sympathie, partagée par l'archiduc Albert, par la cour, par l'aristocratie, par l'armée, par les populations slaves et hongroises de l'empire; mais il fallait donner le temps à cette sympathie de se manifester officiellement, et à M. de Beust d'opérer, entre l'Autriche et l'Italie, un rapprochement qui aurait pu aboutir à une triple alliance. Des diplomates italiens étaient venus à Vienne pour échanger leurs vues à ce sujet avec le ministre des affaires étrangères de l'Autriche. Qui sait si l'éventualité d'une intervention armée austro-italienne s'interposant entre la France et la Prusse ne se serait pas réalisée sans le rapide désastre de Reischoffen suivi de tant d'autres désastres? L'Italie et l'Autriche cessèrent leurs pourparlers à dater de la première défaite de la France et ne les reprirent plus.

M. de Gramont n'ignorait pas ces dispositions de l'Autriche et de l'Italie: n'ayant que des alliances en perspective, mais pas d'alliance conclue, il avait voulu en quelque sorte les forcer en brusquant la situation. Il n'y parvint guère, si l'on en juge par le langage de M. de Metternich, annonçant tristement le 15 juillet à M. de Beust, que tout espoir de conciliation était perdu, par suite de la « violence imprudente avec laquelle le gouvernement français semblait avoir sauté sur le premier prétexte venu, pour chercher querelle à la Prusse ». La circulaire adressée par M. de Beust à tous les agents diplomatiques de l'Autriche, dès le lendemain de la déclaration officielle de guerre par la France à la Prusse, ne pouvait d'ailleurs laisser aucune illusion à M. de Gramont sur la ferme intention de l'Autriche de se tenir dans la neutralité.

Paris, pendant ce temps-là, attendait avec impatience des nouvelles de l'armée; le premier bulletin arrivé le 2 août était un bulletin de victoire :

« Aujourd'hui, 2 août, à onze heures du matin, les troupes françaises ont eu un sérieux engagement avec les troupes prussiennes.

« Notre armée a pris l'offensive, franchi la frontière et envahi le territoire de la Prusse.

« Malgré la force de la position ennemie, quelques-uns de nos bataillons ont suffi pour enlever les hauteurs qui dominent Sarrebruck, et notre artillerie n'a pas tardé à chasser l'ennemi de la ville. L'élan de nos troupes a été si grand que nos pertes ont été légères.

« L'engagement, commencé à onze heures, était terminé à une heure.

« L'Empereur assistait aux opérations, et le Prince impérial, qui l'accompagnait partout, a reçu sur le premier champ de bataille de la campagne le baptême du feu.

« Sa présence d'esprit, son sang-froid dans le danger, ont été dignes du nom qu'il porte.

« A quatre heures, l'Empereur et le Prince impérial étaient rentrés à Metz. »

Le *Gaulois* publiait en même temps la dépêche suivante.

A L'IMPÉRATRICE

« Louis vient de recevoir le baptême du feu; il a été admirable de sang-froid et n'a nullement été impressionné.

« Une division du général Frossard a pris les hauteurs qui dominent la rive gauche de Sarrebruck.

« Les Prussiens ont fait une courte résistance.

« Nous étions en première ligne; mais les balles et les boulets tombaient à nos pieds.

« Louis a conservé une balle qui est tombé tout près de lui.

« Il y a des soldats qui pleuraient en le voyant si calme.

« Nous n'avons eu qu'un officier et dix hommes tués.

« NAPOLÉON. »

« Nous arrêtons notre tirage pour annoncer une grande, une glorieuse nouvelle! Le corps d'armée commandé par le général Frossard s'est ébranlé ce matin et a attaqué les approches de Sarrebruck. Après un brillant engagement, nos soldats sont restés maîtres des hauteurs de Sarrebruck, que l'ennemi, foudroyé par notre artillerie, a abandonnées. Nos pertes sont, Dieu merci, peu sérieuses. C'est un premier et grand succès. »

Le *Vœu national* de Metz, arrivé le matin même, contenait sous la rubrique *Dernières nouvelles* les lignes suivantes :

« Il paraîtrait, ajoutait le *Vœu national*, que le mouvement du corps
« d'armée du général Frossard contre Sarrebruck se combinait avec un
« mouvement de l'armée sur toute la ligne, ce qui fait supposer que
« nous ne tarderons pas à recevoir la nouvelle de nouveaux combats. »

Fig. 27. — La place de la Bourse le 6 août, au moment où se répand la fausse nouvelle d'une victoire remportée par les Français.

Le ministre de l'intérieur communiqua vers trois heures aux journaux la note suivante, qui réduisit à de plus justes proportions l'affaire de Sarrebruck :

« Affaire de Sarrebruck :
« Dix soldats blessés.
« Un officier tué.
« C'est le corps du général Frossard qui a donné. On n'a pas songé à occuper Sarrebruck, qui est une ville ouverte de 10 000 âmes.
« L'ennemi a abandonné la ville et s'est retiré sur les hauteurs qui se trouvent au delà. »

Les bulletins officiels à la date du 5 août persistaient cependant encore à donner à cette affaire une importance considérable :

« La nouvelle de la prise de Sarrebruck a jeté la consternation parmi les populations de la rive droite du Rhin ; elle a produit, au contraire, la joie et l enthousiasme dans nos communes frontières, et on peut ajouter que ce sentiment a été partagé par la majeure partie des habitants de Bade.

La joie des Français de la frontière et des Badois ne devait malheureusement pas être de longue durée ; quant à celle des Parisiens, déjà passablement diminuée, la dépêche suivante vint lui porter un nouveau coup :

« 5 août, midi quarante-cinq.

« Trois régiments de la division du général Douay et une brigade de cavalerie légère ont été attaqués à Wissembourg par des forces considérables massées dans les bois qui bordent la Lauter.
« Ces troupes ont résisté pendant plusieurs heures aux attaques de l'ennemi, puis se sont repliées sur le col du Pigeonnier, qui commande la ligne de Bitche.
« Le général Abel Douay a été tué.
« Une de nos pièces dont les chevaux avaient été tués et l'affût brisé, est tombée au pouvoir de l'ennemi.
« Le maréchal de Mac-Mahon concentre sur les lieux les forces placées sous son commandement. »

Ce bulletin inexact, comme on le verra plus tard, rédigé d'une façon très sommaire, n'indiquant pas le jour du combat, laissait croire qu'il avait été livré dans la matinée du vendredi, tandis que les deux armées en étaient venues aux mains dans celle du jeudi ; les journaux anglais contenaient le récit circonstancié de la bataille, tandis que le *Journal officiel* se taisait.

La nouvelle de la surprise de Wissembourg était cependant arrivée au ministère de l'intérieur dans la soirée du jeudi, probablement entre cinq et six heures. Le gouvernement, en gardant le silence, en plaçant la capitale dans cette triste situation d'avoir les premières informations sur ce qui se passait à l'armée, par des journaux étrangers, blessait profondément le sentiment public. Les destinées de la France se jouent à la frontière, la population épie les moindres bruits qui viennent de l'Est, et les onze lignes que l'on vient de lire contiennent tout ce que M. E. Ollivier juge bon d'apprendre à la population.

L'effet de l'échec du général Abel Douay avait été atténué le lendemain par le bruit d'un grand avantage remporté par le maréchal de Mac-Mahon; la foule accourt sur les boulevards dans l'espérance de recevoir la confirmation de la bonne nouvelle. Les abords du ministère de la justice et du ministère de l'intérieur sont envahis par des bandes, poussées par une curiosité poignante, et auxquelles on ne communique rien. Des groupes se forment sur les boulevards et sur les places, émus, surexcités, fiévreux.

Quelques personnes, lisant la cote de la Bourse sur le tableau placé à l'angle d'une boutique de changeur, prétendent avoir entendu un commis de la maison, engagé dans une discussion avec d'autres personnes, s'écrier avec un accent germanique très prononcé : « Nous avons eu notre revanche, et vous en verrez bien d'autres! » Les auditeurs outrés communiquent leur indignation aux passants; la foule réunie sur ce point ne tarde pas à prendre une attitude menaçante; l'intervention d'un commissaire de police et de plusieurs agents empêche seule la foule de saccager la boutique. Il fallut la fermer; sur les volets on écrivit à la craie : « Mort aux Prussiens. » Les bruits les plus absurdes circulaient dans les groupes : 14 millions destinés à la Prusse ont été saisis, disait-on, chez les changeurs Hirsch et Greher, rue Vivienne. Aussitôt des cris de mort se font entendre, des projectiles sont lancés sur la boutique. La force armée parvient, cette fois encore, à contenir la masse, qui, pour se dédommager, se met à jeter des pierres sur un écusson, dans lequel elle veut voir à toute force les armes de Prusse. Un garde national en uniforme escalade le balcon et y suspend un large écriteau portant ces mots : « Respect aux armes de Russie. » Toute manifestation hostile cesse de ce côté; la foule sur le boulevard est si compacte, que la circulation reste presque interrompue; les groupes commencent à se dissiper vers minuit.

Paris, qui s'était endormi dans le vague espoir d'apprendre une victoire à son réveil, courut le lendemain au *Journal officiel*. Il ne contenait que ces lignes :

« Le maréchal de Mac-Mahon occupe, avec son corps d'armée, une forte position. »

Le gouvernement, en imposant aux journaux la loi du silence, avait pris en quelque sorte l'engagement de livrer au public, heure par heure, des informations précises. Paris resta cependant, toute la matinée, livré aux affirmations les plus contradictoires et aux nouvelles les plus étranges; tout à coup, du côté de la rue Vivienne éclate une longue clameur de joie; des citoyens accourent sur le boulevard en criant qu'il vient d'être lu à la Bourse une dépêche officielle annonçant qu'une grande victoire a été remportée par le maréchal de Mac-Mahon, qu'un corps ennemi de 25 000 hommes a été fait prisonnier, ainsi que le prince Frédéric-Charles et tout son état-major.

Une grande joie à cette nouvelle se répand, en quelques minutes, dans tous les quartiers de la capitale. Les maisons sont instantanément pavoisées, les cris : Vive la France! vive l'armée! retentissent de toutes parts; l'enthousiasme se communique de proche en proche, les esprits les plus calmes s'y abandonnent; les audiences au Palais de justice sont interrompues, les juges quittent leurs sièges, avocats et magistrats se pressent dans la salle des Pas-Perdus et confondent leurs sentiments de joie. Sur les boulevards voisins de la Bourse, c'est un vrai délire; la foule, reconnaissant une chanteuse de l'Opéra qui traverse la chaussée en voiture découverte, arrête son cocher et oblige l'artiste à chanter la *Marseillaise* en plein air. Le temps cependant s'écoule au milieu de ces transports; le calme renaît peu à peu dans les imaginations; on se demande où est cette dépêche dont tout le monde parle et que personne n'a lue; pourquoi n'est-elle pas affichée? Le doute commence à naître dans quelques esprits; on court au ministère de l'intérieur, il n'y a pas de dépêche, le public a été dupe à la fois du mensonge d'un agioteur et d'une hallucination de l'orgueil national, abusé par le mirage trompeur des anciennes victoires, et croyant, à chaque instant, en voir surgir de nouvelles à l'horizon; la fausse dépêche parvint en province, des préfets firent pavoiser leur hôtel. La déception ne fut pas moins grande qu'à Paris, où une irritation puérile remplaça un enthousiasme plus puérile encore. On envahit la bourse, on brisa la rampe de la corbeille des agents de change, on demanda que les auteurs de la fausse nouvelle fussent immédiatement recherchés. Pendant ce temps-là, d'autres groupes non moins irrités se dirigent vers le ministère de la justice et appellent M. Ollivier. Le ministre ne paraît pas; il est absent. La foule s'obstine à stationner sur la place

Vendôme; M. Ollivier arrive enfin de Saint-Cloud; il est entouré, pressé de questions; il se dérobe et entre dans son hôtel. Les cris redoublent; M. Philis, secrétaire général du ministère de la justice, se montre au balcon; on ne veut pas l'entendre; M. Ollivier se décide alors à paraître et adresse ces quelques mots à la foule :

« La nouvelle, dit-il, qui a été affichée à la bourse de ce jour, est fausse ; l'auteur vient d'être arrêté, et à l'avenir le gouvernement prendra toutes ses mesures pour que pareille chose ne se renouvelle pas. Toutes les nouvelles vous seront immédiatement communiquées, mais seulement lorsque le gouvernement en aura de certaines. Quand les nouvelles seront bonnes, on vous les communiquera avec joie, et, lorsqu'elles seront mauvaises, on vous les communiquera avec confiance dans votre patriotisme et votre patience. »

La foule, sur cette promesse, se retire peu à peu ; des individus, montés dans de petites calèches, parcourent les boulevards et la rue Vivienne en agitant de larges écriteaux sur lesquels on lit : « L'auteur de la fausse nouvelle est arrêté. » L'émotion s'est un peu calmée ; le conseil des ministres n'en adresse pas moins cette proclamation aux Parisiens :

« Vous avez été justement émus par une odieuse manœuvre.

« Le coupable a été saisi et la justice informe. Le gouvernement prend les mesures les plus énergiques pour qu'une telle infamie ne puisse plus se renouveler.

« Au nom de la patrie, au nom de notre armée héroïque, nous vous demandons d'être calmes, patients, et de maintenir l'ordre.

« Le désordre à Paris, ce serait une victoire pour les Prussiens.

« Aussitôt qu'une nouvelle certaine arrivera, de quelque nature qu'elle soit, bonne ou mauvaise, elle vous sera immédiatement communiquée.

« Soyons unis, et n'ayons en ce moment qu'une pensée, qu'un vœu, qu'un sentiment : le triomphe de nos armes.
    « Émile Ollivier, duc de Gramont, Chevandier de Valdrôme, Segris, général Dejean, Louvet, amiral Rigault de Genouilly, Plichon, Maurice Richard, de Parieu.
« 6 août 1870, à six heures. »

La préfecture de police fit également afficher vers trois heures l'avis suivant :

« Le gouvernement n'a reçu du quartier général d'autre dépêche que celle qui a été publiée aussitôt et où l'Empereur annonce, à une heure vingt minutes du soir, que *le maréchal de Mac-Mahon n'a pas eu le temps d'envoyer un rapport, qu'il est toujours dans une bonne position, où il est rejoint par un autre corps d'armée.*

« L'individu qui a apporté la fausse nouvelle répandue d'abord à la Bourse a été arrêté, et il est mis sous la main de la jutice.

« Le préfet de police croit devoir engager la population parisienne à attendre avec une patriotique confiance les nouvelles officielles. Elles seront publiées dès leur arrivée.
        « *Le Préfet de police,*
        « J.-M. Piétri.
« Paris, le 6 août 1870. »

Paris, en se réveillant après une autre nuit d'inquiétude fiévreuse, interrogea de nouveau le *Journal officiel*. Il ne contenait qu'une note :

« Le gouvernement prévient le public que toutes les nouvelles officielles du théâtre de la guerre porteront désormais la signature du ministre de l'intérieur. »

Et au-dessous ces deux dépêches :

« Metz, 5 août, six heures quarante-cinq.

« On n'a pas encore de nouvelles du maréchal de Mac-Mahon.
« Sur la Sarre, le corps du général Frossard a été seulement engagé, et le résultat est encore incertain. »

« Metz, onze heures du soir.

« Le corps du général Frossard est en retraite. — Les détails manquent.
« CHEVANDIER DE VALDRÔME. »

Le 7 août, dès le matin, on lut cette proclamation affichée sur les murs de Paris :

« Français,
« Jusqu'à cette heure, nous avons toujours donné, sans réserve, toutes les nouvelles
« certaines que nous avons reçues.
« Nous continuerons à le faire.
« Cette nuit, nous avons reçu les dépêches suivantes :

« Metz, 6 août, minuit et demi.

« Le maréchal de Mac-Mahon a perdu une bataille sur la Sarre, le général Frossard a été obligé de se retirer ; cette retraite s'opère en bon ordre : tout peut se rétablir.
« NAPOLÉON. »

« Metz, 7 août, trois heures trente du matin.

« Mes communications étant interrompues avec le maréchal de Mac-Mahon, je n'ai pas eu de nouvelles de lui jusqu'à hier. C'est le général de Laigle qui m'a annoncé que le maréchal de Mac-Mahon avait perdu une bataille contre des forces considérables, et qu'il se retirait en bon ordre.
« D'un autre côté, sur la Sarre, un engagement a commencé vers une heure. Il ne paraissait pas très sérieux, lorsque petit à petit les masses ennemies se sont accrues considérablement, cependant sans obliger le 2e corps à reculer. Ce n'est qu'entre six et sept heures du soir que, les masses ennemies devenant toujours plus compactes, le 2e corps et les régiments qui le soutiennent se sont retirés sur les hauteurs. La nuit a été calme. Je vais me placer au centre de la position.
« NAPOLÉON. »

« Metz, 7 août, quatre heures trente du matin.

« LE MAJOR GÉNÉRAL AU MINISTRE DE L'INTÉRIEUR.

« Après une série d'engagements dans lesquels l'ennemi a déployé des forces considérables, le maréchal de Mac-Mahon s'est replié en arrière de sa dernière ligne.

« Le corps de Frossard a eu à lutter hier depuis deux heures, contre une armée tout entière. Après avoir tenu dans ses positions jusqu'à six heures, il a opéré sa retraite en bon ordre.

« Les détails sur nos pertes manquent. Nos troupes sont pleines d'élan.

« La situation n'est pas compromise; mais l'ennemi est sur notre territoire, et un sérieux effort est nécessaire. Une bataille paraît imminente. »

En présence de ces graves nouvelles, notre devoir est tracé. Nous faisons appel au patriotisme et à l'énergie de tous.

Les Chambres sont convoquées.

Nous mettons d'urgence Paris en état de défense; pour faciliter l'exécution des préparatifs militaires, nous déclarons l'état de siège.

Pas de défaillances! Pas de divisions! Nos ressources sont immenses.

Luttons avec fermeté, et la patrie est sauvée!

« Par l'Impératrice-Régente :
(*Suit la signature des ministres.*)

« Je vais me placer au centre de la position! » Tout le monde se demandait ce que signifiait un tel verbiage de la part de l'Empereur dans un pareil moment. Aux visions de victoires qui enflammaient l'esprit de cette population pleine de l'idée de sa supériorité ancienne, et s'attendant à chaque instant à la voir confirmer par la défaite de l'ennemi, succédaient des réalités de plus en plus tristes. Les dépêches suivantes communiquées aux journaux à midi ne contenaient que ces nouvelles :

« Metz, 7 août, cinq heures vingt du matin.

« LE MAJOR GÉNÉRAL A S. EXC. LE MINISTRE DE L'INTÉRIEUR.

« Dans l'affaire d'hier, les Prussiens ont tiré sur l'ambulance établie à Forbach. Ils ont mis le feu à la ville. »

« Metz, 7 août, six heures du matin.

« Dans l'affaire qui a eu lieu hier matin à Forbach, il n'y a eu que le 3ᵉ corps engagé, soutenu par deux divisions des autres corps.

« Le corps du général de Ladmirault, celui du général de Failly et la garde n'ont pas combattu.

« Le combat a commencé à une heure et semblait sans importance. Mais bientôt de nombreuses troupes se sont embusquées dans les bois, essayant de tourner la position.

« A cinq heures, les Prussiens semblaient repoussés, et renoncèrent à l'attaque; mais un nouveau corps arrivant sur la Sarre obligea le général Frossard à se retirer.

« Aujourd'hui, les troupes qui se trouvaient divisées se concentrent sur Metz. Dans la bataille qui a eu lieu près de Freischwiller, le maréchal de Mac-Mahon avait cinq divisions; le corps d'armée du général de Failly n'avait pas pu le rejoindre.

« On n'a que des détails très vagues. — On dit qu'il y a eu plusieurs charges de cavalerie; mais les Prussiens avaient des mitrailleuses qui nous firent beaucoup de mal.

« NAPOLÉON.

« Pour copie conforme :
« CHEVANDIER DE VALDRÔME. »

Fig. 28. — Une manifestation a lieu sur la place de la Concorde, le jour de la rentrée des Chambres; elle est dispersée par la cavalerie.

« Metz, 7 août, huit heures vingt-cinq du matin.

« Le moral des troupes est excellent ; la retraite s'effectuera en très bon ordre.
« On n'a pas de nouvelles de Frossard, qui paraît, cependant, s'être retiré cette nuit en bon ordre.
« NAPOLÉON.

« Pour copie conforme :
« CHEVANDIER DE VALDRÔME. »

« Metz, 7 août, onze heures cinquante du matin.

« Pour nous soutenir ici, il faut que Paris et la France consentent à de grands efforts de patriotisme. Ici, on ne perd ni le sang-froid ni la confiance, mais l'épreuve est sérieuse.
« Mac-Mahon, après la bataille de Reischoffen, s'est retiré en couvrant la route de Nancy ; le corps de Frossard a été fortement atteint. On prend des mesures énergiques pour se défendre. Le major général est aux avant-postes. »

« Metz, 7 août, onze heures cinquante-cinq.

« Les troupes continuent à se concentrer sans difficulté.
« Toute hostilité semble avoir cessé.
« Les régiments d'infanterie engagés hier étaient les 32e, 51e, 76e, 77e, 8e, 23e, 66e, 67e, 2e, 63e, 24e, 40e de ligne, avec les bataillons de chasseurs portant les numéros de 10 à 12.
« NAPOLÉON.

« Pour copie conforme :
« CHEVANDIER DE VALDRÔME. »

Les gens les moins instruits des choses de la guerre demandaient comment ces corps avaient pu être surpris par des forces supérieures, coupés de leurs communications, obligés de battre en retraite, sans que les autres corps se fussent portés à leur secours. Comment n'avait-on point eu connaissance des mouvements de l'ennemi? Comment nos lignes n'avaient-elles pas été établies de manière qu'il n'y eût pas un aussi complet isolement entre les divers corps de l'armée? Nulle réponse n'était encore possible à ces questions ; les détails manquaient absolument ; on ignorait le plan du chef ; tout ce qu'on connaissait, c'était l'héroïsme des soldats.

Une proclamation de l'Impératrice fut affichée vers une heure :

« Français,
« Le début de la guerre ne nous est pas favorable, nos armes ont subi un échec. Soyons fermes dans ce revers, et hâtons-nous de le réparer.
« Qu'il n'y ait parmi nous qu'un seul parti, celui de la France ; qu'un seul drapeau, celui de l'honneur national.
« Je viens au milieu de vous, fidèle à ma mission et à mon devoir ; vous me verrez la première au danger pour défendre le drapeau de la France.

J'adjure tous les bons citoyens de maintenir l'ordre. Le troubler serait conspirer avec nos ennemis.

« Fait au palais des Tuileries, le 7 août 1870, onze heures du matin.

« L'*Impératrice-Régente*,
« EUGÉNIE. »

La voix de celle à qui l'on attribuait la rupture avec la Prusse et qui n'avait pas craint de dire : « Cette guerre est ma guerre, » ne pouvait émouvoir personne ; son appel laissa tous les cœurs froids [1].

Trois décrets avaient paru au *Journal officiel* : l'un convoquant les Chambres pour le 11 août, l'autre mettant Paris en état de siège, le dernier nommant le maréchal Baraguey-d'Hilliers au commandement des forces militaires réunies dans Paris. Triste journée ! Point de nouvelles de l'armée autres que celles venues de Metz, la veille à onze heures, et annonçant que le corps du général de Failly rallie l'armée et que le maréchal de Mac-Mahon « exécute les mouvements qui lui ont été prescrits ». Les quatre dépêches arrivées la veille de Metz, dans la journée, contenaient les mêmes informations : l'armée se concentrait pour défendre les passages des Vosges (on le croyait du moins). Les douloureux événements que l'on connaissait avaient rendu cette concentration de l'armée nécessaire ; mais, en réunissant nos forces sur un point, nous étions, par cela même, obligés de laisser d'autres points vulnérables. Le péril était donc évident ; l'Empereur et son gouvernement ne l'avaient pas prévu, ignorants des forces qui allaient leur être opposées ; croyant surprendre l'Allemagne, ils étaient surpris par elle, et, à cette heure, ni l'Empereur, ni les généraux, ni les ministres ne pouvaient dire quel nombre d'assaillants menaçaient la France.

Le ministre de l'intérieur en Prusse s'était borné à adresser cet avis aux journaux : « J'invite respectueusement les honorables rédacteurs des journaux à ne publier aucune communication, quelque insignifiante qu'elle puisse leur paraître, relative au mouvement des troupes. » Quel est le journal français qui ne se serait pas rendu à une pareille invitation ? Le gouvernement avait pour garants de l'obéissance de la presse non seulement le patriotisme des journaux, mais encore l'expérience de leur conduite passée. La presse française, loin de nuire au

---

1. Elle télégraphiait quelques heures plus tard :

« A l'Empereur, quartier impérial, Paris, 7 août 1870, 2 h. 25 m. soir. Je suis très satisfaite des résolutions prises au conseil des ministres (suivent des chiffres), et je suis persuadée que nous mènerons les Prussiens l'épée dans les reins jusqu'à la frontière.

« Courage donc ! avec de l'énergie nous dominerons la situation. Je réponds de Paris.

« EUGÉNIE. »

succès de nos armes dans les guerres précédentes, y avait contribué plus qu'on ne le croit peut-être, en excitant par ses récits quotidiens cet intérêt passionné dont le soldat a besoin de se sentir entouré, enveloppé dans son pays, et qui le fortifie sur le champ de bataille. L'Angleterre, non seulement dans aucune de ses guerres, n'a édicté de peine contre ce que la nouvelle loi française appelait « les indiscrétions de la presse », mais encore l'usage autorise les *reporters* des journaux anglais à s'installer dans le camp même et à puiser leurs renseignements auprès de l'état-major. On sait avec quelle largeur ils usent de cette liberté dans leurs observations; il n'est pourtant venu à l'idée d'aucun ministre anglais, en 1855, de se plaindre des critiques dirigées par la presse contre l'administration militaire; personne en Angleterre n'a pensé que ces critiques si bien fondées pussent être avantageuses à l'ennemi; la nation s'en est bien trouvée, car c'est aux réclamations de la presse que l'Angleterre doit d'avoir perdu moins d'hommes dans la seconde année de la guerre de Crimée.

La loi votée par le Corps législatif interdisait à la presse de rendre de pareils services; le gouvernement, qui laissait toute liberté aux communications télégraphiques, se réservait le droit de poursuivre un journal coupable, par exemple, de critiquer l'intendance militaire; les journaux devaient se borner à remplir leurs colonnes de détails et de descriptions pleines de ce pittoresque fade, que les journaux à chroniques mettaient à la mode.

Le ministère, dans sa dernière proclamation, faisait appel aux souvenirs de 1792; mais il oubliait comment se manifesta alors cet immense élan qui sauva la France. En mettant Paris en état de siège, il prend bien soin d'indiquer que cette mesure est plutôt dirigée contre les Parisiens que contre l'ennemi. Au lieu d'appeler tous les citoyens à descendre sur la place publique, son plus grand souci est d'interdire les attroupements; il lance les sergents de ville sur la foule anxieuse qui se presse aux abords des ministères; et, lorsque des journaux demandent l'organisation d'un comité de défense, il fait placarder sur les murs de Paris et insérer au *Petit officiel* un avis portant que l'autorité militaire appliquera les sévères prescriptions des articles 4 et 9 de la loi sur l'état de siège à tout journal qui renouvellera cette proposition ou « des propositions analogues ». Ces mots vagues impliquent tout. C'est le silence absolu imposé à la presse. Le temps beau jusqu'à ce jour change; il pleut; les groupes se réfugient tristement dans les passages, dans les cafés, sous les portes cochères, dans les vestibules des maisons pour s'entretenir des événements; partout on rend justice à la vaillance des soldats, mais on maltraite les généraux. La patrie est en danger, le sang français a coulé à flots sur la terre française! On se demande ce que le gouvernement compte faire : on l'ignore. S'il prend la parole, c'est pour donner des nouvelles dans le genre de celle-ci : « Voici ce qu'on a saisi sur un espion prussien amené au quartier général : Courage! Paris se soulève. L'armée française sera prise entre deux feux. »

Il y avait dans cette publication plus qu'une maladresse; c'était un outrage à la population de Paris tout entière. Si en effet un espion a été saisi et amené au quartier général, porteur d'un écrit aussi infâme, pourquoi cet espion n'est-il traduit devant un conseil de guerre? Quel est cet homme? Quel est son pays? Quelles sont ses relations? Cet écrit dont il est porteur, qui l'a tracé? Si la police le voulait, elle le saurait.

Ces réflexions sont dans toutes les bouches. Le ministère garde le silence à ce sujet; mais le 8 août, le *Journal officiel* contient deux décrets : l'un convoque le Corps législatif pour le lendemain; l'autre ordonne l'incorporation, dans la garde nationale sédentaire, de tous les citoyens valides de trente à quarante ans; il porte en outre qu'un projet de loi sera présenté pour incorporer dans la garde nationale mobile les citoyens âgés de moins de trente ans qui n'en font point actuellement partie. Le rapport du général Dejean, ministre de la guerre, qui précède le décret d'incorporation, ne cherche pas à dissimuler que le moment est venu où la France doit compter sur elle-même, sur elle seule.

Les Chambres étaient convoquées; mais que pouvaient faire le Corps législatif, si déconsidéré par son origine et par la légèreté avec laquelle il s'était jeté dans la guerre, et le Sénat, non moins déconsidéré que lui? Lancer un appel banal au patriotisme, au dévouement de la France et de Paris? Il aurait fallu, pour que cet appel fût entendu, que la nation eût la certitude que le gouvernement, s'effaçant devant la volonté nationale, n'arrêterait pas l'élan du patriotisme populaire en marchandant les conditions auxquelles il consentirait à lui livrer des armes. La population de Paris, en un mot, demandait le rétablissement de la garde nationale de 1792 et de 1848, et les députés de la gauche s'étaient rendus au ministère de l'intérieur pour lui présenter cette note :

« Les députés soussignés sont réunis au Corps législatif.
« Ils réclament l'armement immédiat de tous les citoyens de Paris.
« Dans les circonstances actuelles, la France tout entière doit être armée et debout.
> « COCHERY, CRÉMIEUX, JULES FAVRE, JULES FERRY, AMÉDÉE LARMIEU, LECESNE, EUG. PELLETAN, GARNIER-PAGÈS, ERNEST PICARD, A. PLANAT, G. RAMPONT, ESQUIROS, JULES SIMON, STEENAKERS, JULES GRÉVY, GAGNEUR; EMMANUEL ARAGO, absent, adhère. »

Les journaux ne craignaient pas de parler et de réclamer hautement la création d'un comité de défense :

« La France est envahie.
« La presse démocratique de Paris réclame :
« L'armement immédiat de tous les citoyens ;
« L'institution d'un comité de défense, composé d'abord des députés de Paris.
« Que tous les patriotes se lèvent et se joignent à nous.
« La patrie est en danger !
> « La rédaction de l'*Avenir national*, la rédaction de la *Cloche*, la rédaction de la *Démocratie*, la rédaction du *Rappel*, la rédaction du *Réveil*, la rédaction du *Siècle*.

A l'heure actuelle, lorsque la plus légitime et la plus poignante des émotions remplit tous les cœurs, n'est-il pas naturel que les citoyens accourent sur la place publique et y échangent leurs impressions? Le patriotisme naît et s'étend au contact des citoyens les uns avec les autres ; le devoir du gouvernement eût été de leur dire : « Réunissez-vous, quittez vos demeures, votre foyer, venez sur la place publique, serrez-vous les uns contre les autres, créez ce courant électrique d'où sortent les grands élans populaires ; » mais l'état de siège, qui a pour effet de suspendre le cours des lois, de priver les citoyens des garanties légales et de substituer la juridiction militaire à la juridiction civile, retient ces grands élans. Le maréchal Baraguey-d'Hilliers avait déjà fait placarder le 9 au soir un avis prévenant les habitants de Paris que le soin du maintien de l'ordre était exclusivement attribué à l'autorité militaire, et se terminant par ces mots : « Tout attroupement est interdit. »

Nous verrons plus tard le sort de ces prescriptions ; le moment est venu de quitter Paris et de suivre, en détail, les mouvements de nos armées.

CHAPITRE VII

FORBACH ET REZONVILLE

Abandon du plan tracé par le maréchal Niel. — Formation de l'armée. — Composition des forces. — Napoléon III prend le commandement en chef de l'armée. — On apprend avec lenteur la position et la force des armées prussiennes. — Ignorances et illusions des commandants en chef. — L'armée française s'imagine qu'elle va franchir le Rhin. — Concentration des forces dans la vallée de la Moselle. — Le manque d'approvisionnements se fait sentir. — Même incurie pour les armements. — Première rencontre avec l'ennemi. — Arrivée de l'Empereur. — Intérieur du quartier général. — Le deuxième corps se porte en avant. — Affaire de Saarbruck. — Mauvaise organisation des dépôts. — Supériorité numérique de l'armée prussienne. — Positions prises par le général Frossard après la prétendue victoire de Saarbruck. — Des troupes nombreuses d'infanterie et de cavalerie allemandes se forment autour de Saarbruck. — Le combat s'engage sur la hauteur. — Les Français sont obligés de se replier. — L'armée demande la démission du major général. — L'Empereur la refuse à l'Impératrice. — L'Impératrice la demande au maréchal Le Bœuf lui-même. — Craintes que la présence de l'Empereur inspire à l'armée et à la France entière. — Marche des Prussiens après Forbach et Wœrth. — L'Alsace et la Lorraine perdues en huit jours. — L'armée se retire sous les canons de Metz. — L'Empereur quitte Metz. — L'armée française est attaquée quand la moitié a passé la Moselle. — La première attaque des Prussiens échoue. — Bataille de Borny. — Marches des Prussiens. — Retards du maréchal Bazaine. — Dispositions qu'il prend. — Lenteurs dans l'exécution de ses mouvements. — Mouvement tournant du prince Frédéric-Charles. — Le maréchal Bazaine se retire par les deux routes du sud. — Dispositions prises par les Allemands. — La cavalerie allemande fond sur nos avant-postes. — Le maréchal Canrobert se déploie. — Le maréchal Bazaine renforce sa première ligne. — Le deuxième corps maintient ses dispositions. — Les Allemands occupent Vionville et Flavigny. — Le maréchal Bazaine lance sa cavalerie. — L'ennemi prononce son attaque sur Rezonville. — Lutte pour dégager notre droite. — Arrivée

ABANDON DU PLAN DU MARÉCHAL NIEL

du maréchal Le Bœuf. — L'armée française est libre de marcher sur Verdun. — Arrivée du prince Frédéric-Charles sur le champ de bataille. — Mouvement offensif. — Les Français restent maîtres du champ de bataille. — La jonction des deux maréchaux eût peut-être rendu la victoire complète. — Le maréchal Bazaine rétrograde sur Metz — Raisons qu'il donne de cette retraite. — Opinion des Prussiens sur cette retraite. — Mouvements des Prussiens.

L'organisation de nos forces devait suivre leur mobilisation. Cette organisation, d'après un premier projet, comprenait trois armées : la

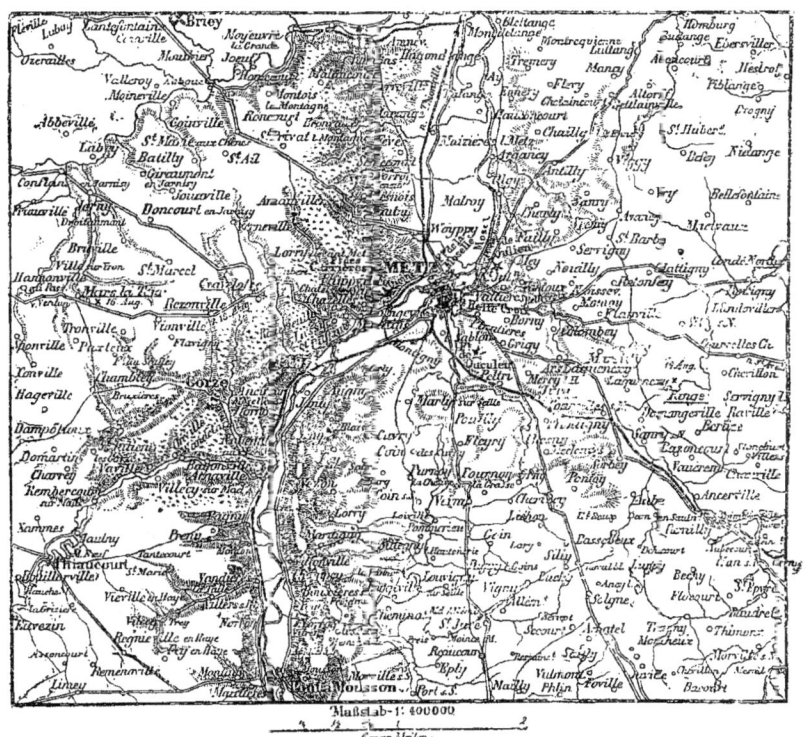

Fig. 29. — Metz et ses environs.

première, sous le maréchal Mac-Mahon, en Alsace; la seconde, sous le maréchal Bazaine, à Metz; la troisième, en réserve à Nancy. Ce projet, conforme aux nécessités de la situation, fut remplacé par un autre qui consistait à ne former qu'une seule armée, dite du Rhin. Le plan tracé par le maréchal Niel avant la guerre, fut abandonné dès le début de la campagne; les corps d'armée censés sous le commandement supérieur de l'Empereur, restèrent indépendants les uns des autres, pour ménager les susceptibilités et les ambitions des chefs. On se réservait, il est vrai, de réunir plusieurs de ces corps, suivant les besoins du moment, sous le commandement d'un maréchal. Les plaintes, soulevées par les premiers revers de la campagne, forcèrent en effet l'Empereur à placer les 1er, 5e et 7e corps, sous les ordres du maréchal de Mac-Mahon, et le reste de l'armée sous le commandement du maréchal Bazaine.

L'armée, au début de la campagne, comptait sept corps et la garde :

1er corps, maréchal de Mac-Mahon, à Strasbourg (troupes d'Afrique et de l'Est);

2e corps, général Frossard, à Saint-Avold (troupes du camp de Châlons);

3e corps, maréchal Bazaine, à Metz (armée de Paris et division militaire de Metz);

4e corps, général Ladmirault, à Thionville (régiments du Nord);

5e corps, général de Failly, à Bitche et à Phalsbourg (divisions de l'armée de Lyon);

6e corps, maréchal Canrobert, au camp de Châlons (régiments de l'Ouest et du Centre);

7e corps, général Douay, à Colmar et à Belfort (régiments du Sud-Est);

Garde, général Bourbaki, à Nancy.

Le nom du commandant en chef du 7e corps resta quelque temps inconnu. La formation du parc d'artillerie de ce corps à Rennes, où chaque jour arrivaient des mitrailleuses de Paris, les préparatifs faits à Brest pour un camp de 45 000 hommes, l'ordre donné à la marine de se tenir prête à transporter des convois considérables de vivres et de munitions de guerre, semblaient assigner au 7e corps la mission d'opérer une diversion dans la Baltique. Il apprit le 18 juillet sa destination véritable, consistant à couvrir les derniers contreforts des Vosges, ainsi que la trouée de Belfort, et à tenir la vallée de Mulhouse à Strasbourg, par les chemins de fer, de façon à donner la main au maréchal de Mac-Mahon. Le 7e corps devait se concentrer à Colmar et former l'extrême droite de l'armée du Rhin.

Les corps d'armée commandés par les maréchaux comprenaient quatre divisions d'infanterie, une de cavalerie à trois brigades et huit batteries de réserve. Les autres corps n'avaient que trois divisions d'infanterie, une de cavalerie à deux brigades et six batteries de réserve. La garde restait comme en temps de paix, avec deux divisions d'infanterie, une de cavalerie à trois brigades, et deux régiments d'artillerie dont un à cheval. La réserve générale de l'armée se composait de trois divisions de cavalerie avec deux batteries chacune, et deux régiments d'artillerie. Les huit corps de l'armée du Rhin formaient donc : vingt-six divisions ou cinquante-deux brigades d'infanterie, vingt et un bataillons de chasseurs à pied et cent quatre régiments. Les trois bataillons d'infanterie légère d'Afrique et onze régiments d'infanterie, dont quatre dans le Midi, deux à Civita-Vecchia et cinq en Algérie, y compris le régiment étranger, restaient seuls disponibles.

La cavalerie de l'armée du Rhin représentait onze divisions avec vingt-six brigades, dont trois à trois régiments, soit cinquante-deux régiments à l'armée. Quatre régiments restaient encore à l'intérieur : deux dans le Midi (Carcassonne et Tarbes), 7e et 8e régiment de chasseurs. et deux en Algérie, sans compter les trois régiments de spahis.

L'artillerie fournissait à chaque division d'infanterie trois batteries dont une de mitrailleuses, donnant un total de soixante-douze batteries pour les divisions d'infanterie de ligne. La réserve des sept corps d'armée en comprenait en outre quarante-huit, les divisions de cavalerie de réserve six. L'artillerie formait en tout cent quarante-deux batteries, données par les trente-deux batteries des quatre régiments à cheval et les batteries de 5 à 12 des quatorze régiments montés, moins les 10e et 12e batteries du 14e régiment. Les douze batteries de la garde, jointes à ces cent quarante-deux batteries, produisaient un total de cent cinquante-quatre batteries, dont trente-huit à cheval, soit neuf cent dix-huit pièces de canons et mitrailleuses pour toute l'armée, et un peu plus de trois pièces par mille hommes. L'organisation de l'armée terminée, il ne nous restait plus, en fait d'artillerie, que les deux batteries du 14e régiment, les huit batteries du 3e régiment demeurées en Algérie, et les cadres des soixante batteries à pied.

L'Empereur, qui avait pu se convaincre en Italie de sa profonde incapacité militaire, prit néanmoins le commandement en chef de toutes les troupes, avec le maréchal Le Bœuf comme major général. Napoléon III l'avait fait son aide de camp, son ministre de la guerre et l'avait nommé maréchal de France, sans autre titre que celui d'avoir commandé convenablement l'artillerie en Italie et de jouir d'une certaine popularité dans l'armée.

Le gouvernement impérial, plus prévoyant et mieux servi par ses agents, aurait pu communiquer à l'état-major général, d'utiles renseignements sur la composition de l'armée prussienne, avant l'ouverture des hostilités, puisque l'ordre de bataille de cette armée avait été remis aux chefs de corps le 18 juillet, c'est-à-dire la veille de la notification de la déclaration de guerre à Berlin. L'état-major général n'apprit qu'à la longue que les forces prussiennes étaient divisées en trois armées : la 3ᵉ, sous le prince royal de Prusse ; la 1ʳᵉ, sous le général Von Steinmetz ; la 2ᵉ armée, sous le prince Frédéric-Charles, ne comprenait que les quatre corps de l'intérieur de la Prusse, 3ᵉ, 4ᵉ, 10ᵉ et garde. Les 1ᵉʳ, 11ᵉ, 9ᵉ corps, commandés par Vogel de Falkenstein, restaient sur les côtes en prévision de l'attaque d'une flotte française au nord ; le 6ᵉ et le 12ᵉ faisaient face en Silésie à une attaque possible de l'Autriche. La division de landhwer de la garde devait se réunir à Berlin pendant que trois divisions de landhwer se rassembleraient, la 1ʳᵉ à Stein, la 2ᵉ à Berlin, la 3ᵉ à Posen. Le gouvernement prussien, bientôt rassuré sur les dangers qu'il pouvait courir au nord et au sud, put diriger toutes ses forces sur la France.

Les rapports de quelques rares agents et les journaux, seules sources où notre état-major pût puiser des renseignements, parlaient de la concentration sur la Sarre des 7ᵉ et 8ᵉ corps d'armée prussiens sous la direction de Von Steinmetz, et signalaient l'apparition à Mayence et à Kaiserslautern de nombreux régiments appartenant principalement aux 3ᵉ, 4ᵉ et 10ᵉ corps, et paraissant constituer une armée sous les ordres du prince Frédéric-Charles. Il était aussi vaguement question d'une armée commandée par le prince royal de Prusse, et formée de corps prussiens et de contingents du Sud. Cette armée se réunissait dans le Palatinat bavarois et le pays de Baden, à cheval sur le Rhin, à Maxau. La formation d'une armée du Nord pour défendre les côtes de la Baltique, et de nombreux rassemblements de troupes derrière la Forêt-Noire, complétaient la série des informations reçues de l'état-major général impérial sur le nombre et la situation des forces ennemies, depuis le milieu de juillet jusqu'au commencement du mois d'août, date de l'ouverture des hostilités. L'état-major français était non seulement mal renseigné sur les mouvements de l'ennemi, mais les généraux en chef nourrissaient les plus grossières illusions sur son compte. Le maréchal Bazaine écrit de Metz le 20 juillet :

« Les Prussiens paraissent vouloir attendre une bataille dans les environs de Mayence. Ils concentrent des troupes entre cette ville et Coblentz. Elles s'y nourrissent difficilement ; on pense généralement qu'une guerre qui durerait deux ou trois mois ruinerait et désorganiserait le pays. On ne laisse que les infirmes dans les administrations, et l'on fait marcher les hommes valides de dix-huit à trente-six ans. »

Le maréchal Bazaine ne se rendait même pas compte de l'organisation de l'armée prussienne, et ses agents lui donnaient, on le voit, de singuliers renseignements. Les Allemands avaient en réalité sur le Rhin neuf corps prussiens, un corps saxon, deux corps bavarois, en tout douze corps, plus les trois divisions de Wurtemberg, de Baden et de Hesse-Darmstadt, donnant ensemble un effectif de 400 000 hommes, prêts à entrer en ligne, grâce à leur système d'organisation. Ces forces étaient massées : 1re armée, sous Von Steinmetz, dans les Vosges et en arrière de la Sarre; 2e armée, sous le prince Frédéric-Charles, en avant de Kaiserslautern et dans la vallée de la Moselle; 3e armée du Sud, sous le prince royal de Prusse, derrière la Lauter et autour de Rastadt.

Le maréchal Le Bœuf, prêt, comme on le sait, jusqu'au dernier bouton de guêtre, et qui faisait le cas qu'on a vu de l'armée prussienne, avait répondu, en prenant le train à la gare de Strasbourg, aux questions que lui adressaient quelques officiers sur la prochaine campagne : « J'ai quinze jours d'avance sur la Prusse. » Ces paroles et la foudroyante rapidité de la déclaration de guerre ne permettaient pas de douter que l'armée française ne franchît tout de suite le Rhin. Elle s'avançait donc vers ce fleuve dans un désordre joyeux et bruyant. La garde parée, galonnée, brillante, escortait l'Empereur à Metz, en attendant de l'escorter à son entrée à Berlin. Les musiques des régiments jouaient la *Marseillaise*, les soldats répétaient son refrain. L'absence de tout ennemi sur la rive opposée faisait croire que le maréchal Le Bœuf avait raison et que l'armée prussienne n'existait pas. Les troupes françaises, en arrivant, se rangeaient un peu au hasard le long de la frontière et s'étendaient de Belfort par Bitche à Thionville. On était comme à Paris : des avant-postes à peine gardés, pas de reconnaissances, pas d'exercices; on eût dit que le courage individuel remplaçait tout, et qu'il suffisait aux Français de se montrer pour vaincre.

Nos principales forces cependant se concentraient peu à peu dans la vallée de la Moselle, ayant le camp retranché de Metz pour base de leurs opérations. Une partie du premier corps, échelonné en première ligne en deçà de la Sarre, de la Lauter et du Rhin, sur une étendue de 166 kilomètres, formait une équerre ayant le sommet de son angle en avant de Wissembourg et ses deux branches étendues, l'une vers Strasbourg, l'autre vers Thionville; cette armée éparpillée n'avait pas ses corps au complet; une division du 7e corps était restée à Lyon pour y maintenir l'ordre; quatre divisions du corps Canrobert se trouvaient l'une à Soissons, l'autre à Paris, les deux autres à Châlons ; à peine dans sa période d'organisation, elle manquait déjà d'approvisionnements et d'argent. Le général de Failly demande le 18 juillet [1] des fonds par la subsistance des troupes : « Il n'y a rien dans les caisses publiques, rien dans celles des corps. » L'intendant général se plaint de ne trouver à Metz ni sucre, ni café, ni riz, ni eau-de-vie, ni sel ; Thionville manque de vivres, il demande qu'on y envoie de suite au moins un million de rations [2]. Les intendants du 3ᵉ et du 4ᵉ corps déclarent que les troupes, au moment de quitter Metz, n'ont ni infirmiers, ni voitures d'ambulance, ni fours de campagne, ni trains, ni employés d'administration [3]. Le sous-intendant de Mézières écrit qu'il n'existe ni biscuit ni salaison dans les places de Mézières et de Sedan. Le ministre leur fait à tous la réponse des chefs ignorants et négligents : « Débrouillez-vous ! » Les ressources ne manquent pas cependant, mais elles sont éloignées des lieux où elles sont nécessaires. Les voitures d'approvisionnements restent amoncelées à Vernon et à Châteauroux ; les docks de campement de Paris regorgent d'objets que l'encombrement des chemins de fer ne permet pas de diriger en temps utile sur l'armée.

La même incurie a présidé aux armements. Le major général déclare, le 27 juillet, à l'Empereur que le départ des officiers et des gardes d'artillerie compromettrait le service des directions de Metz et de Strasbourg. Il est urgent, selon lui, de mettre les commandants d'artillerie de la garde mobile à la disposition des directeurs, pour l'armement de la place et l'exécution du service ; il faudrait en outre rechercher les anciens officiers de l'armée en retraite, et, à défaut d'officiers spéciaux, faire appel aux officiers de troupes à cheval en retraite. Un mouvement de troupes en avant de Metz ayant été ordonné le 30 juillet, le 4ᵉ corps, en marchant vers Boulay, fut obligé, faute de chevaux, de laisser à Thionville son trésor et son ambulance. Le général Frossard attendait encore le 31 juillet son équipage de pont qui, faute d'attelage, fut pris à Forbach. On lui expédie, en attendant, de Metz jusqu'à Forbach, celui du 3ᵉ corps, par voie ferrée. « Vous l'attellerez, lui écrit-on, provisoirement, avec une partie des chevaux de la réserve d'artillerie du 3ᵉ corps, ou, s'ils étaient trop loin, avec ceux de votre réserve ou avec tous autres attelages que vous aurez sous la main. »

---

1. Dépêche au ministre de la guerre.
2. Dépêche de l'intendant général de l'armée au ministre de la guerre (20 juillet).
3. Dépêches des intendants des 3ᵉ et 4ᵉ corps et de la 5ᵉ division (20 juillet).

PREMIÈRES HOSTILITÉS

Les hostilités s'ouvrirent par de petites rencontres d'avant-postes où la cavalerie jouait le rôle principal. La rupture des chemins de fer en était le but. Le premier fait d'armes eut lieu le 26 juillet entre Wœrth et Niederbronn. Un officier d'état-major wurtembergeois, trois officiers de dragons badois et huit cavaliers, poussèrent une reconnaissance par Lauterbourg, jusqu'au delà de Soulz. La fatigue de leurs chevaux les contraignit à se reposer dans une ferme, où ils furent surpris par un détachement de chasseurs à cheval. Un des officiers badois, Anglais de naissance, deux autres officiers et quatre cavaliers furent tués ou blessés; les cavaliers restants furent faits prisonniers et emmenés au quartier général de Metz. L'officier d'état-major réussit seul à s'échapper.

Le 2ᵉ corps, commandé par le général Frossard, qui se trouvait au camp de Châlons au moment de la déclaration de guerre, parut le premier à la frontière, le 20 juillet, dans les environs de Saint-Avold. Il avait l'ordre de ne pas dépasser ce point, de s'éclairer militairement, et d'organiser l'espionnage. « Je vous allouerai, lui mande le ministre de la guerre, des fonds spéciaux, vous serez l'œil de l'armée. » Le major général, frappé, de son côté, de la hardiesse des pointes d'un ennemi habitué à pratiquer en temps de paix le service de sûreté des camps, bivouacs et cantonnements, prescrivit « de faire des théories dans tous les corps à ce sujet, et des exercices autant que possible [1] ». Il était malheureusement trop tard; quant à la cavalerie chargée d'éclairer la marche des corps et de fournir des renseignements sur les mouvements de l'ennemi, elle se montra, sauf quelques exceptions, si peu propre à ce rôle, qu'un colonel de chasseurs d'Afrique put faire suivre un rapport adressé à l'état-major de cette réflexion : « Les habitants, qui n'ont jamais vu une patrouille de cavalerie française, nous prennent pour des Prussiens [2] ».

Les 2ᵉ, 3ᵉ, 4ᵉ, 5ᵉ corps, la 3ᵉ division de cavalerie de réserve et la garde, font le 14 juillet un mouvement en avant; le 3ᵉ corps va de Metz à Boulay et Bouzonville pour se rallier aux 2ᵉ et 4ᵉ corps; la garde se rend à Metz, où le quartier général est transféré le 25. Le général de Failly quitte Bitche avec deux de ses divisions pour se rendre à Sarreguemines; sa 3ᵉ division est appelée de Haguenau à Bitche. Le maréchal de Mac-Mahon est chargé de faire occuper Haguenau par la 2ᵉ division du 1ᵉʳ corps, alors en voie de formation. Wissembourg et Lauterbourg avaient

---

[1]. Instruction aux commandants de corps du 22 juillet.
[2]. *Journal d'un officier de l'armée du Rhin*, par Charles Fay, lieutenant-colonel d'état-major.

été abandonnés dès le commencement des hostilités. Quarante hommes de garnison gardaient Neuf-Brisach et le fort Mortier, à la date du 20 juillet ; Schlestadt, la Petite-Pierre et Lichtenberg étaient également dégarnis.

L'Empereur arriva le 28 juillet à Metz et établit son quartier général à l'Hôtel d'Europe, espèce de caravansérail militaire où trente officiers réunis dans une petite salle et à demi asphyxiés par la chaleur et la fumée des cigares faisaient mouvoir les ressorts de cette machine qui se nomme une armée. Généraux, officiers, journalistes français et étrangers y pénétraient à chaque instant en toute liberté et sous le moindre prétexte. Les officiers d'état-major campés au milieu de cette foule, expédiaient les ordres et les dépêches, dans un état d'agitation voisin du désordre et avec un laisser-aller peu propice au secret des opérations militaires. Dans les bureaux, on travaillait comme à ciel ouvert, et plus d'un journaliste se vantait d'en connaître les mystères. Le nombre de ces écrivains nomades croissait de jour en jour, troupe bruyante et frivole, qui assistait à la guerre comme à une première représentation, et qui joignait à sa curiosité malsaine, un chauvinisme ignorant. Toujours prêts à se moquer de l'allure guindée des officiers et de la frayeur des soldats allemands, ils épuisaient toutes les formules de la louange à l'endroit des nôtres et parlaient de la moindre rencontre avec la plus triste fatuité : « Nous pouvons dire que cette petite fête de famille, que l'Empereur nous a ménagée comme glorieux couronnement de son règne, vient d'avoir un joli début ! » C'est ainsi qu'ils rendaient compte de cette ridicule affaire de Sarrebruck, où l'on avait si singulièrement administré « le baptême de feu » au Prince impérial.

Le 2e corps, commandé par le général Frossard, après huit jours de repos, se porta en avant, le 30 juillet, avec ses trois divisions : la 1re, placée à l'ouest de la ville, en face de la forêt de Forbach et de la route de Sarrelouis ; la 2e, sur les hauteurs de Spickeren au nord, à droite de la route de Sarrebruck ; la 3e formait la réserve sur le plateau d'Oetingen. Le bruit d'une prochaine attaque contre les Allemands circula tout de suite parmi les troupes françaises. Ces bruits reçurent bientôt une confirmation officielle. L'attaque était résolue en effet pour le 2 août, et confiée au général Frossard, sous la direction du maréchal Bazaine, « qui pourra disposer des quatre divisions de son corps d'armée et de la division du général Lorencez du 4e corps, s'il le juge nécessaire ».

Les 3e et 5e corps devaient seconder l'attaque du général Frossard en

AFFAIRE DE SARREBRUCK 233

s'avançant sur les deux flancs, d'un côté par la vallée de la Lauter occupée depuis deux jours par les Allemands, de l'autre par la rive droite de la Sarre, que le général de Failly franchirait à Sarreguemines. Ces dispositions semblaient indiquer une opération de la plus haute importance, et l'arrivée, le 4 août, de l'Empereur et du Prince impérial au quartier

Fig. 30. — Les Prussiens font sauter le pont de Kehl.

général du général Frossard, confirma cette opinion. Ordre fut aussitôt donné aux troupes de se porter en avant, en laissant une partie de leurs bagages; la 2ᵉ division du 2ᵉ corps (Bataille) dut marcher sur les hauteurs de la rive gauche qui dominent Sarrebruck, appuyée sur sa droite par la division Laveaucoupet, sur sa gauche par la 1ʳᵉ brigade de la division Vergé, toutes les deux du même corps.

Sarrebruck, ville ouverte, était occupé par un bataillon du 40ᵉ régiment d'infanterie prussienne et par trois escadrons de cavalerie, avec quelques pièces d'artillerie. Deux bataillons vinrent renforcer ces troupes, lorsque l'attaque parut imminente. Le commandant des forces prussiennes porta trois compagnies du bataillon d'infanterie à l'ouest de la ville où le terrain est plus favorable à la défense ; une compagnie resta comme réserve à Sarrebruck. Les assaillants ne tardèrent pas à développer leurs forces. Cinq batteries, dont une de mitrailleuses, prirent position sur les hauteurs de la rive gauche et canonnèrent sans grand effet les troupes prussiennes sur la rive droite. Le commandant prussien ne jugea pas prudent d'engager la bataille contre des forces supérieures ; les Français de leur côté, sauf le feu violent de leur artillerie, semblaient prendre des dispositions plutôt dans l'intention de passer une revue que de livrer un combat sérieux. Quelques bataillons descendant des hauteurs, vers onze heures, ouvrirent cependant un feu précipité sur les tirailleurs prussiens déployés devant eux. Ceux-ci se retirèrent, à l'arrivée de nouvelles forces sur la droite de l'ennemi, en bon ordre, sans être attaqués. La cavalerie allemande resta pour observer les mouvements. L'aile droite des Français se porta sur le champ de manœuvres qui domine les hauteurs de Sarrebruck. « Les troupes campent sur les positions qu'elles ont enlevées, » dit emphatiquement le général Frossard [1]. Les pertes des Prussiens s'élevaient à 2 officiers et 73 hommes hors de combat, les nôtres à 6 tués et 67 blessés.

Cette parade, préparée pour tromper l'impatience de la nation, et en même temps pour donner au Prince impérial « le baptême du feu » et la médaille militaire, fut de la part du général Frossard le sujet d'un rapport des plus brillants. Les journaux annoncèrent en grosses lettres en tête de leurs colonnes la « victoire de Sarrebruck », victoire sans résultat, car s'il était vrai, comme le prétendait le général Frossard, que « les troupes avaient pu acclamer l'Empereur et le Prince impérial sur le terrain même dont elles venaient de déloger l'ennemi », il était impossible de ne pas ajouter que le vainqueur, au lieu de continuer son mouvement offensif, s'était retiré à Forbach. Les journaux bonapartistes continuèrent à triompher bruyamment. « Sarrebruck, s'écriaient-ils, est en cendres ! » Or Sarrebruck, comme nous l'avons dit, était une ville ouverte, les Allemands s'en souvinrent plus tard pour justifier leurs incendies.

Le général de Ladmirault, dont le corps était concentré à Bouzon-

---

1. Rapport du général Frossard au ministre de la guerre.

ville, fut chargé, le lendemain du combat de Sarrebruck, d'opérer une reconnaissance sur Sarrelouis. Le 3, les 1ᵉʳ et 7ᵉ corps eurent l'ordre de se concentrer dans la Basse-Alsace; un avis des mouvements de l'ennemi du côté de Lorrach, fit ensuite prescrire au général Douay, commandant le 7ᵉ corps, de conserver ses deux divisions dans le Haut-Rhin; le 1ᵉʳ corps seul dut descendre vers la Lauter et y prendre position de Haguenau à Wissembourg.

Une dépêche du commissaire de police de Thionville ayant signalé le 3 août le passage à Trèves de 40 000 hommes, destinés à opérer sur la Sarre, les ordres donnés au général de Ladmirault sont contremandés, on se dispose à repousser l'ennemi; le maréchal Bazaine doit se rendre à Boulay pour y prendre le commandement. Les ordres se succèdent pendant la nuit, et se démentent les uns les autres. On ordonne coup sur coup à la garde de quitter Metz, puis de rentrer dans ses bivouacs, puis de se diriger sur Volmerange; à peine a-t-elle fait un pas dans cette direction qu'on lui mande de rentrer à Metz; un moment après, elle doit se préparer à occuper la position de Courcelles-Chaussy. Ces marches sans but fatiguent et désorganisent l'armée sans qu'elle ait vu l'ennemi. Le commandement ne se sent nulle part; l'insouciance des mouvements de l'ennemi, l'ignorance de ses forces, étaient telles, que quelques heures seulement avant le combat de Wissembourg, le général Frossard reçut du quartier général une lettre où l'on se félicitait de la possibilité d'une attaque de l'ennemi. « Ce serait une heureuse chose qu'il vînt « nous offrir une bataille avec 40 000 hommes, sur un point où nous « en avons 70 000, sans compter votre corps d'armée [1]. »

La nouvelle d'un échec grave sur la Lauter fit comprendre au quartier général la nécessité de réorganiser l'armée. Le maréchal Bazaine fut nommé au commandement des 2ᵉ, 3ᵉ et 4ᵉ corps, le maréchal de Mac-Mahon à celui des 1ᵉʳ, 5ᵉ et 7ᵉ corps, mais pour les *opérations militaires*. Le 5ᵉ corps fut reporté de Sarreguemines à Bitche. Le 6ᵉ corps, qui aurait été beaucoup mieux à sa place à Metz ou à Nancy, dut s'établir à Châlons; la garde resta à la disposition de l'Empereur. Les autres corps étaient : le 1ᵉʳ à Reichshoffen, le 2ᵉ à Forbach, le 3ᵉ à Saint-Avold, le 4ᵉ à Boulay, la garde à Courcelles, et le 7ᵉ toujours à l'extrême droite, à Belfort. Il y avait là un effectif de 262 000 hommes fractionné et difficile à concentrer devant l'ennemi. La déplorable organisation des dépôts est

---

1. *Journal d'un officier de l'armée du Rhin*, par Charles Fay, lieutenant-colonel d'état-major.

connue. Il faut un mois au soldat de la réserve pour rejoindre son dépôt, pour y être armé et équipé et entrer en ligne. C'est ainsi que les soldats de Strasbourg devaient rejoindre d'abord à Oran et que l'armée de Châlons ne reçut que le 20 août, des soldats rappelés d'urgence le 20 juillet.

Il semblait, comme nous l'avons dit, qu'une déclaration de guerre aussi prompte et aussi résolue que celle qui venait d'être adressée à la Prusse, dût être immédiatement suivie d'une entrée sur le territoire ennemi ; mais l'état-major, loin de prendre l'offensive, n'était parvenu qu'à jeter à grand'peine 220 000 hommes de Metz à Bitche et de Wissembourg à Belfort ; encore ces troupes manquaient-elles de la plupart des objets nécessaires à une entrée en campagne. On comptait sur un succès qui permettrait d'en imposer à l'ennemi, et de constituer sérieusement l'armée. Mais il n'était plus temps de prendre vigoureusement l'offensive. La supériorité numérique de l'armée allemande, accrue par l'arrivée sur le théâtre de la guerre des corps d'armée laissés le long de la Baltique et de la mer d'Allemagne, était un fait désormais constaté.

Les trois armées prussiennes formaient douze corps d'armée, plus le corps de la garde, cinq divisions de cavalerie de réserve et les contingents badois et wurtembergeois (la force du corps d'armée prussien est, comme celle du corps d'armée français, de 25 à 30 000 hommes). L'ennemi fit plus tard avancer sur sa gauche avec sa 3e armée les trois autres corps prussiens et les corps du Sud, qui, sur le pied de guerre, devaient présenter un effectif d'environ 32 000 hommes ; en les réduisant à 25 000, on a bien un total de 400 à 500 000 soldats, dont : 250 à 300 000 hommes avec la cavalerie devant Metz et 150 à 200 000 en Alsace. Les régiments de cavalerie non attachés aux divisions d'infanterie étaient répartis en six divisions, sans compter celle de la garde, dont deux se trouvaient comprises dans l'armée de Steinmetz, deux et la cavalerie de la garde dans celle du prince Charles, deux avec la cavalerie du Sud dans celle du prince royal de Prusse.

La France n'opposait à ces forces que 262 000 hommes, y compris les troupes du camp de Châlons. Les quatre corps répartis en douze divisions autour de Metz ne fournissaient guère avec les réserves que 120 à 130 000 hommes sur la Sarre. Le maréchal de Mac-Mahon, même s'il était parvenu à réunir au 1er corps les trois divisions du général de Failly et les deux du général Douay, n'aurait eu sur la Lauter que neuf divisions ou 100 à 110 000 hommes.

L'offensive, impossible de notre côté, était prise par l'ennemi à la fois sur la Sarre et au pied des Vosges.

Le général Frossard, après sa prétendue victoire de Sarrebruck, était resté sur la berge droite de la vallée de la Sarre, en face de cette ville, à cheval sur la route de Saint-Avold, sa droite appuyée à Spickeren, sa gauche dans la direction de Stiring, ses réserves en arrière de son centre vers Forbach. Ses forces se composaient du 2ᵉ corps et d'une division du corps du maréchal Bazaine et de quatre régiments de cavalerie. Il avait, en face, la 1ʳᵉ armée prussienne de Steinmetz.

Le 5 août au soir, trois corps d'armée prussiens campaient déjà à 15 kilomètres environ de Sarrebruck, masqués par une grande forêt qui s'étend au sud jusqu'à la rivière. Les 7ᵉ et 8ᵉ corps, faisant partie de la 1ʳᵉ armée, se trouvaient à peu de distance du village de Herchenbach et avaient un bon chemin sur Sarrebruck. Le 3ᵉ corps, appartenant à la 2ᵉ armée, occupait Sulzbach, sur le chemin de fer de Sarrebruck à Hombourg, excellent débouché, outre la route. Le général Frossard, le 6, avait donc devant lui 27 bataillons des 3ᵉ, 7ᵉ et 8ᵉ corps les plus rapprochés de Sarrebruck; il en comptait de son côté 32; mais si les Prussiens, qui ont prétendu être inférieurs en nombre, n'avaient en effet que 27 bataillons, leur effectif double rétablissait l'égalité.

Le 2ᵉ corps occupait, le 6 au matin, les hauteurs de Spickeren, en arrière de Sarrebruck, la division Laveaucoupet au nord du village de Spickeren, à droite de la route de Forbach à Sarrebruck, sur les crêtes, dominant un ravin profond allant de l'ouest à l'est, et finissant sur la Sarre près du hameau de Simbach. Le terrain descendant en pentes très raides vers la rivière était très boisé sur la droite. La division Vergé couvrait le chemin de fer, sur la gauche de la route, et observait la forêt de Forbach et les chemins qui la traversent directement sur Sarrelouis. La division Bataille se tenait en réserve, en arrière sur le plateau d'Oetingen.

Le général Frossard n'occupant pas Sarrebruck, la cavalerie prussienne put traverser cette ville et s'établir sur la rive gauche de la Sarre, le 6 août, à sept heures du matin, sur les hauteurs du champ de manœuvres, en même temps que les masses d'infanterie, venant de la direction de Sarrelouis, se dirigeaient vers la ville le long de la rive droite de la Sarre. Les batteries françaises de la division Laveaucoupet, placées sur les hauteurs de Spickeren, voyant grossir de plus en plus la cavalerie prussienne, tirèrent sur elle et lui firent subir quelques pertes. L'ennemi établit une batterie sur le champ de manœuvres. Nos troupes, descendues dans la vallée pour combattre la cavalerie, rencontrent la 14ᵉ division du 7ᵉ corps prussien arrivée à Sarrebruck vers midi, commandée par le général de Kamecke. Les troupes allemandes, cantonnées derrière la Sarre, accourent au bruit de la canonnade. L'artillerie des 3ᵉ et 8ᵉ corps allemands se porte au galop sur le terrain du combat, et une partie de l'infanterie, embarquée à Neunkirchen, arrive également au bruit du canon, par le chemin de fer, à Sarrebruck. Le général de Kamecke disposait donc de nombreux renforts : la 16ᵉ division du 8ᵉ corps se dirige sur le centre de la position ; la 5ᵉ division du 3ᵉ corps, sur notre droite. Le général Frossard, au lieu de prendre l'offensive et de culbuter le 7ᵉ corps prussien isolé sur la rive gauche de la Sarre, croit qu'il s'agit tout simplement d'un combat d'avant-poste et reste sur les hauteurs de Spickeren ; les Allemands cherchent à l'en déloger. La position du général Frossard ne pouvant être que très difficilement abordée de front, cinq bataillons tentent de la déborder par sa gauche et pénètrent dans le bois de Stiring. Mais, quand ils veulent déboucher pour enlever les hauteurs, ils sont ramenés avec perte dans la vallée.

Le combat, vers trois heures, semble tourner à notre avantage ; mais, pendant que nos soldats s'épuisent de fatigue dans la lutte, l'ennemi reçoit sans cesse des renforts. Les 3ᵉ et 4ᵉ corps arrivent sur le champ de bataille. Le général Gœben, qui, en l'absence de Steinmetz, a pris le commandement, ordonne l'attaque générale et fait faire des démonstrations sur notre front. L'attaque vraie se fait contre notre droite. Le 40ᵉ régiment d'infanterie, précédé de nombreux tirailleurs, marche en première ligne, soutenu par des détachements des 14ᵉ et 15ᵉ divisions et suivi de près par de fortes réserves. Cette masse traverse le terrain fourré et refoule nos tirailleurs ; mais une résistance opiniâtre l'attend au débouché des bois d'où elle doit sortir pour atteindre les hauteurs de Spickeren. Les troupes françaises réunies sur ce point font un suprême effort pour reprendre le terrain perdu. L'infanterie allemande tient ferme ; ses tirailleurs, embusqués dans les broussailles, ripostent à nos tirailleurs ; le combat se prolonge, acharné, mais sans résultat décisif ; on n'avance ni ne recule. Un retour offensif s'effectue du village d'Alting, contre la droite des Allemands, et l'oblige à regagner le terrain boisé. Mais l'infanterie de la 15ᵉ division allemande et l'artillerie de la 5ᵉ division, entrant en ligne sur le plateau, arrêtent le mouvement en avant des Français, les chargent avec toutes les troupes qui sont sur le plateau et les obligent, malgré leur vigoureuse résistance, à abandonner cette position et à regagner Spickeren. L'artillerie française, faute de munitions, ralentit ses feux. Le sort du combat est décidé. Les Français se replient en toute hâte dans la direction de Forbach et de là sur Saint-Avold, jonchant la route d'armes, d'équipements, de voitures et de fourgons abandonnés, sans cependant être trop vivement poursuivis, car la nature du terrain ne se prête pas à l'action de la cavalerie. La 3ᵉ division prussienne, qui les talonne, s'empare de Forbach, où elle trouve des approvisionnements considérables. Le campement des 1ʳᵉ et 3ᵉ divisions et un équipage de pont tombent également entre les mains des Allemands. Les pertes étaient énormes des deux côtés. La seule division Laveaucoupet eut 1 800 hommes dont 163 officiers tués ou blessés : le nombre total des tués ou blessés fut de 4 000 et plus de 2 000 prisonniers. Les Prussiens accusent pour la division de Kamecke plus de 2 000 tués ou blessés : le 40ᵉ régiment perdit près de 1 000 hommes.

Le maréchal Bazaine, avec le 3ᵉ corps d'armée, se tenait pendant la bataille à Saint-Avold; il ordonna aux divisions Metman, Castagny et Montaudon de se porter à l'appui du général Frossard, mais en termes si vagues qu'elles se promenèrent tout le jour autour du champ de bataille.

Le major général de l'armée, maréchal Le Bœuf, en apprenant cette défaite, donna des ordres pour concentrer rapidement autour de Metz les 2ᵉ, 3ᵉ, 4ᵉ corps et la garde, mouvements qui s'opérèrent dans les journées des 7, 8 et 9 août. Le 6ᵉ corps fut en même temps transporté du camp de Châlons à Metz, dont les forts couvrirent dès lors cinq corps d'armée [1].

L'empereur fit connaître nos échecs à la France par trois télégrammes successifs :

« Metz, 7 août, 8 heures du matin.

« Il est nécessaire que la France et Paris se préparent aux plus grands efforts, aux plus grands sacrifices. Point de défaillance ! Mac-Mahon couvre Nancy. Le corps de Frossard est bien dirigé. Le major général est aux avant-postes. »

« Metz, onze heures cinquante-cinq.

« La concentration des troupes sur Metz continue sans difficulté. L'épreuve qui nous est imposée est dure, mais elle n'est pas au-dessus du patriotisme de la nation. »

« Metz, quatre heures du soir.

« L'ennemi ne poursuit pas Mac-Mahon. Le maréchal concentre ses troupes. »

1. Le jour même où le général Frossard était battu sur la Sarre, le maréchal Mac-Mahon éprouvait un échec que nous raconterons dans un des chapitres suivants.

Le ton piteux de ces dépêches n'était pas fait pour ranimer l'armée, dont les chefs, découragés et perdant la confiance, l'enlevaient à des soldats qui, en définitive, après avoir montré de solides qualités militaires, n'avaient succombé qu'au nombre. Ils accusaient leurs chefs d'incapacité, surtout le chef d'état-major général, dont toute l'armée demandait en vain le remplacement.

Il fallut recourir à l'Impératrice pour arracher cette mesure à l'Empereur. « La situation deviendrait plus grave que vous ne croyez, « lui écrit-elle le 9, si Palikao n'était pas ministre de la guerre. Le « maréchal Le Bœuf est rendu responsable des ordres et contre- « ordres donnés, qui sont connus à Paris. On vient de me dire qu'on « demandait à la Chambre son remplacement. » Elle ajoute dans une autre dépêche du même jour : « Palikao accepte et part immé- « diatement pour Metz. Il faudrait donc que la démission du maréchal « fût donnée avant son arrivée. » L'Empereur fit d'abord la sourde oreille ; que le maréchal Le Bœuf ne fût plus ministre de la guerre, il y consentait ; mais qu'il cessât d'être major général, et que lui-même se séparât d'un « serviteur éclairé, fidèle », il rejeta bien loin de lui cette idée : « Je ne comprends rien à l'envoi de Palikao à Metz ; « il ne peut rien changer à la situation. Je pensais que c'était la « démission du ministre de la guerre qu'on me demandait ; l'autre « est impossible. » La réponse de l'Impératrice est pleine d'une colère sourde : « Vous ne vous rendez pas bien compte de la situation. Il n'y « a que Bazaine qui inspire confiance. La présence du maréchal Le « Bœuf l'ébranle là-bas aussi bien qu'ici. Les difficultés sont immenses. « Dans quarante-huit heures, par la peur des uns et par l'inertie des « autres, tout peut être perdu. » L'obstination de l'Empereur à ne pas se séparer du major général est telle, que l'Impératrice, désespérant d'obtenir le consentement de son mari, prend le parti de s'adresser au maréchal Le Bœuf : « Au nom de votre ancien dévouement, « donnez votre démission, je vous en supplie. Je sais combien cette « détermination va vous coûter ; mais, dans les circonstances actuelles, « nous sommes tous obligés aux sacrifices ; il n'en est pas de plus grand « que la démarche que je fais auprès de vous. »

Le maréchal Le Bœuf donna sa démission ; mais l'Empereur restait à l'armée, où sa présence inquiétait la France autant que l'incapacité du major général. Cette armée, malgré ses échecs, « représentait par la « vigoureuse constitution de ses cadres, la vaillance des soldats, l'esprit

« militaire et de discipline dont ils étaient pénétrés, tout ce que la
« France était capable de fournir de mieux en fait de troupes, et ne
« demandait qu'à être commandée, conduite et dirigée. Elle possédait

Fig. 31. — Les chasseurs bavarois attaquent les bois des hauteurs de Spickeren.

« à un haut degré le sentiment de sa valeur; son énergie et son dévoue-
« ment pouvaient défier les plus dures épreuves [1]; » mais la présence
de l'Empereur lui causait une espèce d'inquiétude vague, partagée par
les chefs et surtout par le maréchal Bazaine, qui perdit, pour s'en débar-

[1]. *Armée de Metz*, par le général Deligny.

rasser, quatre jours pendant lesquels il aurait pu passer la Moselle. L'ennemi marchait toujours pendant ce temps-là, et, quand le maréchal Bazaine voulut partir, il gardait les rives du fleuve.

Les armées prussiennes, après leurs victoires de Forbach et de Wœrth, s'étaient portées rapidement en avant par une marche combinée sur la ligne de la Moselle, Metz et Nancy. Le maréchal de Mac-Mahon ne fut pas poursuivi avec vigueur, parce que les Prussiens le cherchaient dans les Vosges, où il aurait dû en effet se jeter, plutôt que du côté de Nancy.

Le 2ᵉ corps bavarois, chargé de faire le siège des petites places fortes des Vosges, passe au nord du col de Saverne : la Petite-Pierre est abandonnée le 10 août par nos troupes, et le 12 Lichtenberg capitule. Le gros de l'armée allemande s'avance par Haguenau et Saverne. Phalsbourg, investi, attend un siège régulier. Le quartier général du prince royal de Prusse est le 11 à Sarrebourg. Les 1ʳᵉ et 2ᵉ armées, pendant ce temps-là, marchent directement sur Metz, l'une par la route de Sarrelouis à Boulay, l'autre par celle de Sarrebruck à Forbach et Saint-Avold ; l'armée du prince Frédéric-Charles chemine le long du chemin de fer de Sarreguemines à Metz et par la route de Puttelange à Gros-Tonquin.

La cavalerie allemande occupe le 10 août toute la ligne de Saar-Union, Gros-Tonquin, Faulquemont, Fouligny et les Étangs. Le gros des armées est le 12 sur ces mêmes emplacements et se relie avec la 3ᵉ armée à Saar-Union, où se trouvent également les troupes du 1ᵉʳ corps bavarois qui vient de traverser les Vosges.

Marsal capitule le 14, sans résistance possible, et les avant-gardes de cavalerie de la 3ᵉ armée allemande se montrent à Nancy, pendant que d'autres troupes poussent des reconnaissances jusque devant Toul et jusqu'à Frouard, pour couper le chemin de fer de Metz ; les Allemands occupent Pont-à-Mousson. Les 1ʳᵉ et 2ᵉ armées sont, à cette date, sur la Moselle, près de Metz. La France, en huit jours, a perdu la Lorraine et l'Alsace.

Les inondations de la Seille et autres moyens de même valeur, voilà tout ce qu'on a tenté pour défendre nos petites places. Quant à nos grands boulevards, Strasbourg et Metz, ils ne sont ni approvisionnés ni armés. Le désarroi, depuis le 7 août, est complet dans l'entourage de l'Empereur. Le départ immédiat pour Châlons est décidé, des voitures chargent déjà des bagages de la Maison ; mais M. E. Ollivier écrit à l'Empereur que l'abandon de l'Alsace et de la Lorraine consterne la capitale. L'Empereur reste ; les 3ᵉ, 4ᵉ corps et la garde reçoivent l'ordre de se rabattre sur Metz. Le maréchal Canrobert, mandé avec le 6ᵉ corps, arrive dans cette ville. Une partie de son corps, coupé par l'armée prussienne, retourne à Châlons sans tirer un coup de fusil. Le désordre est partout.

La question de savoir si l'on devait battre en retraite était fort discutée parmi les officiers. L'opinion générale paraissait opposée à une détermination qui pouvait compromettre ainsi les 1ᵉʳ, 2ᵉ et 5ᵉ corps, que l'ennemi avait poursuivis sans relâche, et affaiblir le moral des 3ᵉ, 4ᵉ corps et de la garde. Ces troupes, n'ayant pas eu à combattre, ne comprenaient pas le mouvement de concentration sur Metz. « Toujours reculer, disaient-elles ; nous n'avons livré encore aucune bataille ; sommes-nous donc des lâches ? » Des officiers compétents prétendaient, en outre, que Metz ne pouvait tenir quinze jours sans l'armée du Rhin, et que cette armée, réduite à quatre corps, y compris celui du général Frossard, n'était pas en mesure de résister à la poursuite et à l'attaque de forces victorieuses et triples des nôtres. La sagesse voulait donc qu'on restât dans un camp retranché, pourvu de vivres et de munitions, donnant une excellente position sur le flanc des envahisseurs, tandis que le maréchal de Mac-Mahon réunirait à Châlons une armée qui se jetterait dans Paris, ou se retirerait sur la rive gauche de la Loire. Les ordres furent donnés en conséquence le 8, et des officiers d'état-major reçurent l'ordre de reconnaître la position militaire sous le canon des forts de la rive droite de la Moselle.

L'idée d'immobiliser sous Metz la plus grande partie de nos forces, était combattue par un grand nombre d'officiers généraux. Le 13, il avait même été arrêté en conseil de guerre, que l'armée du maréchal Bazaine se retirerait sur Châlons pour y opérer sa jonction avec celle du maréchal de Mac-Mahon. Les troupes devaient se mettre en marche le 14. « On se tiendra prêt à faire mouvement demain 14, à cinq heures
« du matin. Tout le monde prendra des vivres pour les 14, 15 et 16, et
« l'intendant général emportera le plus de rations possible, en ne lais-
« sant dans Metz que les transports nécessaires à la garnison. »

Le 2ᵉ corps commença le mouvement le 14, à trois heures du matin. Une division de ce corps avait été désignée pour occuper les forts de Saint-Julien, Queuleu, Saint-Quentin, Saint-Privat et Plappeville. Les interminables convois qui donnaient à l'armée française l'aspect de « l'armée de Darius [1] », traversent la Moselle et ralentissent une marche

---
1. *Le drame de Metz*, par le Père Marchal, aumônier de la garde.

qui aurait dû être si rapide [1]. Un escadron de guides, les cent-gardes et les voitures impériales se réunissent sur la place de la Préfecture. L'Empereur va partir. La foule est morne et silencieuse.

Une partie des troupes a passé la Moselle; le 3ᵉ corps et la garde vont le suivre, lorsque le 3ᵉ corps est attaqué vers trois heures et demie par le général Steinmetz, qui, renseigné depuis le matin sur la retraite de l'armée française, prend l'offensive, lorsque la moitié environ est passée sur la rive gauche de la Moselle, pour donner au prince Frédéric-Charles le temps d'opérer un mouvement tournant par Pont-à-Mousson. Le général Decaën fait volte-face et dispose ainsi ses forces : la 1ʳᵉ division appuie sa droite à la route de Strasbourg, en avant de Grigy, sa gauche au bois de Borny; la 2ᵉ s'établit sur un plateau au nord d'Ars Laquenexy et de la Grange-au-Bois, s'étendant jusqu'au château d'Aubigny; la droite, en arrière de Colombey, se prolonge à gauche jusqu'à la route de Sarrelouis; la 4ᵉ continue sa ligne depuis cette route jusqu'au ravin de Vallière.

Le 7ᵉ corps prussien marche sur les divisions Metman et de Castagny, tandis qu'à sa droite le 1ᵉʳ corps attaque la division Grenier, restée seule sur les lignes du 4ᵉ corps, du village de Mey à la petite chapelle de la Salette. Les 1ʳᵉ et 3ᵉ divisions de cavalerie ennemie appuient sur les flancs cette double attaque : le 7ᵉ corps reste en réserve, tandis qu'à l'extrême droite allemande le 9ᵉ corps de la 2ᵉ armée s'avance par la route de Strasbourg, afin de couvrir le mouvement tournant des six autres corps.

Les Prussiens sont repoussés dans leur première tentative, et la garde se porte en réserve des premières troupes françaises, en avant du chemin de Borny à Vantoux.

Le général de Ladmirault, qui préside, sur la gauche, au passage de la Moselle par les 1ʳᵉ et 3ᵉ divisions de son corps, prévenu de l'attaque contre le général Grenier, ordonne à ses deux divisions, ainsi qu'à son artillerie de réserve, de se reporter tout de suite sur la hauteur : la division de Cissey, engagée dans la descente qui mène au pont de bateaux de l'île Chambrière, gravit, sac à bas, la côte Saint-Julien au pas de course, et vient remplacer la division Grenier, qui descend à droite et un peu en arrière, vers le ravin de Ventoux. Le 20ᵉ bataillon de chasseurs s'élance en même temps dans le bois de Mey, occupé par les tirailleurs ennemis, et s'en empare. La 3ᵉ division entre à son tour en ligne plus à

---

[1]. *Journal d'un officier de l'armée du Rhin*, par Charles Fay, lieutenant-colonel d'état-major.

gauche et repousse les Prussiens au nord. La lutte dure jusqu'à la nuit : deux assauts pour nous déloger de nos lignes échouent, l'ennemi vers huit heures est rejeté sur la gauche à la baïonnette et se retire dans ses positions, où on le laisse pour continuer le mouvement de retraite commencé le matin, l'armée du moins le croit.

L'Empereur, recevant le maréchal Bazaine qui se rendait de Moulins au quartier-général de Longeville, lui tendit la main en disant : « Eh bien, maréchal, vous avez donc rompu le charme. » Le combat de Borny aurait pu en effet être pour nous un succès, si les Allemands n'avaient pas arrêté pendant un jour notre retraite. Cet avantage et le maintien en leur possession d'une partie du champ de bataille, sont les deux arguments qu'ils font valoir pour nous disputer la victoire. Le maréchal Bazaine, s'il voulait se retirer, ne devait pas, selon eux, accepter le combat sur la rive gauche de la Moselle. Metz couvrait, disent-ils, sa retraite, et toute force allemande qui se serait avancée dans la direction de cette place pouvait être considérée pour un jour au moins comme perdue pour les engagements ultérieurs de la retraite sur Verdun. S'il voulait au contraire défendre la ligne de la Moselle en tenant dans Metz, il devait en sortir le 14 août, et attaquer avec toutes ses troupes les Allemands alors dans son voisinage immédiat, et se trouvant dans l'impossibilité de réunir, avant le 15, les forces nécessaires pour le combattre. L'armée française, en tout cas, concentrée dans les environs de Metz, et la Moselle franchie seulement par des détachements de peu d'importance, se serait trouvée le 15 en présence de l'armée allemande, dans la direction de Metz à Sarrebruck ; le voisinage de Metz aurait donné au maréchal Bazaine la liberté de choisir entre un combat et une retraite assurée. Il fallait donc, au dire des Allemands, combattre le 14, avec toute l'armée ou pas du tout.

La 1re armée allemande était restée le 15 août avec ses trois corps et ses deux divisions de cavalerie sur la rive droite de la Moselle devant Metz. La 2e armée, dont le quartier général était à Pont-à-Mousson, avait déjà porté trois de ses corps sur cette rivière ; le 4e était à Marbache, la garde à Dieulouard, le 10e à Pont-à-Mousson, déjà dépassé par son avant-garde ; les quatre autres étaient encore en arrière : le 3e à Cheminot-sur-la-Seille, les 9e et 12e à Béchi et Solgne, sur la route de Strasbourg ; le 11e arrivait seulement à Han-sur-Nied. La 6e division de cavalerie couvrait le mouvement à droite vers Metz, la 5e s'éclairait en avant de Thiaucourt et jetait déjà des patrouilles sur la route de Metz-

Verdun que l'armée française voulait suivre. Le même jour, le quartier général du prince royal de Prusse s'établissait à Lunéville.

Le maréchal Bazaine, au lieu de presser son départ pour rejoindre le maréchal de Mac-Mahon au delà des forêts de l'Argonne, vers Sainte-Menehould ou Châlons, reste la nuit du 14, la journée et la nuit du 15 dans sa position autour de Metz. Les convois reprennent le 15, au jour, leur interminable défilé, dont la lenteur empêche d'atteindre ce jour-là le plateau de Gravelotte, ainsi que le voulaient les instructions du 13, d'après lesquelles la division du Barrail, suivie des 3e et 4e corps, devait prendre la route de Doncourt, pendant que la division de Forton s'avancerait à gauche avec les 2e et 6e corps vers Mars-la-Tour. La garde reste avec l'Empereur.

Le maréchal Bazaine, à Moulins, ordonne verbalement au 4e corps d'aller à Doncourt, au 3e de le suivre, de s'arrêter à la hauteur de Vernéville, de camper à cheval sur la route et de garder les bois des Doscuillons en faisant face à droite le long de la ligne Vernéville-Saint-Marcel. Le 3e corps, dès qu'il verra la tête du 6e, marchera jusqu'à Mars-la-Tour et sera remplacé à Rezonville et Vionville par le 2e corps. Une division de voltigeurs prendra position au point du jour pour couvrir au besoin la retraite; le reste de la garde s'établira à Gravelotte, laissant à Longeville un régiment jusqu'à l'entier défilé de l'armée. La cavalerie de Forton se placera à Tronville pour éclairer l'armée à gauche et en avant sur la route de Saint-Michel; la division du Barrail fera le même service sur l'autre route de Verdun par Jarny. Ces mouvements s'exécutent avec une lenteur extrême. Le fort Saint-Quentin lance quelques boulets contre l'ennemi qui vient de conduire des pièces de campagne en avant de Montigny. On fait sauter le pont du chemin de fer à Longeville, pendant que l'ennemi profite de celui d'Ars, qu'on a négligé de rompre. Les obus tombent dans le bivouac où se trouve l'Empereur et tuent deux officiers. Il s'enfuit aussitôt.

Le général de Forton, ouvrant la marche sur la route de Mars-la-Tour, rencontre l'ennemi au delà de Vionville. Il s'arrête pour attendre le général Frossard, qui s'établit à la hauteur de Rezonville, à gauche de la route. Le 6e corps se place sur la même ligne à droite. La garde, la réserve d'artillerie et les parcs s'installent en avant de Gravelotte, où est l'Empereur. La division du Barrail parvient à Jarny, sur la route de Doncourt; mais le 4e corps, retardé par le combat du 14, n'atteint pas sa position assignée et se trouve précédé par le 3e corps, dont trois divisions arrivent à Saint-Marcel et Verneville à dix heures du soir seulement. La division Metman ne rallie que le lendemain, ainsi que la cavalerie Clérambault, restée aux portes de la ville; ces retards, si regrettables devant l'ennemi, empêchent ce jour-là (15 août) l'armée de se porter plus en avant. Le maréchal Bazaine, au lieu d'établir son quartier général à Rezonville, reste à Gravelotte et prescrit à ses chefs de corps de faire manger le lendemain matin la soupe à quatre heures et d'être, chevaux sellés, tentes abattues, prêts à partir à quatre heures et demie. Que cet ordre fût exécuté, et l'armée passait.

La 2ᵉ armée allemande, commandée par le prince Fredéric-Charles, avait gagné les environs de Pont-à-Mousson pendant que Steinmetz nous attaquait. Elle était arrivée dans la matinée du 15 à Pont-à-Mousson à 22 kilomètres de Metz, pour passer la Moselle. Le prince Frédéric-Charles avait ensuite continué son mouvement tournant pour nous prévenir sur notre ligne de communication entre Metz et Verdun. L'Empereur, voyant l'armée tout entière passée sur la rive gauche de la Moselle, part le 16 à six heures du matin, emmenant avec lui un bataillon de grenadiers, un escadron de guides, la brigade Marguerite, composée des 1ᵉʳ et 3ᵉ chasseurs d'Afrique, qui escortent ce souverain inutile, jusqu'à Verdun. Ils ne revinrent plus. La route était coupée.

Trois routes vont de Metz à Verdun : une au nord, deux au sud. Les deux routes du sud, jusque-là distinctes, se réunissent à Gravelotte; la plus méridionale va sur Verdun, par Rezonville, Vionville, Mars-la-Tour. C'est la plus courte. La route du milieu, un peu plus longue, va par Doncourt et Jarny à Étain, où elle se réunit à la route la plus septentrionale et la plus longue qui, en quittant Metz, descend la Moselle, passe à Woippy, gravit, par un long défilé de Saulny jusqu'à Saint-Privat, le haut versant boisé de la Moselle, redescend par Sainte-Marie-sur-Aubouć, dans la vallée de l'Orne, et remonte ensuite lentement vers Briey, en formant un nouveau défilé. La route se bifurque à Briey : une des branches se dirige directement au sud-ouest par Longuyon dans la vallée de Chiers, y atteint la voie ferrée et la route de Mezières à Thionville, par Sedan et Montmédy; l'autre branche va vers l'ouest par les hauteurs vers Étain, qui est aussi un nœud de routes. se dirigeant à l'ouest sur Verdun, au nord-ouest par Dun et Stenay sur Sedan, au nord sur Longuyon. Toutes ces routes sont larges et excellentes. Le maréchal Bazaine se retirait par les deux routes du sud, par celle de Rezonville, Mars-la-Tour et par celle de Doncourt, Jarny et Étain. Les

1er et 2e corps prirent la première, les 3e et 4e corps la seconde. La grande réserve et les parcs marchaient derrière le 6e corps. La 1re division de réserve de Forton et la division de chasseurs d'Afrique du Barrail couvraient, l'une la première colonne, l'autre la seconde. Le 2e corps devait, ce jour-là (15), occuper Rezonville, le 6e Doncourt-lès-Conflans, le 4e Saint-Marcel, et le 3e Vernéville. La garde en arrière de Gravelotte, la division du général de Forton à Vionville éclairant la route de Saint-Michel, celle du général du Barrail à Jarny.

L'écoulement si lent des convois, les fatigues du combat de Borny, ne permirent pas, malheureusement, aux 2e et 3e corps, d'achever leur mouvement dans les délais prescrits. Le 3e corps n'avait que trois divisions arrivées sur le plateau de Gravelotte, à dix heures du soir. Le 4e corps ne put se mettre en marche que le 16 au matin. Les 2e, 6e corps et la garde avaient à peu près atteint leurs positions le 15 ; mais ils durent s'y maintenir jusqu'au 16 pour attendre que le 4e corps arrivât à leur hauteur, les renseignements reçus par le maréchal Bazaine « annon- « çant une forte concentration ennemie sur sa gauche, et la prudence « exigeant que ses deux colonnes fussent en mesure de se soutenir l'une « l'autre, de quelque côté que l'ennemi se présentât. »

Les Prussiens, voyant le 15 l'armée française battre en retraite sur Verdun, prirent le 16 les dispositions suivantes : les sept corps de la 2e armée (quartier général à Pont-à-Mousson), la 1re et la 6e division de cavalerie se dirigèrent par Novéant et Gorze sur Mars-la-Tour et Vionville ; le 10e corps et la 5e division de cavalerie avec la brigade de dragons de la garde continuèrent leur marche sur Verdun jusqu'à Saint-Hilaire ; le 12e corps alla de Nomeny à Pont-à-Mousson avec avant-garde à Regniéville-en-Haye, la garde à Bernecourt avec avant-garde à Rambucourt ; le 4e corps, vers les Saizerais avec avant-garde à Jaillon, sur la route de Toul ; le 11e corps ira à Sillegny pour suivre le 17 les traces du 3e corps et le 2e à Buchy, pour franchir la Moselle le lendemain. Dans la 1re armée, le 1er corps restait en position devant Metz avec la 3e division de cavalerie ; les 7e et 8e corps devaient s'établir avec la 1re division de cavalerie sur la ligne Orry-Dommerieux. Le quartier royal était encore à Herny, celui du prince royal à Nancy, et les troupes de la 3e armée déjà poussées jusqu'à Bar-le-Duc.

La présence de nos avant-postes entre Tronville et Vionville, et de nombreuses tentes à proximité de ces villages ayant été signalées pendant sa marche au général commandant du 3e corps prussien, il fit

Fig. 32. — Reconnaissance de cavalerie aux environs de Metz.

aussitôt avancer jusqu'au plateau la division d'infanterie de la tête, avec ordre d'y prendre une bonne position et d'attendre l'entrée en ligne de la division de cavalerie du duc Guillaume de Mecklembourg-Schwerin. Cette cavalerie s'élance vers les neuf heures du matin sur nos avant-postes, qui se replient à la hâte à travers le 2ᵉ corps, et les divisions de Forton et Valabrègue surprises dans leur camp de Vionville par les obus ennemis, elles qui pourtant étaient chargées d'éclairer l'armée. Les troupes du général Frossard, ébranlées par le passage subit de ces cavaliers, se reforment à gauche de la route. La division Bataille, en avant de Rezonville, sur les hauteurs de Flavigny; la division Vergé à sa gauche, et un peu en arrière la brigade Lapasset, face à gauche en retour, à la tête du défilé de Gorze pour le couvrir, observant les bois de Saint-Arnould et des Ognons.

Le maréchal Canrobert déploie son corps d'armée en avant de Rezonville, entre la route de Verdun et Saint-Marcel; la division Tixier à droite représentée par le 9ᵉ de ligne, son unique régiment arrivé; la division Lafont de Villiers s'appuie à gauche; la division Levassor-Sorval forme en arrière de la brigade Lapasset une deuxième ligne parallèle à la route de Verdun.

« L'opposition de la cavalerie ennemie et sa canonnade contre la divi-
« sion de Forton n'étaient que le prélude de l'action qui allait se dé-
« rouler; deux attaques se dessinent bientôt, l'une à gauche venant
« par le bois de Vionville, de Saint-Arnould et des Ognons, l'autre
« sur notre front par Mars-la-Tour et le village de Vionville. » Le rapport du maréchal Bazaine ajoute qu'à la première nouvelle de l'engagement, il monta à cheval et quitta son état-major de Gravelotte pour s'arrêter à la maison de poste, sans se préoccuper du désordre causé par les cavaliers des généraux de Forton et Murat, qui avaient battu en retraite jusque-là; il s'arrêta entre cette maison et le bois de la Surée, pour y constituer un appui aux troupes de première ligne. Les zouaves de la garde furent placés contre la route avec de l'artillerie à leur droite, pour battre le ravin passant entre le bois de Saint-Arnould et des Ognons; une brigade de cavalerie descendit dans cette vallée au tournant de la voie romaine. Le général Bourbaki fut invité à poster la division de voltigeurs sur la position élevée de la Malmaison, et la division de grenadiers vers le bois des Ognons. Gravelotte sera ainsi défendu et pourra protéger la retraite sur Metz. Ordre fut donné au maréchal Le Bœuf, qui, depuis le 15, avait pris le commandement du corps du général

Decaën, blessé mortellement, de se diriger sur sa gauche pour prendre l'ennemi en flanc. Le général de Ladmirault ne pouvait, selon le maréchal Bazaine, manquer d'accourir au bruit du canon et de soutenir le mouvement du 3ᵉ corps. « Je comptais sur la vieille expérience du gé-
« néral de Ladmirault pour accourir au bruit du canon et soutenir le
« mouvement tournant du 3ᵉ corps, en avant duquel il devait alors se
« trouver [1]. »

Le 2ᵉ corps, fortement engagé sur tout son front, sous un feu d'artillerie des plus intenses, se maintenait dans ses positions en arrière des crêtes. Le maréchal Canrobert avait arrêté le mouvement offensif de l'ennemi qui se préparait évidemment à faire le plus grand effort sur la gauche, à l'abri des bois qui le dissimulaient, pour couper la retraite sur Metz [2] : « Tout en me préoccupant de l'attaque que je voyais se dessiner
« sur notre flanc, dit le maréchal Bazaine, je voulus que notre droite fût
« solidement appuyée, avant l'entrée en ligne des troupes du maréchal
« Le Bœuf, et je prescrivis à la division de Forton d'aller se placer en
« arrière du 6ᵉ corps sur l'ancienne voie romaine, le dos appuyé au bois
« de Villers-au-Bois, avec ordre de changer au moment opportun. » Il fait venir les batteries de 12 de la réserve générale, pour combattre les batteries ennemies inquiétant le 12ᵉ corps [3].

Du côté de l'ennemi, la division Von Buddenbrok, parvenue à Tronville, avait tourné à droite, et, soutenue par quatre batteries et par l'artillerie du corps, elle avait vers dix heures et demie occupé la hauteur voisine, Vionville et Flavigny. L'autre division du 3ᵉ corps, arrivée sur le plateau par la route de Gorze-Vionville, s'était arrêtée au nord de cette route avec son artillerie et un détachement du 3ᵉ corps entré, lui aussi, dans le bois de Vionville. L'artillerie du 3ᵉ corps reliait les deux divisions ennemies et couvrait de projectiles les troupes du général Frossard repliées entre Rezonville et Flavigny. La division de cavalerie du duc de Mecklembourg appuyait le général Von Buddenbrok, tandis que celle du général Rheinbaben, dirigée à neuf heures et demie de Puxieux sur Tronville avec quatre batteries à cheval, couvrait vers la route la gauche du général Buddenbrok.

Les divisions du 2ᵉ corps gardaient leurs positions sous le feu de cent

---

1. Rapport du maréchal Bazaine.
2. Ibid.
3. Ici, le rapport manque d'exactitude ; on voit que le maréchal Bazaine veut se justifier de ne pas s'être rapproché de Verdun.

pièces. Le général Bataille ayant été blessé vers midi et demi, sa division plie devant une nouvelle attaque de l'ennemi et se retire en entraînant une partie de la division Vergé, dont la gauche reste seule en position, appuyée à la brigade Lapasset, qui tient ferme. « Je dus alors faire
« écharper l'artillerie prussienne par le 3ᵉ lanciers et les cuirassiers de la
« garde. La charge des lanciers ayant été repoussée, les cuirassiers se
« formèrent sur trois lignes, comme à la manœuvre, et s'élancèrent avec
« une bravoure héroïque sur les carrés ennemis, qu'ils ne purent entamer
« et dont ils arrêtèrent la marche [1]. »

Les lanciers, après avoir chargé a gauche sur le chemin de Rezonville à Chambley, s'étaient jetés, suivis des cuirassiers de la garde, sur les troupes d'infanterie qui couvraient Flavigny. Mais cette cavalerie avait été lancée de trop loin. Le maréchal Bazaine, pour protéger son ralliement, fit avancer une batterie d'artillerie de la garde. Un ou deux escadrons de hussards prussiens, en la poursuivant, s'avancèrent tout à coup sur elle. Le maréchal Bazaine suivait au milieu des canons, avec son état-major, le mouvement rétrograde de ces cavaliers déjà parvenus près de lui, lorsque tout à coup on aperçut au milieu d'eux et bientôt sur nos canons mêmes des cavaliers prussiens des 11ᵉ et 17ᵉ hussards. « Je dus
« moi-même mettre l'épée à la main, et un combat à l'arme blanche
« s'engage avec tous mes officiers [2]. » Tout cela ne dure qu'un instant; l'escorte du commandant en chef, laissée en avant de Rezonville, accourt, se jette dans la mêlée et sabre les cavaliers ennemis sur les pièces françaises : « L'hésitation qui se manifesta à ce moment dans les lignes
« prussiennes permit au maréchal de faire arriver la division Picard,
« des grenadiers de la garde, qui se porta en avant sous les ordres du
« général Bourbaki, relevant les divisions Vergé et Bataille et prenant
« position à droite et à gauche du village de Rezonville [3]. »

« La division Deligny, des voltigeurs de la garde, recevait l'ordre de
« se porter en face du bois des Ognons, de le faire occuper par son
« bataillon de chasseurs et d'observer les débouchés par où les Prussiens
« pourraient tenter de mettre le pied sur le plateau de Gravelotte [4]. »

L'ennemi, de son côté, prononçant son attaque sur Rezonville pour tourner notre droite, a porté la 6ᵉ division et la brigade Lehmann dans le bois, au nord-ouest de Vionville, qu'il tient toujours par sa droite, ainsi

1. Rapport du maréchal Bazaine.
2. *Ibid.*
3. Rapport officiel.
4. Rapport du maréchal Bazaine.

que Flavigny. Les troupes du 10ᵉ corps, à l'ouest, marchent à la rencontre d'un de nos corps, entrant en ligne dans la direction de Bruville. Le général Von Buddenbrok reste sur la lisière Est. Un combat meurtrier s'engage autour d'une batterie française postée contre la voie romaine, qui tire avec beaucoup de succès dans le bois et sur les batteries prussiennes de Vionville [1]. La brigade Péchot, de la division Tixier, détachée dans le bois du sud de Saint-Marcel, et plus à gauche les généraux Bisson et Lafont de Villers, contraignent l'ennemi à se borner à une canonnade qui faiblit vers deux heures de l'après-midi.

Le maréchal Bazaine, persuadé que l'ennemi prépare un nouvel assaut du côté de Rezonville, clef de la position, arrête le mouvement offensif du 6ᵉ corps et s'apprête à résister à l'attaque présumée des Allemands, qui, vers deux heures, dirigent leur principal effort sur les crêtes en face de Vionville. Les voltigeurs remplacent les grenadiers sur la gauche du ravin de la Surée et contre le bois des Ognons, où s'établissent les chasseurs à pied de la garde. Les deux divisions du 2ᵉ corps se forment en face de la gorge d'Ars et vers Gravelotte, par où l'on pourrait tourner l'armée. L'ennemi les attaque vers deux heures. Les grenadiers de la garde ayant fait échouer le mouvement ennemi au centre, la lutte devient très vive sur la droite. L'artillerie de la voie romaine incommode toujours les Allemands. Le général Von Avensleben s'aperçoit que l'action pourrait devenir très dangereuse, combinée avec un mouvement tournant dont la division Von Buddenbrok était menacée sur son aile gauche par l'arrivée de nouvelles troupes [2], et il ordonne au 7ᵉ cuirassiers du roi et à deux régiments de uhlans de la division Rheinbaben de déloger cette artillerie.

Les Allemands attaquent bravement cette position en traversant les lignes françaises à la droite du 6ᵉ corps, dépassent la crête occupée par les Français et tentent de se rabattre sur les derrières de l'infanterie : les Allemands ne soupçonnant pas la présence de la division de Forton, et se trouvant tout à coup sur la hauteur en face d'elle, dégringolent le long des bois sud de Villiers. La cavalerie s'ébranle, pénètre dans cette masse, prise en flanc et en queue, et la met en déroute complète.

La droite est dégagée, et déjà le canon du maréchal Le Bœuf se fait entendre. L'attitude du 6ᵉ corps et des grenadiers de la garde a arrêté l'ennemi au centre, mais il se prépare à prendre l'initiative à gauche. Le

---

1. Rapport prussien.
2. Rapport prussien.

maréchal Le Bœuf paraît, et faisant un changement de front, avec Saint-Marcel comme pivot, chasse la brigade Lehmann du bois qu'elle occupait et se relie à gauche à la division Tixier, à droite au 4ᵉ corps. La division Grenier, qui le 15 campait à Woippy avec la division du général Cissey, entre en ligne vers trois heures, par Bruville.

Le maréchal Bazaine, sa ligne de bataille paraissant très assurée sur la droite, fait dire au maréchal Le Bœuf de maintenir fortement sa position avec la division Nayral (ancienne de Castagny), de se relier avec la division Aymard (ancienne Decaën) et d'envoyer à Gravelotte la division Montaudon pour le garantir d'une surprise de l'ennemi sortant des ravins allant vers la Moselle. Le maréchal Bazaine n'avait à ce moment qu'à faire donner l'aile gauche, et son armée pouvait marcher sur Verdun ; mais, retenu par la secrète et fatale pensée de rester à Metz, il donne l'ordre d'occuper le défilé d'Ars-la-Moselle, en faisant en même temps « reporter sur le même point les divisions du 2ᵉ corps qui avaient été « réformées, et placer ses batteries de 12 et mitrailleuses au débouché « des ravins pour y cribler les masses ennemies qui tenteraient de s'y « engager. » Le rapport du maréchal nous apprend en outre qu'il savait que des renforts ennemis avaient passé par Ars et par Novéant, et qu'il se préoccupait avant tout de l'attaque qui pouvait être faite sur son flanc.

La ligne de bataille, à peu près parallèle au ravin de Rezonville au début de l'action, avait pris vers trois heures une position presque perpendiculaire au bois des Ognons vers Mars-la-Tour et Bruville. Le 4ᵉ corps venait, en effet, d'entrer en ligne ; la division Grenier, conduite par le général de Ladmirault lui-même, après avoir chassé l'ennemi de Saint-Marcel et de Bruville, l'avait rejeté sur Mars-la-Tour et se préparait à l'attaquer à Vionville. La division de Cissey appuyait le mouvement, et sur la droite marchaient la division Clérambault, le 2ᵉ chasseurs d'Afrique et la brigade de la garde (lanciers et dragons) accourue après avoir escorté l'Empereur à Étain.

Le général Ladmirault, voyant que la position de Vionville est trop forte pour être prise par ses deux divisions, maintient l'ennemi en gardant le terrain gagné. La division Montaudon, exécutant ses ordres, va de Villers-au-Bois à la maison de poste à Gravelotte, par les bois du ravin d'Ars.

La division Grenier, s'avançant de Bruville, avait rencontré la 38ᵉ brigade ennemie faisant partie du 19ᵉ corps, et la 20ᵉ division du même corps, arrivées depuis trois heures. Ces troupes fraîches mettaient, sur la gauche, le général de Ladmirault en face du 10e corps, soutenu par une nombreuse artillerie et en position au nord de la route de Vionville à Mars-la-Tour.

Le général Von Kraatz, vers deux heures, avait engagé le gros de ses forces dans le bois du nord-ouest de Vionville, tandis que la 38e brigade se portait par Mars-la-Tour sur la division Grenier, entre ce bois et la ferme Greyère. La division Grenier venait d'être relevée par la division de Cissey, accourue, à marche forcée, au bruit du canon. L'ennemi franchit le grand ravin au sud de la ferme Greyère; ses tirailleurs sont à 40 mètres à peine des tirailleurs français, lorsque la division Cissey aborde l'ennemi et détruit le 16e régiment d'infanterie prussienne, auquel elle enlève son drapeau (le seul pris pendant toute la campagne). « Le 10e corps rejeté « sur Thionville, la brigade des dragons de la garde prussienne, à la vue « des troupes qui faiblissent, s'élance sur la droite française, mais elle « éprouve de grandes pertes [1]. » La 1re division, un peu mise en désordre par le premier élan de la cavalerie ennemie, se groupe autour des aigles, laisse passer les escadrons et les fusille en flanc et de revers. La division Von Buddenbrok conservait pendant ce temps-là sa position au centre, la batterie de la voie romaine gênant toujours sa gauche.

Le 3e corps prussien seul avait engagé le combat; les renforts marchant au canon arrivaient peu à peu. Le prince Frédéric-Charles, parvenu sur le champ de bataille à trois heures et demie, lança contre cette batterie un bataillon du 35e « qui l'obligea à s'éloigner. Quant à la division Von « Stutpnagel, elle continuait à faire de grosses pertes; mais, en cherchant « à la tourner par le bois des Ognons et de Saint-Arnould, nous fûmes « arrêtés par des fractions des 8e et 9e corps arrivés en ligne vers cinq « heures [2]. » Ces troupes se dirigèrent : les unes vers Rezonville, les autres vers les bois des Chevaux et des Ognons. L'artillerie des 10e et 25e divisions vint rejoindre la division Stutpnagel et raviver vers cinq heures le feu interrompu pendant quelque temps. C'est le signal d'un mouvement offensif des Allemands, dont les réserves s'avancent en grosses masses. Les cuirassiers prussiens tentent de rompre le centre français, en se jetant sur la division Lafont de Villers. Le 93e perd son aigle, l'artillerie un canon; la cavalerie du général de Valabrègue du 2e corps, qui s'était maintenue à la hauteur de Rezonville, s'élance sur l'ennemi, le repousse et lui reprend ces trophées. Le maréchal Bazaine interrompt

---
1. Rapport prussien.
2. Rapport officiel.

Fig. 33. — La charge des cuirassiers prussiens à Mars-la-Tour.

alors le mouvement de la division Montaudon et la dirige avec les grenadiers et les chasseurs à pied de la garde, sur la rive droite du ravin de la Jurée. La division de Forton, reportée un peu en arrière vers deux heures et demie, reprend sa première position près du bois de Villiers, et le général Deligny, avec ses quatre bataillons restants, reçoit l'ordre de rejoindre sa 2º brigade, qui avait déjà appuyé et relevé une partie des grenadiers sur la crête du ravin de Rezonville, tandis que le général Bourbaki rassemble près du village 54 pièces pour trouer les masses assaillantes. « A notre gauche, l'ennemi, tentant vainement de déboucher « par les bois, essaye d'avancer par le ravin qui sépare les bois de Saint-« Arnould et des Ognons; mais nos mitrailleuses arrêtent toutes ses ten-« tatives en lui faisant subir des pertes énormes [1]. »

L'ennemi sur la droite, de l'autre côté du ravin qui va de Mars-la-Tour à Jarny, cherchait aussi, avec sa cavalerie, à déborder la droite du général de Cissey; mais « le général de Ladmirault le fait attaquer par la « cavalerie qu'il a lui-même sous la main, et après des charges successives « où des deux côtés l'acharnement est égal, l'ennemi se retire. »

Les deux divisions du 4º corps dépassant la route de Verdun et se portant sur la route de Tronville, clef de la position ennemie, la victoire des Français était réelle; mais le retard de la division Lorencez et de la division Metman, du 3º corps, et la nuit ne permirent pas d'enlever la position. Le feu, après avoir cessé vers sept heures et demie, reprit avec une nouvelle vigueur : « Les Prussiens, à les en croire, tentaient un « dernier effort sur Rezonville à la nuit close, pendant que les Français « se livraient, affirment-ils, à une tentative suprême pour conquérir le « champ de bataille. » Des deux côtés on s'attribuait la victoire : « L'ar-« mée ennemie, battue sur tous les points, dit formellement le maréchal « Bazaine, se retira en nous laissant maîtres du champ de bataille. » Les Allemands ne souscrivent pas à ce jugement [2]. Le commandant en chef de l'armée française, disent-ils, fut enveloppé avec tout son état-major dans l'attaque de cavalerie qui eut lieu vers deux heures, et il en était à sauver sa liberté et sa vie, au moment où une direction supérieure et non une participation directe au combat était surtout nécessaire. Les Allemands reconnaissent du reste que, de part et d'autre, les troupes combattirent admirablement, et que nulle part, dans les oscillations de la bataille, il ne se produisit de ces désordres qui indiquent le découragement; les pertes

---

[1]. Rapport officiel.
[2]. Rapport prussien.

des deux côtés furent également grandes [1], ils en conviennent, mais ils ajoutent qu'en somme l'avantage leur est resté, quoique bien inférieurs en nombre : « La journée de Mars-la-Tour [2] est la journée glorieuse de « leur chef, du prince Frédéric-Charles, et la gloire éternelle du 3ᵉ corps, « qui couvrit du tiers de son effectif ce champ de bataille vigoureuse- « ment disputé. »

Les Français disent de leur côté : « La bataille de Rezonville était « une grande victoire pour nos armes, car nous étions maîtres du champ « de bataille, et nous pouvions opérer notre retraite par les deux « routes de Verdun ou par celle de Briey, située plus au nord [3]. »

La victoire eût été plus profitable si le maréchal Bazaine s'était frayé un passage et avait rejoint le maréchal de Mac-Mahon. Les deux maréchaux réunis auraient pu alors tenter le sort des armes, sur le massif compris entre l'Aisne, la Marne et la Meuse, à la sortie des défilés de l'Argonne, ou se replier sur Paris et en rendre l'investissement impossible. Le maréchal Bazaine jugea malheureusement sa jonction avec le maréchal de Mac-Mahon impossible [4], et, après avoir motivé sa décision sur le manque de vivres, il prit les dispositions suivantes :

« Le défaut de vivres et de munitions, après cette journée, nous oblige à rétrograder sur Metz. Le 2ᵉ corps occupera la position entre le Point-du-Jour et Rozerieulles ; le 3ᵉ à sa droite à hauteur de Châtel-Saint-Germain ; le 4ᵉ prolongeant le 3ᵉ jusqu'à Montigny-la-Grange ; le 6ᵉ à Vernéville (puis à Saint-Privat-la-Montagne sur les observations du maréchal Canrobert qui se trouvait trop en l'air) ; la cavalerie du Barrail suivra le mouvement de ce dernier corps ; la cavalerie de Forton ira s'établir en arrière du 2ᵉ ; la garde à Lessy et Plappeville, où sera le quartier général. »

Le maréchal Bazaine, dans un exposé de la situation, adressé le 17 août à l'Empereur, lui donne les renseignements propres à corroborer les raisons qui l'ont empêché de continuer sa marche en avant :

« ..... Quant à nous, les corps sont peu riches en vivres ; je vais tâcher d'en faire venir par la route des Ardennes, qui est encore libre. Le général Soleille, que j'ai envoyé dans la place, me rend compte qu'elle est peu approvisionnée en munitions et qu'elle ne peut nous donner que 800 000 cartouches, ce qui, pour nos soldats, est l'affaire d'une journée [5]. Il n'y a également qu'un petit nombre de coups pour pièces de 4 ; et l'établissement pyrotechnique n'a pas les moyens nécessaires pour confectionner les cartouches. »

1. 17 000 hommes du côté des Français, dont 5 000 disparus, blessés pour la plupart et pris dans les ambulances de Rezonville à Gravelotte.
2. Les Allemands appellent cette bataille Mars-la-Tour ; les rapports officiels français lui donnent le nom de Rezonville.
3. *Journal d'un officier de l'armée du Rhin*, par Charles Fay, lieutenant-colonel d'état-major.
4. Les dépositions des chefs de corps au procès de Trianon constatent qu'on pouvait marcher le 16.
5. Le procès de Trianon a prouvé qu'on ne manquait ni de vivres ni de munitions (Rapport Rivière, p. 38 et 39).

CONSÉQUENCES DÉSASTREUSES DE CETTE MANŒUVRE

« Le général Soleille a dû demander à Paris ce qui est indispensable pour remonter l'outillage, mais cela arrivera-t-il à temps[1] ? Les régiments du corps du général Frossard n'ont plus d'ustensiles de campement et, depuis Forbach, ne peuvent faire cuire leurs aliments. Nous allons faire tous nos efforts pour reconstituer nos approvisionnements de toute sorte, afin de reprendre notre marche dans deux jours, si cela est possible. Je prendrai la route de Briey. Nous ne perdrons pas de temps, à moins que de nouveaux combats ne déjouent nos combinaisons. »

Les délais qu'entraînait l'exécution des mesures prises par le commandant en chef, prouvent suffisamment que son intention n'était nullement de partir. Quant au parti adopté par lui le lendemain de la bataille de Rezonville, les Prussiens, quoique toujours bien disposés en faveur du maréchal Bazaine, sont loin de l'approuver.

« Le maréchal Bazaine, après la bataille du 16, avait à se décider sur le parti à prendre ; il ne pouvait pas se retirer par les deux routes du sud de Metz à Verdun, car l'une lui était entièrement fermée, et l'autre tellement rapprochée de l'ennemi qu'une marche de flanc y était impossible ; de graves considérations se présentaient même pour l'emploi de la troisième route, celle du nord. Avec la position qu'occupait l'armée, elle exigeait un détour de près de 22 kilomètres, et ne laissait que peu ou point d'espoir d'atteindre Verdun et la Meuse sans une nouvelle bataille, car, en admettant même que les Allemands ne fissent aucun mouvement le 17, ils pouvaient assurément gagner Verdun le 18 ou le 19. Mais, par contre, le maréchal pouvait espérer avec raison se servir de la route de Metz-Longuyon-Sedan, placée presque perpendiculairement en arrière de sa position et où la vallée de l'Orne lui permettait de soutenir facilement un combat d'arrière-garde.

« Bazaine a expliqué lui-même que, le 17, il ne pouvait s'éloigner de Metz, parce que, le 16, son infanterie avait épuisé ses munitions et qu'il fallait rapprovisionner l'armée avec les ressources de la place. Mais ceci aurait également pu se faire s'il s'était replié avec son armée au nord de l'Orne. Il lui restait encore, pour recevoir ses munitions, deux grandes routes, la route directe et celle qui se sépare de Metz-Thionville le long de la vallée de l'Orne. Le temps non plus ne lui aurait pas fait défaut, car il eût été difficile de l'attaquer dans cette position avant le 19. Le véritable motif de sa détermination doit donc être cherché ailleurs. »

Les Allemands, en s'attribuant la victoire, ne la considéraient pas cependant comme décisive. Aussi toutes leurs troupes disponibles furent-elles rapprochées. La garde et le 2ᵉ corps atteignirent Mars-la-Tour, et s'établirent, le 17 au soir, au sud de ce village. Le 7ᵉ et le 8ᵉ corps, à l'aile droite, passèrent la Moselle et se concentrèrent dans le bois des Ognons et au nord de ce bois. Les têtes de colonne du 2ᵉ corps avaient atteint Pont-à-Mousson par une marche si rapide, que l'état-major allemand comptait sur son entrée en ligne le 18 au soir, pour s'opposer aux nouveaux efforts que le maréchal Bazaine ne pouvait manquer de tenter, les Allemands le croyaient du moins, pour s'ouvrir leurs lignes et pour gagner la Meuse dans la direction de Verdun.

1. *La campagne de Metz*, par un général prussien.

CHAPITRE VIII

L'ARMÉE A METZ. — REICHSHOFFEN

Août 1870. — Le maréchal Bazaine donne à l'ennemi le temps de le prévenir. — L'armée allemande exécute un mouvement de conversion. — Ordre de bataille de l'armée française. — Le général Palikao s'oppose à la marche de l'armée de Châlons sur Paris. — Situation de l'armée de Bazaine. — Attaque du neuvième corps prussien. — Le maréchal Canrobert exposé au feu de 200 pièces de canon. — L'attaque des Prussiens contre le Point-du-Jour est repoussée. — Les Français conservent leurs positions. — Le maréchal Canrobert envoie demander des secours au maréchal Bazaine. — La bataille semble gagnée par les Français lorsqu'on apprend que la droite est tournée. — Les Allemands maîtres de Saint-Privat. — Résistance des deuxième et troisième corps. — La nuit met fin à la bataille. — L'armée française est réunie autour de Metz. — Pertes énormes des Allemands. — État des deux armées. — Douleur de l'armée française se retirant dans le camp retranché de Metz. — Cessation des communications avec la France. — Première dépêche du maréchal Mac-Mahon. — Deuxième dépêche du maréchal Mac-Mahon et réponse du maréchal Bazaine. — Sortie interrompue du 26. — Conseil de guerre tenu à la ferme de Grimont. — Il décide que l'on ne fera pas de trouée. — Mouvement en avant du 31 août. — On use inutilement les munitions de l'artillerie. — Les Français enlèvent Nouilly et Noisseville. — Des doutes naissent dans les esprits sur le sérieux de la tentative de trouée. — Le passage n'était pas impossible à forcer. — La retraite est ordonnée. — Mécontentement de l'armée.
Formation lente et décousue du premier corps de l'armée du Rhin. — Le maréchal de Mac-Mahon prend le commandement. — Éparpillement de ses forces. — Il donne l'ordre d'occuper Wissembourg. — L'ennemi passe le Rhin. — Position hasardée du général Abel Douay. — La deuxième division est surprise par les Bavarois. — Attaque du Geissberg. — Perte de la ligne de la Lauter. — L'Alsace est ouverte aux Allemands. — Le maréchal Mac-Mahon prend position à Frœschwiller. — Rencontre des deux

armées. — Insuffisance des forces du maréchal Mac-Mahon. — Marche des Allemands sur Wœrth. — Le maréchal Mac-Mahon est sur le point de se replier sur les Vosges. — Incertitude des généraux sur leurs mouvements réciproques. — Rencontre inopinée des deux armées. — L'avantage à midi reste aux Français. — L'infériorité du nombre menace de la leur faire perdre. — Les Français, ayant épuisé leurs réserves d'infanterie, lancent les cuirassiers. — La brigade Michel se précipite sur l'ennemi. — Après des prodiges de valeur, elle est anéantie. — Charge des cuirassiers de Bonnemains. — L'armée française est refoulée par l'ennemi, qui se renouvelle sans cesse. — La retraite de l'armée française ressemble à une déroute. — Le maréchal Mac-Mahon, après avoir hésité, se dirige de Saverne à Sarrebourg. — Il rejoint ensuite la route de Paris à Bar-le-Duc. — Il s'arrête à Châlons.
Histoire du septième corps. — Rien n'est prêt à Colmar pour le recevoir. — Il quitte Mulhouse. — Désordre de cette marche. — Les paysans prennent la fuite. — Le septième corps s'arrête à Belfort. — Il reçoit l'ordre de se rendre à Châlons. — Evacuation complète de l'Alsace et abandon des Vosges.

Trois routes, comme nous l'avons dit, partant de Metz vers la Meuse et se dirigeant sur cette ville, traversent le massif accidenté et boisé séparant la Moselle et la Meuse. Les Prussiens, depuis le 16, occupaient la route au sud. La route du nord passant par Sainte-Marie et par la forêt de Jaumont, où sont les carrières de ce nom, et la route du centre passant par Jarny, étaient en notre pouvoir. Le maréchal Bazaine aurait donc pu, en hâtant son départ le lendemain de la bataille de Rezonville, gagner la Meuse et rejoindre le maréchal de Mac-Mahon à Châlons. Au lieu de cela, il reste trente-six heures dans le camp de Metz et se laisse ainsi prévenir par l'ennemi sur les deux routes du nord conduisant à Verdun.

Les Prussiens employèrent ce temps à réunir les forces nécessaires à une action décisive. Une partie de ces forces s'était déjà portée en avant après avoir passé la Moselle; l'autre partie venait seulement de la franchir, pendant la nuit, sur des ponts jetés au-dessus de Metz. La cavalerie allemande surveillait les mouvements des Français, et le 18 une action générale paraissait imminente [1].

Les Allemands étaient décidés à empêcher les Français de se frayer un passage vers Paris par la route du nord, et à leur livrer bataille sous Metz, pendant qu'ils auraient le dos tourné vers l'Allemagne. Ils réunirent donc, à l'ouest de Metz, le 18 au matin, afin d'être prêts à tout événement, les trois corps, 7e, 8e, 9e de Steinmetz, quatre corps, 2e, 3e, 10e, 12e, et le corps de la garde de l'armée du prince Frédéric-Charles. Le 1er corps et une division de cavalerie restèrent sur la rive droite de la Moselle, pour observer Metz du côté de l'est. L'armée allemande devait exécuter un mouvement de conversion en pivotant sur le 7e corps, l'aile

1. Rapport prussien.

gauche en avant, pour envelopper l'armée française, dont le front décrivait autour de Gravelotte une ligne brisée sous forme d'équerre, étendant sa branche de droite vers Saint-Privat, et sa branche de gauche vers le Point-du-Jour.

Le maréchal Bazaine ne parut pas s'apercevoir de ce mouvement, pendant lequel l'ennemi pouvait être surpris en flagrant délit de manœuvre, et grâce à ce manque de clairvoyance, le 18 au matin, le 12ᵉ corps, la garde royale prussienne et le 2ᵉ corps, devant former l'aile marchante du mouvement tournant, partent sans coup férir de Mars-la-Tour, de Vionville et de Rezonville, et se dirigent par Jarny, Doncourt et Saint-Marcel vers la route du Nord. Ces trois corps, formant la première ligne et éclairés par la cavalerie, étaient suivis en seconde ligne par les 3ᵉ et 10ᵉ corps, les plus éprouvés la veille. Le 8ᵉ corps effectua également un mouvement de conversion pour barrer la route du centre. Le 7ᵉ corps faisait toujours face à Gravelotte. Le 2ᵉ corps, parti seulement à trois heures du matin de Pont-à-Mousson, n'arriva sur le lieu de l'action qu'assez tard dans la matinée.

L'état-major allemand, voyant que le maréchal Bazaine, loin de prendre l'offensive et d'opérer sa retraite sur Verdun, en forçant leurs lignes, prenait une position défensive sur les hauteurs boisées de Saint-Privat, d'Amanvilliers, de Vernéville et de Gravelotte, avait fait faire à tous les corps en marche vers le nord un quart de conversion à droite pour attaquer ses lignes. Les Saxons prennent la direction de Roncourt pour déborder sa droite. La garde et le 9ᵉ corps se portent sur Amanvilliers et Vernéville, avec l'ordre de canonner l'ennemi et de n'engager leur infanterie que lorsque l'attaque des Saxons se sera bien prononcée. Saint-Privat, en face de la gauche des Allemands, était la clef de la position des Français. L'ennemi avait résolu de donner sur cette aile le signal de l'attaque générale.

La retraite des Français sur Metz avait commencé le 17 à l'aube du jour. Les troupes de droite gagnèrent leur position par Vernéville, celles de gauche par la route de Gravelotte. La division Metman, établie de la Malmaison au bois des Ognons, protégeait ce mouvement de retraite, qui dura presque tout le jour sans être inquiété. Ces troupes, qui, au dire du maréchal Bazaine, manquaient de vivres et de munitions, abandonnent et brûlent, sur place, des quantités d'approvisionnements formant un convoi interminable, grossi des transports des blessés, de l'artillerie, et défilant sur la route qui, de Gravelotte, descend dans le ruisseau de la Mance pour remonter sur le plateau de Rozerieulles. Les charrettes des paysans y sont nombreuses. Ces malheureux fuient, emportant tout ce qu'ils possèdent. « Il n'y a donc plus de soldats en France, disent-ils, que l'ennemi nous chasse même sous le rempart de Metz[1]. » La proie était tentante pour la

Fig. 34. — L'église de Saint-Privat est transformée en ambulance.

cavalerie du prince Frédéric-Charles et pour les tirailleurs de Steinmetz; mais l'ennemi, rendu prudent par la bataille de la veille, ne fit que de faibles démonstrations sur l'arrière-garde. Le convoi, à la nuit, était en sûreté.

1. *Journal d'un officier de l'armée du Rhin*, par Charles Fay, lieutenant-colonel d'état-major.

L'armée française se trouvait dès lors ainsi rangée : l'aile droite s'étendait en avant et au-dessus de Jussy, sur les plateaux entièrement dominés par les forts Saint-Quentin et Plappeville ; ses lignes suivaient l'arête des hauteurs par les fermes du Point-du-Jour, Moscou, Leipzig, Montigny-la-Grange et le village d'Amanvillers ; franchissant ensuite la route de Metz à Briey, elle gagnait le village de Saint-Privat-la-Montagne, qui formait son point d'appui. Le terrain en avant de cette ligne de hauteurs s'abaisse presque partout, par une pente régulière ; les approches sont couvertes par la Mance, qui descend les hauteurs d'Amanvillers et va se jeter dans la Moselle en traversant les bois des Genivaux et de Vaux. Ce ruisseau réduit à deux les points par lesquels les fortes masses peuvent aborder la position. Le plus facile est entre les deux premiers bois, à Verneville même ; le second se trouve aux deux côtés de la route sud de Metz à Verdun, entre le bois des Genivaux et celui de Vaux, commandé par la ferme Saint-Hubert. L'aile droite seule est abordable, c'est la plus éloignée de l'assaillant ; mais les approches, même là, sont gênées par un ruisseau en arrière duquel se trouvent les villages de Habonville, Saint-Ail et Sainte-Marie-aux-Chênes.

Les fermes et les villages situés sur la position avaient été soigneusement mis en état de défense, et reliés par des tranchées-abris : des abatis couvraient les bois ; Sainte-Marie, Vernéville, Saint-Hubert, tous les villages situés en avant de la position avaient été fortifiés et des batteries placées aux endroits les plus favorables. Les troupes reçurent l'ordre de ne se reporter en arrière qu'à la dernière extrémité. L'intention du maréchal Bazaine paraissait être de reprendre l'offensive après le ravitaillement.

Le comte de Palikao écrivait, pendant ce temps-là, à l'Empereur, en date du 17 :

« L'Impératrice me communique la lettre par laquelle l'Empereur annonce qu'il veut ramener l'armée de Châlons à Paris. Je supplie l'Empereur de renoncer à cette idée, qui paraîtrait l'abandon de l'armée de Metz empêchée en ce moment de faire sa jonction à Verdun. L'armée de Châlons sera avant trois jours de 85 000 hommes, sans compter le corps de Douay, qui rejoindra dans trois jours et qui est de 18 000 hommes. Ne peut-on pas faire une puissante diversion sur les Prussiens déjà épuisés par plusieurs combats ? »

Les Prussiens épuisés ! Voilà où en est le ministre de la guerre : l'Empereur lui répond : « Je me rends à votre opinion, » et il ajoute : « Bazaine demande des munitions. »

L'armée française, déduction faite de la cavalerie partie la veille pour accompagner l'Empereur et couvrir les convois expédiés en avant par Briey, et des pertes déjà subies par le maréchal Bazaine, formait un effectif de 160 000 hommes avec 400 canons et 96 mitrailleuses. Les deux grands défauts de sa position, très forte sur le front, étaient l'existence, derrière elle, d'une longue ligne de forêts épaisses, presque toutes en pente rapide, rendant à peu près impraticable le mouvement des réserves placées en arrière, et l'impossibilité de trouver une autre retraite que Metz; il fallait donc vaincre ou être rejeté dans la place. Le maréchal Bazaine ne l'ignorait pas.

L'armée, brûlant de se retrouver en communication avec la France, se montrait animée du meilleur esprit; elle accueillit par ses applaudissements, la violente canonnade qui lui annonça vers midi le commencement de la bataille. Cette canonnade était le signal de la mise en mouvement des Allemands pour tourner la droite française. Le 6ᵉ corps occupait à la droite Roncourt, Saint-Privat-la-Montagne, et s'étendait à gauche jusqu'à la mare, en face de Saint-Ail et d'Habonville; le 4ᵉ corps, avec ses deux divisions en première ligne, et celle du général Lorencez en deuxième, tenait Amanvillers, Montigny-la-Grange, et avait des avantpostes à Champenois; les fermes de la Folie, Leipzig, Moscou, couvraient le front du 3ᵉ corps à sa gauche. Ce corps s'étendait dans la direction de l'auberge du Point-du-Jour; le 2ᵉ corps, plus à gauche encore, occupait la hauteur jusqu'à Rozerieulles, avec un bataillon du 97ᵉ le village de Sainte-Ruffine. La division de Forton était en arrière dans la vallée au moulin de Longeau, la garde impériale en réserve sur les hauteurs de Saint-Quentin et de Plappeville.

Le 9ᵉ corps prussien, s'emparant à midi de la ferme de Champenois, mit successivement en batterie une centaine de pièces contre le corps du général de Ladmirault. Le 9ᵉ corps prussien avait l'ordre de n'engager qu'un feu d'artillerie et d'attendre, pour agir, l'arrivée de la garde royale à sa hauteur vers la gauche. Les Français avaient négligé d'occuper le bois de la Cusse, le 9ᵉ corps allemand s'en empare, mais les mitrailleuses ennemies lui font subir de telles pertes qu'une brigade de la garde royale prussienne est obligée d'accourir à son secours. La garde royale, parvenue de midi à deux heures, à gauche du 9ᵉ corps, dirige le feu de quatorze batteries contre le maréchal Canrobert, en attendant l'effet du mouvement tournant prescrit au 12ᵉ corps.

Les Saxons qui le composent approchent vers trois heures. La 1ʳᵉ division de la garde royale se porte sur Sainte-Marie-aux-Chênes, et enlève le village après y avoir écrasé le 94ᵉ régiment français. Son artillerie, soutenue par celle du 12ᵉ corps, s'avance encore vers Saint-Privat, et le maréchal Canrobert a bientôt à soutenir le feu de 200 pièces de canon. Le 3ᵉ corps prussien, en face du général de Ladmirault, parvient à trois heures à Vernéville, tandis que le 10ᵉ prussien, dépassant Basilly, envoie une de ses divisions et dix de ses batteries entre Vernéville et le bois des Genivaux, pour soutenir le 9ᵉ corps. Le 8ᵉ corps, à la droite de ce dernier, s'est avancé de Rezonville sur Gravelotte, contre le bois des Genivaux vigoureusement défendu par le maréchal Le Bœuf. Le 7ᵉ corps, pour venir en aide au 8ᵉ, après avoir dirigé contre le Point-du-Jour le feu de ses pièces, du sud de Gravelotte, engage vers quatre heures une de ses brigades dans le défilé entre les bois des Genivaux et de Vaux, et tente l'attaque du Point-du-Jour; mais, arrêté par les feux du général Frossard, il ne peut dépasser l'auberge de Saint-Hubert. L'artillerie et la cavalerie de cette colonne avaient beaucoup souffert du feu des mitrailleuses et de l'infanterie françaises.

Les Allemands, à deux heures, n'ont enlevé que la ligne des avant-postes ennemis. Aucun point de la position principale n'est en leurs mains; cela dure encore à six heures, malgré les efforts terribles tentés par d'énormes masses. Le 7ᵉ et le 8ᵉ corps sont presque épuisés; le 9ᵉ ne se soutient qu'au prix de pertes considérables, en avant de Vernéville. La garde royale est repoussée après des pertes énormes subies à l'attaque sur Saint-Privat, où le prince de Wurtemberg l'a lancée, espérant décider le succès de la journée avant l'entrée en ligne des Saxons. Il perd tant de monde, qu'il recule. Le 12ᵉ corps (Saxons), chargé du mouvement décisif, et qui doit parcourir le chemin le plus long, reste seul intact. Il atteint enfin les environs de Roncourt et tourne Saint-Privat qu'il canonne. La fin du jour approche; les positions françaises ne sont pas entamées.

A la droite, la division Lafont de Villiers, établie à Roncourt et soutenue par une brigade de la division Tixier, avait pris l'offensive, appuyée par la division du Barrail; à la gauche, le maréchal Canrobert et la division Levassor-Sorval, soutenue par l'autre brigade de la division Tixier, rendaient vains les efforts de l'ennemi. Les attaques sur le général de Ladmirault étaient si vives, que la division Lorencez avait dû le renforcer; l'artillerie du 3ᵉ corps, malgré la supériorité de l'artillerie prussienne, réussit à mettre hors de combat quinze pièces à l'ennemi, qui en laissa prendre sept aux fantassins français. Deux restèrent entre leurs mains.

Les troupes du maréchal Le Bœuf, protégées par des tranchées, et ayant leurs pièces couvertes par des épaulements, se maintenaient sur le haut du plateau et conservaient le bois des Genivaux. Les troupes du général Frossard arrêtaient la 1re armée prussienne devant la position importante du Point-du-Jour. A la gauche extrême, les Prussiens canonnaient Sainte-Ruffine sans pouvoir tenter rien de sérieux de ce côté, à cause du feu de l'artillerie française de réserve répondant du fort Saint-Quentin.

Le maréchal Canrobert, serré vivement par les Saxons (12e corps), qui, vers la fin de la journée, ont dérobé son aile droite à Roncourt, et obligé de lutter contre une artillerie deux fois plus considérable que la sienne, envoie, à diverses reprises, demander du secours et les réserves de l'artillerie au maréchal Bazaine, qui, resté à son quartier général de Plappeville, ne monta même pas à cheval de toute la journée. Le commandant en chef ne se décide à lui envoyer quelques caissons de munitions de la réserve et une partie de l'infanterie de la garde, que lorsque le maréchal Canrobert a été obligé d'abandonner Saint-Privat.

La bataille, à six heures et demie, semblait gagnée par les Français. La garde n'avait pas été engagée : une brigade de voltigeurs avec le général Deligny était à la disposition du maréchal Le Bœuf, au-dessus de Châtel-Saint-Germain ; le général Bourbaki s'avançait sur le plateau de Plappeville avec la division de grenadiers. Le maréchal Bazaine se croyait sûr désormais du succès. S'il s'était porté au centre de la ligne et s'il s'était rendu compte des forces ennemies qu'il avait devant lui, il aurait reconnu le danger que courait son aile droite ; c'est au moment où l'état-major se félicite de la victoire, que les aides de camp du maréchal Canrobert et du général de Ladmirault, accourus au quartier général, apprennent au maréchal Bazaine que sa droite est tournée, écrasée et en retraite. Le mouvement tournant des Allemands s'était exécuté par l'arrivée du 12e corps saxon à Roncourt, qu'il avait enlevé pour se présenter ensuite par le nord devant Saint-Privat ; ce village était attaqué en même temps à l'ouest et au sud par la garde royale, soutenue par son artillerie et par celle du 10e corps prussien, du 12e corps et de la garde. Le maréchal Canrobert, après avoir épuisé ses munitions, avait évacué Saint-Privat devant cette formidable attaque, et se retirait par la route de Woippy sur les bois de Saulny.

La droite du 4e corps, brusquement découverte, est donc livrée sans défense aux coups de l'artillerie des Allemands, maîtres de Saint-Privat.

Le général de Ladmirault, pris d'écharpe et de revers, se maintient quelques instants encore et empêche même une nouvelle attaque des 9ᵉ et 3ᵉ corps prussiens sur les hauteurs ouest d'Amanvilliers ; il bat en retraite sur Plappeville. Le 1ᵉʳ et le 6ᵉ de ligne, laissés en avant du bois, en arrière d'Amanvilliers, et un bataillon occupant la ferme de Montigny-la-Grange, réussissent à protéger le mouvement de retraite avec la réserve d'artillerie du corps et des batteries de la garde. La division de grenadiers déployée en face de Saint-Privat, à droite et à gauche de l'artillerie, couvre le départ des 4ᵉ et 6ᵉ corps. L'ennemi s'arrête devant les premières maisons de Saint-Privat en flammes.

Le 3ᵉ corps, découvert à son tour par le départ du 4ᵉ, porte une brigade et deux batteries de sa réserve sur la droite, pour arrêter les progrès de l'ennemi ; il n'est forcé nulle part ; il en est de même du 2ᵉ, qui résiste au 11ᵉ corps prussien accouru de Rezonville à Gravelotte, pour soutenir les attaques de la 1ʳᵉ armée allemande. Le 11ᵉ corps n'arrive qu'à sept heures et demie à l'auberge de Saint-Hubert, pour échouer comme les autres dans son attaque. Le rapport du commandant du 7ᵉ corps prussien en fait foi.

« Depuis sept heures du soir, on remarquait que des colonnes ennemies se dirigeaient de Moscou sur Leipzig, et, plus tard, on crut apercevoir un mouvement de retraite vers Metz. Néanmoins, l'ennemi maintint sa position au Point-du-Jour, et même contre les attaques du 11ᵉ corps, et l'approche de la nuit ne l'amena pas à se retirer. Il y resta jusqu'au matin du 19, et ne s'éloigna alors à six heures du matin que sur un mouvement en avant des colonnes du 11ᵉ corps [1]. »

Le feu cessa à la nuit. Aucun trophée, pas même un canon démonté, n'était resté entre les mains des Allemands ; le nombre des morts et des blessés attestait l'acharnement de cette bataille, qui restera comme une des plus sanglantes, des plus inutiles et des plus singulières du siècle. Près de 14 000 morts et blessés furent comptés sur le terrain et portés dans les ambulances ; elle n'eut aucun résultat stratégique ; elle fut livrée par un général qui ne parut pas même sur le champ de bataille, et qui ne donna pas un seul ordre pendant toute la durée de la lutte.

La gauche prussienne bivouaqua sur le champ de bataille sans dépasser Saint-Privat et Amanvillers ; les Français tinrent la lisière des bois de Saulny, de Châtel, de la ferme de Montigny-la-Grange, du Point-du-Jour et des fermes intermédiaires. Le prince Frédéric-Charles, arrivé à huit heures et demie du soir près de Vernéville, ordonna que les corps

---

[1]. Rapport du commandant du 7ᵉ corps.

d'armée bivouaqueraient sur les emplacements occupés à la fin de la journée, en plaçant des avant-postes d'infanterie pour les lier aux corps voisins; il avertit bien inutilement, hélas! leurs chefs qu'ils devaient s'attendre à des tentatives désespérées pour forcer le passage pendant la nuit. Le 12ᵉ corps fut encore une fois prévenu de l'importance extrême qu'il y aurait à atteindre Woippy.

Les Allemands auraient pu l'occuper avant la fin de la journée si, au lieu des Saxons éloignés de 40 kilomètres de ce point, le 1ᵉʳ corps, resté sur la rive droite, avait été chargé de cette opération. L'état-major allemand, heureusement, n'y songea pas, et le 6ᵉ corps français put descendre sur Woippy sans être inquiété; le 6ᵉ corps se retira sur le plateau de Plappeville; l'armée française tout entière, au lever du jour, était rangée autour de la place.

Ces mouvements s'exécutèrent le 19 sans que l'ennemi les inquiétât. Le maréchal Bazaine se dirigea, au point du jour, de Plappeville sur le Ban-Saint-Martin, où il établit son quartier général.

Les Allemands n'ont point dissimulé les effroyables pertes éprouvées par eux dans l'attaque de leur gauche contre la droite ennemie dans la forêt de Jaumont : un colonel, deux majors, le prince de Salm y furent tués; deux commandants de brigade, quatre commandants de régiments et un grand nombre d'officiers supérieurs et d'officiers subalternes blessés. Saint-Privat fut le théâtre de luttes terribles :

« Saint-Privat était en feu sur plusieurs points; mais les Français, dignes de leur vieille réputation de bravoure, montraient une ténacité extraordinaire : un feu roulant sortait continuellement des endroits qu'ils occupaient et couvrait tout le voisinage d'une grêle de plomb. A six heures et demie, on ordonne de recommencer l'assaut. L'ennemi, entouré presque de tous côtés, se battit en désespéré [1]. »

Le commandant de la 3ᵉ brigade allemande, qui avait combattu aux environs d'Amanvillers, fut blessé; le régiment Alexandre perdit un grand nombre d'officiers et de soldats, ainsi que les bataillons de chasseurs de la garde; le commandant et cinquante officiers restèrent sur le carreau; aucun officier ne sortit du combat sans blessure :

« Les pertes de la troupe s'élevèrent à peu près à la moitié de l'effectif. Lorsque le jour commença à baisser, la 20ᵉ division du 2ᵉ corps s'approcha de Sainte-Marie, en sorte que le reste des bataillons de la garde, épuisés par le combat et auxquels manquaient presque tous leurs officiers, rejoignirent leurs drapeaux conduits par des officiers d'état-major [2]. »

1. *La Campagne de Metz*, par un général prussien.
2. *Ibid.*

Les Prussiens perdirent dans cette journée 520 officiers et 13 000 hommes, sans compter les pertes des 2ᵉ, 7ᵉ et 8ᵉ corps; les Français perdirent 500 officiers et 11 000 hommes. L'ennemi leur avait opposé 230 000 hommes, contre 120 000. L'effort, disons-le en outre, de cinq corps prussiens, soit 130 000 hommes, fut porté tout entier sur les 30 000 hommes des 4ᵉ et 6ᵉ corps formant la droite française.

Les Allemands, ici comme à Rezonville, s'adjugent le gain de la bataille :

« La fuite de l'ennemi a été si précipitée qu'à Amanvillers il a abandonné un campement; on y avait laissé les tentes, la plupart des effets, les papiers et les armes. Les marmites étaient toutes préparées devant les feux éteints; des vêtements avaient été arrachés en hâte des coffres restés ouverts; des lettres commencées gisaient sur les tables; quelques-unes donnaient les détails curieux sur la manière dont les Français considèrent cette guerre. Tout indiquait une fuite désordonnée, une panique. Nos soldats remarquèrent avec étonnement tout le confort que s'accorde un soldat français en campagne. Tandis que trop souvent nos guerriers endurcis ont à bivouaquer en plein air, sur la terre nue, et s'accommodent de cette couche dure que leur général partagea avec eux les deux nuits qui précédèrent la bataille, on trouva dans les tentes françaises non seulement des lits, des chaises, des fauteuils, mais même çà et là des tapis et des rideaux, des meubles de toilette compliqués, des eaux et des huiles de senteur et, en somme, tant d'embarras de toute sorte, que cela seul explique pourquoi notre armée se meut bien plus facilement et rapidement que l'armée française [1]. »

Ce n'était pas cependant la prise d'un campement et d'un grand nombre de prisonniers qui donnait la victoire aux Prussiens, mais un fait d'une bien plus grande importance : toutes les communications des Français avec Paris étaient coupées [2].

L'armée française, refoulée derrière les forts de Metz, gardait encore toute son énergie; mais, réduite à ses propres forces, séparée de l'intérieur, elle ne pouvait plus compter que sur les ressources de la place. L'armée d'investissement, au contraire, avait ses communications libres et pouvait recevoir tout ce qui lui était nécessaire en hommes et en matériel; un peu de repos lui eût été utile, mais un service de surveillance de tous les instants, et qui ne pouvait se relâcher impunément, l'empêchait de s'y livrer.

« Les chances restaient encore presque égales, au moins pour les premières semaines; les résultats de ces combats, qui avaient coûté des deux côtés plus de 40 000 hommes, *étaient effroyablement petits;* c'est d'ailleurs un signe caractéristique de l'esprit

[1]. *La campagne de Metz*, par un général prussien.
[2]. Le comte de Palikao n'en présenta pas moins cette bataille au Corps législatif comme une grande victoire; il entra même dans certains détails et parla d'un corps allemand culbuté et anéanti dans les carrières de Jaumont, qui, dans aucun rapport officiel, ne figurent comme théâtre d'un pareil événement.

qui animait les deux armées, de voir, dans ces luttes gigantesques, que les Allemands, les vainqueurs, n'avaient conquis comme trophée que le misérable chiffre de 7 canons et seulement 6 000 prisonniers non blessés, qui, presque sans exception, avaient été pris dans les villages défendus jusqu'à la dernière extrémité, tandis qu'eux-mêmes avaient perdu 800 prisonniers [1]. »

Le 4e corps prussien, qui n'avait pas été engagé, la garde royale prussienne, le 12e corps saxon, les 5e et 3e divisions de cavalerie de réserve prussienne et une division de cavalerie saxonne furent réunis après la bataille, pour former sous le commandement du prince royal de Saxe une nouvelle armée, qui prit le nom de 4e armée ou *armée de la Meuse ;* elle était destinée à marcher sur Paris parallèlement à la 3e armée, commandée par le prince royal de Prusse. Le nombre des troupes allemandes restait le même en réalité, puisque cette armée n'était qu'une portion détachée des forces sous Metz. Elle se sépara, le 21 août, de l'armée d'investissement, qui continua de porter les noms de 1re et de 2e armée allemande, mais en étant placée sous l'unique direction du prince Frédéric-Charles. Quelques semaines plus tard, divers détachements vinrent combler les grands vides laissés par les derniers combats. L'armée d'investissement tout entière devait, d'après les états de situation, s'élever à 230 ou 240 000 hommes. Les Allemands prétendent qu'elle n'a jamais en réalité atteint ce chiffre et que, soit que les pertes n'eussent pas été comblées, soit que les maladies eussent sévi, elle n'a jamais compté plus de 200 000 hommes disponibles.

L'armée française se retire tristement, le 19 août, vers le camp retranché de Metz, plus fatal à la France que celui d'Olmutz à l'Autriche en 1866. Partout on rencontre des hommes fatigués, épuisés de ces combats et de ces retraites qu'ils ne comprennent pas. « Qu'on nous parle ! disent ces « braves gens ; que se passe-t-il ? Notre régiment a repoussé l'ennemi et « nous reculons [2] ! » Parler aux soldats ! le maréchal Bazaine y songe bien ! Cependant le 19, les distributions commencent à devenir insuffisantes, et, sans les pommes de terre récoltées dans les champs, l'armée souffrirait beaucoup : les ressources en vivres et en cartouches sont des plus faibles, et la dernière communication avec la France, par la route de Thionville, vient d'être coupée. Voilà tout ce qu'on apprend au soldat.

Un mois après la déclaration de guerre, quinze jours après l'ouverture des hostilités, 180 000 hommes, armée et garnison, sont bloqués dans

---

1. *La Campagne de Metz,* par un général prussien.
2. *Journal d'un officier de l'armée du Rhin.*

Metz par 200 000 ennemis, tandis que les 150 000 hommes de l'armée du prince royal de Prusse et les 70 000 hommes de celle du prince royal de Saxe marchent sur Paris. Le dernier courrier de France arrive le 19 vers le soir, au camp de Metz. Les soldats reçoivent encore une fois des nouvelles de leurs familles, de leurs amis et de la France.

Quelques familiers du maréchal Bazaine seuls savaient que le maréchal de Mac-Mahon lui avait télégraphié, le 17 août, que ses troupes seraient complètement constituées le lendemain et prêtes à marcher ; en ajoutant qu'il était placé sous ses ordres, il lui demandait ses instructions. « Je suis trop loin du centre de vos opérations, pour vous indiquer les mouvements à exécuter. Je vous laisse libre d'agir comme vous l'entendrez. » Telle avait été la réponse du maréchal Bazaine.

La nuit du 19 au 20 est tranquille. Le 20, on resserre les lignes. La crainte d'un blocus devait faire rabattre dans les camps toutes les ressources des villages environnants. L'intendant général Wolf et l'intendant de Préval, chargés d'aller préparer les vivres sur les routes que l'on doit suivre, partent et ne reviennent pas.

Le maréchal Bazaine reçoit le 20 cette dépêche :

« Camp de Châlons, 19 août, trois heures trente-cinq du soir ; expédiée le 20 août, à onze heures trente-cinq du matin.

« MARÉCHAL DE MAC-MAHON AU MARÉCHAL BAZAINE.

« Si, comme je le crois, vous êtes forcé battre en retraite très prochainement, je ne sais, à la distance où je suis de vous, comment vous venir en aide, sans découvrir Paris ; si vous en jugez autrement, faites-le-moi savoir. »

Le maréchal Bazaine répond :

« Ban-Saint-Martin, 20 août.

« MARÉCHAL BAZAINE AU MARÉCHAL DE MAC-MAHON.

« J'ai dû prendre position près de Metz pour donner du repos aux soldats et les ravitailler en vivres et en munitions. L'ennemi grossit toujours autour de nous, et je suivrai très probablement pour vous rejoindre la ligne des places du Nord ; je vous préviendrai de ma marche, si je puis toutefois l'entreprendre sans compromettre l'armée. »

Le maréchal Bazaine adresse à l'Empereur et au ministre de la guerre la même dépêche sans y joindre la restriction qui la termine [1].

Le 22 août, le bruit se répand qu'on a découvert dans les magasins du chemin de fer quatre millions de cartouches. L'armée apprend en outre,

---

1. Cette dépêche si importante, qui aurait dû modifier ses décisions ultérieures, le maréchal de Mac-Mahon affirme qu'elle ne lui est pas parvenue. Cette affirmation a donné lieu à des incidents graves, sur lesquels nous aurons à revenir.

par une communication officielle, qu'elle est complètement ravitaillée en vivres et en munitions. Comment l'existence d'un tel amas de cartouches a-t-elle pu rester ignorée du commandant en chef! Ne l'aurait-il pas cachée pour justifier sa retraite sur Metz! Le soupçon commence à se glisser dans les esprits.

L'armée occupe ses loisirs à combiner des plans de sortie. L'ouest semble à beaucoup d'officiers la ligne de retraite naturelle; mais l'ennemi a, sur la rive gauche, cinq corps qui pourraient être facilement concentrés en cas d'attaque. Le plateau de Plappeville offre bien, à la vérité, un passage dans cette direction, seulement il aurait fallu y songer d'avance et se fortifier au débouché de la route de Saulny sur le plateau d'Amanvillers. Sans cela, comment arriver à ce plateau en marchant entre les bois de Châtel et de Saulny vigoureusement tenus par l'ennemi? D'autres plans consistent à agir par le Nord. On livrerait une bataille; cette bataille gagnée, l'armée s'avancerait vers la Meuse, le long de la frontière belge, et donnerait la main au maréchal de Mac-Mahon. Malheureusement les plaines de la rive gauche de la Moselle, battues par les pièces de l'ennemi, ne permettaient pas de remonter vers le Nord. Il fallait, pour franchir la rive droite, songer d'abord à percer les lignes de Sainte-Barbe et à effectuer un passage de rivière en face de six corps d'armée. Il paraissait plus naturel d'opérer autour de Metz, comme les Russes autour de Sébastopol. S'emparer de la hauteur du château de Mercy, s'y fortifier, s'y faire attaquer, puis s'élancer à la première occasion sur ses lignes d'opération dans la direction de Nomeny ou de Château-Salins, y diriger tout au moins une partie de la cavalerie à peu près inutile désormais, inquiéter les lignes d'opération de l'ennemi, relever le moral des troupes et aller reprendre, si c'était possible, une base dans le Sud, vers Langres et Lyon; ce plan ne manquait pas non plus d'approbateurs. L'ignorance dans laquelle le maréchal Bazaine laissait l'armée de Metz de la formation de l'armée de Châlons explique tous ces projets. Lorsque cette formation fut connue, l'opinion de marcher au Nord, sur Thionville, par la rive droite de la Moselle, d'abord combattue, gagna du terrain.

Une sortie était annoncée pour le 26 août; quoique les effets des officiers eussent été réduits d'après un état réglé par l'état-major, et que l'ordre eût été donné aux cantiniers de rester dans Metz, avec leurs femmes et leurs voitures, l'armée traîne encore après elle une telle quantité de bagages qu'il est impossible d'entamer l'action à la pointe du jour. Le temps est froid et pluvieux. On s'aperçoit, au moment de franchir la Moselle, qu'un seul des deux ponts construits par l'artillerie est en état de supporter les voitures. Les colonnes s'allongent et se retardent mutuellement. L'armée prend position néanmoins en avant de Saint-Julien, au milieu de la tempête déchaînée. Le mouvement offensif est devenu difficile. Le maréchal Bazaine le juge inexécutable [1].

L'armée murmure ; le maréchal Bazaine, bien décidé à ne pas bouger, mais voulant faire partager à ses lieutenants la responsabilité d'une décision, à laquelle ils ne sont que trop disposés à se prêter, réunit les commandants des corps d'armée et des armes spéciales à la ferme de Grimont, pour leur poser la question de savoir si l'armée doit marcher en avant ou si elle doit rester sous Metz, comme c'est l'avis de son chef.

« Parce que, dit-il, sa présence maintenait devant elle 200 000 hommes, qu'elle donnait à la France le temps d'organiser la résistance, aux armées en formation celui de se constituer et que, en cas de retraite de l'ennemi, elle le harcellerait si elle ne pouvait lui infliger une retraite décisive. Quant à la ville de Metz, elle avait besoin de la présence de l'armée pour terminer les forts, leur armement, les défenses extérieures du corps de place, et il fut reconnu qu'elle ne pourrait tenir plus de quinze jours sans la protection de l'armée [2]. »

Six généraux formaient le conseil à la ferme de Grimont. Le général Coffinières, commandant de la place de Metz, est d'avis de ne pas sortir ; il ne veut pas accepter de responsabilité en cas de siège. Les généraux Bourbaki et de Ladmirault, entendant le général Soleille affirmer qu'on n'a de munitions que pour un jour, se résignent à ne pas tenter de sortie. Le maréchal Le Bœuf sachant bien que le général Soleille cache la vérité, mais n'osant pas la dire, veut cependant essayer une trouée. Le maréchal Canrobert fait un long discours pour prouver qu'il est inutile de sortir. Le maréchal Bazaine n'ouvre pas la bouche sur les dépêches qu'il a reçues du maréchal de Mac-Mahon, notamment sur celle du 23, qui le prévient que l'armée de Châlons est en marche. Le maréchal Bazaine a, il est vrai, nié, lui aussi, plus tard, qu'il eût reçu cette dépêche [3].

Le conseil du 26 a prononcé ; l'armée n'essayera pas de percer les

---

[1]. Cependant il n'avait trouvé que très peu de monde devant lui. C'est ce jour-là même qu'il écrivit au maréchal de Mac-Mahon la dépêche reçue de Metz à Thionville par le commandant de place Turnier, dépêche remise par celui-ci au procureur impérial de Sarreguemines Lallemand. Ce dernier la confie, à Sedan, au commandant de place Melcion d'Arc, des mains duquel elle passe ensuite dans celles de M. Hulme, qui déclare enfin l'avoir remise lui-même à l'Empereur et au maréchal de Mac-Mahon.
[2]. Rapport sommaire sur les opérations de l'armée du Rhin.
[3]. Lue par le colonel Lewal.

lignes ennemies. Les chefs de corps sont prévenus que le 30 août on fera un mouvement. S'agit-il d'un de ces « coups de griffe », selon l'expression du maréchal Canrobert, qu'on doit donner de temps en temps pour relever le moral des troupes, ou d'une tentative de sortie annulant brusquement les décisions prises à la ferme de Grimont? Les ordres donnés ne permettent aucun doute à cet égard. Le maréchal Bazaine veut sortir du côté de Thionville pour rejoindre le maréchal de Mac-Mahon qu'il croit proche de Stenay. Mais les ordres de l'état-major sont communiqués aux chefs de corps avec si peu de précautions, que l'armée et la ville en sont tout de suite informés, et il en est toujours ainsi. Cette fois, il faut remettre l'opération au lendemain. Le passage sur trois ponts des trois corps (4ᵉ, 6ᵉ et garde) de la rive droite sur la rive gauche de la Moselle ne commence donc que le 31 à six heures du matin.

Les Prussiens n'avaient pas opposé, le 26, de grandes forces à l'ennemi, parce qu'ils ne croyaient pas à sa sortie de ce côté; avertis cette fois, ils avaient pris leurs sûretés. Le passage s'effectua lentement; l'attaque ne commença que dans l'après-midi et ne porta l'armée française que sur les positions de Noisseville, Servigny et Sainte-Barbe, enlevées avec beaucoup d'entrain et sur lesquelles on s'arrêta, la nuit ayant mis fin au combat.

Le général Manteuffel, commandant la ligne d'investissement sur les points menacés, avait concentré ses troupes et pris ses dispositions de défense, pendant que l'armée française arrivait lentement sur le plateau et recevait l'ordre de faire le café. Le maréchal Bazaine s'avança vers deux heures sur la route de Sainte-Barbe et fit établir un épaulement de batterie à gauche de cette route. Six pièces de 12 de la réserve du 4ᵉ corps arrivèrent vers quatre heures derrière ce parapet; une autre batterie de cette réserve se plaça à droite de la route en face de Poix. Le fort Saint-Julien fournit en outre trois pièces de 24, qu'on mit à droite de la route, en avant de la ferme de Grimont. Ces grosses pièces donnèrent vers quatre heures le signal du feu, qui s'alluma sur toute la ligne.

L'infanterie prussienne restait, selon son habitude, très abritée en arrière de l'artillerie. Il aurait fallu, pour combattre cette tactique, ne pas user ses munitions d'artillerie dans un duel inégal [1], faire avancer

---

[1]. On a répété à satiété que le chassepot valait mieux que le fusil à aiguille, mais que le canon français était moins bon que le prussien. Soit; mais cela aurait dû nous amener à imposer notre portée de fusil à l'infanterie prussienne et à ne pas accepter celle de l'artillerie prussienne, comme on l'a fait invariablement.

ses tirailleurs jusqu'à 800 mètres des canons ennemis, profiter de la supériorité du chassepot pour fusiller les canonniers, forcer les batteries à s'éloigner, les poursuivre, forcer l'infanterie à sortir de ses cachettes, l'ébranler alors par l'artillerie et les mitrailleuses, et l'aborder à la baïonnette. Cette tactique avait réussi toutes les fois qu'elle avait pu être employée.

Le maréchal Le Bœuf, au signal donné par le canon de la ferme de Grimont, avait porté en avant ses troupes en position depuis deux heures du matin. Le village de Sainte-Barbe, placé sur une position dominante et sur le principal chemin de Thionville, devait être évidemment considéré comme la clef de la position. Il fallait surprendre l'ennemi, écraser son camp sous une artillerie supérieure. La réserve générale de cette arme pouvait la fournir si on l'eût laissée passer avant la garde, peu nécessaire pendant les premières heures du combat.

Le mouvement de l'artillerie de l'aile droite, qui demandait une grande rapidité, fut mené dans le sens contraire.

La division Metmann s'était portée vers Nouilly. La division Montaudon, soutenue par la division Fauvart-Bastoul (ancienne division Bataille), avait marché dans la direction de Noisseville et attaquait avec une de ses brigades Montoy et Flanville, occupés par la 3e brigade d'infanterie ennemie sous la protection de batteries portées en avant de Retonfey. Le 1er régiment d'infanterie prussienne, attaqué en même temps à la brasserie et dans Noisseville, était obligé « d'évacuer ces deux points et de se reti-
« rer sur Servigny, pendant que des tirailleurs français, fortement établis
« dans les coteaux de vignes de Noisseville, ouvraient un feu des plus
« vifs sur les batteries prussiennes, amenées en avant de Servigny, et
« les forçaient même à faire un demi-tour [1]. »

Nouilly et Noisseville enlevés par les Français à six heures et demie, l'ennemi est rejeté dans Retonfey, tandis que, plus à droite, deux régiments de dragons français mettent pied à terre et occupent Coincy avec deux bataillons du général Lapasset, maître de Colombey depuis trois heures du matin ; « mais ces attaques sur la droite avaient l'inconvénient
« de détourner de l'action principale sur Sainte-Barbe, et on ne put
« aborder Servigny qu'à six heures et demie du soir [2]. » Le 2e corps, en effet, déployé sous le feu de l'ennemi, n'a pu se porter en avant sans que le 3e corps ait effectué en partie son mouvement tournant ; le 6e corps

---

1. Rapport du général Manteuffel.
2. Rapport officiel français.

est obligé de se conformer à la marche du 4ᵉ. La division Metmann, chargée de l'enlèvement de Servigny, lance sa 1ʳᵉ brigade dans ce village, à gauche, par les jardins ; mais, à peine y a-t-elle pénétré, qu'elle se retire sous le feu des barricades et des maisons crénelées. Les deux divisions du général de Ladmirault se portent en avant pour soutenir cette attaque ; le général de Cissey à droite, le général Grenier à gauche, le général de Lorencez en arrière et en réserve doivent appuyer le mouvement.

Villers-l'Orme est facilement enlevé ; les troupes françaises s'élancent sur les retranchements de Poix et de Servigny et les emportent. Le 20ᵉ

Fig 36. — Mort du général Abel Douay à Wissembourg.

bataillon de chasseurs se jette sur Servigny, où les barricades l'arrêtent. Les 1ᵉʳ et 6ᵉ régiments d'infanterie l'appuient en vain ; il faut que la division Aymard arrive pour que l'ennemi se retire ; encore reste-t-il dans une maison crénelée au bout du village. La division Grenier et la 2ᵉ brigade de la division de Cissey ont enlevé les retranchements du chemin de Failly, mais non le village de Poix. Le maréchal Canrobert, à la gauche, s'est emparé de Chieulles et de Vany avec ses compagnies de partisans ; il a établi la division Tixier à droite, la division Lafont de Villiers à gauche, la brigade Levassor-Sorval en réserve, avec la cavalerie faisant face au débouché de Malroy. Le 6ᵉ corps doit se porter sur Charly ; mais le maréchal Bazaine, « d'après la marche des affaires, lui a donné « l'ordre de se diriger sur Failly, dont l'occupation pouvait faire tomber « Poix et Servigny [1]. » La 1ʳᵉ division du 6ᵉ corps s'avance donc sur le village ; mais, la nuit étant venue et les 3ᵉ et 4ᵉ corps s'étant repliés, « le

1. Rapport officiel.

« maréchal Canrobert jugea indispensable de suspendre le mouvement « du général Tixier, afin de rester lié au général de Ladmirault, et il fit « avancer en ligne ses autres divisions, grande faute si toutefois on était « bien décidé à percer la ligne ennemie [1]. » L'armée commençait à en douter, non sans raison. Si la tentative du maréchal Bazaine est sérieuse, disaient les officiers, pourquoi ne pas profiter de l'élan donné aux troupes et montrer la fermeté d'une résolution inébranlable, au lieu de paraître incertain et hésitant? En présence d'une pareille question et de l'impossibilité d'y répondre, des doutes cruels naissaient dans les esprits, et de sombres pressentiments oppressaient les cœurs.

Les lignes d'infanterie française, entraînées par une espèce d'élan personnel, s'étaient mises en marche entre la route de Sainte-Barbe et le ravin de Nouilly. Leur ardeur pouvait être utilisée, malgré la nuit et le brouillard couvrant les vallées. Le général de Ladmirault n'avait pas épuisé ses réserves; le 6e corps s'était à peine mêlé au combat, la garde et le 2e corps pas du tout. Une nombreuse cavalerie, bien postée pour agir vers les routes de Sarrebruck et de Sarrelouis, menaçait l'ennemi de le déborder; rien ne l'empêchait ensuite de se mesurer avec la cavalerie prussienne établie vers Retonfey; cette cavalerie n'avait encore rien tenté de sérieux, à part l'action de Coincy.

L'armée française n'avait en face d'elle que la division de Kummer, la division hessoise, des troupes du 10e corps et une division de cavalerie, soit de 60 à 70 000 hommes reportés d'Ogy à Coincy. Se jeter sur ces forces avec les 3e et 4e corps, soutenus par la garde impériale sur le point décisif, entre les routes de Sainte-Barbe et de Sarrelouis; forcer le passage de nuit avant que l'ennemi l'eût rendu infranchissable, c'était un plan que beaucoup d'officiers dans l'armée croyaient possible d'exécuter : mais le maréchal Bazaine quitta le champ de bataille à neuf heures et rentra à Saint-Julien. Une assez vive fusillade s'échangeait encore entre les Français et les Prussiens de Poix à Servigny. Les premiers tenaient ce village, mais avec des régiments confondus, mêlés, difficiles à réorganiser pendant la nuit. L'ennemi fit un retour offensif, après lequel les Français se virent contraints d'évacuer Servigny et de se reporter à 300 mètres en arrière sur les crêtes.

Le prince Frédéric-Charles ne parut sur le champ de bataille ni ce jour-là ni le lendemain; averti que les 3e et 4e armées prussiennes pou-

[1]. *Journal d'un officier de l'armée du Rhin*, par Charles Fay, lieutenant-colonel d'état-major.

vaient d'un instant à l'autre être aux prises avec celle du maréchal de Mac-Mahon, il restait sur la rive gauche avec les 2e et 3e corps prêts à marcher au premier avis, tout en faisant avancer de nouvelles troupes.

Les corps de la première ligne française ne furent pas relevés pendant la nuit par les réserves, et on maintint les dispositions prises la veille pour enlever Sainte-Barbe : « Si l'ennemi s'est accru, on se bornera à « se maintenir jusqu'au soir dans les positions du 31, afin de revenir « ensuite sous les canons des forts et de la place de Metz. » Ordre peu propre à soutenir le moral des troupes, car il ne laisse que trop percer une pensée de retraite.

Une vive canonnade retentit dès cinq heures du matin du côté prussien. L'épaisseur du brouillard, jusqu'à sept heures, ne permet pas de distinguer l'ensemble du champ de bataille. Les Allemands, dont le feu part des hauteurs de Maiseroy à Sainte-Barbe par Retonfey et le château de Gras, prennent l'offensive contre le 3e corps dès que le soleil a dissipé les brouillards, et ils se portent sur Noisseville, mis en état de défense et occupé par la brigade Clinchant, soutenue par le 32e d'infanterie. Le général Castagny reçoit l'ordre de se rapprocher du 2e corps dans la direction de Colombey et du château d'Aubigny.

On n'avançait ni d'un côté ni de l'autre, lorsque tout à coup la division Fauvart-Bastoul, obligée de reculer sous le feu de l'ennemi, abandonne sa position de la route de Sarrebruck à hauteur de Coincy. La droite de la brigade de la division Montaudon, qui occupe Montoy et Flanville, laissée à découvert par cette retraite [1], est obligée de se retirer à son

---

1. Le maréchal Bazaine attribue à cette retraite la perte de la journée :
« C'est à ce moment que le corps de cavalerie de réserve se formait pour entreprendre une charge dans le terrain découvert en avant de Servigny, et que les divisions d'infanterie de la garde se préparaient à en profiter pour prononcer un retour offensif qui aurait entraîné très certainement les troupes du 3e, 4e et 6e corps les plus à proximité et la prise de Sainte-Barbe, que le général Fauvart-Bastoul s'est retiré. Les conséquences de la retraite du général Fauvart-Bastoul furent des plus graves; le 3e corps dut rétrograder, et l'opération que j'avais tentée se trouvait, par suite, avoir complètement échoué. »
Le maréchal Le Bœuf prétend, dans son rapport, que le général Bastoul a battu en retraite sans son ordre. Le général Frossard, au contraire, écrit au maréchal Bazaine que le général Bastoul ne s'est retiré que fort peu en arrière, lentement; « il n'a contrevenu en rien aux ordres du maréchal. » C'est un démenti donné par le général Frossard au maréchal Le Bœuf : le général Bastoul avait été distrait du commandement du général Frossard pour être remis sous les ordres du maréchal Le Bœuf, de la tirailllement. Le maréchal Le Bœuf commence par prescrire à la division Fauvart-Bastoul de se reporter en avant, mouvement qu'elle exécute avec une grande vigueur, dit le rapport du 3e corps. L'artillerie ennemie l'écrase. Le maréchal Le Bœuf lui donne l'ordre de battre en retraite. Le général Bastoul, las, paraît-il, de ces contradictions, dit à l'officier « Il m'embête, il me fait aller; je veux un ordre écrit. »
Le maréchal Bazaine, il convient de le remarquer, n'a pas pu juger par lui-même de

tour; elle le fait en bon ordre devant les Prussiens, qui reprennent aussitôt possession de Noisseville et de la brasserie, s'abritant derrière les arbres de la route de Sarrelouis, sans poursuivre la division Montaudon.

Le 4ᵉ corps avait maintenu ses lignes devant Poix et Servigny, malgré une vive canonnade; la division Lorencez avait remplacé en première ligne la division de Cissey sans gagner du terrain. Le général Tixier, du 6ᵉ corps, commençait l'attaque de Failly, lorsque l'immobilité du 4ᵉ corps, puis sa retraite, entraîna la sienne et celle du maréchal Canrobert. La garde, établie en partie dans les tranchées, en avant et à droite de Grimont, était restée en réserve. La retraite fut ordonnée vers onze heures.

« Le mécontentement était très vif dans tous les rangs; chacun se disait
« qu'une armée comme la nôtre, attaquant un point quelconque de la
« circonférence ennemie, devait la traverser dès qu'elle en aurait la
« volonté; mais qu'il était indispensable, pour réussir, de surprendre
« l'ennemi et de supprimer les bagages. Cela était clair pour tout le
« monde; aussi ne put-on expliquer notre insuccès qu'en se disant :
« Avait-on bien l'intention de réussir [1]? »

Les pertes des Français, pendant ces deux journées, et celles de l'ennemi étaient à peu près égales : 152 officiers et 3 617 hommes hors de combat, parmi lesquels les généraux Montaudon, Osmont blessés, le général Manèque mort. Le maréchal Bazaine donne l'ordre de rentrer, et cette fois pour ne plus sortir que le jour de la capitulation; c'en est fait, on ne sentira plus la « griffe française ».

Au moment où finissaient ces combats sous Metz, l'armée du maréchal de Mac-Mahon allait capituler à Sedan, et il ne restait plus que l'armée du maréchal Bazaine à la France.

Pendant que les événements que l'on vient de lire se passaient à la gauche et au centre de l'armée, que faisait la droite?

Le 1ᵉʳ corps de l'armée du Rhin avait été formé à Strasbourg vers la fin du mois de juillet. Les états-majors, le génie, les parcs, etc., se présentèrent au lieu de rassemblement de la manière la plus décousue. Dans le génie, par exemple, les cinq compagnies parmi lesquelles figurait une section chargée spécialement *de la réparation et de la des-*

---

la vérité de ce qu'il raconte, puisqu'il n'était pas sur le champ de bataille et qu'il se trouvait dans le fort Saint-Julien.

1. *Journal d'un officier de l'armée du Rhin.*

truction des chemins de fer arrivèrent ensemble avec leurs voitures ; dans l'état-major de l'arme, le premier officier parvenu au rendez-vous fut un capitaine ; le chef d'état-major parut le 23 juillet, puis vinrent deux ou trois officiers et un garde ; enfin, dans les derniers jours de juillet, le général Le Brettevillois, auquel l'ordre de se rendre à Strasbourg était parvenu à Biskra, à la lisière de la province de Constantine, prit son commandement. Des sapeurs-conducteurs, envoyés de cette dernière ville, avaient l'ordre de prendre le parc du génie en passant à Lyon ; le directeur des fortifications, effrayé du retard qu'entraînait l'attente de ces sapeurs, envoya le parc par le chemin de fer sans le faire accompagner par personne. Le parc, dans l'incroyable désordre des gares, dépassa Strasbourg. On apprit par hasard qu'il se trouvait à Sarreguemines, d'où on le fit revenir, non sans peine, dans les premiers jours du mois d'août, et enfin, au moment du départ du corps pour la frontière du Palatinat, il dut rester à Strasbourg, faute de moyens de transport. Il ne rejoignit jamais l'armée. Un autre fait donnera une idée de la confusion générale. Le général commandant le génie avait pris sept voitures de réquisition, conduites par des paysans, et portant 3 150 pelles et pioches, destinées spécialement à faire construire aux soldats des tranchées-abris auxquelles l'Empereur et le maréchal Le Bœuf attachaient une importance particulière ; ces outils ne parvinrent à l'armée qu'à Saverne, après la retraite de Frœschwiller.

Le maréchal de Mac-Mahon, arrivé le 26 juillet à Strasbourg, prit aussitôt le commandement de l'armée. Il était de ceux qui admettaient comme un axiome, l'infériorité de l'armée prussienne relativement à l'armée française ; la campagne de 1866 n'avait pas modifié chez lui cette opinion, partagée du reste par presque tous les officiers généraux français. Le maréchal de Mac-Mahon, à son passage à Paris, avait exprimé la conviction qu'il ne lui serait pas difficile de conduire en quinze jours 200 000 hommes à Berlin. Il ne connut qu'en arrivant à Strasbourg la composition de son corps d'armée et les noms de ses généraux de division et de brigade. Outre le 1er corps, il pouvait disposer du 7e corps commandé par le général Douay et comprenant trois divisions ; deux divisions de ce corps fort incomplètes furent envoyées à Belfort, où elles s'organisèrent peu à peu ; la 3e division (général Dumont), en formation à Lyon, y attendait les troupes de Civita-Vecchia. Le maréchal de Mac-Mahon fit venir de Strasbourg, dans les premiers jours d'août, une division du 7e corps qui le suivit jusqu'à Châlons, où, comme on le verra plus tard, elle fut rejointe le 19 et le 20 août par la division restée à Belfort et par la 3ᵉ division.

Le maréchal de Mac-Mahon, n'apportant point de plan de campagne de Paris, en faisait vingt par jour et n'en choisissait aucun. Tantôt il était presque décidé à franchir le Rhin près de Kehl, ce qui n'offrait aucune difficulté; mais que faire après? Tantôt il se proposait de longer le fleuve; mais, en adoptant ce plan, n'allait-il pas se heurter à la forteresse de Rastadt et s'immobiliser dans un siège? Le maréchal de Mac-Mahon, trop faible en résumé pour attaquer le premier, gardait la défensive à laquelle le condamnait sa faiblesse numérique.

Les divisions du 1ᵉʳ corps, dans les premiers jours d'août, prirent position à la frontière, à Haguenau, Wissembourg, Reichshoffen et Frœschwiller, la 1ʳᵉ division (général Ducrot) en avant de Wœrth, la 2ᵉ division (général Douay) à Haguenau, les 3ᵉ et 4ᵉ divisions (généraux Raoul et Lartigue), à Strasbourg. Cet éparpillement dans l'éparpillement, qui pouvait empêcher les divisions du 1ᵉʳ corps de se soutenir mutuellement, lui était imposé, il faut le reconnaître, par les difficultés de sa formation.

La cavalerie se trouvait à Haguenau et à Soultz-les-Forêts, en avant du front, la brigade du général de Septeuil à Sultz, la brigade du général Nansouty à Seltz, couvrant de leurs avant-postes l'espace compris entre les Vosges et le Rhin. La brigade de cuirassiers du général Michel formait la réserve soutenue par des bataillons isolés, ce qui lui enlevait une partie de sa mobilité.

Le 1ᵉʳ corps appuyait sa droite sur Strasbourg. La concentration de l'armée allemande dans le Palatinat l'exposait à être coupé du gros de l'armée, ce qui arriva en effet, par une pointe offensive de l'ennemi. Le maréchal de Mac-Mahon crut donc devoir se rapprocher du 5ᵉ corps, sous les ordres du général de Failly, et, soit pour couvrir cette marche de flanc, soit pour assurer la protection de la frontière entre Wissembourg et Lauterbourg, il ordonna au général Abel Douay, commandant la 2ᵉ division du 1ᵉʳ corps, d'occuper Wissembourg, ville comprise dans les lignes de fortification qui ont rendu son nom célèbre dans les guerres de la Révolution, mais réduite depuis longtemps à l'état de forteresse déclassée.

La 2ᵉ division du 1ᵉʳ corps comprenait trois régiments de ligne, les 56ᵉ, 74ᵉ et 78ᵉ, un régiment de turcos, un bataillon de chasseurs à pied, un régiment de chasseurs à cheval, trois batteries d'artillerie et une batterie de mitrailleuses installée sur les hauteurs du col du Pigeonnier, par où la 2ᵉ division se ralliait au corps du général Ducrot, sous le commandement duquel elle se trouvait placée et qui venait d'être envoyé à Lembach.

Le prince royal de Prusse, prenant l'offensive, avait quitté le 3 août son quartier général de Spire, et le 4 celui de Landau. Les Wurtembergeois et les Badois passèrent le Rhin dans la matinée de ce jour à Maxau, un peu au-dessous de Lauterbourg. La division bavaroise du général Bothmer était à neuf heures du matin devant Wissembourg, avec ordre de l'attaquer, pendant que les 11ᵉ et 5ᵉ corps prussiens appuieraient l'attaque et que les divisions badoise et wurtembergeoise, sous les ordres du général de Werder, opéreraient contre Lauterbourg.

Les Bavarois formaient donc l'aile droite de l'ennemi, les deux corps prussiens le centre, et le corps du général de Werder l'aile gauche. La position de la division du général Abel Douay était assez hasardée. Il avait placé un bataillon du 74ᵉ de ligne dans Wissembourg et installé ses autres corps sur les hauteurs qui dominent la ville. La faiblesse de son effectif ne lui permit pas sans doute d'occuper le village d'Altenstadt, par où l'ennemi passant la Lauter pouvait menacer toutes les communications de l'armée française avec le sud.

La brigade du général de Septeuil, composée des 3ᵉ hussards et 11ᵉ chasseurs, était venue de Sultz rejoindre le général Abel Douay. Les reconnaissances de cette cavalerie, parties à six heures du matin, rentrent au camp à huit heures sans avoir rien vu, selon l'habitude. Les soldats de la 2ᵉ division se mettent à faire la soupe; tout à coup les obus des Prussiens qui s'avancent, en se masquant des bois de la rive gauche de la Lauter, tombent sur le camp. Les Français, revenus de leur première surprise, se préparent à lutter avec vigueur. Le général Pellé reçoit l'ordre d'occuper la ville et la gare située au sud-est, avec le régiment des tirailleurs algériens et une batterie; un bataillon de ce régiment se place à la porte de Haguenau; le reste défend la gare et les bâtiments en avant; la brigade du général Montmarie occupe le château de Geissberg avec deux batteries.

Les Bavarois de la division du général de Bothmer, alors seuls en ligne, ouvrent un feu très vif sur les Français postés dans les vignes et sur les remparts du château. Le général Bothmer aborde vigoureusement le front des Français pour s'emparer de la porte de Landau. Il est repoussé à deux reprises; mais le prince royal de Prusse, établi depuis neuf heures du matin sur la hauteur à l'est de Schweigen, hâte la marche du 11° corps, dont le canon tonne bientôt sur la gauche et dont les masses se déploient du côté d'Altenstadt.

La tâche du 11° corps devait se borner à occuper Schleithal et les hauteurs au sud. Son commandant, entendant le canon de Wissembourg, se dirige de ce côté et ne tarde pas à rencontrer l'avant-garde du 5° corps; une division du 11° corps, marchant aussi au canon, opère une diversion contre la droite française au profit des Bavarois. Le Geissberg est attaqué de front, et une division du 11° corps, se reliant à la gauche des Allemands, cherche à tourner la colline par le sud-est.

La batterie de mitrailleuses du Geissberg est démontée et, en faisant explosion à côté du général Abel Douay, elle tue ce vaillant soldat. Le feu des autres batteries se ralentit, les forces ennemies augmentent. La division française est enveloppée à onze heures par des forces supérieures.

Les Français luttent encore vigoureusement; mais l'ennemi fait avancer à chaque instant des forces plus considérables contre le château de Geissberg; il est même parvenu à conduire du canon sur une hauteur qui bat le château, dont l'intrépide garnison, réduite à 200 hommes, est obligée, à deux heures après midi, d'accepter la capitulation qu'elle a refusée jusqu'alors. Le reste de la division résiste en rase campagne et à la ferme de Schafbusch, sans autre but que celui de gagner du temps pour opérer sa retraite; ces braves soldats, en se retirant du côté de Schafbusch, purent entendre les hurrahs de l'ennemi répondant aux félicitations du prince royal de Prusse pour cette première victoire remportée sur le sol français. Elle coûtait aux Allemands 91 officiers et 1 460 hommes; mais ils emmenaient les campements français, un canon, des voitures de munition, un millier de prisonniers et le glorieux cadavre du général Abel Douay. La ligne de la Lauter était perdue.

Cet échec, qui devait exercer une si fatale influence sur la campagne, fut si rapide, que le maréchal de Mac-Mahon reçut presque en même temps la nouvelle de l'engagement et celle de sa fin, et que le général Ducrot, arrivant à Lembach à midi, n'atteignit les hauteurs du Pigeonnier que pour voir les soldats français débordés.

Le combat de Wissembourg fut une surprise, et pourtant la 2ᵉ division avait une brigade de cavalerie légère pour l'éclairer. Le général Robert, il faut en convenir, avait singulièrement organisé le service des *reconnaissances*. L'état-major allemand, en rendant compte de ce combat, reproche au maréchal de Mac-Mahon d'avoir placé la division

L'ALSACE EST OUVERTE AUX ALLEMANDS 289

Abel Douay trop en l'air et hors d'appui du reste du 1ᵉʳ corps, et au général Ducrot d'avoir donné l'ordre au général Abel Douay d'accepter le combat. Ces reproches sont-ils fondés? On peut répondre que la divi-

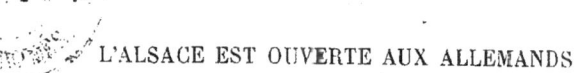

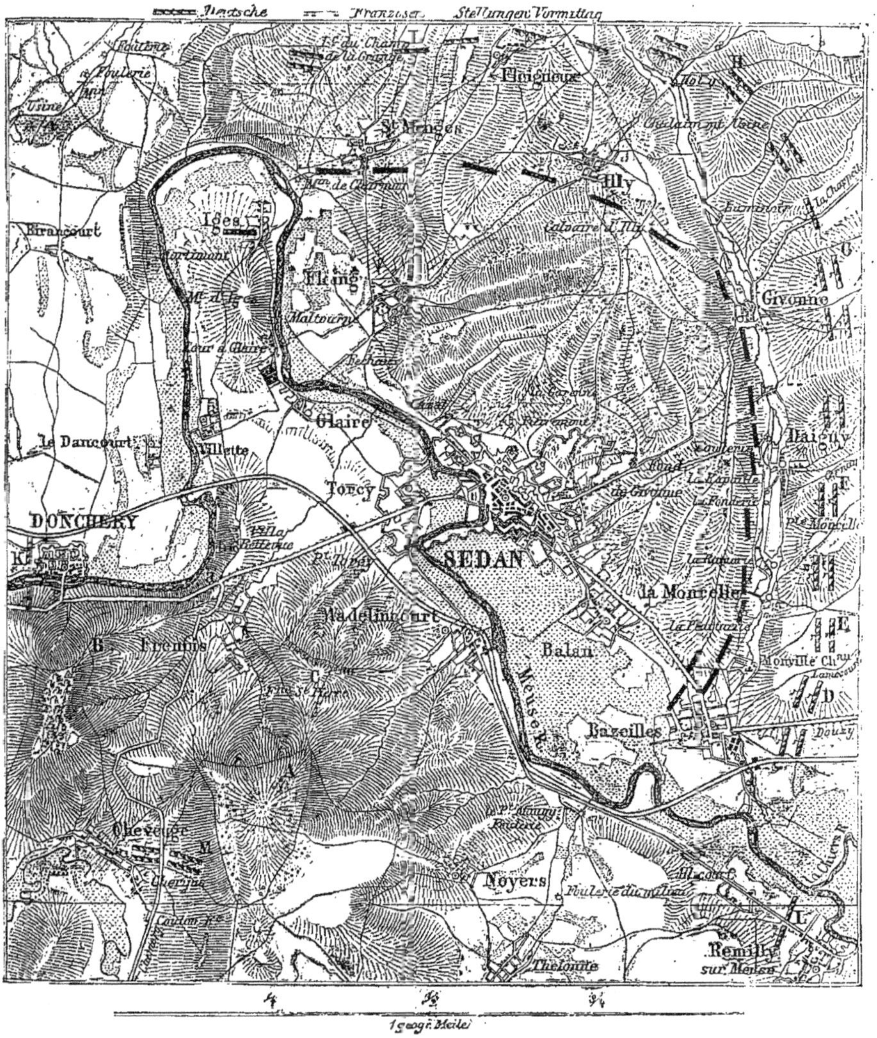

Fig. 37. — Sedan et ses environs.

sion Abel Douay, comprenant infanterie, cavalerie, artillerie, formait un corps mixte en mesure de résister suffisamment pour donner le temps au reste du corps de prendre ses dispositions. La position occupée par elle, couverte par la Lauter, par les anciennes lignes de Wissembourg, et par la place entourée d'une enceinte et de fossés, était bonne pour un poste avancé, et susceptible d'une résistance sérieuse. Un corps ainsi placé n'est pas précisément un corps en l'air. Quant à l'ordre de combattre donné par le général Ducrot au général Abel Douay, il ne semble pas dépourvu d'opportunité. Le seul tort du général Ducrot est de ne pas avoir soutenu son lieutenant; il est permis aussi de regretter que le général Abel Douay, quand il s'est vu en présence de forces plus nombreuses, ne se soit pas mieux souvenu des lois de la guerre qui enseignent à battre en retraite devant un ennemi supérieur en nombre, en profitant de la configuration du sol.

La défaite de Wissembourg livrait aux Allemands l'entrée de l'Alsace, la ligne du chemin de fer de Landau par Haguenau vers Strasbourg et Bâle, avec son embranchement par Sarreguemines vers Metz, ainsi que deux bonnes routes de Landau à Strasbourg. Une autre route non moins importante et allant dans la direction sud-ouest de Haguenau vers Saverne, et menant à Lunéville et à Nancy, en traversant les Vosges, s'ouvrait également devant eux. Leurs armées pouvaient se développer sans que rien vînt entraver la célérité de leurs mouvements.

Le maréchal de Mac-Mahon avait concentré ses trois divisions en avant de Reichshoffen, où il apprit l'échec de Wissembourg, dans la nuit du 4 au 5 août. L'Empereur avait besoin d'une bataille et l'appelait de tous ses vœux, comptant sur un succès. Le maréchal de Mac-Mahon y comptait aussi, et, croyant n'avoir devant lui que les forces contre lesquelles le général Abel Douay avait lutté, il prit ses dispositions pour attendre l'ennemi sur la Sauer, dans une position aux environs de Frœschwiller, décrite par Gouvion Saint-Cyr et illustrée par Hoche; elle se compose d'une série d'accidents de terrains, se détachant des Vosges, et s'étendant entre la Sauer et Eberbach sur une longueur de 6 kilomètres, de Neehwiller à Morsbronn, par Frœschwiller, Elsashausen, et le Niederwald. La Sauer, descendant des Vosges, coule en avant de ces hauteurs, se déroule dans une vallée couverte de prairies, et s'en va par la forêt de Haguenau vers le Rhin. Cette position s'offrait naturellement au maréchal de Mac-Mahon pour disputer le passage à un ennemi supérieur, puisqu'il ne se décidait pas à se replier dans les Vosges. C'est là qu'il fut informé, le 5 août, que l'Empereur mettait sous ses ordres le 5ᵉ et le 7ᵉ corps du général de Failly et du général Félix Douay, frère du vaincu de Wissembourg; de même qu'en Lorraine il plaçait le maréchal Bazaine à la tête des 2ᵉ, 3ᵉ et 4ᵉ corps.

Le prince royal de Prusse, marchant un peu à tâtons et comme fatigué de Wissembourg, ne paraissait pas avoir l'intention de livrer une seconde bataille; mais les deux armées, comme cela arrive souvent, se rencontrèrent inopinément. Le maréchal de Mac-Mahon, au moment d'en venir aux mains, invita le général de Failly, qui occupait en ce moment Bitche, à se réunir le plus tôt possible au 1er corps; mais un second ordre sembla lui laisser une certaine latitude à cet égard. Le général de Failly mit une telle lenteur à se concentrer, que le 5e corps, qu'il commandait, ne put, sauf la division de Lespart, prendre part à l'action.

Des forces assez considérables étaient nécessaires pour tenir les points importants occupés par le maréchal de Mac-Mahon et ceux de la rive droite de la Sauer. Les avait-il à sa disposition? Les évaluations toujours un peu complaisantes des effectifs portent à 41 000, le chiffre des hommes composant le 1er corps; on sait qu'il faut bien se garder de se fier aux effectifs. Les 5e et 7e corps allaient grossir, il est vrai, les troupes placées sous le commandement du maréchal de Mac-Mahon; mais le 7e corps, encore en organisation à Belfort, ne put lui envoyer que la division Conseil-Dumesnil, qui arriva le 5 à Haguenau. Quant au 5e corps, qui n'avait pourtant que 25 ou 26 kilomètres pour se rendre de Bitche au champ de bataille de Wœrth, et non pas 35 kilomètres, comme on l'a prétendu, il ne put fournir qu'une seule division. Les deux autres, venant de Sarreguemines, devaient suivre par Bitche. Il n'y avait rien à attendre de ce côté avant vingt-quatre heures.

Le maréchal de Mac-Mahon devait donc couvrir avec une quarantaine de mille hommes, des positions qui en exigeaient le double. Aussi les points avancés des rives de la Sauer n'étaient pas gardés, on se serrait le plus possible sur la rive droite, et on ne tenait ni Wœrth, dans la vallée, ni Morsbronn, à l'extrémité de la ligne.

Le maréchal de Mac-Mahon avait prescrit au général Félix Douay, commandant le 7e corps, de lui envoyer en soutien la 1re division du général Conseil-Dumesnil. Cette division, sur la fausse nouvelle d'une concentration de forces ennemies à Lorrach, dans la Forêt-Noire, avait quitté Colmar pour se rendre à Mulhouse; à peine arrivée dans cette ville le 4, elle fut rembarquée, et le lendemain elle se dirigea de Haguenau sur Reichshoffen. Son artillerie, qui se rendait par voie de terre de Colmar à Mulhouse, était à Ensisheim, lorsqu'elle reçut l'ordre de changer de route. Le maréchal de Mac-Mahon comptait sur cette division pour couvrir son aile droite. Rejoint par elle et par les débris du général Abel Douay, il songea d'abord à occuper le plateau de Gunstett, un peu isolé du reste de la position, mais très important, parce qu'il barre la route d'Haguenau; il finit par y renoncer, craignant d'étendre trop son front. La 4ᵉ division, déjà en marche vers le plateau, revint se placer à la droite des 1ʳᵉ et 3ᵉ divisions, établies l'une à droite de Frœschwiller, vers Elsashausen, où elle occupait un front très étendu, l'autre sur deux lignes à gauche vers Langenzulsbach, à cheval sur un ruisseau. La 1ʳᵉ division du 7ᵉ corps et les débris de la division Abel Douay devaient former la réserve en seconde ligne; l'artillerie de réserve garnissait les crêtes sur la rive droite de la Sauer, entre Frœschwiller et Elsashausen, afin de couvrir le débouché de Niederbronn.

Les Allemands avaient d'abord supposé que le maréchal de Mac-Mahon se dirigeait sur Haguenau; apprenant qu'il s'était arrêté derrière Wœrth, ils s'étaient rapidement portés, en contournant les hauteurs boisées du Hoch-Wald, sur cette petite ville, s'étendant en demi-cercle au pied d'une chaîne de collines, devant la route de Sultz. Le 2ᵉ corps bavarois, suivi du 1ᵉʳ corps, avait pris la route de Wœrth à Lembach et formait ainsi l'aile droite; le 5ᵉ corps avait longé le versant sud-est du Hoch-Wald par Roth et Preuschdorf; le 11ᵉ corps et la division Wurtembergeoise suivaient la route de Sultz parallèle au chemin de fer de Haguenau et arrivaient directement sur Wœrth. La division badoise, se portant de Lauterbourg à Seltz, était le 6 août au matin à Guttweiler, à l'ouest de Winzembach. Elle marcha toute la journée au canon sans arriver à temps pour prendre part à l'action.

Le maréchal de Mac-Mahon, en évacuant le plateau de Gunstett, avait donné l'ordre de couper tous les ponts sur la Sauer, ce qui indiquait l'intention de livrer une bataille défensive. Cet ordre fut malheureusement révoqué, soit que le maréchal eût entrevu la possibilité de reprendre l'offensive après un succès, soit par tout autre motif resté inconnu. La 2ᵉ division qui, après le combat de Wissembourg, s'était repliée sur Haguenau, prit position dans le vallon, en arrière de Elsashausen, comme réserve de l'armée. La division de cuirassiers et une brigade de cavalerie légère étaient massées en réserve en arrière de la 2ᵉ division, dans les plaines, à l'ouest de Morsbronn.

L'armée française était ainsi disposée le 5 août au soir : la division Ducrot sur le plateau de Frœschwiller, à gauche, s'appuyant sur la route de Reichshoffen, faisant face à Neehwiller et au débouché de la

Sauer ; la division Raoul au centre, au-dessus de Elsashausen ; la division de Lartigue sur la droite, faisant face à Gunstett et à Morsbronn ; la division Conseil-Dumesnil en seconde ligne, à l'extrême droite. Les débris de la division Abel Douay, commandés par le général Pellé, étaient laissés, comme nous l'avons dit, en réserve en arrière. La brigade de cuirassiers du général Michel, de la division du général Duchesne, se tenait dans un pli de terrain, près de la division du général Lartigue. La brigade de cavalerie légère du général de Septeuil et la division de réserve du général Bonnemains restaient sur les derrières de l'armée. Un orage de la saison s'arrêta sur les hauteurs, pendant la nuit, et versa une pluie torrentielle sur ces troupes.

Le maréchal de Mac-Mahon ignorait quelles forces se dirigeaient contre lui et où elles étaient. Le matin même, peu de temps avant les premiers coups de fusil, on lui conseillait de se replier sur les Vosges. C'était un bon conseil. Le maréchal parut s'y ranger un moment, et il donna même l'ordre de départ, mais il était trop tard, le combat s'engageait pendant qu'il délibérait.

Le prince royal de Prusse, après la retraite des débris de la division Abel Douay, cherchant à se renseigner sur leurs mouvements par une grande reconnaissance, avait porté le 5 août son armée en avant, en rapprochant son aile gauche pour qu'elle pût se concentrer soit à l'est, soit au sud, suivant les circonstances. Des détachements de cavalerie lancés dans l'ouest, franchissant la Sauer à Gunstett, avaient aperçu un camp ennemi sur les hauteurs de l'autre rive ; des détachements lancés sur Reichshoffen avaient trouvé le pont de la Sauer coupé à Wœrth. Les coups de fusil, reçus par les Prussiens à l'entrée de la ville, et des obus tombés des hauteurs de la rive droite, sur laquelle on distinguait des mouvements de troupes, les confirmèrent dans l'idée qu'un rassemblement considérable de forces françaises existait à Wœrth.

Le 2e corps bavarois, de son côté, n'avait pas tardé à trouver sur la route de Lembach, abandonnée par Ducrot, des blessés et des bivouacs récemment abandonnés. La 10e division du 5e corps s'avançait par Bremmelbach et Lobsonn, et avait ses avant-postes dans les bois situés à l'ouest. L'incertitude où se trouvaient les deux généraux de l'armée française et de l'armée allemande continuait à s'accuser chez le premier par le peu de précision de ses ordres, chez le second par le redoublement de prudence avec lequel, depuis Wissembourg, il réglait ses mouvements. Mais le prince royal de Prusse, dirigeant toujours ses troupes d'après les principes de l'art militaire, pouvait recevoir des renforts à chaque instant de la bataille, tandis que le maréchal de Mac-Mahon, réduit à faire semblant d'attendre le 5e corps, allait être obligé de soutenir une lutte inégale contre un ennemi qui se renouvelait sans cesse.

La 10e division du 5e corps allemand s'avançait sur la route qui longe le Hoch-Wald, précédé de la majeure partie du 11e corps. Le général de Kirbach, commandant la 10e division, apprit à Preuschdorf que l'ennemi occupait fortement Wœrth et la rive droite de la Sauer. Le 11e corps ne pouvait être avant le soir en mesure d'appuyer les troupes allemandes établies à Reichshoffen; il plaça ses avant-postes dans la direction de Wœrth. Les patrouilles des deux armées échangeaient des coups de feu.

Le corps du général de Werder, à l'aile gauche, avait porté son avant-garde à Nied-Rœdern et Seltz. Le 1er corps bavarois, venant de Langen-Kandel, arriva vers minuit à Ingolsheim; la 4e division de cavalerie établit ses bivouacs entre ces deux derniers corps. La 3e armée longeait, par sa ligne d'avant-postes, la Sauer et la lisière nord de la forêt de Haguenau. L'état-major de la 3e armée, établi à Soultz, ayant acquis la conviction que c'était derrière la Sauer qu'il fallait chercher la masse principale des forces ennemies, le prince royal de Prusse manifesta l'intention de se borner, le 6 août, à faire appuyer un peu plus l'armée sur sa gauche, d'en laisser une partie au sud et de donner à ses soldats cette journée pour se reposer.

Le hasard, comme il arrive souvent à la guerre, déjoua ces projets. Les Français et les Allemands se rencontrèrent le 6 août vers les sept heures du matin, sur deux points différents, à Wœrth et à Gunstett. Les Allemands, sur le premier point, prirent l'initiative de l'attaque, les Français sur le second. Les Bavarois, débouchant de Langenzulsbach sur Neehwiller, se virent accueillis vers Gunstett par le feu des Français. Un engagement sérieux eut lieu; les Bavarois, qui se soutenaient vers la gauche, souffraient tellement vers la droite des feux de l'artillerie et de l'infanterie postées à Frœschwiller, qu'ils durent se retirer. Leur retraite permit au maréchal de Mac-Mahon de concentrer tous ses efforts sur Wœrth. La lutte, en effet, devint de plus en plus vive de ce côté; les Bavarois, d'abord repoussés, sont prévenus par le commandant du 5e corps qu'il va attaquer les hauteurs de Wœrth et qu'il compte sur eux pour attaquer la gauche française; ils recommencent la lutte à Langenzulsbach; la canonnade redouble du côté de Wœrth.

Les 5ᵉ et 11ᵉ corps, qui avaient engagé le combat sur ce point à huit heures du matin, tentent, sans succès, d'enlever Wœrth. Le 11ᵉ corps, après avoir réussi à franchir la Sarre, est rejeté sur la rive gauche; son avant-garde a des engagements à Gunstett et à Elsashausen. Il était midi; à ce moment, les Allemands en conviennent, sauf dans un duel d'artillerie engagé entre les deux armées, l'avantage restait aux Français :
« Les trois corps de première ligne de la 3ᵉ armée se trouvaient entraînés,
« par des fractions plus ou moins considérables de leurs effectifs, dans
« une action qui, en se prolongeant, les avait contraints à renoncer sur
« certains points aux avantages déjà obtenus, tandis que sur les autres
« on ne se maintenait plus qu'avec peine contre les énergiques attaques
« des Français [1]. »

Le combat continuant, l'infériorité numérique des Français devient de plus en plus sensible. Le 5ᵉ corps arrive! crie-t-on dans les rangs pour ranimer l'ardeur des troupes. Hélas! comment serait-il arrivé, puisque deux de ses divisions se trouvent encore à Sarreguemines et à Bitche? Le général de Failly, attiré à l'armée de Lorraine, rejeté sur celle du maréchal de Mac-Mahon, se croyant menacé du côté de Pirmasenz, ne recevant que des ordres indécis de son chef, ne pouvant trouver d'inspiration dans l'instinct militaire qu'il n'avait pas, resta en place. La division de Lespart, partie le matin de Bitche, arriva à temps, sinon pour prendre part à la lutte, du moins pour recevoir les fugitifs de Frœschwiller sur la route de Niederbronn à Reichshoffen.

Le maréchal de Mac-Mahon, voyant qu'il manquait des forces suffisantes pour lutter contre les Allemands, pouvait encore à midi revenir à son projet de se replier sur les Vosges. L'armée, raffermie par le courage qu'elle venait de déployer contre un ennemi dont la supériorité numérique n'était que trop évidente, ne se serait pas crue compromise par une retraite dont la sécurité était assurée par sa fermeté. La prévoyance du général céda devant le point d'honneur du soldat. Le maréchal de Mac-Mahon ne voulut pas quitter le champ de bataille, où tout changea bientôt de face par l'arrivée successive des forces allemandes.

Le prince royal de Prusse prend vers une heure sur les hauteurs de Wœrth la direction de la bataille. Les Wurtembergeois se joignent aux Prussiens; les Bavarois reçoivent de nouveaux renforts; le 5ᵉ corps enlève la crête entre Wœrth et Frœschwiller; le 11ᵉ corps se jette sur

---

1. Rapport de l'état-major allemand.

notre droite, qui recule peu à peu sur le Niederwald. Les divisions Lartigue et Conseil-Dumesnil soutiennent intrépidement le choc. Le 3ᵉ régiment de zouaves du colonel Bocher perd son lieutenant-colonel, trois chefs de bataillon, quinze officiers; le commandant du 1ᵉʳ bataillon de chasseurs est tué. Les Français, qui résistent sur le front de bataille, vont être débordés par l'extrémité de la ligne; l'ennemi menace par Morsbronn de tourner toutes leurs positions. Le général Lartigue a épuisé ses réserves d'infanterie; il ne lui reste plus que la brigade de cuirassiers du général Michel; il lui ordonne de charger.

Les deux régiments de cuirassiers, suivis de quelques fractions du 6ᵉ régiment de lanciers, s'ébranlent et se lancent sur un terrain non reconnu à l'avance, obstrué de rangées d'arbres, de souches coupées à fleur de sol, de fossés qui entravent la marche des chevaux, tandis que les pentes adoucies et découvertes des collines permettent à l'infanterie ennemie de diriger librement son feu. Cette masse de plus d'un millier de chevaux s'élance à toute vitesse sur l'ennemi en formation à Morsbronn et supporte avec un admirable courage la fusillade presque à bout portant de l'infanterie allemande, à laquelle l'infanterie française, postée dans les bouquets de bois, essaye de répondre. Le 8ᵉ cuirassiers, qui ouvre la charge, éprouve en un clin d'œil des pertes énormes. Les cavaliers, parvenus presque d'un seul élan à l'entrée du village, cherchent à le traverser; ils se brisent devant l'ennemi. Le colonel et 17 officiers sont faits prisonniers, quelques cavaliers seulement s'échappent. Le 9ᵉ régiment, reçu à trois cents pas par le feu d'une compagnie de pionniers, parvient à la renverser en partie sous son choc; mais, entré dans Morsbronn, il se heurte au 80ᵉ régiment d'infanterie prussienne, dont le feu le disperse. Les débris du 8ᵉ et du 9ᵉ régiments de cuirassiers, désormais mêlés et confondus, disparaissent dans la direction de l'est, suivis des lanciers, qui, en chargeant une compagnie prussienne, tombent sous sa fusillade. Les restes débandés de cette cavalerie, en cherchant à rallier l'infanterie, rencontrent le 13ᵉ régiment de hussards prussien venant de la Sauer et cherchent à se faire jour du côté de Laubach. Une dernière mêlée s'engage; ces intrépides cavaliers, épuisés par tant d'efforts, parviennent cependant à s'échapper; mais dispersés, errant à l'aventure, ils retombent sous le fusil des bataillons prussiens. A trois heures, la brigade des cuirassiers du général Michel était anéantie.

Telle fut cette héroïque et inutile charge des cuirassiers de Reichshoffen qui s'est transformée en légende, et qui, si l'on en ôte les chevaux.

Fig. 38. — Les Bavarois pillent le village de Bazeilles.

les casques, les cuirasses, l'aspect pittoresque et théâtral en un mot, n'est pas plus héroïque au fond que la résistance des fantassins de Ducrot, de Raoult, de Lartigue, de Conseil-Dumesnil, sur les rampes de Wœrth, sur le plateau d'Elsashausen et sur les positions du Niederwald, où tant de sang français fut plus obscurément et non moins vainement répandu.

Elsashausen était perdu. L'infanterie française essaya vainement de reprendre cette position ; il fallut appeler la cavalerie pour dégager la droite compromise. La division du général Bonnemains, formée de quatre régiments de cuirassiers, établie aux sources de l'Eberbach, avait quitté cette position, où l'atteignaient les obus prussiens pour appuyer un peu plus à droite. L'ordre de charger lui est à peine parvenu, qu'elle sort d'un pli de terrain où elle se tenait en colonne serrée par escadrons, pour se lancer sur un espace semblable à celui où la brigade Michel était tombée. Elle trouve également devant elle l'ennemi caché dans les vignes et dans les houblonnières entourées de clôtures. Le 1er régiment de cuirassiers commence l'attaque en chargeant par escadrons, se rompt devant un fossé et fait un demi-tour après des pertes considérables. Le 4e régiment à gauche, parcourant au galop un espace de plus de mille pas pour trouver un terrain favorable, est également dispersé par le feu d'un adversaire qu'il ne voit même pas ; son colonel blessé a son cheval tué et est fait prisonnier. La seconde brigade s'élance à son tour et est plus malheureuse encore que la première. Le 2e régiment, chargeant en demi-régiment, perd cinq officiers ; un plus grand nombre est blessé ; 129 hommes et 250 chevaux succombent ; dans le 3e régiment, quoique la moitié seule eût donné, le colonel est tué, 7 officiers, 70 cavaliers, 70 chevaux restent sur le terrain.

L'armée française était refoulée au cœur de sa position à Frœschwiler, sa cavalerie détruite et sa ligne de retraite sur Reichshoffen menacée. Les troupes allemandes, épuisées de fatigue par suite de la résistance opiniâtre qu'elles rencontraient, se renouvelaient sans cesse, et vers quatre heures de l'après-midi toute la ligne de bataille allemande sur Frœschwiller était le théâtre sanglant d'une tumultueuse mêlée. Le général Raoul, blessé, tombe aux mains des Bavarois en défendant les rues du village ; l'ennemi fait à chaque instant de nouveaux prisonniers ; tout ce qui n'est pas pris se précipite par toutes les issues, dans une débandade presque complète vers Reichshoffen et Niederbronn, où le canon prussien foudroie les fuyards. L'action à cinq heures est terminée à Frœschwiller, et l'ennemi organise la poursuite.

Les Allemands accusent une perte de 106 officiers, 1 483 soldats, 173 chevaux tués; 388 officiers, 7 297 soldats, 166 chevaux blessés, 1 373 disparus; total 494 officiers, 10 153 hommes, 339 chevaux. Les Français laissaient 6 000 hommes sur le terrain, 8 000 prisonniers, 30 canons, 2 aigles, la caisse de l'armée, les équipages du général en chef, deux immenses convois d'approvisionnements à l'ennemi et...... l'Alsace.

La bataille de Frœschwiller n'était pas le seul désastre de cette funeste journée du 6 août. Au moment même où le maréchal de Mac-Mahon était battu sur la Sauer, le général Frossard essuyait sur la Moselle l'échec non moins grave que nous avons raconté.

Le maréchal de Mac-Mahon s'était battu en soldat, il avait cédé à l'étroit point d'honneur du soldat, en se retirant deux heures trop tard pour ne pas s'avouer battu; il opéra sa retraite en soldat, mais non en général, sans prendre aucune des précautions militaires exigées par les circonstances, en abandonnant les Vosges, qu'il aurait pu défendre si aisément et qui s'ouvrirent quelques jours plus tard devant les Prussiens joyeux et surpris [1].

La retraite, assez bien faite sur le champ de bataille, dégénéra vers Reichshoffen en vraie déroute suivie de tous les désordres auxquels se livre le soldat vaincu et affamé. Le maréchal de Mac-Mahon posté à l'entrée de Niederbronn, à cheval, le képi en arrière, s'épuisait à crier d'une voix enrouée par la fatigue : à Saverne! à Saverne! comme si les officiers de son état-major et ceux de la troupe étaient incapables d'in-

---

1. Informée que, sur le territoire allemand, les ingénieurs préparaient de très nombreux fourneaux de mines dans les principaux ouvrages d'art des chemins de fer et dans les grandes tranchées, la compagnie de l'Est demanda, le 18 juillet 1870, au ministre de la guerre, s'il ne jugerait pas opportun de faire faire des travaux semblables sur les lignes françaises, et notamment dans les souterrains et dans les grandes tranchées de la traversée des Vosges. Le ministre de la guerre répondit immédiatement et demanda à la Compagnie de faire exécuter ces travaux, après entente avec les commandants du génie, pour le choix de l'emplacement des fourneaux.

Ces travaux furent exécutés, mais il n'appartenait pas à une compagnie industrielle de charger les fourneaux, encore moins de donner l'ordre de détruire les lignes qui pouvaient servir à des mouvements stratégiques.

Lorsque parvint à Paris la nouvelle de la perte de la bataille de Frœschwiller, on ne comprit pas la gravité de cet échec : on supposa que les corps d'armée de Mac-Mahon et de Failly se reformeraient sur le versant oriental des Vosges, de manière à se maintenir sur la défensive, et l'on ne donna aucun ordre relatif aux souterrains du chemin de fer. Les représentants locaux de l'autorité militaire n'osèrent rien prendre sur eux, et deux ou trois jours furent ainsi perdus. Lorsque enfin on se décida à Paris à donner des ordres de destruction des ouvrages, il était trop tard; ceux-ci étaient occupés par les Allemands, « dont rien n'égala la joie, dit un de leurs historiens, lorsqu'ils découvrirent qu'aucun obstacle n'arrêtait leur marche dans la traversée de la ligne des Vosges ». (*Les chemins de fer pendant la guerre de* 1870-1871, par Jacqmin, ingénieur en chef des ponts et chaussées, directeur de la Compagnie du chemin de fer de l'Est.)

diquer le chemin à l'armée. Le lendemain, 20 000 hommes ayant marché toute la nuit étaient entassés dans cette ville, où les traînards ne cessaient d'arriver. Le maréchal de Mac-Mahon, après bien des tergiversations, s'était décidé à y passer la journée du 7 août; mais un gros de cavalerie ennemie, avec de l'artillerie, ayant lancé en passant, vers six ou sept heures du soir, quelques obus sur la ville, il donne l'ordre du départ sur Sarrebourg, où il arrive le lendemain matin après une marche de nuit précipitée, car Phalsbourg formait défilé sur la route et ralentissait la colonne. Le général de Failly la rejoint à Sarrebourg, où elle reste pendant la journée du 8. Le 9, elle marche de Sarrebourg à Blamont; le 10, de Blamont à Lunéville. La panique précédait l'armée. Le génie local de Lunéville était parti la veille pour Metz après avoir emporté les dessins et noyé les poudres qui auraient été si utiles aux officiers du génie pour leurs mines. Les administrations civiles avaient perdu la tête; elles n'existaient plus.

Le maréchal de Mac-Mahon, à Lunéville, hésite de nouveau sur la route qu'il doit suivre. Ira-t-il à Nancy ou à Bar-le-Duc? L'ennemi s'avance vers Nancy par la route de Château-Salins; le maréchal de Mac-Mahon, voulant éviter une collision dans cette ville, prend le parti de se jeter à gauche pour tourner Nancy par le sud et rejoindre la route de Paris vers Bar-le-Duc.

L'étape de Lunéville à Bayon remplit la journée du 11. Les troupes, mouillées jusqu'aux os par un violent orage, devaient y séjourner jusqu'au 12 pour se reposer; mais, par suite d'avis plus ou moins sérieux sur la marche de l'ennemi, l'ordre de départ est donné le 12 à midi. Le génie brûle le pont en bois de Bayon, et, au moyen de 400 kilos de poudre que portait la section des chemins de fer, il fait sauter celui de Vèle, par où l'on pouvait venir de Nancy. Le pont de Saint-Vincent, servant également à cette route, est épargné, faute de poudre. Les troupes, dans la nuit du 12 au 13, s'arrêtent à Haroué, à quelques kilomètres de Bayon; l'état-major, par suite d'une fausse alerte, est sur pied toute la nuit. On part dès l'aube du 13 pour Vézelize, en se jetant toujours plus au sud et en renonçant à rejoindre la route de Paris avant Châlons. L'idée de se porter sur Paris, que nous lui verrons bientôt défendre à Châlons, n'était donc pas nouvelle dans l'esprit du maréchal de Mac-Mahon.

La nourriture des troupes devient de plus en plus difficile; les hommes s'en vont isolément en traînards et en maraudeurs, le désordre grandit, et il n'y a pas même une prévôté dans l'armée. Le hasard seul fournit de temps en temps quelques renseignements sur la position de l'ennemi, bien que le maréchal de Mac-Mahon ait de la cavalerie.

Les troupes, du 14 au 15, se portent de Vézelize à Neufchâteau, où elles séjournent un jour. Des avis erronés, annonçant la présence des Prussiens à Blesmes, nœud des chemins de fer, font hâter la marche de l'armée en retraite. Le maréchal de Mac-Mahon, après avoir hésité d'abord s'il se retirera à Bitche ou à Saverne, ensuite s'il gagnera Nancy ou Bar-le-Duc, enfin s'il ira à Paris ou à Châlons, hésite de nouveau sur la route à prendre. Décidé à partir pour Châlons, un moment après il ordonne de faire les préparatifs nécessaires pour se rendre à Chaumont, d'où l'armée ira se reformer à Langres. Les trains sont prêts à Bologne lorsqu'on apprend que la garde mobile garde l'embranchement de Blesmes. Les troupes sont alors décidément dirigées sur Châlons pendant toute la journée et toute la nuit du 16. Elles étaient réunies le 17 au matin au camp de Châlons, où l'Empereur venait d'arriver. En apprenant la défaite du maréchal de Mac-Mahon à Wœrth, il avait télégraphié à l'Impératrice : « Mac-Mahon a été battu. — Tout est perdu. — Tâchez de vous maintenir à Paris. »

Qu'était devenu pendant ce temps-là le 7ᵉ corps, placé, comme on l'a vu, sous le commandement supérieur du maréchal de Mac-Mahon, en même temps que le 5ᵉ corps? Le 7ᵉ corps formait l'extrême droite de l'armée du Rhin, position importante, puisqu'il couvrait les derniers contreforts des Vosges et la trouée de Belfort, tenant par le chemin de fer toute la vallée de Mulhouse à Strasbourg, et pouvant ainsi donner au premier signal la main au maréchal de Mac-Mahon. L'organisation de ce corps n'avait pas été plus facile que celle des autres. Un magasin de campement pour 45 000 hommes ne put fournir des bidons, des marmites et des tentes qu'à un seul régiment, « par suite, disait-on, d'une négli-
« gence locale et accidentelle qu'il sera facile de réparer bientôt, peut-
« être même chez l'ennemi. »

Les officiers du 7ᵉ corps, impressionnés par la rapidité foudroyante de la déclaration de guerre, croyaient, en effet, franchir tout de suite le Rhin. En arrivant à Colmar, ils n'y trouvèrent que « le 17ᵉ bataillon de
« chasseurs à pied, campés dans une plaine basse et malsaine, à 4 kilomè-
« tres de la ville, sans vivres de campagne, sans ceinture de flanelle, sans
« moyens d'organisation [1]. »

---

1. *Histoire de l'armée de Châlons par un volontaire de l'armée du Rhin*.

Le général commandant la subdivision refusait de prendre sur lui de faire cantonner les troupes, on ignorait si elles étaient sur le pied de guerre ou sur le pied de rassemblement. L'absence de l'intendant militaire, encore à Oran, laissait en suspens les questions les plus importantes de vivres et de solde. Les troupes arrivaient tous les jours et s'aggloméraient sans s'organiser. Le général Félix Douay, nommé au commandement du 7ᵉ corps, retenu par son service d'aide de camp de l'Empereur, arriva tard à Belfort, où il ne trouva ni l'état-major de l'artillerie, ni celui du génie. Les bureaux les avaient envoyés à Colmar.

Le 7ᵉ corps ne se composait alors à Belfort que de la 2ᵉ division de la réserve d'artillerie et de la division de cavalerie, moins une brigade, retenue à Lyon, pour assurer, ainsi qu'on l'a déjà vu, la tranquillité de cette ville. La 3ᵉ division remplissait le même rôle, en attendant son commandant, le général Dumont, qui prenait congé du pape. La cavalerie du 7ᵉ corps campait à Altkirch, d'où elle pouvait se répandre dans la vallée du Rhin et surveiller le fleuve; le grand parc d'artillerie se formait à Vesoul et attendait ses chevaux; l'équipage de pont était à Auxonne. Le service des ambulances avait été oublié.

L'intendant, enfin arrivé d'Oran, écrit au ministre de la guerre, en date du 4 août: « Le 7ᵉ corps n'a pas d'infirmiers, pas d'ouvriers, pas de « train. Les troupes font un mouvement demain; je pare autant que « possible à la situation, mais il est urgent d'envoyer du personnel à « Belfort. »

Le général Félix Douay, enfin arrivé à son corps d'armée, transporta le 5 août ses troupes aux environs de Mulhouse, sur les instances du sous-préfet, terrifié par les feux nombreux aperçus à Lorrach. L'ennemi, qui ne négligeait aucune ruse, allumait de tous côtés des torches et des feux pour faire croire à de grandes agglomérations de troupes. S'il eût été réellement en force dans les environs de Mulhouse, il n'aurait pas rencontré une bien grande résistance de la part du 7ᵉ corps, car les généraux chargés de s'assurer de l'état d'armement de leurs soldats, reconnurent qu'il manquait trente mille pièces de rechange indispensables à l'usage du fusil modèle 1856. Un officier courut à Paris et s'empara de tous les obturateurs et aiguilles qu'il put trouver en vidant les ateliers et les magasins. Le sous-préfet de Schlestadt, non moins troublé que son collègue de Mulhouse, annonçait pendant ce temps-là que les Allemands étaient à Markolsheim et qu'ils avaient franchi le Rhin à Huningue.

Le 7ᵉ corps, réduit à une division d'infanterie et à une division de cavalerie incomplète, ne pouvait tenir la campagne dans la plaine de Mulhouse. Le général Félix Douay eut d'abord l'intention de rejoindre le maréchal de Mac-Mahon à Strasbourg, après avoir assuré la défense de Belfort. Les troupes reçurent même l'ordre de départ de Mulhouse le 7 août, à neuf heures du matin, au moment de faire la soupe. Massées près du pont du canal, n'ayant d'autre débouché qu'un passage de 5 mètres, le défilé d'une seule division dura trois heures ; les autres, debout, sac au dos, regrettant la marmite renversée, attendaient leur tour. Le général Félix Douay était parti en tête, avec l'état-major, par la route du canal, pour étudier la défense de la vallée d'Altkirch, où il craignait que l'ennemi ne se fût déjà rendu par la route directe d'Huningue. Il trouva la vallée et la ville d'Altkirch parfaitement libres. Le 7ᵉ corps n'avait devant lui que quelques troupes qui brûlaient des arbres la nuit et qui faisaient de la fantasia pour le tromper. Le général Douay poussa jusqu'à Dannemarie. Il était cinq heures du soir quand les troupes, réduites de moitié par les traînards, y établirent leurs bivouacs. Le soldat buvait en traversant les villages, pour tromper sa faim et son impatience, car on ne prenait aucune précaution pour empêcher les fausses nouvelles de se répandre ; on ne cherchait même pas à s'en procurer de vraies par des reconnaissances. « Un régiment avait semé en route sept cents fusils « et huit cents sacs. Le soldat, hébété par l'ivresse, ne savait que jeter « l'injure à la face des officiers d'arrière-garde qui s'efforçaient de l'en- « courager et de le faire marcher [1]. »

Un télégramme de la sous-préfecture, arrivé pendant la nuit, recommandait au maire de Dannemarie d'enjoindre à ses administrés de sauver ce qu'ils avaient de plus précieux. On avait déjà reçu une dépêche du sous-préfet de Schlestadt, annonçant le passage du Rhin opéré par les Allemands à Markolsheim la nuit, avec l'aide de la lumière électrique. La retraite du général Félix Douay semblait confirmer ces tristes nouvelles. Les paysans jetaient leurs lits et leurs matelas par les fenêtres, leurs pauvres meubles et ustensiles de ménage gisaient pêle-mêle sur la route, attendant d'être chargés sur des chariots. De longues files de voitures se dirigeaient vers les bois ou vers Belfort, traînant le vieillard débile et l'enfant au berceau. Le passage rapide et silencieux des généraux et des états-majors confirmait la nouvelle à laquelle ils refusaient encore de croire. Les soldats passaient devant une chaumière qu'ils croyaient

---

1. *Histoire de l'armée de Châlons par un volontaire de l'armée du Rhin.*

abandonnée : une vieille femme en sortit, les cheveux épars, en leur criant : « Vous vous trompez, c'est par là qu'est le Rhin [1]. »

Deux dépêches annoncèrent que les Prussiens n'avaient pas passé le Rhin à Markolsheim et qu'il ne restait plus un seul Prussien à Lorrach. La terreur d'un sous-préfet avait bouleversé douze lieues d'une contrée paisible, et forcé les troupes à faire des marches rapides, inutiles et désordonnées.

Le 7ᵉ corps arriva le 8 août au campement de Belfort. On connaît l'importance stratégique de cette ville, où se croisent les lignes qui se dirigent à l'est vers Bâle, en passant par Altkirch et Mulhouse, ainsi que celles qui se dirigent à l'ouest sur Paris, en passant par Vesoul, et au sud-ouest sur Besançon, par la vallée du Doubs. La forteresse défend les passages des Vosges et du Jura, ferme les routes qui conduisent de la basse Alsace dans la vallée du Doubs, et couvre la trouée de Belfort. Construite par Vauban, elle est entourée d'une enceinte bastionnée qui la sépare de deux faubourgs importants. Le camp retranché du vallon, flanqué par les forts de Miotte et de Justice, et complété par les ouvrages des Barres, des Hautes-Perches et de Bellevue, est situé en dehors de la citadelle. Il peut contenir 30 000 hommes.

Les découvertes de la science moderne ont rendu insuffisants la plupart des travaux de fortification du siècle dernier. La forteresse avait donc besoin de quelques travaux supplémentaires non encore terminés en ce moment. Les soldats y furent occupés, et ce labeur contribua à rétablir leur moral. L'église, les magasins blindés se remplirent pendant ce temps-là de vivres et de farines ; chaque habitant reçut l'ordre de s'approvisionner au moins pour trois mois. Le 12 août, on apprit que le général Dumont arrivait avec la 3ᵉ division, et que le maréchal Bazaine venait de prendre le commandement de l'armée de Metz. Les esprits se rassuraient dans la vallée de Mulhouse et commençaient à considérer l'invasion comme impossible.

Le 7ᵉ corps comptait bien ne pas rester enfermé dans le camp retranché de Belfort ; il s'attendait d'heure en heure à recevoir l'ordre, soit de se jeter par le chemin de Schelestadt sur les derrières de l'armée prussienne pour détruire les convois et débloquer Strasbourg, soit de marcher sur Nancy, de couvrir le chemin de Frouard pour maintenir les communications avec Metz et dégager le maréchal Bazaine ; au lieu de ces ordres

---

[1]. *Histoire de l'armée du Rhin.*

vainement attendus, et qui ne pouvaient pas arriver, car ce plan n'était déjà plus, hélas! réalisable, un télégramme enjoignit, le 16 août, au général Félix Douay de rejoindre à Châlons les corps du maréchal de Mac-Mahon et du général de Failly, pour former avec le 12º corps l'armée de Châlons. Les combats de Wissembourg, de Spickeren, de Frœschwiller, n'expliquaient que trop cette détermination.

Le 7º corps se met en route le 19; Blesmes étant occupé, il faut aller jusqu'à Pantin pour remonter à Châlons. L'encombrement des voies, les rencontres inattendues de divers corps font durer la route trois jours; les soldats entassés dans les wagons, buvant à chaque station, poussés à l'indiscipline par le bavardage de l'ivresse, arrivent à Pantin et y attendent pendant deux heures le signal de repartir pour Châlons. Le 7º corps, en arrivant à sa destination, apprend que l'Empereur a quitté le camp la veille et que toute l'armée se concentre à Reims. Le train continue sa route; il est cinq heures du matin. Les hommes, à chaque arrêt, croient pouvoir faire leur café; mais, le feu à peine allumé, il faut repartir. On met vingt-quatre heures pour se rendre de Châlons à Reims, trajet qu'en temps ordinaire on accomplit en deux heures. Les troupes et les chevaux, en arrivant à Reims le 22 au matin, n'ont rien mangé depuis vingt-quatre heures. Une fois débarqués, où campera-t-on? On sait que c'est hors la ville, mais personne n'est là pour guider les troupes errant au hasard, s'éparpillant, cavalerie, infanterie, artillerie, sans guide ni chef; plus de discipline, quoique le maréchal de Mac-Mahon ait déclaré dans un ordre, lu aux troupes, qu'il la maintiendrait par les moyens les plus rigoureux [1].

L'arrivée du 7º corps à Châlons compléta l'évacuation de l'Alsace. Nous n'avions plus un seul soldat dans cette patriotique contrée, dont les populations avaient vainement demandé des fusils à l'Empire et qui, frémissantes et désarmées, venaient de voir l'ennemi défiler tranquillement sur ces routes de Bitche, de Lichtenberg, de la Petite-Pierre, qu'elles défendirent pied à pied en 1814.

---

1. Le 1er corps était arrivé à Châlons le 16 août; le 5e corps, qui n'avait pas été engagé et qui par conséquent aurait dû couvrir la retraite du 1er corps en se maintenant entre lui et les Prussiens, avait traversé au contraire les colonnes du maréchal de Mac-Mahon et effectué sa marche sur Châlons, en se faisant couvrir lui-même par le 1er corps; il arriva le 20 seulement, ayant marché sur Châlons, après Reichshoffen, en passant par la Petite-Pierre le 7 août, par Sarrebourg le 8, par Réchicourt le 9, par Lunéville le 10, par Charmes le 11, par Mirecourt, Remiremont, La Marche, Montigny les 12, 13, 14 et 15 août, par Chaumont le 16; le 17 eut lieu l'embarquement en chemin de fer pour Châlons d'une partie du 5e corps, le reste marcha par Vitry.

Fig. 39. — La dernière cartouche, dans att... de Bazeilles (d'après le tableau de M. A. de Neuville).

Les Allemands avaient franchi paisiblement les défilés des Vosges à la suite du maréchal de Mac-Mahon, qui n'avait fait détruire aucun ouvrage d'art sur le chemin de fer. Cette négligence, qui laissait intacte à l'ennemi une ligne si importante pour le ravitaillement des armées allemandes, devait singulièrement faciliter le siège de Paris. Les Badois avaient été détachés devant Strasbourg pour investir cette place. Les colonnes allemandes masquant Bitche et Phalsbourg se dirigeaient de Haguenau sur Saar-Union, entre les deux chemins de fer. La Petite-Pierre et Lichtenberg, deux petites places fortes, se trouvaient sur les deux routes que suit la 3ᵉ armée allemande; l'une fut abandonnée, l'autre ne se rendit qu'après un bombardement. La Lorraine était ouverte. La campagne venait à peine de commencer, et déjà l'on répétait avec stupeur ce mot qui semblait ne devoir plus retentir à des oreilles françaises : l'invasion !

CHAPITRE IX

SEDAN

Le maréchal de Mac-Mahon arrive à Châlons. — Deux plans soumis au conseil par le ministre de la guerre. — On adopte celui qui peut permettre de réunir les deux armées. — Arrivée de l'Empereur, du prince Impérial et du général Trochu à Châlons. — L'Empereur se décide à nommer le général Trochu gouverneur de Paris. — L'armée de Châlons doit-elle partir pour Paris? — On consulte l'intérêt dynastique pour trancher la question. — L'Impératrice s'oppose au retour de l'armée. — Incertitudes du maréchal de Mac-Mahon. — L'armée prend position à Reins. — Pillage et incendie du camp de Châlons. — Arrivée de MM. Rouher et de Saint-Paul à Courcelles. — Plan du général Palikao proposé par M. Rouher. — Objection du maréchal de Mac-Mahon. — Dépêche du maréchal Bazaine annonçant la marche probable sur Châlons. — L'armée se met en marche sur les Ardennes. — Situation morale de cette armée. — Perte de cinq jours. — Nécessité d'une grande rapidité d'exécution. — Manque de vivres dès la première étape. — Le maréchal Mac-Mahon laisse Verdun pour se jeter du côté de Rethel. — Inconvénients de la présence de l'Empereur à l'armée. — L'absence de nouvelles de Bazaine inquiète Mac-Mahon. — Il se décide à aller à Mézières. — Le ministre de la guerre le détourne de ce projet. — L'armée se porte par Stenay à la rencontre de Bazaine. — Marche des Prussiens. — Ils suspendent leur mouvement sur Paris et rejettent par un mouvement de conversion le Prince royal de Prusse et le Prince royal de Saxe sur Mac-Mahon. — Mac-Mahon apprend le 27 seulement la marche des deux armées s'avançant sur lui. — Il reprend sa marche sur Metz par un temps affreux. — Découragement de l'armée française. — Jonction des deux armées allemandes. — Mac-Mahon se dirige sur Sedan. — Divers engagements indiquent que l'ennemi se rapproche. — Ordre formel est donné aux trois corps restés sur la rive gauche de passer la Meuse. — Le général de Failly est surpris par l'ennemi à Beaumont. — Déroute du 5ᵉ corps. — L'Empereur à Mouzon. — Encombrement sur la route de Sedan. — Absence d'ordres du général en chef. — Il néglige de faire sauter le pont de Mouzon. — Arrivée des Allemands à Bazeilles. — Les Bavarois occupent le pont du chemin de fer laissé intact. — Alternative qui s'offre au maréchal Mac-Mahon. — Le général de Wimpffen est reçu par l'Empereur. — L'ennemi donne le signal de la bataille. — L'infanterie de marine reçoit le choc des Bavarois à Bazeilles. — Le maréchal Mac-Mahon est blessé. — Il se croise avec l'Empereur en quittant le champ de bataille. — La blessure du maréchal Mac-Mahon. — Elle lui laisse sa part de responsabilité dans la défaite. — Le général Ducrot prend le commandement en chef et se prépare à se frayer un chemin sur Mézières. — Le général de Wimpffen réclame le commandement en chef et arrête la retraite. — Il veut tenter une trouée sur Carignan. — Court entretien avec l'Empereur. — Incendie de Bazeilles. — L'ennemi gagne du terrain à l'aile droite. — Combat d'artillerie à gauche. — Le cercle des armées allemandes se resserre. — L'artillerie prussienne rend la lutte impossible. — La bataille est perdue. — Derniers efforts de l'armée française. — L'Empereur fait appeler les chefs de corps; on décide de négocier avec l'ennemi. — L'Empereur ordonne d'arborer le drapeau blanc sur la citadelle. — Sortie de Balan. — La trouée de ce côté pouvait-elle réussir? — Le général de Wimpffen donne sa démission, qui n'est pas acceptée. — Le général de Wimpffen arrive au quartier général prussien. — Dureté de la capitulation qu'on lui offre. — M. de Bismarck refuse de meilleures conditions. Un délai est accordé sur la demande du général de Wimpffen contrairement à l'avis du général de Moltke. — L'Empereur se rend au quartier général prussien. — Entrevue de l'Empereur et de M. de Bismarck, qui se refuse de traiter la question militaire. — Le général de Wimpffen expose l'état des négociations. — Tous les généraux moins deux sont d'avis d'accepter la capitulation. — Signature de la capitulation. — Entrevue de l'Empereur et du roi de Prusse. — L'Empereur est conduit prisonnier à Wilhelmshöhe. — Le montant de nos pertes.

Le maréchal de Mac-Mahon était donc arrivé le 17 août à Châlons, à la tête des débris du 1ᵉʳ corps. Si la bravoure, qui fut toujours sa principale qualité, restait entière chez lui, il n'en était pas de même de la volonté, ce ressort indispensable du commandement. Cependant jamais homme de guerre n'eut plus besoin de compter sur lui-même, pour être à la hauteur de la responsabilité qu'il allait prendre dans les événements où le salut de la France reposait sur sa fermeté.

Le général de Palikao, ministre de la guerre, dans la pensée que le Prince royal de Prusse, arrivé à Bar-le-Duc, suivrait la même ligne que le prince Schwarzenberg en 1814, c'est-à-dire la vallée de la Marne, pour prendre la ligne de l'Aube, avait soumis deux plans au conseil : le premier consistait à appuyer fortement la droite de l'armée de Châlons à La Ferté-sous-Jouarre, à faire opérer à cette armée de 135 000 hommes une conversion à droite, de manière à tomber sur les flancs du prince royal de Prusse au moment où il descendrait sur la Marne. Le second, à se porter immédiatement au secours du maréchal Bazaine, si le prince de Prusse continuait sa marche sur Épernay.

Le général de Palikao préférait le second plan au premier; il offrait, selon lui, ce double avantage, qu'en l'adoptant on n'abandonnait pas le maréchal Bazaine, et que la réunion de l'armée de Metz à l'armée de Châlons donnerait un total de 280 000 hommes avec lequel on pouvait agir par masses contre les Prussiens, qui, loin d'éparpiller leurs forces comme les Français, les faisaient agir en bélier et qui venaient de les augmenter d'une armée de 70 000 hommes commandée par le prince royal de Saxe, et établie sur la Chiers, rivière assez profonde et assez difficile à passer, et sur la Meuse. Quel que fût le mérite des deux plans du ministre de la guerre, l'essentiel était d'en adopter un, et c'est précisément là ce qu'on ne pouvait se décider à faire.

L'armée française, partant de Châlons le 21 août, devait se trouver le 24 au plus tard sur la Meuse à Verdun, en passant par les quatre défilés de l'Argonne, et arriver le 24 à Civry en faisant une marche de flanc qui ne présentait pas, en raison de la distance d'environ deux étapes, à laquelle se trouvait le prince royal de Prusse, le danger habituel d'un pareil mouvement en présence de l'ennemi. L'armée du prince royal de Saxe, forte de 70 000 hommes, sur la Chiers et sur la Meuse, était le 24 août à huit lieues environ au-dessus de Verdun, et par conséquent l'armée française n'avait qu'à faire un mouvement à droite et qu'à occuper les hauteurs en appuyant en même temps sa droite sur Verdun. Eût-elle perdu 20 000 hommes en route, il lui en restait plus de 100 000 à opposer à 70 000. Le prince royal de Prusse, alors en marche sur Épernay, et ne pouvant être à Vitry que le 25, se serait trouvé à 100 kilomètres de l'action, si la bataille avait été livrée le 24 au prince royal de Saxe. La victoire remportée, la jonction était faite entre les deux armées françaises, qui n'auraient plus formé désormais qu'une seule armée de 250 000 hommes, devant laquelle le prince Frédéric-Charles aurait bien été forcé de se retirer.

Le général de Palikao, ministre de la guerre, apprit au maréchal de Mac-Mahon que le conseil des ministres adoptait ce plan. Le maréchal lui adressa à la date du 19 août ce télégramme : « Veuillez dire au conseil des ministres qu'il peut compter sur moi, et que je ferai tout pour défendre le maréchal Bazaine. »

En attendant, le camp de Châlons, ce théâtre des fêtes militaires de l'Empire, n'est plus qu'une plage où viennent échouer les épaves de Wissembourg et de Frœschwiller, un pêle-mêle de troupes de toutes armes envoyées à tous les corps de l'armée, 8 à 10 000, isolés, non moins bruyants, non moins indisciplinées que les 18 000 gardes nationaux mobiles qui occupent déjà le camp sous le commandement du général Berthaut,

8 000 sans fusil, 8 000 pourvus d'armes anciennes, 2 000 armés de chassepots. Un immense matériel s'accumulait dans ce camp sur lequel l'ennemi, qui, croyait-on [1], n'en était pas éloigné de plus de deux journées, pouvait se jeter à chaque instant. L'Empereur, le Prince impérial, le prince Napoléon, partis en fugitifs de Gravelotte le 16 au matin, étaient arrivés le soir à Châlons dans un wagon de troisième classe, sur des sièges de bois, au moment même où les derniers coups de canon de la bataille de Rezonville retentissaient sur les hauteurs de Metz. L'Empereur ne voulut pas qu'on lui rendît les honneurs ordinaires.

Un homme presque inconnu en dehors de l'armée, et à qui la fortune réservait un grand rôle dans les futurs événements, le général Trochu, nommé, après bien des changements de destination [2], au commandement du 12º corps en formation au camp de Châlons, débarquait en même temps que l'Empereur dans cette ville, où le général Schmitz, son chef d'état-major, l'avait précédé. Le maréchal de Mac-Mahon, achevant sa pénible retraite de Frœschwiller, y était parvenu à son tour dans la nuit du 16 au 17 août.

Le général Trochu, convaincu de la nécessité de mettre un terme à ce désordre et de ramener les gardes mobiles à Paris pour y être armés, instruits et préparés au seul effort qu'ils fussent en état de faire, la défense de leurs foyers derrière des remparts [3], trouva un auxiliaire très chaleureux dans le général Berthaut, chargé du commandement de cette troupe, et qui se montra très confiant dans le rôle qu'elle pourrait être appelée à remplir [4]. Il renouvela cette déclaration le lendemain dans une conférence qui eut lieu chez l'Empereur et à laquelle assistaient le prince Napoléon, le maréchal de Mac-Mahon, le général Trochu et le général Schmitz. L'étiquette n'était guère observée dans ce moment. « Sire, « s'écria le général Schmitz, ancien officier d'ordonnance de l'Empe- « reur, avec l'espèce de familiarité respectueuse que pouvait autoriser « ce titre, il faut dire toute la vérité à Votre Majesté. Nous sommes « dans une situation déplorable : il y a à Metz une armée dont nous

---

1. C'était une erreur. C'est tout au plus si l'ennemi poussait quelques avant-postes dans cette direction. Le prince de Prusse n'était pas encore à Bar-le-Duc le 17. (Rapport de l'Etat-Major allemand.)
2. Le général Trochu, au moment de nos premiers désastres, se trouvait à Paris sans commandement et sans emploi. Le ministre de la guerre lui dit qu'on le mettrait à la tête des troupes destinées à agir contre les Espagnols s'ils persistaient à placer le prince de Hohenzollern sur le trône. Plus tard, on dut l'envoyer dans la Baltique.
3. *Pour la vérité et la justice*, pétition à *l'Assemblée nationale* par le général Trochu.
4. Ibidem.

« ne connaissons pas le sort, mais qui pourra toujours opérer sa retraite
« par le nord. Quant à celle qui est ici, elle se compose de l'armée du
« maréchal de Mac-Mahon, formée de troupes diverses, du corps du
« général de Failly, très atteint dans son moral; du 12ᵉ corps, qui n'a
« de solide que sa division d'infanterie de marine ; enfin du corps du
« général Douay, qui est à Belfort et qui devra faire, pour rejoindre,
« une longue marche; les moments sont précieux, il s'agit de prendre
« une résolution à la hauteur des circonstances; il faut rentrer dans
« Paris, que je viens de traverser. On prétend que vous n'avez pas
« employé le général Trochu, parce qu'on lui attribue des sentiments
« d'opposition. Eh bien, Sire, nommez-le gouverneur de la capitale,
« et revenez-y avec lui. La situation que vous vous faites ne peut pas
« durer. Vous n'êtes pas sur votre trône... » L'Empereur fit un signe
de tête : « Oui, ajouta-t-il mélancoliquement, j'ai l'air d'avoir abdiqué. »

Et le prince Napoléon prit à son tour la parole :

« Sire, pour cette guerre, vous avez abdiqué à Paris le gouvernement;
« en quittant Metz, vous avez abdiqué le commandement; en restant ici,
« vous abdiquez l'Empire; à moins de passer en Belgique, il faut que
« vous repreniez l'un ou l'autre. Pour le commandement, c'est impossible.
« Pour le gouvernement, c'est difficile et périlleux, car il faut rentrer
« dans Paris. Mais que diable ! si nous devons tomber, tombons du
« moins comme des hommes.

« Voilà le général Trochu, dont vous connaissez les vues de concentra-
« tion et de reconstitution des forces militaires sous Paris défendu à
« outrance et servant de point d'appui à de nouvelles opérations. Il était
« de notoriété opposé à cette guerre et aux précédentes, seul entre tous
« les généraux ; il a naguère montré à quel point on s'illusionnait sur le
« mérite des institutions militaires dont il a demandé la refonte, et de
« l'armée dont il a demandé la réorganisation. Cela l'a compromis, à pré-
« sent il a une autorité et une popularité particulières. Qu'il les mette à
« votre disposition comme un brave homme qu'il est et que vous avez
« mal jugé; nommez-le gouverneur de Paris, chargé de la défense de la
« place; qu'il vous y précède de quelques heures et vous annonce à la
« population par une proclamation qu'il saura faire. Vous verrez que tout
« ira bien.

« — Vous avez entendu Napoléon, dit tranquillement l'Empereur au
« général Trochu, est-ce que vous accepteriez cette mission [1] ?

---

[1]. *Pour la vérité et pour la justice.* Le maréchal de Mac-Mahon a dit dans sa déposition

Le général Trochu donna son assentiment. Il fut résolu qu'il serait nommé gouverneur de Paris, qu'il aurait le commandement des troupes, et que la garde mobile tout entière ferait partie de la garnison de cette ville.

Trois points furent donc réglés dans cette conférence : retour de l'Empereur à Paris, où le général Trochu allait l'annoncer ; réorganisation sous Paris de l'armée du maréchal de Mac-Mahon et de toutes les forces disponibles [1] ; rentrée de la garde mobile à Paris.

Le général Trochu partit à onze heures du matin pour Paris. Le maréchal de Mac-Mahon reçut le même jour à deux heures ses lettres de service, et le lendemain 18 août l'Empereur le prévint qu'il partirait le 19 pour Paris et qu'il eût à prendre ses dispositions pour l'y suivre avec ses troupes.

L'armée, tout le monde était du même avis là-dessus, ne pouvait évidemment prolonger son séjour au milieu des plaines de la Champagne, dans lesquelles la présence de l'ennemi pouvait être signalée à chaque instant ; déjà le maréchal de Mac-Mahon, venant de Chaumont, avait pu croire un moment sa retraite menacée à la bifurcation du chemin de fer de Blesmes. Mais, dès qu'il s'agissait de savoir si l'on enverrait les troupes de Châlons vers le nord-est pour donner la main à l'armée de Metz, ou si on les ramènerait sous Paris, comme l'Empereur le voulait en ce moment, le dissentiment commençait. Ceux qui avaient voulu la guerre n'entendaient pas en céder la direction à d'autres et s'efforçaient de la maintenir sur le terrain où ils l'avaient engagée. Ajoutons que le maréchal Bazaine était redevenu populaire, malgré le Mexique, à cause de l'espèce de disgrâce qui lui avait été infligée à son retour, et que bien des gens dans l'armée et dans le pays se prononçaient pour la marche vers le nord-est.

dans l'enquête du 4 septembre que l'Empereur, rentrant sous un prétexte quelconque dans son cabinet après le petit discours du prince Napoléon, lui fit signe de l'y suivre, et qu'une fois entré il lui demanda s'il connaissait le général Trochu et si l'on pouvait se fier à lui. L'Empereur voyait dans le général Trochu un ardent orléaniste, et il demandait des renseignements à un homme qui lui-même n'avait pas échappé à l'accusation d'orléanisme de la part des bonapartistes purs.

1. Le maréchal de Mac-Mahon se rappelle qu'il a été question de cette retraite sur Paris ; mais il ne croit pas qu'elle ait été décidée. (Voir sa déposition dans l'enquête.) Le général Trochu invoque une discussion qui se serait engagée entre le maréchal de Mac-Mahon, le général Schmitz et lui au sujet de la direction à suivre dans la retraite sur Paris. M. le maréchal insistait pour la ligne de Reims et Soissons. Le général Schmitz se prononçait pour la ligne traditionnelle de Vertus, Champaubert et Montmirail. M. le maréchal dit qu'il se fixerait après avoir étudié le terrain. On discutait sur une carte déroulée sur une table placée devant l'Empereur. (*Pour la vérité et pour la justice.*)

L'intérêt dynastique aurait pu faire pencher la balance, mais où était-il? On le voyait se traduire à Châlons et à Paris de deux façons différentes; tandis que l'Empereur semblait convaincu que sa présence à Paris, appuyée d'une armée de 100 000 hommes, sauverait sa couronne, l'Impératrice et la cour pensaient tout le contraire. « Je reçois à l'instant « une dépêche de Piétri, mande-t-elle à son mari. Avez-vous réfléchi à « toutes les conséquences qu'amènerait votre rentrée à Paris sous le « coup de deux revers? Pour moi, je n'ose prendre la responsabilité d'un « conseil. » Le ministre de la guerre se hâte, de son côté, d'écrire à l'Empereur pour le « supplier de renoncer à une idée qui paraîtrait « l'abandon de l'armée de Metz ». Il cherche à lui démontrer qu'on ne tardera pas à pouvoir « faire une puissante diversion sur les corps prus- « siens, déjà épuisés par plusieurs combats, et qu'on doit réserver pour « cela l'armée de Châlons, qui sera, avant trois jours, de 85 000 hommes, « sans compter le corps de Douay. »

L'Impératrice, considérant l'Empereur comme fini, se flattait peut-être de faire la paix et de régner pendant la minorité de son fils. La cour, le conseil de régence, le conseil des ministres, l'encourageaient dans cette espérance; il y avait un parti de l'Impératrice non seulement à la cour et dans le gouvernement, mais encore dans l'armée : les gens initiés à ce qui se passait dans les états-majors ont même cru reconnaître la trace de son influence dans les décisions les plus graves et dans les opérations les plus importantes de la campagne.

Le maréchal de Mac-Mahon, placé dans cette alternative : s'éloigner du maréchal Bazaine ou se lancer dans les Ardennes au milieu de plusieurs armées qui pouvaient l'écraser, restait en proie aux plus dangereuses incertitudes, manquant de confiance en lui-même et n'en inspirant plus aux autres; peut-être aurait-il bien fait de refuser le commandement. La bravoure ne suffit pas à celui qui a des armées à conduire, ni l'intelligence; il lui faut encore la chance, et le maréchal de Mac-Mahon n'en avait plus. Napoléon Ier l'en eût puni en le renvoyant; Napoléon III le maintint à la tête de l'armée, faute de lui trouver un remplaçant parmi les maréchaux, car il n'admettait pas qu'une armée fût conduite par un chef non revêtu de cette dignité.

Le maréchal de Mac-Mahon, en informant le maréchal Bazaine qu'il était placé sous ses ordres, lui avait demandé ses instructions : « Si, « comme je le crois, vous êtes forcé de battre en retraite très prochaine- « ment, je ne sais pas, à la distance où je suis de vous, comment vous

« venir en aide sans découvrir Paris. Si vous en jugez autrement, faites-le-
« moi savoir. » Le maréchal Bazaine, par une dépêche du 19 au soir, le
laissa libre de ses mouvements en raison de son éloignement de lui. Quel
parti prendre? Le maréchal de Mac-Mahon, toujours hésitant entre la
jonction avec le maréchal Bazaine qu'il s'attendait à voir arriver d'un
moment à l'autre sur la Meuse et la nécessité de couvrir Paris et de
conserver à la France sa seule armée disponible, résolut d'attendre, et
il fit part le 20 août de sa décision au ministre de la guerre.

« Les renseignements parvenus semblent indiquer que les armées ennemies sont placées de manière à intercepter à Bazaine les routes de Briey, de Verdun et de Saint-Mihiel. Ne sachant pas la direction qu'il peut prendre, *bien que je sois dès demain prêt à marcher*, je pense que je resterai en position jusqu'à connaissance de la direction prise par Bazaine, soit au nord, soit au sud. »

Cette armée dont la formation a été soumise à tant de difficultés et
dont la mise en mouvement, ajoute-t-on, a subi tant de retards forcés,
était prête à marcher dès le 21. C'est le maréchal de Mac-Mahon lui-
même qui l'atteste. Il se borna cependant à lui faire prendre, près de
Reims, une position couverte par le canal de la Marne à l'Aisne, après
avoir évacué le camp de Châlons, opération inévitable qui, par la façon
dont elle s'exécuta, exerça une influence déplorable sur le moral de
l'armée à son entrée en campagne; au lieu de procéder régulièrement à
la destruction de ce vaste établissement militaire, on le livra aux maraudeurs, qui le ravagèrent et qui firent main basse sur tout ce qu'il contenait : on vit des soldats offrir en vente jusqu'à des boîtes à chirurgie;
quand il n'y eut plus rien à saccager dans le camp, on y mit le feu, et
bientôt un nuage de feu et de fumée, s'élevant dans les airs, apprit aux
habitants que le camp de Châlons n'existait plus. L'incendie seul mit fin
au pillage.

L'armée, après une marche pénible, occupa sa nouvelle position le 21.
Le maréchal de Mac-Mahon, revenant d'une visite aux campements, trouva
à son quartier général M. de Saint-Paul, ancien directeur du personnel
au ministère de l'intérieur, qui lui apprit l'arrivée de M. Rouher. Ces
deux intimes conseillers de l'Impératrice n'étaient venus, disaient-ils, à
Courcelles, que pour obéir au besoin affectueux de revoir l'Empereur,
après une longue absence, et de le consoler dans ses malheurs, tandis
qu'en réalité leur voyage n'avait pas d'autre but que de lui imposer, en
quelque sorte, au nom du gouvernement, le plan de campagne qui devait
le tenir le plus éloigné de Paris.

Le maréchal de Mac-Mahon apprit de M. de Saint-Paul que l'Empereur l'avait fait demander plusieurs fois. Il se rendit chez Napoléon III, où il trouva M. Rouher. Le président du Sénat, après avoir déclaré, en abordant l'Empereur, qu'il croyait « tout perdu », n'en proposait pas moins la grande combinaison du général de Palikao, qui consistait à joindre le maréchal Bazaine, à « accabler, avec les deux armées réunies, le prince « royal de Prusse, et, après une grande victoire, à revenir à Paris dans « des conditions de victoire, de nature à sauvegarder tous nos intérêts. » Profiter de l'ascendant de la victoire pour rétablir l'Empire déjà tombé, c'était sans doute ce que M. Rouher entendait par ces derniers mots : « sauvegarder nos intérêts; » mais ces intérêts, il y avait plusieurs manières de les entendre. Dans le cas où le succès aurait répondu à son attente, M. Rouher aurait-il demandé l'abdication de Napoléon III ou la continuation de son règne?

La difficulté d'exécution du plan de M. Rouher ne pouvait échapper entièrement au maréchal de Mac-Mahon, hésitant, inquiet, sans nouvelles du maréchal Bazaine; il trouva dans son indécision même assez d'énergie pour répondre au président du Sénat que des renseignements de la veille lui faisaient supposer que le maréchal Bazaine était entouré par 200 000 hommes à Metz, que l'armée du prince royal de Saxe, estimée à 80 000 hommes, marchait dans la direction de Verdun, et que le prince royal de Prusse arrivait avec 150 000 hommes à Vitry-le-François. « Se « porter vers l'est avec une armée composée comme la mienne, ajouta le « maréchal de Mac-Mahon, n'est-ce pas s'exposer à une défaite qui serait « la perte de la France? » M. Rouher, frappé ou non de ces raisons, ne pouvait cependant répondre nettement par la négative à la question du général en chef de l'armée de Châlons. Il se contenta de répliquer que l'abandon du maréchal Bazaine aurait une influence fâcheuse sur l'opinion, et que, pour en conjurer l'effet, il convenait du moins de l'expliquer à la nation par un manifeste de l'Empereur, et à l'armée par une proclamation du maréchal de Mac-Mahon. M. Rouher emporterait ces deux pièces et les ferait insérer dans le *Journal officiel* au moment où l'on apprendrait la marche de l'armée sur Paris. Les choses ainsi convenues, M. Rouher prit la plume, puisque l'Empereur était incapable de parler à la nation, et puisque le maréchal de Mac-Mahon lui abandonnait l'honneur de parler à ses soldats. Le manifeste et la proclamation brochés en quelques instants, M. Rouher les lut, les mit dans sa poche et partit dans la nuit pour Paris avec les deux documents improvisés.

Fig. 40. — Charge des chasseurs d'Afrique à Sedan.

Le maréchal de Mac-Mahon, après le départ de M. Rouher, allait lancer le 22 les ordres pour préparer sa marche sur la capitale, lorsque, vers quatre heures, il reçut par l'entremise de l'Empereur une dépêche qui n'avait point passé par Paris et datée du Ban-Saint-Martin, 19 août. Le maréchal Bazaine, après avoir rendu compte de la bataille de Saint-Privat, terminait ainsi : « Je compte toujours prendre la direction du nord « et me rabattre ensuite par Montmédy sur la route de Sainte-Menehould « et de Châlons, si elle n'est pas fortement occupée. Dans ce cas, je « continuerai sur Sedan et même Mézières pour gagner Châlons. »

Une autre dépêche arriva presque en même temps de Paris au quartier général de Courcelles; écrite évidemment sous l'impression d'irritation causée par le retour de M. Rouher et de M. de Saint-Paul, elle disait en résumé : « Le sentiment du conseil est plus énergique que « jamais..., ne pas secourir Bazaine aurait les plus déplorables consé- « quences à Paris; en présence de ce désastre, il serait à craindre que « la capitale ne se défendît pas... ; votre dépêche à l'Impératrice nous « donne la confiance que notre opinion est partagée.... »

La dernière dépêche télégraphique du maréchal Bazaine se croisa, dit-on, avec celle dans laquelle le maréchal de Mac-Mahon lui donnait avis de la détermination nouvelle prise par lui à Reims. Qu'y a-t-il de vrai dans ce croisement? Nul ne peut le dire. Ce qu'il y a de certain, c'est que le maréchal de Mac-Mahon, renonçant à marcher sur Paris, accusa par le télégraphe, au maréchal Bazaine, réception de la dépêche du 22 août, en ajoutant qu'il prenait la direction de Montmédy, et qu'il serait le surlendemain, 24, sur l'Aisne, d'où il opérerait, suivant les circonstances, pour venir à son secours.

La jonction avec le maréchal Bazaine, puisque le maréchal Mac-Mahon s'y était décidé, demandait une fermeté inébranlable de sa part et une foudroyante rapidité dans l'exécution. L'armée, traînant après elle l'Empereur, se mit en marche le 23. Elle formait quatre corps : 1ᵉʳ, commandé par le général Ducrot, comprenant quatre divisions; 5ᵉ, commandé par le général de Failly, deux divisions et demie; 7ᵉ, commandé par le général Douay, trois divisions; 12ᵉ, commandé par le général Lebrun, trois divisions. En tout, un effectif de 140 000 hommes environ. Chaque corps comptait une division de cavalerie, sauf le 7ᵉ, qui n'avait qu'une brigade (l'autre brigade était restée à Lyon). Une division de réserve de cavalerie et une division de cuirassiers du général Bonnemains suivaient le 1ᵉʳ corps depuis le commencement de la campagne. Une brigade de cavalerie légère, formée des deux régiments de chasseurs d'Afrique qui avaient escorté l'Empereur de Verdun à Châlons, la brigade du général Tillard, distraite de la division du général de Fénelon, formèrent la division du général Margueritte, à laquelle fut adjoint le 4ᵉ régiment de chasseurs d'Afrique, débarqué le dernier. Toute cette cavalerie était excellente, et en des mains plus habiles elle aurait pu rendre d'admirables services. L'armée possédait son artillerie réglementaire, c'est-à-dire 400 pièces, où les pièces de 12 se trouvaient en forte proportion.

Encore une fois, le moral de cette armée n'était pas aussi affecté qu'on l'a prétendu. Le 1ᵉʳ corps, complété après ses échecs de Wissembourg et de Frœschwiller, appelait, nous l'avons dit, de tous ses vœux une revanche ; le 5ᵉ corps du général de Failly ne se plaignait que d'une chose : c'est que son chef l'eût empêché de se battre ; les 10 000 hommes d'infanterie de marine donnaient une grande solidité au 12ᵉ corps ; le 7ᵉ corps était bon. L'armée ne comptait, quoiqu'on ait affirmé le contraire, que deux régiments de marche formant brigade. C'était une armée un peu découragée, sans doute, par des revers qu'elle ne s'expliquait pas, mais à laquelle on aurait pu rendre toute son énergie en lui faisant comprendre la situation, en lui donnant conscience de la mission qu'elle allait remplir, en lui parlant cœur à cœur. Le maréchal de Mac-Mahon avait, une première fois, laissé ce soin à M. Rouher ; pendant toute la campagne, lui et ses lieutenants restèrent à l'égard des troupes dans un mutisme glacé.

L'armée de Châlons reçut l'ordre, le 23, de marcher sur la Suippe, c'est-à-dire de revenir à la position qu'elle occupait le 17. Cinq jours avaient été perdus en négociations entre le camp de Châlons et les Tuileries. L'armée devait, le premier jour, se porter sur la Suippe, entre Saint-Mesmes et Saint-Martin-l'Heureux, en pleine Champagne, puis sur l'Aisne. Le 5ᵉ et le 12ᵉ corps formaient la gauche, le 1ᵉʳ corps était au centre, le 7ᵉ corps à l'aile droite protégée par les cuirassiers du général Bonnemains. La cavalerie du général Margueritte allait en avant vers Monthois, observant l'Argonne du côté de Grand-Pré. La direction générale était le passage de l'Argonne par le Chêne-Populeux, Vouziers, Grand-Pré, pour tomber sur la Meuse vers Stenay, où l'on touche à Montmédy.

Le sentiment public s'était prononcé énergiquement pour secourir le maréchal Bazaine ; avait-il raison au point de vue militaire ? Oui, mais à condition que la résolution de marcher sur Metz une fois prise fût exécutée, comme nous l'avons dit, avec toute la rapidité nécessaire, et que l'armée se portât droit sur le prince de Saxe, avant que le prince royal de Prusse eût fait sa jonction avec lui. La supériorité numérique de l'armée française sur celle du prince royal de Saxe était presque de deux contre un. La marche de l'armée n'avait plus de raison d'être si l'on n'était pas résolu à profiter de cette supériorité et de la possession de Verdun pour franchir la Meuse.

Le maréchal de Mac-Mahon avait donné l'ordre de prendre, en partant, pour quatre jours de vivres. Le soir de la première journée de marche, les généraux Ducrot et Lebrun se plaignent que leurs soldats manquent de provisions. Ces deux généraux n'ont donc point obéi à l'ordre du commandant en chef, en ne s'assurant pas que chaque soldat a le nombre de rations prescrit. Les intendants des corps et des divisions n'ont rejoint que la veille à Reims; ils ne sont au courant de rien. Une certaine confusion, augmentée par le mauvais temps, règne dans la marche de l'armée dès son départ : le soldat est triste et mécontent; le silence obstiné du commandant en chef contribue à changer en découragement la tristesse de ces troupes, qui auraient surtout besoin d'être excitées; il pleut; les soldats marchent dans la boue des chemins défoncés, arrivent tard au campement et n'y trouvent pas toujours les moyens de réparer leurs fatigues par une nourriture saine et abondante. L'armée va le lendemain, heureusement, se trouver sur un meilleur terrain, en se portant le 24 sur les hauteurs de la rive gauche de l'Aisne, de Vouziers à Réthel. Elle fait 28 kilomètres dans la journée; l'espoir renaît dans les rangs. Quelques mots d'explication sur l'importance du mouvement qu'elle exécute, en lui faisant sentir l'importance de sa mission, lui auraient donné l'énergie nécessaire pour la remplir. L'armée, en quatre jours, pouvait se trouver devant Metz; mais l'état-major est muet comme toujours.

Le chemin de Verdun s'offrait naturellement au maréchal de Mac-Mahon; au lieu d'en profiter, il se jette, le 25, un peu à gauche sur le chemin de fer de Réthel, dans l'idée que ses approvisionnements en deviendraient plus faciles, et il maintient les 5e et 12e corps sur leurs emplacements de la veille, afin de leur faire des distributions. Le 1er corps se porte sur Attigny et le 7e sur Vouziers. L'armée, qui aurait dû en quelque sorte dévorer l'espace, perd ainsi un jour à pivoter sur son aile gauche; le 7e corps, qui, de tous, est celui dont la marche est la plus rapide, fait à peine 10 kilomètres. Le maréchal de Mac-Mahon laisse la cavalerie du général Bonnemains à Réthel et donne ordre à celle du général Margueritte d'occuper le Chêne-Populeux. Le général Douay, arrivant à la tête du 7ᵉ corps le 25 à Vouziers, s'aperçoit que sa droite et ses derrières sont découverts et que la cavalerie a évacué les défilés de Grand-Pré et de la Croix-au-Bois. Décidément, on ne tire nul parti de cette arme constamment laissée à la queue des colonnes ou employée à couvrir les opérations du côté des places fortes et de la Belgique, alors que l'ennemi s'avance par le sud, à la fois de Verdun, de Châlons et de Reims. La présence de l'Empereur est en grande partie cause de l'inutilité à laquelle la cavalerie est réduite. Au lieu de se placer au centre de l'armée, il ne quitte pas la gauche, qui regarde du côté de la Belgique, où il se sent attiré involontairement. La cavalerie opère presque toujours dans cette direction. Une autre conséquence désastreuse de la présence de Napoléon III, c'est que le maréchal de Mac-Mahon le suit, qu'il a toujours son quartier général à côté du sien, au grand dommage de la rapidité des ordres à transmettre à l'aile droite et de la régularité de la marche des corps.

L'armée pivote le 26 sur sa droite. Le 5ᵉ corps reste à Vouziers; le 1ᵉʳ est à Voncq, sur la rive droite de l'Aisne; le 5ᵉ, au Chêne-Populeux; le 12ᵉ, à Tourteron. Le général Bonnemains est à Attigny; le général Margueritte à Tannay et aux Petites-Armoises; le 7ᵉ corps se porte sur la rive droite de l'Aisne et franchit le pont de Vouziers.

C'est une journée de marche inutile. Le 5ᵉ corps reprend ensuite la route de Stenay, et il arrive le 27 au Chêne-Populeux. Là, il est informé que les corps de sa droite, commandés par les généraux Douay et de Failly, ont été attaqués par la cavalerie du prince royal de Prusse, que le prince royal de Saxe a quitté les environs de Verdun pour marcher sur Buzancy, et que le maréchal Bazaine, n'ayant pas quitté Metz, ne peut être par conséquent à Montmédy.

Le maréchal de Mac-Mahon, depuis le 22, date à laquelle lui est parvenue la dépêche du 19 du maréchal Bazaine, n'a plus reçu de nouvelles de son collègue; son hésitation augmente; il craint de se jeter au milieu des armées allemandes, qui l'enveloppent de toutes parts, il le sent, et, dans un éclair de volonté qui aurait pu sauver la France, il décide qu'il ira à Mézières. « Faites-le sans en prévenir le gouvernement, » lui dit son chef d'état-major; mais, saisi d'un scrupule, il mande au ministre de la guerre :

« Les 1ᵉʳ et 2ᵉ armées allemandes bloquent Metz principalement sur

« la rive gauche ; une force évaluée à 50 000 hommes serait établie sur
« la rive droite de la Meuse pour gêner ma marche vers Metz ; des rensei-
« gnements annoncent que l'armée du prince royal de Prusse se dirige
« aujourd'hui sur les Ardennes avec 15 000 hommes ; elle serait déjà à
« Ardeuil. Je suis au Chêne avec un peu plus de 100 000 hommes. De-
« puis le 19, je n'ai aucune nouvelle de Bazaine ; si je me porte à sa ren-
« contre, je serai attaqué de front par une partie des 1re et 2e armées, qui,
« à la faveur des bois, peuvent dérober une force supérieure à la mienne ;
« en même temps, je serai attaqué par l'armée du prince royal de Prusse,
« me coupant ma ligne de retraite. Je me rapproche demain de
« Mézières, d'où je continuerai ma retraite selon les événements vers
« l'ouest. »

Le maréchal de Mac-Mahon oublie qu'il y a des moyens à la guerre pour se garantir des surprises qu'on peut tenter contre une armée à la faveur des bois ou autrement, et l'un de ces moyens consiste en des reconnaissances de cavalerie habilement dirigées. Mais le ministre de la guerre a appris ce projet d'une marche vers l'ouest, et il lui écrit en toute hâte : « Au nom du conseil des ministres et du conseil privé,
« je vous demande de porter secours à Bazaine en profitant de trente
« heures que vous avez d'avance sur le prince royal de Prusse. Je fais
« porter le corps de Vinoy sur Reims. »

Le ministre de la guerre, voyant le maréchal de Mac-Mahon hésiter encore, a recours au moyen qu'il croit le plus propre à le décider. « Si
« vous abandonnez Bazaine, la révolution est dans Paris, et vous serez
« attaqué vous-même par toutes les forces de l'ennemi. Contre le
« dehors, Paris se gardera. Les fortifications sont terminées. Il me
« paraît urgent que vous puissiez parvenir rapidement jusqu'à Bazaine.
« Ce n'est pas le prince royal de Prusse qui est à Châlons, mais un des
« princes, frère du roi de Prusse, avec une avant-garde et des forces
« considérables de cavalerie. Je vous ai télégraphié ce matin deux
« renseignements qui indiquent que le prince royal de Prusse, sen-
« tant le danger auquel votre marche tournante expose son armée et
« l'armée qui bloque Bazaine, aurait changé de direction et marche-
« rait vers le nord. Vous avez au moins trente-six heures d'avance sur
« lui, et peut-être quarante-huit heures. Vous n'avez plus devant vous
« qu'une partie des forces qui bloquent Metz et qui, vous voyant vous
« retirer de Châlons sur Reims, s'étaient étendues vers l'Argonne. Votre
« mouvement sur Reims les avait trompées, comme le prince royal de

« Prusse. Ici, tout le monde a senti la nécessité de dégager Bazaine, et
« l'anxiété avec laquelle on vous suit est extrême [1]. »

L'Empereur avait fini par céder à l'impérieux ascendant de sa femme et du ministre de la guerre; il n'insistait plus pour revenir à Paris, et il suivait docilement la route tracée par l'Impératrice en y entraînant le maréchal de Mac-Mahon à sa suite. Le général en chef, poussé de plus par le ministère de la guerre, donna l'ordre à l'armée de se porter par Stenay à la rencontre du maréchal Bazaine, alors que certains corps d'armée avaient déjà leurs bagages sur la route de Mézières.

C'était le 27 août. Dans la soirée, les agents d'information Miès et Rabasse apportent au quartier général une dépêche de Longwy adressée au maréchal de Mac-Mahon par le maréchal Bazaine sous le couvert du colonel Stoffel : « L'ennemi grossit toujours auprès de moi. Je suivrai
« *probablement*, pour vous rejoindre, la ligne du nord, et *vous pré-*
« *viendrai si la marche peut être entreprise sans compromettre*
« *l'armée* [2]... » Ce n'est plus là l'itinéraire positif tracé dans la dépêche du 19. La certitude du mouvement fait place à un doute qui devrait imposer au maréchal de Mac-Mahon l'obligation de retarder son mouvement sur Montmédy. Il n'en fait rien cependant Comment expliquer cette faute [3] ?

---

1. La révolution était, il est vrai, dans Paris; mais elle y avait fait son entrée avec la nouvelle des premiers désastres de l'armée; le sort de l'Empire, de quelque côté que le maréchal de Mac-Mahon dirigeât ses pas, était fixé. On a vu comment le gouvernement s'y prenait pour élever, à la hauteur de la situation, le moral des habitants de cette ville, à qui il refusait des armes. Les défenses de Paris étaient-elles du moins complètement mises en état, comme le ministre de la guerre en donnait l'assurance? On ne s'aperçut que trop, deux mois plus tard, qu'il n'en était pas ainsi. Quant aux renseignements donnés par le ministre de la guerre sur la marche de l'ennemi, ils prouvent qu'on ne savait pas grand'chose au ministère de la guerre sur les opérations militaires des Allemands.

2. Cette dépêche parvint également au ministère de la guerre.

3. Le colonel Stoffel, mis à la disposition du maréchal Mac-Mahon comme un officier connaissant bien les affaires militaires de l'Allemagne et la langue de ce pays, remplissait au quartier général des fonctions mal définies; moitié vaguemestre, moitié chef du service des informations, il recevait les dépêches, les renseignements, et il les transmettait à qui de droit. Le colonel Stoffel ne pouvait avoir négligé de remettre la dépêche du 22 au maréchal de Mac-Mahon; une pareille négligence de la part d'un officier dans sa situation ne serait pas facile à comprendre ; aussi le colonel Stoffel, contrairement aux affirmations réitérées des agents Miès et Rabasse, soutenait-il avec persistance qu'il n'avait reçu aucune dépêche le 22. La parole d'un officier semblait devoir être crue de préférence à celle des agents. Le conseil de guerre de Trianon en jugea autrement. Le colonel Stoffel fut poursuivi sous la prévention de délit de soustraction de dépêche. Faisant alors un appel plus sérieux à ses souvenirs, il se rappela non seulement que la dépêche * lui était parvenue, mais encore qu'il l'avait remise au principal aide de camp du maréchal de Mac-Mahon; le prévenu ayant produit à l'instruction des témoins qui confirment son

* *La dépêche du 20 août, par le colonel Stoffel.*

L'armée allemande, poussée d'abord sur Châlons et sur Paris par le premier mouvement de l'invasion, avait changé sa direction : le prince royal de Saxe marchait droit devant lui ; le prince royal de Prusse avait fait le 26 un à-droite avec ses têtes de colonnes. Le prince de Saxe, après une tentative inutile sur Verdun, passait la Meuse, lançant à travers l'Argonne sa cavalerie sur la route de Sainte-Menehould ; le prince royal de Prusse s'avançait de son côté vers la Marne, poussant de fortes reconnaissances jusqu'à Vitry-le-Français.

La marche du maréchal de Mac-Mahon vers le nord avait été dérobée aux Allemands jusqu'au 25. La cavalerie du prince Albert, qui avait vu le camp de Châlons abandonné et brûlé, les éclaireurs du prince de Saxe dans l'Argonne, les *reportages* de certains journaux parisiens, les mirent sur la voie. L'état-major général, qui se trouvait le 25 avec le roi de Prusse à Bar-le-Duc, donna le soir même l'ordre de suspendre le mouvement sur Paris et de rejeter par une grande conversion l'armée du prince royal de Prusse et celle du prince royal de Saxe sur le maréchal de Mac-Mahon. 80 kilomètres au moins séparaient la 3e armée, alors entre Bar-le-Duc et Châlons, de l'armée française. Entre celle-ci et l'armée de la Meuse, il n'y avait pas plus de 50 kilomètres.

Les Allemands, exposés du 20 au 25 aux dangers d'un front trop étendu, et ne risquant maintenant plus rien de ce côté, se lancent en avant, poussés par l'élan du succès, encouragés par les traces de désorganisation croissante que l'armée française laisse partout sur son passage et par le sentiment de leur supériorité numérique. Les deux armées du prince royal de Prusse et du prince royal de Saxe représentaient une force de 230 000 hommes environ, sans compter le corps qu'ils pouvaient détacher de l'armée d'investissement de Metz. Ces forces énormes, mues par une volonté fixe, se dirigeant sans interruption et sans trouble par des chemins différents sur des points où elles arrivent à heure fixe, et se resserrant peu à peu comme les filets d'une battue, vont entourer l'armée française et la pousser tout entière au milieu d'elles, comme on rabat le gibier.

Le quartier général du maréchal de Mac-Mahon n'était pas encore

---

assertion, une ordonnance de non-lieu a été rendue en sa faveur. La justice reconnaît donc qu'il n'a pas soustrait la dépêche. Qu'est-elle devenue ? Il y a là un mystère ; l'histoire, pour le moment, doit se borner à constater. Ce qui n'est malheureusement que trop certain en attendant, c'est que la marche qui répondait à la politique dynastique de Paris ne fut pas contremandée, et que l'Empereur et le maréchal de Mac-Mahon entraînèrent l'armée du côté de Sedan.

au Chêne-Populeux que celui du roi de Prusse se trouvait au centre même des opérations, à Clermont en Argonne. La cavalerie, jetée comme un rideau devant l'armée allemande, en dissimulait tous les mouvements, si bien que la marche des deux armées s'avançant sur lui par l'est et par le sud de l'Argonne ne fut enfin connue du maréchal de Mac-Mahon que le 27.

Le mouvement de conversion de l'armée française sur l'aile droite continue ce jour-là. Le 7ᵉ corps reste à Vouziers ; le 5ᵉ se porte sur Germont et Belval, le 12ᵉ sur le Chêne-Populeux ; le 1ᵉʳ se met en marche de Voncq sur Terron, pour soutenir le 7ᵉ, mais il reçoit contre-ordre en route. La cavalerie du général Margueritte est à Stonne.

Le maréchal de Mac-Mahon a donc repris docilement sa marche sur Metz. Il faut tout changer encore une fois, ramener sur leurs pas, par un temps affreux, les troupes accumulées sur quelques routes autour du Chêne, hommes, voitures, chevaux mêlés et formant un enchevêtrement inextricable. Les soldats, au premier coin, au premier abri venu, s'arrêtent pour faire le café. Ces pauvres diables, qui n'ont rien à manger de chaud, remplacent la marmite par la cafetière ; d'un bout de l'armée à l'autre, on ne voit que feux allumés pour le café, quitte à redoubler de vitesse pour rejoindre le corps quand le café sera bu ; mais, quelque rapide que soit la confection de cette boisson, quelle que soit la bonne volonté de ceux qui se sont arrêtés, les traînards sont nombreux. Le soldat, rendu plus irritable par la fatigue et par le manque de vivres, aurait eu plus que jamais besoin d'être encouragé par ses chefs ; mais, n'entendant aucune parole fortifiante, il tourne à l'indiscipline. La confusion qui a marqué le départ cesse à peine au bout de douze heures. L'armée, qui, le 28 au soir, n'a avancé que de quelques kilomètres, reprend sa marche le 29, sur une ligne irrégulière, où le 12ᵉ corps occupe la gauche et où le 5ᵉ corps passe à l'extrême droite par une singulière manœuvre, due à l'éloignement du maréchal de Mac-Mahon de la droite. La présence de l'Empereur à la gauche y entraîne le commandant en chef et l'y retient.

L'ennemi, pendant que le maréchal de Mac-Mahon perd ainsi un temps précieux, se montre à Grand-Pré, à Buzancy, à Vouziers, devant et derrière l'armée française, occupe ses positions à mesure qu'elle les quitte, et rend d'heure en heure plus difficile ce qui était possible quelque temps auparavant ; les deux armées ennemies ont déjà fait leur jonction au moment où le maréchal de Mac-Mahon cherche à franchir la Meuse pour se diriger sur Montmédy.

Fig. 14. — Scène, d'après le dessin de M. Bayard.
(Publiée avec l'autorisation de M. Goupil, éditeur.)

Moscou, Waterloo, Sainte-Hélène,
L'exil, les rois geôliers, l'Angleterre hautaine
Sur ton lit accoudée à ton dernier moment,
Sire, cela n'est rien. Voici le châtiment!
(Victor Hugo, Les Châtiments.)

La division Goze, chargée par le général de Failly de couvrir la marche de son corps, après être restée en observation devant Buzancy, s'est mise en marche le 28, à la nuit tombante, pour rejoindre le reste du corps à Belval; la cavalerie du général de Bonnemains est restée aux Grandes-Armoises, un peu en arrière du 12ᵉ corps; le général Margueritte a porté sa cavalerie de Stonne à Sommanthe, en arrière du corps du général de Failly, que par conséquent il n'éclaire pas, parce que la cavalerie, détournée de son rôle naturel, au lieu de couvrir et d'éclairer les corps d'armée, reste sur leurs derrières pour assurer la sécurité de l'Empereur. Les masses prussiennes augmentent du côté de Grand-Pré et de Buzancy. Il n'est plus possible au maréchal de Mac-Mahon de traverser la Meuse entre Dun et Stenay; mais il peut encore, en gagnant l'ennemi de vitesse, la franchir entre Mouzon et Sedan. Pour cela, un grand effort est nécessaire de la part du soldat harassé; le succès dépend de la rapidité de sa marche; qu'il mette son cœur dans ses jambes, et l'armée passe; c'est ce qu'il faudrait lui dire en quelques mots chaleureux; le maréchal de Mac-Mahon se renferme dans son mutisme ordinaire.

Cependant une dépêche du maréchal Bazaine, dans laquelle ce dernier l'informe qu'il est toujours sous Metz, entouré par l'armée du prince Frédéric-Charles, mais d'une manière peu serrée, qu'il pourra passer quand il voudra, et qu'il l'attend, a été remise par le commandant de place de Thionville à M. Lallemand, procureur impérial à Sarreguemines; M. Lallemand, à son tour, l'a confiée au général Beurmann, commandant de Sedan, et au colonel Melcion d'Arc, commandant de place; le colonel Melcion d'Arc la remet à M. Hulme, filateur à Glaire, qui affirme l'avoir portée à Raucourt le 29 août et l'avoir remise de sa propre main au maréchal de Mac-Mahon. Voici les positions qu'il assigne à ses troupes pour le 29 : le 12ᵉ corps se rendra de la Besace à Mouzon, le 1ᵉʳ du Chêne à Raucourt, le 5ᵉ à Belval et à Beaumont; le 7ᵉ ira de Boult-au-Bois à la Besace; la cavalerie des généraux de Bonnemains et Margueritte sera à Raucourt et à Carignan. En voyant ces dispositions, on serait tenté de croire que la dépêche du maréchal Bazaine l'a fait changer de direction; mais bientôt il reprend son incompréhensible marche sur Sedan, et on cherche quel motif a pu déterminer ce nouveau changement. Il n'y a qu'une explication à donner de cette faute : c'est que cette dépêche, qui pourtant a passé par quatre mains avant d'arriver aux mains de l'honorable M. Hulme et ensuite dans celles du maréchal de Mac-Mahon, n'ait pas été lue par lui, ou qu'après l'avoir lue il en ait oublié le contenu [1].

L'ennemi se rapproche ; un engagement assez sérieux a lieu à Nouart le 29 entre le 5ᵉ corps et les Allemands ; la division Goze se dirigeant sur Beaumont, par la route de Raucourt, la division Guyot de Lespart et une brigade de la division de Labadie suivant la route des Étangs, sont attaquées vers midi, sur leur flanc droit, du côté de Bois-des-Dames, et engagent une canonnade assez vive avec l'ennemi. Les divisions Goze et Guyot de Lespart arrivent le 30, à quatre heures du matin, à Beaumont ; la division de Labadie les rejoint trois heures plus tard, et se poste à l'entrée du village. La marche du 7ᵉ corps est plus accidentée ; la cavalerie, envoyée le matin en reconnaissance, échange quelques coups de sabres avec les uhlans et signale la présence d'un corps de cavalerie d'une ou deux divisions, avec de nombreux canons, entre Grand-Pré et Buzancy. La 1ʳᵉ division du 7ᵉ corps reçoit l'ordre de se rendre, avec les bagages, de Quatre-Champs à Saint-Pierremont. La cavalerie du général Ameil couvre ce mouvement. Des vedettes ennemies apparaissaient çà et là à quelque distance. Une rencontre semble tellement imminente que le général Dumont, apercevant sur ses derrières, entre Germont et Authe, quelques escadrons et quelques bataillons allemands, fait prendre position à sa division ; ce n'est, de la part de l'ennemi, qu'une fausse alerte, qui fait perdre aux Français une heure et accroît la fatigue des hommes et des chevaux. Les mauvais chemins ne permettent pas d'espérer que le 7ᵉ corps puisse ce jour-là gagner la Besace, point indiqué par le maréchal de Mac-Mahon. Le général Douay fait bivouaquer la nuit ses troupes à Oches, acte formel de désobéissance qui le lendemain doit avoir pour conséquence de retarder le passage de la Meuse pour une partie du 7ᵉ corps, qui, avec son chef, sera entraîné vers Sedan.

Les trois corps restés sur la rive gauche reçoivent le 30 août l'ordre de passer, coûte que coûte, la Meuse ce jour-là. Le maréchal de Mac-Mahon vient lui-même, entre sept et huit heures du matin, ordonner au général de Failly de passer tout de suite. Le commandant du 5ᵉ corps lanterne, comme on dit vulgairement, jusqu'à onze heures. Le 5ᵉ corps se dirige sur Mouzon, le 7ᵉ sur Villiers, le 1ᵉʳ corps sur Remilly. Le général Margueritte, avec ses cavaliers, couvre la marche en avant vers Mouzon et

---

[1]. Lui-même ne peut encore aujourd'hui rien dire de positif à ce sujet.

Carignan. Le général de Bonnemains suit le 1er corps. Le général Douay quitte Oches au point du jour; mais le convoi et les bagages, escortés par la division Conseil-Dumesnil, occupent une longueur de 15 kilomètres; le défilé dure encore à neuf heures. Ces troupes se dirigent sur Villers, où un pont de bateaux a été jeté. Le départ des deux dernières divisions ne peut s'effectuer qu'après le passage du convoi; la brigade Bittard des Portes, qui couvre Oches au sud, se retire en laissant ce village sur sa droite; l'ennemi la canonne à assez longue portée au moyen d'une batterie installée sur l'emplacement que la brigade française vient de quitter. Le général Douay empêche l'artillerie de riposter et fait poursuivre la marche. La tête de colonne du 7e corps atteint Stonne vers midi et demi, après avoir entendu sur sa droite une vive canonnade et aperçu des villages et des fermes en feu. C'est le 5e corps engagé avec l'ennemi. Le général Douay ne croit point devoir se porter à l'appui du général de Failly, et, au lieu de suivre la direction qui lui a été indiquée par le maréchal de Mac-Mahon et qui doit le conduire à Villers, il se jette à gauche et va passer la Meuse à Remilly. Le 1er corps bavarois put, grâce à ce faux mouvement du général Douay, se glisser entre le 5e et le 7e corps et tomber sur le flanc du général de Failly, arrivé à quatre heures du matin à Beaumont à la tête du 5e corps.

Le général de Failly accorde quelques heures de repos à ses troupes. C'est une imprudence dans un moment où tout dépend de la rapidité de la marche; il y joint le tort d'oublier le voisinage de l'ennemi et de ne pas se garder avec toute la sévérité des règles militaires. Il peut arriver à un chef de se laisser surprendre; mais être en contact avec un ennemi qui vous suit depuis deux jours, et ne pas se garder, voilà ce qui paraît inexcusable. Des renseignements pris à propos lui auraient appris que l'ennemi avait, la veille même, poussé ses avant-postes jusqu'à une petite maison adossée au bois de Nurets, à 1 500 mètres de son camp. Le général de Failly, rassuré sans doute par la proximité du 7e et du 12e corps, ne prend aucune des précautions ordinaires, pas même celle de fouiller les bois, négligence d'autant plus impardonnable qu'il était depuis la veille en contact avec l'ennemi. Les troupes du 5e corps vaquaient donc tranquillement aux occupations d'une halte, lorsque tout à coup, à onze heures, cinq batteries se démasquent sur la lisière du bois de Dieulet; de fortes colonnes débouchent de Belle-Fort et de Beauséjour : une pluie d'obus tombe sur les soldats endormis sous la tente, sur les chevaux encore à la corde; on rallie à peine assez de troupes pour occuper avec l'artillerie les hauteurs de la Thibaudine et du Moulin-à-Vent; mais la gauche du 5ᵉ corps est bientôt débordée par l'ennemi; l'artillerie de réserve se replie par les bois de Villemontry, une batterie de mitrailleuses tombe dans une fondrière; on forme une ligne de bataille sur les hauteurs du Bouron, tandis qu'une division du 12ᵉ corps empruntée au général Lebrun se déploie en avant de Villemontry sur la rive gauche de la Meuse. L'encombrement du pont de Mouzon est tel, que trois batteries du 19ᵉ régiment parviennent seules à déboucher. L'artillerie de réserve reçoit l'ordre d'ouvrir le feu, mais son tir reste sans efficacité, à cause de la distance. L'ennemi concentre tous ses efforts sur la gauche, son artillerie en tête, suivie par l'infanterie hors d'haleine à la poursuite des fuyards du 5ᵉ corps.

La cavalerie du général de Fénelon reste immobile, de peur de passer en chargeant sur le 5ᵉ corps, qui se replie sur elle; l'artillerie ne peut pas non plus tirer sur les Allemands sans tirer sur les Français, tandis que les boulets ennemis enfilent le pont et le gué de Mouzon et que les obus tombent au milieu d'une masse compacte d'hommes, de voitures, de chevaux. Les fuyards, de plus en plus nombreux, se pressent à l'entrée de ces débouchés étroits. La division Grandchamp, qui a jusque-là fait bonne contenance, cède à la panique générale. Le 5ᵉ corps tout entier est en fuite, et la journée se termine par une charge des 5ᵉ et 6ᵉ cuirassiers de la division Litchlin, presque aussi meurtrière que celle de Frœschwiller. Le 5ᵉ cuirassiers eut son colonel, son lieutenant-colonel, un de ses commandants tués. Vingt officiers furent tués, blessés ou démontés dans les deux régiments.

L'armée française, malgré cet échec, se trouvait, par une faveur inespérée de la fortune, tout entière sur la rive droite de la Meuse, sauf la portion du corps du général Douay descendue du côté de Sedan. Les Prussiens, remplacés par les Français sur la rive droite de la Meuse, sont obligés de la retraverser pour les attaquer. Que le maréchal de Mac-Mahon donne l'ordre de détruire les ponts sur la Meuse, qu'il marche sur Montmédy et dans la direction de Metz, l'armée d'investissement du Prince Frédéric-Charles sera prise entre deux feux. Il faudra bien alors, en voyant les baïonnettes françaises, que Bazaine sorte!

L'essentiel est donc que l'armée, rassemblant toute son ardeur, se mette en marche avec un élan vigoureux. Une proclamation apprenant aux soldats quel effort le salut de la patrie exige d'elle eût suffi pour l'obtenir; mais le maréchal de Mac-Mahon, attribuant à l'échec du général de Failly plus d'importance qu'il n'en a (qu'est-ce en définitif que quelques milliers d'hommes perdus sur une armée de 140 000 hommes), change encore une fois sa marche; le mauvais génie de la France lui suggère l'idée fatale de porter l'armée sur Sedan, pour y chercher des munitions et des vivres qui sont à Montmédy, où se trouvent accumulés des approvisionnements de tout genre. Quant aux munitions, l'armée n'en manque pas, puisqu'elle n'a tiré que quelques coups de canon depuis son départ de Châlons, où elle a été munie plus qu'au grand complet de ses parcs. Le maréchal de Mac-Mahon oublie tout cela, et l'armée, obéissant à l'ordre fatal de son chef, se dirige par les deux routes de Carignan et de Mairy sur Sedan, où elle arrive dans la nuit du 30 et dans la journée du 31 août.

Napoléon III assistait des hauteurs de Mouzon à l'échec de Beaumont. « Il y a encore eu aujourd'hui, mande-t-il par le télégraphe à l'Impératrice, un engagement sans grande importance, et je suis resté à cheval assez longtemps. » Mensonge inutile. Le public ne tient plus assez à la santé de l'Empereur pour attacher la moindre importance à la question de savoir s'il est capable ou non de se tenir à cheval. Ce qu'il y a de sûr, c'est qu'il lui reste assez d'énergie en ce moment pour s'occuper de questions d'argent : « J'approuve la distribution des fonds que tu me proposes. Tu remettras le reste à Charles Thelin. » Voilà la dépêche que ce triste souverain adresse à son trésorier Bure, alors que les cuirassiers mutilés de Mouzon s'agitent encore sur la terre ensanglantée.

L'Empereur, se rendant à Sedan, quitte vers huit heures Carignan, où le 5ᵉ corps, arrivant en débandade, est obligé de stationner pour livrer passage à son escorte et à ses bagages. Cent-gardes aux habits déchirés, tachés de poussière et de boue, aux armes rouillées, écuyers hagards, piqueurs ivres, valets lançant de funèbres brocards sur leur maître, cette cohue, entraînée pêle-mêle et comme poussée par une espèce de fatalité, se rue vers Sedan : l'encombrement est tel que la cavalerie et l'artillerie, ne pouvant avancer, poussent à travers champs; quelques escadrons franchissent même la frontière belge.

L'armée, énervée par les hésitations d'un chef qui la fait marcher, mais qui ne la dirige pas, le suit dans Sedan, où il va l'engouffrer sans s'assurer même d'avance par un coup de télégraphe si les approvisionnements ne manquent pas pour une si grande concentration de troupes, dans une ville de médiocre étendue, où l'encombrement augmente sans cesse, et où les rues se remplissent à chaque instant d'officiers et de soldats en quête de leurs régiments, et demandant du pain à toutes les portes.

Pendant que le maréchal de Mac-Mahon entre dans Sedan sans prendre les dispositions indispensables et sans donner les instructions nécessaires à ses généraux, au moment où il va masser ses troupes sur un terrain entrecoupé de vallons et de bois, s'étendant autour d'un vaste entonnoir dont la ville de Sedan est le fond, et offrant à l'ennemi le terrain le plus favorable à sa manière de combattre, l'armée allemande, deux fois supérieure en nombre, rangée en cercle, manœuvre pour l'envelopper; au commencement de la journée du 31, terminée par la retraite de l'armée française sur Sedan, elle occupe les positions suivantes : La garde, le 12ᵉ et le 4ᵉ corps sont sur la rive gauche de la Meuse, vis-à-vis Mouzon, et ferment cette issue; les 1ᵉʳ et 2ᵉ Bavarois, en avant de Raucourt; le 11ᵉ et le 5ᵉ corps, à Chéhéry, au sud de Sedan; les Wurtembergeois, plus à l'est encore, à Vendresse. Ces troupes se mettent en marche dès le matin. La garde, obligée de repasser sur la rive droite, craint de trouver le pont de Mouzon, son unique débouché, détruit; mais le maréchal de Mac-Mahon a oublié de le faire sauter, elle peut donc se porter sur Carignan, le 12ᵉ corps sur Douzy; le 7ᵉ, soutenu par les Bavarois, descend la rive gauche vers Sedan. Le 11ᵉ corps marche sur Donchery, pour préparer un mouvement tournant de ce côté; le 5ᵉ corps sur Chehery, comme soutien; les Wurtembergeois sur Boutancourt; enfin le 6ᵉ corps se dirige de Vouziers sur Attigny, à l'ouest de Sedan, pour empêcher l'armée française de se dérober de ce côté par une marche de nuit.

Le 12ᵉ corps, resté toute la nuit du 30 au 31 sur ces positions de Mouzon, pour couvrir le mouvement des autres corps, ne se met que tard en route vers Sedan, par Douzy, en côtoyant la rive droite de la Meuse. Arrivé vers les onze heures à Bazeilles, il ouvre aussitôt le feu sur les troupes françaises postées sur les hauteurs, de l'autre côté de la rivière et du chemin de fer. La division d'infanterie de marine se déploie immédiatement au nord-est du village déjà occupé par les Bavarois, les en chasse après un combat meurtrier et enlève le pont du chemin de fer, qu'on n'a point fait sauter non plus. L'ennemi se retire peu à peu sur les hauteurs de la rive gauche, et vers six heures le feu cesse.

La garde prussienne marche sur les pas du général Ducrot par Francheval et le haut de la vallée de Givonne, dans l'intention de doubler la pointe d'Illy et de fermer à l'armée française la route de Belgique. Le 12ᵉ corps saxon, suivi par le 4ᵉ corps, s'avance sur Daigny et la Moncelle. Le général Von der Tann, à la tête des Bavarois, s'empare du pont du chemin de fer que, par un oubli à chaque instant renouvelé, on a laissé encore intact, passe la Meuse et tente un coup de main sur Bazeilles. Les Bavarois, repoussés par l'infanterie de marine du général de Vassoigne et rejetés au delà de la Meuse, restent cependant maîtres du pont. Le 11ᵉ et le 5ᵉ corps, à l'autre extrémité de la ligne ennemie, ayant les Wurtembergeois à leur droite, touchent à Donchery, dont le pont va bientôt tomber entre leurs mains; libres dès lors de passer la Meuse, rien ne les empêchera de fermer au maréchal de Mac-Mahon la route de Mézières.

Gagner cette ville ou livrer bataille sous Sedan, le maréchal de Mac-Mahon n'a cependant plus d'autre alternative. S'en préoccupe-t-il? Accepte-t-il la marche sur Mézières? Se décide-t-il à livrer bataille sous Sedan? Il passe cette journée suprême à inspecter les fortifications avec le général Dejean et à examiner les trois routes qui aboutissent à Sedan : l'une à l'ouest sur Mézières, l'autre à l'est sur Carignan, la troisième au nord sur la Belgique. Le maréchal de Mac-Mahon voulait choisir sans doute celle par laquelle il effectuerait sa retraite, c'était le parti auquel on croyait en effet qu'il s'arrêterait, car personne sérieusement ne lui prêtait l'intention de livrer bataille [1]; quant aux Prussiens qu'il pouvait avoir sur les bras d'un moment à l'autre, on eût dit qu'il s'en remettait aux hasards de l'improvisation pour les repousser.

L'armée, inquiète et émue, aurait voulu savoir ce que le maréchal de Mac-Mahon attendait d'elle et ce qu'elle pouvait attendre de lui; il ne s'ouvrit à personne sur son plan, s'il est vrai qu'il en eût un, pas même au général de Wimpffen, arrivé le matin même pour se mettre à la tête du corps du général de Failly et qui, en sa qualité de plus ancien divisionnaire de l'armée, devait remplacer le général en chef en cas de malheur arrivé à ce dernier. Le général de Wimpffen avait du reste dans sa poche des lettres de service signées du ministre de la guerre qui lui conféraient le commandement en chef si le maréchal de Mac-Mahon était forcé de l'abandonner.

Le maréchal de Mac-Mahon allait-il enfin se décider à faire un appel suprême à ses soldats? Non; mais l'Empereur prit la parole à sa place, et

1. Lui-même a déclaré dans sa déposition devant la commission d'enquête du 4 septembre qu'il n'en avait en effet nullement l'intention.

sa proclamation fut une véritable insulte à l'armée : « Si les débuts de la
« guerre n'ont pas été heureux, les armées du moins ont pu se refaire.
« J'ai abandonné mon rôle de souverain pour rester au milieu des soldats,
« me fiant à la sagesse de l'Impératrice, qui gouverne bien Paris. Il y a
« encore des gens de cœur, et, s'il y a des lâches, ils seront punis. » De
quels lâches voulait-il parler? Les officiers et les soldats étaient braves,
les généraux aussi; on pouvait, il est vrai, reprocher à ces derniers de
montrer en certaines occasions une imprévoyance et une ignorance des
lois de la guerre vraiment surprenantes chez des militaires qui pourtant
l'avaient déjà faite; mais l'Empereur avait-il le droit de laisser planer sur
les autres le soupçon de lâcheté au moment où, enfermé à Sedan dans
son appartement au fond de l'hôtel de la sous-préfecture, il ne laissait
personne pénétrer jusqu'à lui. Le général de Wimpffen ne parvint qu'à
grand'peine à forcer l'entrée de son cabinet. Napoléon III, en le voyant,
lui prit les mains et lui dit en pleurant : « Expliquez-moi donc, général,
« pourquoi nous sommes toujours battus, et ce qui a pu amener la désas-
« treuse affaire de Beaumont? — Je présume, Sire, que les corps d'armée
« en présence de l'ennemi étaient trop loin pour se prêter un mutuel
« appui; que les ordres ont été mal donnés et mal exécutés. — Hélas!
« nous sommes bien malheureux! » et d'un geste lent il le congédia.

L'armée française formait autour de Sedan un cercle sur lequel se
trouvaient Bazeilles et Floing; une longueur de 7 kilomètres environ
séparait ces deux points : le développement du cercle embrassait 18 kilomètres qui se soudaient à Sedan. Elle comptait environ 70 000 hommes,
auxquels il ne manquait qu'un chef; le maréchal de Mac-Mahon ne donne
aucun ordre dans la soirée du 31; ses lieutenants attendent encore ses
instructions à quatre heures et demie du matin; à ce moment, les troupes,
qui préparent leur café au feu des bivouacs, dans la demi-obscurité de
l'aube d'un jour de septembre, entendent un immense feu de mousque-
terie, entremêlé de hourrahs et de clameurs confuses, sur la ligne qui
s'étend de Bazeilles à Balan. L'armée prussienne s'ébranle, et la bataille
de Sedan commence.

Il était encore possible à cette heure au maréchal de Mac-Mahon
d'opérer sa retraite par Bouillon et de sauver une partie de l'armée en
passant en Belgique, où elle aurait déposé les armes sans combattre. Personne, depuis le général en chef jusqu'au simple soldat, qui ne repousse
cette pensée. Le maréchal de Mac-Mahon va donc tenter encore une fois
le sort des armes et essayer de prendre sa revanche de Reichshoffen.

Les Bavarois du général Von der Thann, soutenus par les nombreuses batteries élevées dans la nuit sur les hauteurs de la Marfée, franchissent le pont de Bazeilles et se portent sur le village. La brigade d'infanterie de marine du général Martin des Pallières les reçoit avec une intrépidité qui ne se dément pas un instant, quoique le nombre des assaillants s'accroisse à chaque assaut. Les Bavarois déploient une ardeur d'autant plus grande qu'ils se sentent soutenus par une attaque dirigée par les Prussiens sur la Moncelle, à la gauche du général Lebrun, et par l'approche des Saxons qui, accourant à leur secours, se sont heurtés contre les divisions des généraux Grandchamp et Lacretelle. Le général Ducrot s'engage vers Daigny et Givonne en jetant au delà de la vallée la division Lartigue, chargée de s'emparer du Bois-Chevalier, occupé par des troupes du 12ᵉ corps saxon; ce lieu est le théâtre d'un combat meurtrier. Le général Douay ne va pas tarder à être attaqué. L'action, en attendant qu'elle se dessine sur Floing, s'entame vivement à Daigny, et elle continue à être vigoureusement soutenue par l'infanterie de marine à Bazeilles.

Le maréchal de Mac-Mahon s'est porté, dès l'ouverture du feu, sur le front du 12ᵉ corps (Lebrun); il cherche à se rendre compte de la position exacte de l'ennemi, afin de se décider à marcher soit sur Mézières, soit sur Carignan, lorsqu'à six heures moins un quart, se trouvant au pied de la position de la Moncelle, il est blessé et son cheval tué par un éclat d'obus. Pendant qu'on le transporte à Sedan, il se croise avec l'Empereur sur la route. Napoléon III venait-il se mettre à la tête de ses troupes et tomber en soldat? On a voulu le faire croire. Malheureusement la distance de la porte de Balan, que l'Empereur avait franchie pour sortir de Sedan, à la Moncelle, où le maréchal de Mac-Mahon venait d'être blessé, est de 3 kilomètres. L'Empereur, en se rendant de ce dernier point à l'autre, traversa en effet le champ de bataille, mais comme l'aurait traversé celui qui, pendant une bataille livrée sur la place de la Concorde, aurait fait le trajet de la rue de Rivoli à la statue de la ville de Strasbourg, et en serait revenu par le même chemin. L'Empereur quitta la Moncelle pour rentrer à Sedan, d'où il ne devait plus sortir que prisonnier.

Heureuse blessure! a-t-on dit de celle du maréchal de Mac-Mahon; elle lui a épargné la douleur de signer la capitulation. Oui, si elle l'absolvait du reproche de l'avoir rendue nécessaire; mais il n'en est pas ainsi : le maréchal de Mac-Mahon, au début de la guerre, semble accepter le plan du général de Palikao, c'est-à-dire la jonction avec Bazaine; il change d'avis, et il se rallie au plan du général Trochu, qui consiste à marcher sur Paris; au moment de prendre cette route, il flotte entre l'Empereur, qui veut s'avancer vers la capitale, et l'Impératrice, qui le pousse vers Bazaine; c'est à lui qu'il appartiendrait de décider entre ces deux volontés contraires. Il doute, il hésite, il semble craindre de se prononcer. Au Chêne-Populeux, un éclair lui montre où est le salut, mais il reçoit la dépêche du ministre de la guerre, et il ne reçoit pas celle du maréchal Bazaine. « Si vous abandonnez Bazaine, la révolution est à Paris. » Le général de Palikao se doutait bien que cette phrase mettrait fin à la résistance de Napoléon III, et par conséquent à celle du maréchal de Mac-Mahon; Napoléon III ne commandait plus comme général, mais il restait empereur de nom, et pour un homme comme le maréchal de Mac-Mahon, qui lui devait son titre et sa dignité, Napoléon III était encore le dépositaire du pouvoir suprême. Il lui obéit peut-être contre sa propre volonté, mais à coup sûr contre l'intérêt de la France. Le désir de sauver la dynastie explique seul sa désastreuse marche sur Metz [1], rendue encore plus désastreuse par ses hésitations. Que l'Empereur y ait joint les siennes, c'est probable; que le maréchal de Mac-Mahon les prenne toutes à son compte, cela est généreux et juste, car c'est bien lui en définitive qui a conduit l'armée à Sedan; si la fortune lui a épargné la douleur de signer la capitulation, l'histoire ne peut s'empêcher de lui en laisser la responsabilité.

Le maréchal de Mac-Mahon, après sa blessure, avait remis le commandement en chef au général Ducrot, quoiqu'il ne fût que le troisième général de division par rang d'ancienneté, mais il le connaissait depuis plus longtemps que les autres chefs de corps; malheureusement il ne

1. L'Empereur, dans la lettre suivante au général Burgoyne, avoue que des motifs politiques ont dicté cette marche :

« Mon cher sir John,

« Je viens de recevoir votre lettre, qui m'a fait le plus grand plaisir, d'abord parce qu'elle est une preuve touchante de votre sympathie pour moi, et ensuite parce que votre nom me rappelle les temps heureux et glorieux où nos deux armées combattaient ensemble pour la même cause. Vous qui êtes le Moltke de l'Angleterre, vous aurez compris que tous nos désastres viennent de cette circonstance que les Prussiens ont été plus tôt prêts que nous, et que, pour ainsi dire, *ils nous ont pris en flagrant délit de formation.*

« L'offensive m'étant devenue impossible, je me suis résolu à la défensive; mais, *empêchée par des considérations politiques*, la marche en arrière a été retardée, puis devenue impossible. Revenu à Châlons, j'ai voulu conduire la dernière armée qui nous restait à Paris; mais là encore *des considérations politiques nous ont forcés à faire la marche la plus imprudente et la moins stratégique* qui a fini par le désastre de Sedan. Voici en peu de mots ce qu'a été la malheureuse campagne de 1870. Je tenais à vous donner ces explications, parce que je tiens à votre estime.

« Napoléon. »

Fig. 42. — Le château de Wilhelmshöhe, où Napoléon III fut retenu en captivité.

lui transmit que le commandement, car, de plan, il n'en avait pas. Celui du général Ducrot consistait à se frayer un chemin sur Mézières, en commençant par ramener l'armée sur le plateau d'Illy. Il donna l'ordre à tous les chefs de corps de se porter sur ce point, sans en excepter le général Lebrun, dont les troupes tenaient vigoureusement l'ennemi en échec. La lutte du côté de Bazeilles lui paraissait sans grande importance; l'essentiel, à ses yeux, était d'arriver par Illy et Floing vers Saint-Menges et Vrigne-aux-Bois, où il comptait ne trouver que les têtes de colonne de l'ennemi et rendre impossible « son éternel mouvement de capricorne », expression peu juste en elle-même, car ni à Borny, ni à Rezonville, ni à Amanvilliers, les Allemands n'ont manœuvré comme à Sedan. Le général Ducrot fit, en même temps, remonter sur le plateau les deux divisions Pellé et L'Hériller du 1er corps, en laissant pour le moment la division de Lartigue aux prises avec l'ennemi.

L'armée allait donc tenter de se frayer un chemin par Mézières, lorsqu'on apprit que l'ordre donné la veille de faire sauter le pont de Donchery, n'ayant pas été exécuté, les Wurtembergeois, les 5e et 11e corps allemands avaient, pendant la nuit, franchi la Meuse. Impossible de se retirer de ce côté.

Le général de Wimpffen, bon soldat, vétéran des guerres d'Afrique, remplaçait depuis la veille le général de Failly dans le commandement du 5e corps; il était non seulement le général de division le plus ancien de l'armée; mais encore il avait, comme nous l'avons dit, une lettre du ministre de la guerre qui lui confiait le commandement en chef dans le cas où il arriverait malheur au maréchal de Mac-Mahon; informé à sept heures et demie de la détermination prise par ce dernier de remettre le commandement au général Ducrot, il ne crut pas d'abord devoir s'y opposer, mais, s'apercevant vers huit heures et demie d'un mouvement de retraite assez prononcé opéré par la gauche du 1er corps, et réfléchissant que sa conscience et l'autorité militaire auraient le droit plus tard de lui reprocher d'avoir accepté les conséquences d'un mouvement qu'il désapprouvait et qu'il aurait pu empêcher, il se décida à réclamer l'exécution de sa lettre de commandement, et il écrivit au général Ducrot : « L'ennemi faiblit sur notre droite, je ne pense pas que dans cette con-
« dition il y ait lieu de songer à battre en retraite; j'envoie la division
« Grandchamp à Lebrun. Usez de toute votre énergie et de tout votre
« savoir pour remporter la victoire sur un ennemi dans des dispositions
« désavantageuses. J'ai une lettre du ministre de la guerre qui me nomme

« commandant en chef. Nous en reparlerons après la bataille. » Un autre billet fut adressé au général Lebrun : « Je vous envoie des troupes « en grand nombre, j'espère que si vous avez perdu des positions vous « pourrez les reprendre. »

L'objectif de l'armée française, à partir de neuf heures du matin, fut Carignan au lieu de Mézières. C'est sur ce point que le nouveau général en chef voulait faire sa trouée. Malheureusement les changements dans le commandement avaient fait perdre beaucoup de temps et jeté une grande indécision dans tous les corps. Le général de Wimpffen, après avoir ordonné au général Ducrot de reprendre sans retard ses positions, se porta au centre du 7ᵉ corps pour se rendre compte de la situation des troupes engagées dans cette ligne de retraite. Raffermi, par cet examen, dans la conviction que la marche sur Mézières ne s'opérerait dans le jour qu'avec les plus extrêmes difficultés, il résolut de tenir dans ses positions jusqu'à la nuit, et de profiter des ténèbres pour se lancer sur Carignan et Montmédy; il lui semblait qu'après avoir livré une bataille défensive on pouvait tenter une surprise par un retour général offensif sur les corps bavarois les plus maltraités de l'armée allemande, et leur reprendre la route de Carignan que l'état-major allemand avait été obligé de dégarnir de troupes.

Le général de Wimpffen avait donc ordonné un mouvement offensif vigoureux sur sa droite. Il espérait écraser la gauche de l'ennemi, formée de deux corps bavarois, la jeter dans la Meuse, et revenir avec les 12ᵉ et 1ᵉʳ corps vers les 5ᵉ et 7ᵉ pour attaquer avec toute l'armée réunie l'aile droite des Allemands [1].

Le mouvement de retraite prescrit par le général Ducrot avait amené le 12ᵉ corps à abandonner les hauteurs de Bazeilles, où le général Lebrun se maintenait énergiquement; le 1ᵉʳ corps avait dû aussi quitter les hauteurs de Givonne. L'ennemi s'était établi sur ces positions, bien difficiles à reprendre.

Le général de Wimpffen, voyant néanmoins que le 1ᵉʳ corps se portait en avant, selon ses ordres, se rendit auprès du général Lebrun en suivant le fond de Givonne, lorsqu'au moment de gravir la berge il se trouve tout à coup en présence de l'Empereur, qui revenait de son excursion de Balan à la Moncelle.

« Sire, lui dit-il, les choses vont bien, nous regagnons du terrain. »

---

[1]. *Sedan*, par le général de Wimpffen.

L'Empereur lui montra silencieusement au loin les masses profondes de l'ennemi et retomba sur les coussins de sa voiture.

Il était dix heures. Le mouvement du général Ducrot suspendu, les troupes du général Lebrun ramenées en avant, il semblait au général de Wimpffen qu'il ne restât plus qu'à profiter des avantages du combat engagé depuis le matin à Bazeilles entre les Français et les Bavarois. Les premiers, après avoir barricadé pendant la nuit chaque entrée, chaque rue de ce village, résistent aux efforts désespérés du 1ᵉʳ corps bavarois tout entier et d'une division du 5ᵉ corps appelée à son secours. Les soldats de marine se battent avec une telle rage qu'ils ne s'aperçoivent point que la retraite est commencée; ils continuent à lutter, mais le nombre doit finir cependant par l'emporter: la résistance s'affaiblit peu à peu et se réfugie enfin dans quelques maisons de cet héroïque village, auquel les Bavarois, sous prétexte que les habitants ont commis le crime de défendre leur patrie et leurs foyers, mettent le feu après avoir soumis aux plus affreux traitements des femmes, des vieillards et des enfants; les maisons ne brûlant pas assez vite au gré de ces furieux, ils appellent à leur aide le pétrole pour accélérer l'incendie [1].

Les Bavarois gagnent visiblement du terrain, les Saxons sont à Daigny et s'avancent sur les pentes occupées par les Français: la garde prussienne, un peu plus haut, menace le village même de Givonne. Telle est vers dix heures la situation à l'aile droite.

Que se passe-t-il à l'aile gauche pendant ce temps-là? L'ennemi occupe les hauteurs de Saint-Menges et dirige sur le 7ᵉ corps un feu très vif d'artillerie qui, mal réglé d'abord, ne lui fait pas grand mal. Les batteries prussiennes, débordant la droite des Français, les forcent nécessairement à en porter de nouvelles en ligne de ce côté. Divers changements ont lieu dans les positions des divisions; mais l'action sur toute la ligne n'est guère qu'un combat d'artillerie.

Le général de Wimpffen, en quittant l'Empereur, s'est porté au centre de ses troupes. Les généraux Ducrot et Lebrun l'ayant rejoint à dix heures un quart, il leur fait part de son intention, s'il ne parvient pas à se maintenir sur ses positions, de se frayer un passage sanglant vers Carignan et Montmédy. Cependant, vers dix heures, de fortes colonnes prussiennes descendent de Saint-Menges sur la position française. Les mitrailleuses les empêchent de s'avancer dans la vallée, et l'artillerie française tient

---

1. 264 maisons ont été reconstruites, la plus grande partie par le *sou des chaumières*.

bon, quoique ayant contre elle le nombre et la supériorité du tir. L'armée allemande, jusqu'à midi, n'a fait aucun progrès décisif sur les lignes françaises, mais son action circulaire s'étend de plus en plus, et ses batteries couvrent tout l'espace entre la Meuse, Fleigneux et Illy.

Le général de Wimpffen parcourt la ligne, vers midi; le 7ᵉ corps se maintient dans ses positions; mais son commandant, le général Douay, lui déclare qu'il ne se bat plus que pour l'*honneur des armes*. De la crête qui aboutit au bois de la Garenne, on voit l'armée allemande s'étendant au loin, et des batteries formidables envoyant avec une terrible précision leurs obus dans les rangs français. Le général de Wimpffen se rend auprès de ces troupes exposées à un feu meurtrier et les fait soutenir par des détachements du 5ᵉ et du 1ᵉʳ corps et par une partie de la réserve de cavalerie. Les obus prussiens exercent d'affreux ravages sur les Français. La cavalerie et l'infanterie elle-même ne peuvent plus tenir devant l'ennemi. Trois batteries mises en position sont désorganisées en dix minutes à peine. Il faut faire retirer l'artillerie, abriter la cavalerie, et ce n'est qu'avec la plus grande peine qu'on parvient à maintenir l'infanterie devant l'artilllerie ennemie, qui resserre son feu et couvre le plateau d'obus. L'armée française perd d'heure en heure du terrain. Le 5ᵉ corps prussien venant de Fleigneux, et une partie du corps de la garde arrivant de la Chapelle, se joignent à deux heures sur le plateau d'Illy. La lutte ne peut continuer; la bataille est perdue.

Le chef et les officiers de l'état-major général de l'armée de Châlons, à l'exception de deux capitaines, avaient suivi le maréchal de Mac-Mahon à Sedan sans songer qu'ils étaient attachés non à la personne du commandant en chef de l'armée, mais au commandement lui-même. Le général de Wimpffen s'aperçut des inconvénients de leur absence lorsqu'il eut besoin d'officiers bien montés et intelligents, pour transmettre ses ordres sur tous les points de l'action; il y supplée comme il peut, et partout il constate la supériorité écrasante des forces et de l'artillerie ennemies. L'armée française lutte cependant avec vigueur, mais sans succès; le corps du général Ducrot, loin de progresser vers le fond de Givonne, se concentre vers le bois de la Garenne, où le combat est le plus vif, et en arrière du calvaire d'Illy; le corps du général Douay se maintient encore quoique fort ébranlé; le 5ᵉ corps, fractionné en soutien des autres corps, ne joue qu'un rôle indirect. Le 12ᵉ corps seul reste résolument et avec avantage sur sa position de Bazeilles. Il n'est que trop visible néanmoins que résister jusqu'au soir devient de minute en minute plus difficile, sinon impossible; le général de Wimpffen se résout vers une heure un quart à un coup de désespoir, c'est-à-dire à tenter de passer sur le ventre des deux corps bavarois exténués par la résistance du 12ᵉ corps et de s'ouvrir un passage vers Carignan; il donne des ordres en conséquence au général Ducrot et au général de division de Lespart du 5ᵉ corps. Au moment de cette suprême tentative, il écrit à l'Empereur :

« Sire,
« Je me décide à forcer la ligne qui se trouve devant le général Lebrun et le général Ducrot, plutôt que d'être prisonnier dans la place de Sedan.
« Que Votre Majesté vienne se mettre au milieu de ses troupes; elles tiendront à honneur de lui ouvrir un passage.
« Une heure un quart, 1ᵉʳ septembre. »

Le général en chef n'a plus un aide de camp autour de lui; il est forcé de faire appel au dévouement d'un intendant militaire pour porter aux commandants de corps des ordres qui ne sont pas suivis. Les troupes quittent le champ de bataille et s'abritent sous les murs de la place en attendant d'y entrer. Les généraux ont déjà commencé à en prendre le chemin; le général Douay répond aux instructions du général de Wimpffen qu'il s'est battu jusqu'ici pour l'honneur des armes, mais qu'il lui est impossible de tenir plus longtemps devant l'ennemi et d'opérer sa retraite dans les conditions qui lui sont indiquées. Il y a deux manières de se battre pour l'honneur des armes, l'une qui consiste à mourir plutôt que de se rendre, l'autre à faire intrépidement son devoir jusqu'au moment d'un suprême et inutile sacrifice. C'était celle des états-majors impériaux. Quant à l'Empereur, au lieu d'accepter l'invitation du général de Wimpffen, il ne songe qu'à capituler et fait appeler les chefs de corps, qui n'hésitent pas à se rendre aux ordres d'un homme qui n'exerce aucun commandement, et quittent le champ de bataille à deux heures sans en prévenir le général en chef, à qui seul ils doivent obéissance. Réunis à l'hôtel de la sous-préfecture de Sedan où l'Empereur est logé, ils délibèrent avec lui sur les moyens d'engager les premières négociations avec l'ennemi pendant que les soldats tombent sur le champ de bataille.

Le général de Wimpffen s'était rapproché de Sedan pour recevoir l'Empereur; mais, ne le voyant pas venir au bout d'une heure, et craignant de n'avoir pas le temps de rejoindre le général Lebrun, il donne l'ordre au général de Vassoignes de se porter en avant avec sa division d'infanterie de marine, et lui-même il se lance avec son état-major, à la tête des intrépides fantassins de marine, sur la hauteur qui domine la Moncelle, Bazeilles et Balan, par la route de Givonne; arrêté par une série de clôtures et de parcs, plus que par l'ennemi, il ne parvient pas à escalader les hauteurs qui dominent cette route. Le général de Wimpffen, prenant une direction à droite, arrive à la porte de Balan toute grande ouverte pour donner passage aux troupes, et il y est rejoint par un officier qui lui remet une lettre par laquelle l'Empereur le prévient que le drapeau blanc a été hissé à la citadelle, et qu'il ne lui reste plus qu'à faire cesser le feu et à négocier avec l'ennemi. L'Empereur cette fois reprend le commandement, et c'est pour se rendre.

On savait qu'un officier prussien, se rendant auprès de Napoléon III, s'était croisé avec le général Castelnau envoyé à Guillaume Ier; le bruit d'une capitulation courait déjà depuis une heure dans les rangs de l'armée, et il n'avait pas peu contribué à arrêter son élan. Le général de Wimpffen, ne reconnaissant pas à l'Empereur le droit de faire arborer le drapeau parlementaire, refusa de prendre connaissance de la lettre impériale. Désespéré, il rentre en ville appelant à lui les soldats pour tenter un dernier effort, au cri de : Bazaine arrive! mais ils lui montrent le drapeau blanc flottant sur les remparts. Une poignée de braves, deux mille environ sortis de tous les corps, sans autre cohésion qu'un commun désespoir, traînant deux bouches à feu, le suivent à l'attaque du faubourg jusqu'au delà de l'église de Balan. Le général Lebrun avait paru à quatre heures et demie à la porte de Balan porteur d'un drapeau blanc. A la vue des soldats que le général de Wimpffen ramène, il jette son drapeau et se joint à lui. Mais quel résultat pouvait avoir leur tentative? Comment combler les vides qui se faisaient à chaque instant dans leurs rangs? Le général de Wimpffen comprit l'inutilité de la lutte, et il donna l'ordre de rentrer à Sedan.

La résolution de s'ouvrir un passage par Balan a été taxée de folie; peut-être était-il trop tard pour l'exécuter; mais le résultat que le général de Wimpffen avait obtenu avec deux mille hommes seulement prouve qu'il en eût pu être autrement si la trouée eût été tentée quelques heures plus tôt, et avec des forces plus considérables. D'ailleurs, tout acte d'héroïsme n'est-il pas une espèce de folie? Il y a, dit-on, une folie de la croix, pourquoi n'y aurait-il pas la folie de l'épée? Cambronne et d'autres avant lui ne l'ont-ils pas eue? Un accès de cette folie eût peut-être sauvé l'Empire : « Napoléon III marchant à la tête des débris de l'armée, mort
« en combattant après avoir vu succomber autour de lui soldats, géné-

Fig. 43. — Le quartier général français à la sous-préfecture de Sedan.

« raux et officiers de sa cour, léguait une page glorieuse à son fils et
« sauvait peut-être son héritage. Bazaine à Metz aurait trouvé une autre
« solution que celle de capituler, bien des villes auraient autrement
« envisagé les misères d'un siège, et la France entière aurait autrement
« répondu à l'appel aux armes [1]. »

L'armée française refoulée, le désastre fut complet. Tous ceux qui étaient dans le cercle y restèrent. Quelques escadrons, envoyés le matin en reconnaissance dans les bois de la Chapelle, parvinrent à regagner Mézières en longeant la frontière belge, mais personne ne perça de vive force. Le commandant d'Alencourt tenta vers trois heures et demie une sortie avec ses cuirassiers. L'escadron s'élançant au galop, de la porte de Mézières, au milieu d'une pluie de balles, vint se briser à la hauteur de Floing, devant une barricade de charriots derrière laquelle les Prussiens fusillaient les assaillants à bout portant. Ces braves cavaliers furent les dernières victimes de cette journée, qui fera maudire éternellement, par tout ce qui porte un cœur français, le nom de Napoléon III.

Le général de Wimpffen, convaincu que l'Empereur avait empiété sur son commandement en donnant l'ordre d'arborer le drapeau blanc, lui adressa en arrivant à Sedan une lettre contenant sa démission [2] : « Géné-
« ral, lui répondit Napoléon III, vous ne pouvez songer à donner votre
« démission quand il s'agit de sauver l'armée par une honorable capitula-
« tion. Je n'accepte donc pas votre démission. Vous avez fait votre
« devoir pendant toute la journée, faites-le encore. C'est un service que
« vous rendez au pays. Le roi de Prusse a accepté l'armistice, et j'attends
« ses propositions. Croyez à mon amitié. »

Le général de Wimpffen, après avoir hésité longtemps entre la douleur de signer une capitulation qui, en bonne justice, n'aurait dû porter que la signature de celui qui l'avait ordonnée, et le désir de s'associer jusqu'au dernier moment à la destinée de cette armée si brave et si malheureuse qu'il avait commandée un moment, retira sa démission ; il se rendit à huit heures du soir chez l'Empereur, où l'on observait encore scrupu-

---

1. *Sedan*, par le général de Wimpffen.
2. L'Impératrice a la première rejeté sur le général de Wimpffen la responsabilité d'une capitulation qui pouvait être nécessaire, mais qu'il a lui-même ordonnée :
« Madame la comtesse de Montijo, Madrid. — Le général de Wimpffen, qui avait pris le commandement après la blessure de Mac-Mahon, a capitulé, et l'Empereur a été fait prisonnier. *Seul, sans commandement, il a subi ce qu'il ne pouvait empêcher. Toute la journée, il a été au feu.* Ta malheureuse fille EUGÉNIE. »
On voit ici pour la première fois le thème que le bonapartisme essayera de transformer en légende.

leusement l'étiquette des Tuileries et où on lui fit faire antichambre assez longtemps pour que, perdant patience, il se vît obligé de menacer de se retirer. La porte du cabinet s'ouvrit enfin; l'Empereur était en conférence avec le général Castelnau, le général Ducrot et d'autres généraux et aides de camp. Le général Ducrot adressa en sortant quelques mots assez vifs au général de Wimpffen sur le commandement en chef qu'il lui avait enlevé le matin ; le général de Wimpffen lui répondit sur le même ton. L'Empereur termina leur colloque en remettant à ce dernier la lettre suivante pour l'accréditer auprès du roi de Prusse :

« L'empereur Napoléon III, ayant donné le commandement en chef au général de Wimpffen, à cause de la blessure du maréchal de Mac-Mahon, qui l'empêchait de remplir son commandement, le général de Wimpffen a tous les pouvoirs pour traiter des conditions à faire à l'armée que le roi reconnaît avoir vaillamment combattu.
« NAPOLÉON. »

Le général de Wimpffen était, une heure après, en présence du comte de Bismarck et de M. de Moltke. « L'armée déposera les armes et sera prisonnière de guerre. » Voilà la capitulation qu'on lui offrait.

Le général de Wimpffen, plus ému qu'il ne voulait le paraître, répondit que l'armée française n'en était pas réduite à accepter de telles conditions, et que, plutôt que de s'y soumettre, il tenterait une lutte suprême. M. de Moltke, entrant dans des détails malheureusement trop exacts sur la situation désespérée de l'armée française et sur l'impossibilité où elle était de résister plus longtemps, offrit au général de Wimpffen de lui faire visiter les positions de l'armée allemande et de ses batteries prêtes à écraser l'ennemi.

Vainement le général de Wimpffen invoqua les capitulations accordées à Mayence et à Gênes aux Français, et à Ulm aux Autrichiens, où l'engagement pris par les officiers et par les soldats de ne plus servir pendant la durée de la guerre avait paru une garantie suffisante au vainqueur; vainement demanda-t-il qu'un pareil engagement fût accepté de l'armée française, le comte de Bismarck repoussa cet exemple, tout en convenant de la valeureuse conduite d'une armée, qui avait combattu au nombre de 70 000 hommes contre 220 000. « Nous rendons justice,
« ajouta-t-il, au commandant énergique et aux braves soldats qui ont
« prolongé la lutte durant presque une journée. Mais c'est la France qui
« a déclaré la guerre, et c'est l'Allemagne qui désire le plus vivement le
» prompt rétablissement de la paix; nous ne devons donc négliger aucun
« moyen de diminuer la durée de la lutte, et l'un des plus efficaces est

« de priver la France d'une armée importante par elle-même, plus
« importante encore par les éléments qui la composent et qui sont
« aptes à fournir des cadres à des armées nouvelles. » Le général de
Wimpffen revint à la charge. « Peut-être, reprit M. de Bismarck,
« aurions-nous pu discuter sur d'autres bases, si vous aviez un gouver-
« nement durable et solide ; mais vous ne l'avez pas, et le gouvernement
« succédant à l'Empire pourrait bien ne pas ratifier l'engagement que
« vous demandez à prendre en échange d'un meilleur traitement. Nous
« sommes disposés cependant à nous en rapporter à la parole des
« officiers français ; quant aux soldats, c'est différent. Nous éviterons, du
« reste, ce qui pourrait blesser vos troupes ; elles déposeront les armes
« dans des magasins où nous les ferons prendre, et vous n'aurez à vous
« soumettre à aucune des cérémonies d'usage en sortant de Sedan. »

La conversation se portait, par échappées, sur des questions plus géné-
rales ; M. de Bismarck ne pouvait s'empêcher de pousser des pointes çà
et là, tantôt sur la jalousie de la France, qui, disait-il, n'avait pas par-
donné Sadowa à la Prusse, tantôt sur sa ténacité à vouloir la guerre. La
Prusse, ajouta-t-il négligemment, exigera 4 milliards comme indemnité
de guerre et la cession de l'Alsace et de la Lorraine comme nécessaire à
la sécurité de l'Allemagne.

Il fallait pourtant en revenir à la capitulation. Le général de Wimpffen
déclara qu'il ne pouvait se résoudre à l'accepter avant d'en avoir communiqué les conditions aux généraux de l'armée qu'il avait un moment
commandée en chef. Il demanda jusqu'au lendemain neuf heures du
matin, pour faire connaître leur décision. M. de Bismarck accorda ce
délai, malgré M. de Moltke, qui insistait pour recommencer le bombardement au point du jour.

Le général de Wimpffen, de retour chez l'Empereur, à une heure du
matin, le trouva couché ; il lui fit part du douloureux résultat de sa mission, en ajoutant que, seul, il pourrait peut-être obtenir de meilleures
conditions. « Général, lui répondit Napoléon III, je partirai à cinq
heures du matin pour le quartier général allemand, et j'espère, comme
vous, que le roi de Prusse nous sera plus favorable. » Espérance mal
fondée, car l'état-major allemand, ne doutant pas que les Français ne
finissent par accepter les conditions de la capitulation, en avait formulé
d'avance le texte.

Le lendemain 2 septembre, à neuf heures du matin, une calèche à la
Daumont, entourée d'officiers caracolant à la portière, et dans laquelle se

trouvaient un homme en costume de général, fumant sa cigarette, et trois autres officiers généraux, traversait lentement les rues de Sedan encombrées de morts et de blessés. Cet homme, c'était l'empereur des Français, qui allait à Donchery, se constituer prisonnier au quartier général du roi de Prusse, auquel il avait fait demander une entrevue. Guillaume Ier aima mieux envoyer son premier ministre à sa place [1]. M. de Bismarck se rendit au-devant de Napoléon III jusqu'à Fresnois, où il le rencontra et lui demanda respectueusement ses ordres. L'Empereur exprima le désir de voir le roi de Prusse, qu'il croyait être à Donchery. Il s'informa ensuite du lieu où l'on avait décidé qu'il devait se rendre. M. de Bismarck l'ignorait. Il offrit au prisonnier la maison qu'il occupait à Donchery; l'Empereur préféra s'arrêter dans une maison située sur la route. C'est dans une chambre meublée d'une table et de deux chaises, que l'entretien s'engagea entre Napoléon III et M. de Bismarck. Ce dernier refusa de traiter la question toute militaire de la capitulation; il ne pouvait être question, entre Napoléon III et lui, que de négociations de paix. L'Empereur était-il disposé à les entamer? Il répondit qu'il ne le pouvait pas, étant prisonnier, et que ce soin regardait les pouvoirs publics, représentés en France par le gouvernement siégeant à Paris. La situation ne pouvant plus dès lors être envisagée qu'au point de vue militaire, M. de Bismarck n'hésita pas à constater la nécessité qui en résultait pour les Allemands de se saisir d'un gage consolidant les résultats acquis. C'était annoncer d'avance l'annexion de l'Alsace et de la Lorraine. Quant à concéder à l'armée française des conditions de capitulation plus favorables que celles qui lui avaient été fixées, il n'y fallait pas songer.

L'entretien n'avait dès lors plus d'objet; l'Empereur et M. de Bismarck sortirent de la maison. Napoléon III s'assit devant la porte en fumant. Le général de Moltke vint bientôt les rejoindre. L'Empereur lui demanda ensuite s'il ne serait pas possible de permettre à l'armée française d'entrer en Belgique, où elle serait désarmée et internée. Le chef d'état-major de l'armée allemande répondit par un refus. L'Empereur se rejeta de nouveau sur M. de Bismarck, qui refusa plus que jamais de se placer sur le terrain militaire. Comme il gardait le silence sur la politique,

1. M. de Bismarck s'en va portant deux pistolets à sa ceinture et suivi de quelques cavaliers. Le voici arrivé. L'Empereur, qui l'aperçoit d'un petit jardin où il attend, fait quelques pas à sa rencontre. Mais, au moment où M. de Bismarck descend de cheval, le vent soulève son manteau. « L'Empereur, dit M. de Bismarck, pâlit à la vue des pistolets. Il me croyait capable de ce crime de mauvais goût. » (*Tiré d'une conversation entre M. de Bismarck et M. Thiers reproduite dans les* Récits de l'invasion, *par Auguste Boucher*. Orléans, Herluison, éditeur.)

Napoléon III n'y fit allusion que « pour déplorer le malheur de la guerre
« et pour déclarer que lui-même ne l'avait pas voulue, mais qu'il y avait
« été forcé par la pression de l'opinion publique en France [1]. »

M. de Bismarck, apprenant d'un officier d'état-major que le château
de Bellevue, auprès de Fresnois, était approprié pour recevoir l'Empereur, il lui offrit de l'y accompagner immédiatement. Napoléon III
accepta avec empressement cette offre ; il fit monter M. de Bismarck dans
sa voiture, et, escorté d'un escadron de cuirassiers de la garde royale de
Prusse, il prit le chemin du château où ses bagages étaient déjà arrivés.

Pendant ce temps-là, un conseil de guerre composé du général en
chef, des généraux commandant les corps et les divisions, des généraux
en chef de l'artillerie et du génie, se tenait le 2 septembre, à six heures
du matin, à la sous-préfecture de Sedan. Le général de Wimpffen prit le
premier la parole : « D'après les ordres de l'Empereur, et comme con-
« séquence de l'armistice intervenu entre les deux armées, j'ai dû me
« rendre auprès de M. le comte de Moltke, chargé des pleins pouvoirs
« du roi de Prusse, dans le but d'obtenir les meilleures conditions pos-
« sibles pour l'armée refoulée dans la place après une bataille malheu-
« reuse. Dès les premiers mots de notre entretien, j'ai reconnu malheu-
« reusement que le comte de Moltke avait une connaissance parfaite de
« notre situation, et qu'il savait très bien que l'armée manquait absolu-
« ment de vivres et de munitions. M. de Moltke m'a fait connaître
« que, dans la journée d'hier, nous avions combattu une armée de
« 220 000 hommes qui nous entourait de toutes parts.

« — Général, m'a-t-il dit, nous sommes disposés à faire à votre armée
« qui s'est si vaillamment battue aujourd'hui les conditions les plus hono-
« rables ; toutefois, il faut que ces conditions soient compatibles avec les
« exigences de la politique de notre gouvernement. Nous demandons que
« l'armée française capitule : les officiers conserveront leur épée et leurs
« propriétés personnelles ; les armes de la troupe seront déposées dans
« un magasin de la ville pour nous être livrées. »

Le général en chef demanda ensuite aux membres du conseil si la lutte
leur semblait encore possible. Tous dirent que non, à l'exception des
généraux Pellé et de Bellemarre, qui soutinrent que l'on devait se défendre dans la place ou chercher à en sortir de vive force ; mais quand on
leur eut énuméré les obstacles qui s'opposaient à une nouvelle tentative

---

1. Lettre de M. de Bismarck au roi de Prusse. (Donchery, 2 septembre 1870.)

de sortie : manque de vivres et de munitions, entassement des hommes et des voitures rendant la circulation et le débouché impossibles, carnage certain et inutile, l'ennemi occupant déjà les barrières de la place et tenant ses canons braqués sur les routes qui y mènent, les deux généraux opposants finirent par se rendre à l'avis de la majorité.

Le conseil déclara donc que, en présence de l'impuissance matérielle de prolonger la lutte, il était forcé d'accepter les conditions imposées, tout sursis pouvant les rendre plus douloureuses encore. La déclaration fut signée par les généraux de Wimpffen, Ducrot, Forgeot, Lebrun, F. Douay, Ch. Dejean.

Le général de Wimpffen se rendit à cheval, à dix heures, au quartier général prussien, où il vit arriver l'Empereur et sa suite.

« Sire, lui dit-il en le saluant, qu'avez-vous obtenu?

— Rien ; je n'ai pas encore vu le roi. »

Le général de Moltke, après son refus d'autoriser l'internement de l'armée française en Belgique, s'était mis en route pour Vendresse, afin d'instruire le roi de l'état des négociations. Il le rencontra à mi-chemin, entre Vendresse et Donchery, vers neuf heures du matin. Guillaume Ier dit à son chef d'état-major qu'il ratifiait les conditions de la capitulation, qu'il n'y changerait rien, et qu'il ne verrait pas l'Empereur avant qu'elles ne fussent acceptées.

Le général de Wimpffen reprenait pendant ce temps-là les pourparlers de la veille, avec le général de Podbielski, en l'absence du général de Moltke. La capitulation fut signée à onze heures, dans une salle du château de Bellevue, à Fresnois. Le général de Wimpffen, après avoir accompli cet acte douloureux, passa dans l'appartement de l'Empereur et lui apprit que tout était terminé. Napoléon III lui pressa la main et l'embrassa en laissant tomber quelques larmes.

Le général Castelnau négociait dans l'intérêt personnel de l'Empereur, au moment où le général de Wimpffen stipulait pour l'armée. La veille, Napoléon III avait fait remettre, par le comte de Reille, ce billet au roi de Prusse :

« Monsieur mon frère,

« N'ayant pas pu mourir à la tête de mes troupes, il ne me reste plus qu'à remettre mon épée entre les mains de Votre Majesté.

« Je suis de Votre Majesté le bon frère,

« NAPOLÉON. »

L'histoire, si elle doit le respect aux vaincus, n'est point tenue de se prêter à leurs mensonges. L'Empereur ne s'était pas mis un seul instant

Fig. 14. — Le 3e Zouaves refuse de se rendre et se fraye un passage à travers l'ennemi.

à la tête des troupes, soit pour combattre, soit pour mourir. Quand on cherche la mort, on la trouve. Les Prussiens savaient bien qu'il s'était borné à traverser rapidement un coin du champ de bataille. Ce billet mensonger, triste et pompeux étalage d'un héroïsme de commande, ne pouvait que diminuer l'intérêt qu'une grande infortune inspire toujours au vainqueur le moins accessible à la générosité ; aussi la réponse du roi de Prusse fut-elle froide et hautaine. Le général Castelnau obtint cependant que les bagages et les fourgons de l'Empereur fussent respectés. Ils le suivirent au château de Wilhelmshöhe, où il fut conduit prisonnier, tandis que les généraux s'enfuyaient sous divers déguisements. Le lendemain de cette débandade, c'est-à-dire le 4 septembre, l'armée française fut conduite dans la presqu'île de Glaire, entourée par la boucle de la Meuse et fermée à sa gorge par le canal. Elle y attendit pendant huit jours, sous la pluie et dans la boue, l'heure du départ pour la Prusse.

La bataille de Sedan avait coûté à cette dernière 460 officiers et 8 500 morts ou blessés. La France perdit en tout 124 000 hommes, dont 3 000 morts, 14 000 blessés, 21 000 hommes faits prisonniers pendant la bataille, 83 000 réduits au même sort en vertu de la capitulation, et 3 000 hommes désarmés en Belgique. Elle laissa de plus aux mains de l'ennemi 1 aigle, 2 drapeaux, 417 pièces d'artillerie de campagne, y compris les mitrailleuses, 136 pièces d'artillerie de siège, 1 072 équipages de tout genre, 66 000 fusils, 6 000 chevaux, et ce n'était là ni le dernier ni le plus grand désastre que les hommes de l'Empire eussent à infliger à la France ; après Sedan, allait venir Metz.

CHAPITRE X

CHUTE DU MINISTÈRE OLLIVIER

Convocation du Corps législatif. — Réunion préparatoire du 7 août. — Situation particulière du général Trochu. — L'Impératrice s'oppose à ce que le général Trochu soit nommé ministre de la guerre. — Réunion du Corps législatif. — Première tentative d'invasion du Palais-Bourbon. — Lecture d'une déclaration ministérielle. — M. E. Ollivier pose la question de confiance. — M. Jules Favre propose l'armement de la garde nationale de Paris et la formation d'un comité de défense. — M. Granier de Cassagnac regrette qu'on n'envoie pas l'auteur de la proposition et ceux qui l'approuvent devant un conseil de guerre. — Rejet de la proposition de M. Jules Favre. — Adoption de l'amendement de M. Clément Duvernois. — Chute du ministère Ollivier. — Le nouveau ministère est uniquement composé de créatures de l'Empereur. — Dures paroles de M. Thiers sur la conduite de la guerre. — Le ministre de la guerre déclare que le maréchal Le Bœuf n'est plus chef d'état-major général et que l'Empereur n'exerce plus de commandement militaire. — L'Empereur est moralement détrôné. — Comment la Chambre apprend l'occupation de Nancy. — Anxiété de la journée du 16 août. — La proclamation du général Trochu effraye la droite. — La gauche veut adjoindre au comité de défense sept membres élus par la Chambre, le ministère s'y oppose. — M. Thiers est nommé rapporteur. — Rejet de la proposition Kératry. — Caractère dynastique des mesures du gouvernement. — Allocution de M. Buffet. — M. Thiers est nommé à son insu membre du comité de défense. — Terribles révélations sur Strasbourg. — M. Keller propose l'envoi d'un commissaire en Alsace. Demande de création d'un gouvernement anonyme. — Assassinats politiques dans la Dordogne. — Le gouvernement songe à un coup d'Etat. — Singulier conseil demandé par l'Impératrice aux princes d'Orléans. — Proclamation du général Trochu. — Tentatives d'agitation, attaque de la caserne de la Villette. — L'Empire fait appel aux pompiers de France. — La dépêche de Sedan. — Tentatives d'insurrection. — Le ministre de la guerre cherche à annuler les pouvoirs du gouverneur de Paris.

La France, dans la consternation où les premiers revers de l'armée l'avaient jetée, en était venue à souhaiter la convocation immédiate du Corps législatif. L'Impératrice et M. E. Ollivier, malgré la gravité des événements, refusaient d'y consentir, la jugeant inutile et imprudente. Les collègues du garde des sceaux, MM. Segris, Plichon et Mège lui forcèrent la main par la menace de donner leur démission. Le Corps législatif fut donc convoqué pour le 9 août en session extraordinaire.

Les députés se hâtèrent d'arriver, et déjà le dimanche 7 août une centaine d'entre eux se trouvèrent réunis dans la salle des conférences du Palais-Bourbon. La gravité de la situation ne permettait pas de perdre le temps en conversations particulières. Ils passèrent donc tout de suite dans un des bureaux de la Chambre pour délibérer, sous la présidence de M. Jules Brame, relativement aux mesures que les circonstances commandaient de prendre : renvoi du ministère Ollivier, formation d'un cabinet dans lequel le général Trochu serait ministre de la guerre, nomination du général Cousin-Montauban, comte de Palikao, au commandement de l'armée chargée de couvrir Paris, voilà les actes que les délégués de la réunion furent chargés de demander à l'Impératrice.

Le public se souvint, à la nouvelle de nos premiers échecs, d'un livre publié trois ans auparavant intitulé : *L'armée française en* 1867. L'affaiblissement de nos institutions militaires et ses causes y étaient signalés avec autant de sûreté que de franchise. L'entourage militaire de l'Empereur se moqua fort de cet ouvrage, que l'Empereur lui-même appelait dédaigneusement : « La brochure du sieur Trochu. » La guerre venue, il était assez difficile de ne pas en employer l'auteur ; ballotté d'un poste à l'autre, du commandement d'une armée d'observation au pied des Pyrénées à celui de l'expédition dans la Baltique, le général Trochu s'usait dans ces fonctions illusoires qui prouvaient le désir qu'on avait de ne pas se servir de lui, tout en paraissant chercher à l'utiliser. Les événements avaient fini par donner si complètement raison à ses prévisions que le gouvernement se trouvait en quelque sorte mis en demeure par l'opinion publique de lui faire jouer un rôle militaire sérieux. La réunion parlementaire du 7 s'était donc conformée à ce vœu.

M. E. Ollivier, prévoyant le vœu de la Chambre et voulant le devancer, avait télégraphié le même jour à l'Empereur : « Dejean (intéri-
« maire du maréchal Lebœuf) n'inspire confiance à personne. Il est pro-
« bable, si nous ne prenons pas l'initiative de son renvoi, que la Chambre
« le renversera. Je demande à Votre Majesté de m'autoriser à signer
« en son nom le décret qui nomme Trochu. L'effet d'opinion sera
« infaillible. »

M. E. Ollivier n'avait sans doute pas consulté l'Impératrice, car, dans l'audience qu'elle accorda aux délégués de la réunion MM. Jules Brame, de Dalmas, Dupuy de Lôme, Josseau et Dugué de La Fauconnerie, elle déclara que tout changement de cabinet lui paraissait trop susceptible de jeter des inquiétudes dangereuses dans les esprits, pour qu'on pût y songer. Le général Trochu mettait d'ailleurs à son acceptation du ministère une condition inacceptable : c'était d'inaugurer son administration par un discours à la Chambre, dans lequel il dévoilerait toutes les fautes commises depuis 1866. L'Impératrice avait mal compris ou on lui avait mal traduit la pensée du général Trochu : il s'était borné à faire remarquer à ceux qui lui proposaient le portefeuille de la guerre, que, forcé pour ne pas se donner un démenti, d'expliquer nos malheurs par les fautes du gouvernement, il nuirait au ministère au lieu de le servir et ne retarderait pas sa chute d'une minute.

Les délégués insistèrent auprès de l'Impératrice pour qu'elle vît elle-même le général Trochu, dont le patriotisme était, selon eux, trop connu pour qu'il persistât dans une décision comme celle qu'on lui prêtait. L'Impératrice répondit savoir de bonne source que la résolution du général Trochu était immuable, et qu'on n'avait pas de temps à perdre en conférences inutiles. L'Impératrice avait du reste laissé entrevoir aux députés, que le portefeuille de la guerre était donné, en leur annonçant qu'elle venait de mander à Paris le général de Palikao, pourvu du grand commandement de Lyon.

Le Corps législatif, non réuni officiellement, intervenait donc dans le gouvernement et se mêlait de désigner les ministres à la couronne. Il entra en session au milieu d'une émotion très vive au dehors comme au dedans. Le maréchal Baraguey-d'Hilliers, nommé gouverneur de Paris, en vertu de la loi sur l'état de siège, avait pris en personne le commandement des troupes qui protégeaient les abords du Palais-Bourbon et qui en éloignaient la foule déjà très excitée. Les cris : A bas le ministère! Des armes pour la garde nationale! s'élevaient à chaque instant du milieu des groupes. Quelques centaines d'ouvriers et de gardes nationaux sans armes essayèrent d'escalader les grilles du Palais-Bourbon. Le petit jardin du côté du quai fut même un instant menacé d'une invasion plus dangereuse. Le peuple qui y avait pénétré finit pourtant par se retirer sur les instances d'un député, M. Jules Ferry.

La lecture par M. E. Ollivier d'une déclaration délibérée en conseil, ouvrit la séance et fut écoutée dans un morne silence; à cette phrase :
« La plus grande partie de notre armée n'a été ni vaincue ni même
« engagée; celle qui a été repoussée ne l'a été que par des forces quatre

« ou cinq fois plus considérables, et elle a déployé dans le combat un « héroïsme sublime, » les députés debout éclatèrent en applaudissements et en acclamations trois fois renouvelées. « Oui, s'écrie M. Guyot-Mont-« payroux, des lions conduits par des ânes. » Un autre membre : « L'armée a été héroïque, mais elle a été compromise. » « Par l'impéritie de son chef, » ajoute M. Jules Favre.

M. le garde des sceaux, dans un discours emphatique et timide à la fois, posa en termes des plus maladroits la question de confiance : « Qu'on nous accuse! nous ne sommes pas vaincus, grâce au ciel, mais « nous paraissons l'être, qu'on doute de notre capacité à soutenir le « poids des événements, qu'on accumule les reproches, nous ne répon-« drons que lorsqu'il s'agira de soutenir les mesures que nous croyons « bonnes et de combattre celles que nous jugeons mauvaises, et, si la « Chambre ne se place pas derrière nous... » Un silence glacial signifie au garde des sceaux la réponse de la droite. A peine a-t-il fini son discours que M. Latour du Moulin, un de ses plus ardents amis d'autrefois, dépose la proposition suivante : « Les députés soussignés deman-« dent que la présidence du conseil des ministres soit confiée au général « Trochu, et qu'il soit chargé de composer un cabinet? » *Signé :* Latour du Moulin, Carré-Kerisouet, Lefèvre-Pontalis, de la Monneraye, de Dalmas, G. Fould, marquis de Grammont, Tassin, de Guiraud, d'Yvoir, Mangini, Keller, d'Andelarre, Malézieux. Que devenait la Constitution après une proposition semblable? L'Empire était menacé, non par une révolution de la rue, mais par une révolution parlementaire. Le Corps législatif le confisquait pour ainsi dire en le plaçant sous sa tutelle.

Le ministre de la guerre donne ensuite lecture d'un projet de loi appelant sous les drapeaux tous les militaires non mariés n'ayant pas atteint l'âge de trente ans. L'urgence est votée; la Chambre va passer dans ses bureaux. M. Jules Favre, contrairement au règlement, obtient du président l'autorisation de soumettre deux propositions à la Chambre, l'une ayant trait à l'armement immédiat de la garde nationale de Paris, l'autre à la formation d'un comité exécutif de quinze membres, choisi dans le Corps législatif, et investi des pleins pouvoirs du gouvernement, pour repousser l'invasion. La haine des bonapartistes contre Paris leur fait repousser la première proposition avec colère. M. Jules Favre l'étend à toutes les gardes nationales de France. Elle ne pouvait être rejetée sous cette forme. Il passe à sa seconde proposition : « L'invasion, dit-il, ne saurait être re-

« poussée par les hommes qui siègent sur ces bancs (il montre les bancs « des ministres), qui ont déjà perdu deux provinces et qui, grâce à leur « ineptie, perdraient le reste! L'heure des ménagements est passée, « continue-t-il avec la même âpreté patriotique; nos revers sont le « résultat des fautes du commandement, il faut qu'il change de mains. » La gauche applaudit, la droite proteste. M. Pinard veut parler, M. Granier de Cassagnac l'interrompt. « La proposition de M. Jules Favre, « s'écrie-t-il, est le signal d'une révolution; celui qui l'a proposée et ceux « qui l'applaudissent mériteraient d'être traduits ce soir même devant un « conseil de guerre. »

La gauche demande vainement le rappel à l'ordre de M. Granier de Cassagnac. M. le duc de Gramont, qui se prélasse encore au banc des ministres, se tourne en riant du côté des bancs de l'opposition. MM. Estancelin, Jules Ferry et autres accourent pour lui demander la cause de ce rire; les ministres entourent leur collègue, et quelques membres de la droite se joignent à eux; les membres de la gauche échangent avec eux des paroles irritées. Le président se couvre; le silence finit par se rétablir.

M. Granier de Cassagnac en réalité conseillait au gouvernement de tenter un coup d'État contre l'Assemblée. Le succès en était plus que douteux. La proposition de M. Jules Favre avait obtenu 53 voix au scrutin, c'est-à-dire un chiffre de votes double de celui qu'elle eût jamais réuni. Les événements ont donc marché terriblement vite. Un mois s'est écoulé depuis le jour où cette majorité issue des candidatures officielles, fermant la bouche aux orateurs de l'opposition, déclarait la guerre sans phrase. L'étranger foule le sol de la patrie; l'extrême droite, par la bouche de M. Jérôme David, avoue aujourd'hui que la principale cause de nos désastres est que la Prusse était prête et que la France ne l'était pas. Cet aveu n'est-il pas la condamnation la plus formelle du gouvernement? Qui pouvait douter de l'opportunité de la proposition de M. Jules Favre? Son adoption aurait peut-être donné un autre cours aux événements; c'eût été le gouvernement de la défense nationale institué par la Chambre; la majorité ne fut pas assez sage pour s'y résoudre. 190 voix contre 53 repoussèrent la proposition. « Vous y viendrez! » s'écria M. Gambetta. « Et il sera trop tard, » reprit M. Jules Favre.

M. Thiers vota avec la gauche [1].

---

1. La proposition de M. Jules Favre n'était pas plus inconstitutionnelle que celle de M. Latour du Moulin; elle était plus révolutionnaire. Le Corps législatif, en adoptant le

Fig. 45. — Les ambulances de la Presse.

Que va devenir le ministère au milieu de tout cela? Son maintien est évidemment impossible. Pendant que la Chambre examine dans ses bureaux les propositions du ministre de la guerre, divers bruits circulent dans la tribune des journalistes. Les uns annoncent que le général Trochu est chargé de composer un cabinet, les autres affirment que cette mission est confiée au général de Palikao. La séance publique est reprise à cinq heures et demie. Deux ordres du jour motivés sont en présence, l'un de M. Latour du Moulin, l'autre de M. Clément Duvernois. « La « Chambre, décidée à soutenir un cabinet capable d'organiser la défense « nationale, passe à l'ordre du jour. » On va aux voix; la droite et le centre se lèvent en masse pour cet ordre du jour que le ministre a déclaré ne pas accepter. Une dizaine de députés groupés autour de M. Napoléon Daru se lèvent seuls contre lui. Le cabinet du 2 janvier a vécu.

La séance est suspendue, sur la demande de M. E. Ollivier qui se rend aux Tuileries. Au bout d'une demi-heure, il reparaît pour la dernière fois à la tribune, pour annoncer que le général de Palikao est chargé de former un cabinet, auquel, ajoute-t-il, au milieu des sourires de la Chambre, « mon appui est assuré ». Il reprend ensuite son ancienne place; personne ne s'en approche pour lui serrer la main.

Jamais homme politique n'arriva sous de plus brillants auspices au pouvoir, n'eut plus de liberté pour l'exercer, et n'en fit un si mince usage. Fils d'un républicain conspirateur sous les Bourbons des deux branches, nommé à vingt ans, par Ledru-Rollin, en reconnaissance du dévouement de son père à la cause républicaine, commissaire de la République dans un grand département, enfin envoyé en 1857 au Corps législatif par les électeurs républicains de Paris, désireux de protester contre le coup d'Etat en nommant le fils d'un proscrit, il semblait comme l'enfant d'adoption de la République.

Il n'avait pour jouer un grand rôle qu'à rester fidèle à ses opinions. Il aima mieux les trahir. Néophyte du bonapartisme, disciple de Morny, vingt ans s'étaient écoulés depuis le coup d'État; les uns l'avaient oublié, les autres cherchaient un prétexte pour l'oublier; M. E. Ollivier le leur fournit. Les salons de l'hôtel de la place Vendôme virent défiler devant le jeune garde des sceaux les noms les plus illustres du régime parlementaire. M. Guizot et M. Odilon Barrot consentirent à figurer dans ces

projet de M. Latour du Moulin, aurait mis l'Empereur en tutelle; en adoptant celui de M. Jules Favre, il l'aurait suspendu jusqu'à la paix. De la suspension à la déchéance, il n'y avait qu'un pas. M. Granier de Cassagnac ne s'y trompa point. (*Souvenirs du 4 septembre*, par Jules Simon.)

commissions d'apparat par lesquelles M. E. Ollivier déguisait pompeusement le vide de sa politique. Nommé d'enthousiasme à l'Académie, encensé par la presse officieuse, idole des chroniqueurs, M. E. Ollivier présidait à la direction du gouvernement comme Jupiter à celle de l'Olympe, mais comme un Jupiter de parade dont le sourcil ne faisait trembler personne. Parlant plus qu'il n'agissait, ses actes démentaient sans cesse ses discours. Sa parole facile et élégante n'avait rien de la gravité ministérielle ; il lui manquait cette autorité que le caractère communique toujours au talent. Son asservissement à la cour était visible et paraissait la condition et le prix de la position où il était élevé. Jouant le rôle de ministre principal sans l'être, gardant l'apparence et l'éclat du pouvoir sans en avoir la réalité, n'influant en rien sur la politique extérieure, la plus importante en ce moment, il n'était que le ministre de l'illusion et de l'impuissance. Les affaires allemandes s'étaient traitées en dehors de lui, et il ne s'y était mêlé que pour consentir à une guerre contre laquelle il avait montré une si vive répugnance, et pour l'accepter « d'un cœur léger ». Bien d'autres expressions malheureuses ont été pardonnées par l'histoire ou effacées par le temps ; celle-ci pèse et pèsera toujours sur celui qui l'a prononcée, parce qu'elle est vraie et de tout point justifiée par les faits. M. E. Ollivier, adoptant dans la question de paix ou de guerre la solution qui lui semblait la plus propre à le consolider au pouvoir, et se jetant dans la guerre, sans l'approuver comme citoyen, sans s'être assuré, comme ministre, qu'on était prêt à la soutenir, faisait preuve d'une légèreté de cœur et d'esprit malheureusement trop conforme à la phrase qu'il prononça à la tribune.

Le général de Palikao, dont le nom avait été accueilli la veille par les applaudissements de la droite, fit connaître le lendemain, 10 août, les collègues qu'il s'était adjoints : M. Chevreau à l'intérieur ; M. Magne aux finances ; M. le prince de La Tour d'Auvergne aux affaires étrangères ; M. Rigault de Genouilly à la marine ; M. Jérôme David aux travaux publics ; M. Clément Duvernois au commerce et à l'agriculture ; M. Busson-Billault à la présidence du Conseil d'État ; M. Grandperret à la justice ; M. Jules Brame à l'instruction publique et aux beaux-arts. Le ministère spécial des beaux-arts était supprimé.

Le nouveau ministère qui s'intitulait : Ministère de la défense nationale, n'était en réalité qu'un ministère de dévouement personnel. Le général de Montauban, comte de Palikao, soldat intelligent et sans scrupules, avait commandé en chef l'expédition en Chine ; le pillage du Palais d'hiver de l'empereur de la Chine lui avait fait refuser par la Chambre une dotation demandée par l'Empereur. M. Chevreau, préfet de la Seine, et M. Jérôme David tiraient, pour ainsi dire, tout leur être du gouvernement de l'empereur ; M. Jérôme David touchait même une subvention mensuelle de mille écus sur la cassette impériale; M. Clément Duvernois, favori et agent personnel de Napoléon III, lui devait sa fortune rapide; M. Busson-Billault n'avait d'autre titre à la confiance du pays que celui d'être gendre de M. Billault; M. Magne, complice des procédés financiers de ce règne, avait occupé dans le conseil privé une place qui ne se donnait qu'au dévouement le plus absolu. Le vieil Empire renaissait donc des ruines mêmes de l'Empire.

La Régente ayant manifesté l'intention de ne point quitter la capitale, on organisa à Tours une délégation du pouvoir central chargée de pourvoir à toutes les nécessités du gouvernement et de l'administration dans le cas où les communications seraient interceptées entre Paris et le reste de la France, mesure sans doute nécessaire, mais moins urgente aux yeux du pays que celle de l'armement des citoyens ; en effet, on demande des fusils de tous les côtés. Le général Ducrot, commandant à Strasbourg, voyant toutes les places dégarnies, écrit au ministre de la guerre qu'il serait facile de trouver des ressources dans la garde nationale mobile et dans la garde nationale sédentaire, mais qu'il n'a pas d'armes à leur donner. Les préfets de la région s'adressent, pour avoir des fusils, au directeur du dépôt d'artillerie de La Fère, qui sollicite vainement des instructions du gouvernement. Les volontaires et la garde nationale sédentaire à Lyon réclament vainement des armes au commandant : Des fusils! des fusils! on n'entend partout que ce cri. Le gouvernement fait la sourde oreille, et les préfets lui demandent ce qu'ils doivent répondre, sachant d'avance que cette réponse sera un refus conseillé ou non par eux, mais toujours bien reçu. M. Raspail avait presque raison de dire en parlant du gouvernement : « Il a plus peur de la garde nationale que des Prussiens. »

M. Forcade de La Roquette, au début de la séance du 10, avait lu son rapport sur l'augmentation des forces militaires, les conclusions en avaient été adoptées à l'unanimité; un député proposa au milieu des exclamations parties de tous les côtés de la Chambre de voter la déclaration : « L'armée a bien mérité de la patrie! » Elle n'avait jamais en effet mieux mérité que par ses défaites cette récompense si souvent accordée à ses victoires. La France a toujours aimé ses armées; mais aucune ne lui restera plus chère que cette armée de 1870, vaincue par l'impéritie de ses chefs plus que par l'ennemi.

M. Estancelin propose à la Chambre de se déclarer en permanence; la droite trouve la mesure trop révolutionnaire. M. Girault (du Cher) demande de soumettre les élèves des séminaires et les membres de tous les établissements religieux sans restriction aux lois militaires comme les autres citoyens, et dans les mêmes proportions. Il va sans dire que cette demande est rejetée.

La gauche voudrait discuter la question de l'armement des gardes nationales. Rien ne presse, à en croire le ministère. Plus l'opposition met d'insistance à demander l'armement, plus le gouvernement déploie de lenteur à l'exécuter. Paris, à la veille d'être investi, inquiet, impatient, est prêt à s'emparer des armes qu'on lui refuse; rien de plus simple que d'engager la discussion, quand ce ne serait que pour lui faire prendre patience; MM. Buffet et Arago déclarent que dans une heure la commission pourra lire son rapport. Le ministère persiste à demander le renvoi, et il va même jusqu'à poser à ce sujet la question de confiance, il l'emporte; mais soixante voix se prononcent contre lui; le chiffre des minorités augmente à chaque vote : la proposition de M. Estancelin relative à la permanence de la Chambre n'est repoussée qu'après deux tours de scrutin.

M. de Kératry propose d'instituer d'urgence une commission d'enquête parlementaire devant laquelle on fera immédiatement comparaître le maréchal Le Bœuf. La droite ne fut pas du reste la seule à combattre cette proposition; M. Thiers la repoussa, mais à cause de son inopportunité. « Qu'on « ne conclue pas pour cela, dit-il, que nous soyons indulgents à l'aveugle-« ment qui nous a valu la guerre! Oui, la préparation a été insuffisante, « et la direction profondément incapable! » La droite, si insolente à l'égard de M. Thiers quelques semaines auparavant, écouta silencieuse et le front courbé cet arrêt qui sera confirmé par l'histoire.

Les paroles de M. Thiers retombaient de tout leur poids sur l'Empereur, qui, comprenant l'impossibilité de rompre la solidarité qui le liait au maréchal Le Bœuf, se refusait, malgré les pressantes instances de sa femme, à se séparer de son major général. L'Impératrice dut faire appel au dévouement personnel de ce dernier pour obtenir sa démission. La Chambre ne connaissant pas encore ces négociations intimes, la proposition de M. de Kératry fut pour la gauche une occasion toute naturelle de s'informer si le maréchal Le Bœuf était toujours en fonctions. M. Guyot-

Montpayroux pose nettement la question au ministre de la guerre : Le maréchal Le Bœuf est-il toujours major général? L'Empereur commande-t-il l'armée? Une voix s'écrie : « Cela ne vous regarde pas! » La droite applaudit; la gauche, qui a cru reconnaître la voix du général de Palikao, menace de quitter la salle. C'était une erreur. Le ministre de la guerre n'avait pas ouvert la bouche; cependant, pressé par M. Guyot-Montpayroux de répondre oui ou non à ses questions, il déclare que le maréchal Le Bœuf s'est démis de ses fonctions de major général, que l'Empereur a renoncé à toute fonction militaire, et que le maréchal Bazaine seul commande en chef l'armée. Ce fut un soulagement pour tous.

La séance du lendemain 12 fut plus calme. La commission chargée d'examiner la proposition de M. Jules Favre relative à la formation d'un comité de défense, déposa son rapport qui concluait au rejet par 8 voix contre 7. Le ministre de la guerre vint, pour confirmer ses paroles de la veille, donner connaissance à la Chambre de cette dépêche : « J'ai accepté la démission du maréchal Le Bœuf comme major général; » une froideur voisine du dédain accueillit cette communication; la Chambre voulait être certaine aussi de l'abdication militaire de l'Empereur, et son irritation le fit bien voir lorsque, d'une insertion parue le 13 au *Journal officiel* et portant que le maréchal Bazaine était mis à la tête des 2ᵉ, 3ᵉ et 4ᵉ corps, on put conclure qu'il existait un autre commandement, car ces trois corps n'étaient certainement point toute l'armée de l'Est. Le ministre de la guerre fut obligé de monter à la tribune pour calmer les esprits.

« *M. le ministre de la guerre* : Messieurs, plusieurs d'entre vous ont semblé émus d'une insertion qui a paru ce matin au *Journal officiel*.

« Des termes de cette insertion il a paru résulter pour plusieurs d'entre vous que M. le maréchal Le Bœuf était encore à la tête de l'armée, et que M. le maréchal Bazaine n'avait pas encore pris le commandement général.

« C'est là une erreur qui vient de ce qu'on n'a pas assez fait attention aux dates.

« Le décret de nomination du maréchal Bazaine comme commandant de plusieurs corps d'armée est datée du 9, tandis que la démission du maréchal Le Bœuf n'est que du 12.

« Eh bien, messieurs, c'est dans cet intervalle de trois jours que le maréchal Bazaine a été investi du commandement en chef, ce qui n'implique aucun commandement en dehors du sien.

« *M. Guyot-Montpayroux* : Aucun commandement supérieur?

« *M. le ministre* : Aucun commandement, ni au-dessus ni à côté du sien.

« *A gauche* : De tous les corps d'armée?

« *M. le ministre* : De tous les corps d'armée.

« *M. Barthélemy Saint-Hilaire* : Cela rassurera le pays. »

Les membres de la droite ne se montraient pas les moins ardents à exiger que l'Empereur, qui s'était jeté, disaient-ils avec amertume, sans préparatifs, sans plan, dans une guerre terrible, quittât le commandement de l'armée ; c'est sur les bancs de la majorité qu'on entendait les plus dures récriminations contre l'Empereur, « ce fanfaron de stratégie et de tactique, ce cerveau vide, ce général de hasard, etc. » Ceux qui avaient voulu la guerre, sans s'informer si l'on était prêt à la faire, en rejetaient la responsabilité sur ceux qui l'avaient faite. Ils auraient pu s'adresser d'autres reproches à eux-mêmes ; leur conscience ne devait pas être muette, mais pour le moment ils se sentaient soulagés avec toute la France en songeant que l'Empereur ne ferait plus sentir son influence désastreuse sur les opérations militaires.

Napoléon III, ainsi dégradé en face de la nation comme général, garderait-il son prestige comme Empereur ? Il était puéril de l'espérer ; l'Empereur, à dater de ce jour, était détrôné.

Le gouvernement, en attendant, ne communiquait aucune nouvelle. Ce silence pesait comme un cauchemar sur la population et sur la Chambre. Des lettres, des journaux des départements ou de l'étranger soulevaient seuls de temps en temps le coin du voile. Ceux qui assistaient à la séance du 14 n'oublieront jamais la douleur qui les frappa au cœur lorsque M. Gambetta lut à la tribune ce fragment de l'*Espérance* de Nancy : « Hier vendredi 12 août 1870, à trois heures de l'après-midi, date douloureuse pour nous et pour nos descendants, quatre soldats prussiens ont pris possession de la ville de Nancy, ancienne capitale de la Lorraine, chef-lieu du département de la Meurthe. » Tous les fronts se courbèrent et tous les cœurs bondirent [1].

Qui le croirait ? dans cette crise suprême, la Chambre refusa de siéger le 15 août.

Une dépêche arrivée dans la nuit du 15 au 16 annonçait que les deux armées étaient aux prises. L'émotion la plus poignante contractait le lendemain tous les cœurs à l'heure où s'ouvrit la séance. On s'attendait à recevoir des communications du ministre de la guerre ; mais celui-ci ne venait pas tous les jours au Palais-Bourbon, et il y restait peu. La présence du

---

1. Le baron Buquet, maire de cette ville et l'un des membres les plus dévoués de la majorité, raconta, quelques jours après, l'abandon dans lequel la Lorraine avait été laissée, le départ précipité, dès le 8, de toutes les autorités militaires, de toutes les troupes, même des gendarmes : il ne restait à Nancy, pour le maintien de l'ordre, que quelques pompiers armés de fusils à silex. Le préfet, la veille encore, déclarait aux habitants que les passages des Vosges étaient défendus et que Nancy n'avait rien à craindre.

Fig. 16. — Manifestation à la statue de Strasbourg.

ministre de l'intérieur y était également assez rare. Les autres ministres, ne recevant pas de dépêches directes du théâtre de la guerre, ne pouvaient fournir aux députés aucun renseignement. Les dépêches, d'abord transmises à l'Impératrice, avec le chiffre usité entre l'Empereur et elle, n'étaient communiquées au public qu'après avoir été examinées. Selon qu'une nouvelle lui paraissait utile ou dangereuse à son intérêt dynastique, elle la publiait ou la tenait cachée. Les mères françaises ne savaient du sort de leurs enfants que ce qu'il plaisait à cette étrangère de leur apprendre.

L'ordre du jour de la séance du 16 allait être épuisé; aucune nouvelle n'était parvenue à la Chambre; M. Schneider parlait de prononcer la clôture, lorsque M. Keller proposa de rester en permanence jusqu'à ce que le général de Palikao eût reçu des nouvelles de la bataille engagée depuis trois jours. Le ministre de la guerre, averti, se rendit au Corps législatif. Il avait, dit-il, communiqué à quelques députés les dépêches de la gendarmerie annonçant que les Prussiens n'avaient pu couper notre ligne de retraite de Metz à Verdun, ce qui, à ses yeux, constituait un échec pour l'ennemi. « Nous constituons, ajouta-t-il, une armée consi-
« dérable qui avant peu pourra donner la main à l'armée du Rhin, placée
« sous le commandement du maréchal Bazaine, seul et véritable com-
« mandant en chef. » Le général de Palikao ne fuyait pas, on le voit, les occasions de renouveler des assurances agréables au pays, mais peu propres à augmenter le prestige de l'Empereur.

Si les nouvelles ne parlaient pas de la grande bataille dont il était question depuis deux jours, elles étaient aussi bonnes que possible : l'armée se frayait, disait-on, un passage sur la route de Metz à Verdun; elle était déjà sortie victorieuse de divers combats; si elle parvenait à atteindre Châlons et à se diriger en grande hâte sur Paris, le sort de la France pouvait se décider sous les murs de la capitale. La nomination du général Trochu, éloigné jusque-là des grands commandements, au poste de gouverneur de la capitale, faisait supposer que Paris était désormais l'objectif de la campagne; la séance du 16 finit donc sous une bonne impression.

Jouer la suprême partie sous les murs de la capitale, on pouvait en effet le tenter dans de meilleures conditions qu'en 1814. Les députés de la gauche approuvaient ce plan, mais les députés de la droite avaient des préoccupations d'un autre genre; ils se passaient les uns aux autres, dans la séance du lendemain 16, en la faisant suivre de commentaires

animés, la proclamation adressée par le général Trochu aux Parisiens, au moment de prendre possession de son commandement; le gouverneur de Paris y parlait de l'utilité de la force morale et de sa ferme intention de recourir à son emploi seul. Les bonapartistes, qui ne voyaient dans un gouverneur de Paris, qu'un fonctionnaire de confiance chargé de réprimer une émeute ou de frapper un coup d'État, ne comprenaient rien à ce langage et s'en montraient inquiets. Le président du conseil se crut dans l'obligation de leur donner quelques explications. « Il s'est passé,
« dit-il, un fait qui a pu paraître grave, mais qui est tout simple dans
« les circonstances actuelles. C'est celui de la nomination d'un gouver-
« neur de Paris. Certes, Paris ne peut pas être menacé du jour au len-
« demain, mais il fallait un homme capable et énergique à la tête des
« forces actuelles pour les coordonner. »

La droite fit semblant d'être satisfaite. Le général de Palikao communiqua ensuite au Corps législatif des nouvelles satisfaisantes du théâtre de la guerre. « Le corps du général Steinmetz, dit-il, a éprouvé de
« telles pertes dans les derniers engagements, que les Prussiens ont été
« obligés de demander un armistice, en apparence pour enterrer leurs
« morts, mais en réalité pour gagner du temps. Ce corps est tellement
« abîmé qu'il lui est impossible de rejoindre l'armée du prince royal de
« Prusse à Bar-le-Duc. Voici, ajouta-t-il, un fait que je vous donne
« comme certain : le corps de cuirassiers blancs, commandé par M. de
« Bismark, a été anéanti. Il n'en reste pas un seul. »

M. de Palikao descendit de la tribune aux applaudissements de toute la Chambre.

Le ministre de la guerre ne reparut à la Chambre que le 20, pour démentir le bruit d'une victoire remportée le 18 par les Prussiens : « Je
« viens ici rétablir les faits. Je ne puis entrer dans les détails, vous com-
« prenez ma réserve. J'ai fait voir à plusieurs membres de la Chambre
« les dépêches qui constatent qu'au lieu d'avoir obtenu un avantage le
« 18, les trois corps d'armée qui s'étaient avancés contre le maréchal
« Bazaine ont été, d'après divers renseignements qui paraissent dignes
« de foi, rejetés dans les carrières de Jaumont. Je ne parle pas de quel-
« ques succès partiels remportés près de Bar-le-Duc contre des éclai-
« reurs ennemis. Cela n'a pas d'importance. »

La journée du samedi et celle du dimanche s'écoulèrent à la Chambre sans nouvelles. Le lundi, le ministre de la guerre, pour calmer l'anxiété des députés, dit ces quelques mots à la tribune : « Vous avez pu lire ce

« matin au *Journal officiel* une note du gouvernement. Cette note est
« l'expression de la vérité. Comme nous avons déclaré que nous dirions
« toute la vérité, nous avons voulu tenir notre engagement, quelque
« émotion qui en résulte. Depuis, j'ai reçu des nouvelles du maréchal
« Bazaine, elles sont bonnes. Je ne puis pas vous les dire, et vous com-
« prendrez pourquoi. Elles sont du 19. »

« *M. de Kératry* : Elles sont du maréchal lui-même?

« *M. de Palikao* : Oui; elles prouvent de la part du maréchal une
« confiance que je partage, connaissant sa valeur et son énergie. La
« défense de Paris marche avec activité. Bientôt nous serons prêts à re-
« cevoir quiconque se présentera devant nos murs. »

Les informations de M. de Palikao ne pouvaient inspirer grande confiance à ceux qui se rappelaient que, au moment où les éclaireurs prussiens paraissaient dans l'Aube, M. le Ministre de la guerre avait déclaré qu'il ne lui était parvenu aucune dépêche à ce sujet, au risque d'être forcé de convenir le lendemain qu'en effet les éclaireurs ennemis s'étaient montrés. La gauche était bien en droit de savoir à combien de journées de Paris se trouvaient les Prussiens. « Ne répondez pas! » crie la droite, obéissant au mot d'ordre du gouvernement. Le ministre de la guerre se serait bien gardé d'ouvrir la bouche. Une réponse à cette question eût été une indiscrétion si coupable, aux yeux de M. de Palikao, qu'il se déclara prêt à faire fusiller l'officier qui la commettrait. La gauche, résolue à sortir de ce silence et de ces ténèbres, chargea le 22 M. de Kératry de déposer cette proposition : « Neuf députés élus par le Corps législatif seront adjoints au Comité de défense de Paris. »

L'urgence est adoptée sans opposition, et la Chambre va se retirer dans ses bureaux pour examiner la proposition, lorsque le ministre de la guerre annonce au nom du cabinet qu'il la repousse : « Quelque confiance que nous ayons dans la Chambre, dit-il, nous avons la responsabilité, nous la voulons tout entière. » Poser la question de cabinet dans un pareil moment, pour un motif semblable, c'est antipatriotique et imprudent, car la Chambre semble assez disposée à voter la proposition Kératry. La commission nommée par les bureaux, qui lui est au fond favorable, croit la rendre acceptable au ministère en réduisant des deux tiers le nombre des membres adjoints au Comité. M. de Palikao demeure inflexible. La Chambre rentre en séance vers six heures. M. Thiers, nommé rapporteur, demande le renvoi, attendu que, au moment où tous les commissaires allaient se mettre d'accord sur la proposition de M. de Kératry, un nouveau projet leur a été soumis ; la commission désire l'examiner avec la plus patriotique attention, mais elle ne peut faire connaître sa décision que le lendemain.

Les députés attendent le lendemain avec la plus vive impatience le résultat des délibérations de la commission. MM. le général de Palikao, ministre de la guerre, et Henri Chevreau, ministre de l'intérieur, se sont rendus auprès d'elle. Des bruits divers circulent sur ses résolutions. Les uns prétendent qu'elle se prononce pour l'acceptation et que le gouvernement se range à son avis ; les autres affirment que le gouvernement ne consent qu'à l'adjonction de trois députés au Comité de défense, et encore à la condition que ces députés seront choisis par lui. Les noms mis en avant sont ceux de MM. Thiers, Schneider, Daru, d'Albuféra et Dupuy de Lôme.

M. Jules Simon, pendant que la commission délibère, dépose une proposition ayant pour but de « débarrasser Paris de ses bouches inutiles dans la prévision d'un siège ». Cela met la droite de mauvaise humeur ; il ne faut pas lui parler de siège ; M. Gambetta se plaint de l'optimisme persévérant des communications officielles, et, dans un langage enfiévré, il accuse le gouvernement de dissimuler la situation avec le dessein prémédité de laisser le pays rouler dans l'abîme ; la droite proteste. L'orateur veut en vain s'expliquer et donner à ses paroles leur véritable sens, la majorité l'en empêche par ses interruptions. M. Thiers met fin à cette scène en montant à la tribune pour lire son rapport. « La commission, « dit-il, repousse la proposition de M. de Kératry, parce que le ministère « la repousse et qu'une crise ministérielle serait déplorable en un pareil « moment. » On cherche cependant un compromis. M. Glais-Bizoin croit l'avoir trouvé dans cette formule : « Une commission de neuf membres « est nommée par le Corps législatif. Elle aura pour but de se mettre en « rapport avec le Comité de défense. » La commission réclame un ajournement pour l'examiner. Cette demande provoque une recrudescence d'agitation. M. Gambetta et M. de Kératry lancent des réclamations véhémentes à la droite ; les interpellations les plus passionnées s'échangent. M. de Talhouët, qui préside, quitte le fauteuil sans qu'on sache au juste si, dans son trouble, il a levé ou non la séance et fixé l'ordre du jour. La gauche réclame ; elle paraît même un moment vouloir continuer à siéger. Les tribunes ne se vident pas ; il faut que les questeurs les fassent évacuer de vive force. Le tumulte s'apaise alors, et les députés se retirent à leur tour.

La proposition de M. de Kératry renfermait une idée juste et patriotique, celle d'associer la représentation nationale à la défense de la capitale. La gauche s'excluant elle-même du Comité, quel danger peut-il offrir? Aucun. N'importe, le gouvernement le juge inutile, il se croit assez fort pour soutenir tout seul le poids d'une situation qui devient d'heure en heure plus périlleuse, et il repousse même la proposition de M. Glais-Bizoin.

A l'ouverture de la séance du 24 août, on attend, il est inutile de dire avec quelle impatience, une communication de M. le Ministre de la guerre. M. le Ministre présidant le conseil d'État vient à sa place, annoncer que le gouvernement a résolu d'appeler sous les drapeaux tous les hommes, mariés ou non, âgés de vingt-cinq à trente-cinq ans, tous les anciens officiers au-dessous de soixante ans, et tous les généraux en retraite au-dessous de soixante-dix ans, qui ont servi dans l'armée et dans la réserve. M. Thiers constate ensuite, dans un court rapport verbal, que, après avoir repoussé la proposition de M. de Kératry, la commission avait cru trouver un moyen de conciliation dans la réduction du chiffre des membres du comité de neuf à trois, et que, l'accord n'ayant pu se faire sur ce point, la commission rejetait toutes les propositions, pour ne pas amener de crise ministérielle.

La persistance jalouse avec laquelle le gouvernement retenait entre ses mains la direction exclusive des forces militaires augmentait les défiances excitées par les menaces de M. Granier de Cassagnac. La crainte d'un coup d'État subsistait au fond de beaucoup d'esprits; était-elle justifiée? Oui et non. Que l'idée d'en finir par la violence avec les adversaires de l'Empire ait souri aux chefs du parti bonapartiste, cela est certain; mais sur quoi s'appuyer pour frapper? Il n'y a pas d'autre appui pour un coup d'État que l'armée, et il n'y avait plus d'armée. Les allusions à un coup d'État se faisant cependant jour de temps en temps à la tribune, M. le Ministre du commerce voulut bien déclarer, dans un langage encore assez ambigu, qu'il n'était nullement question de sortir de la légalité, et que la Chambre avait devant elle un cabinet parlementaire.

L'ensemble des mesures prises par le gouvernement n'en affectait pas moins de jour en jour un caractère dynastique plus marqué, et les efforts de la puissance nationale tendaient de plus en plus à la consolidation des institutions qui avaient causé la ruine du pays. L'Empire d'abord! semblait dire le gouvernement, la France après! M. E. Picard fit res-

sortir le danger de cette politique avec sa logique incisive. C'est la Constitution, dit-il, que le gouvernement invoque, pour s'opposer à l'adjonction des neuf et des trois, c'est la volonté de maintenir avant tout les institutions actuelles qui règle l'attitude du cabinet. « Le gouvernement
« ne fait pas de la politique, réplique le ministre de la guerre; les enne-
« mis intérieurs, ajoute-t-il, je ne les redoute pas; j'ai en main tous les
« pouvoirs nécessaires pour cela, et je réponds de la tranquillité de
« Paris. » Nous verrons dans quelques jours comment il tiendra son engagement.

M. Jules Favre fait remarquer au ministre de la guerre qu'il est difficile de s'isoler de la politique quand c'est à la politique qu'on attribue les périls de la situation, et que la France ne veut pas mourir pour des institutions qu'elle considère comme la cause de sa perte. « Il ne s'agit
« pas d'institutions, répond le président Schneider, mais de chasser
« l'étranger. » M. Busson-Billault, ministre présidant le Conseil d'État, jure qu'il est prêt à mourir pour son pays, et somme M. Jules Favre de venir se faire tuer avec lui. La scène tourne au burlesque. M. Buffet se lève pour s'associer, dit-il, à l'observation du président : « Il n'y a ici aucune question politique, inspirons-nous de l'exemple de notre armée. Les officiers, les soldats, peuvent avoir des opinions politiques différentes; demandent-ils devant l'ennemi qu'on leur explique pourquoi ils combattent? » On est toujours certain, en parlant ainsi, d'être applaudi, surtout par ceux qui tiennent la conduite la plus opposée à un pareil langage. N'est-ce pas la politique qui a commandé le rejet des propositions qui auraient associé la Chambre à la défense commune et qui a poussé le gouvernement à soulever la question constitutionnelle à propos d'une question de paix et de conciliation? L'opposition n'est-elle pas en droit de dire au gouvernement : Si c'est pour défendre la constitution actuelle que vous demandez à la France son dernier homme et son dernier écu, dites-le franchement.

Deux politiques étaient en présence : l'une consistant avant tout à diriger l'action du gouvernement dans un sens favorable au maintien et à l'affermissement des institutions impériales, l'autre poussant le Corps législatif à prendre le pouvoir jusqu'à ce que, l'ennemi chassé et la France ayant repris possession d'elle-même, le pays pût choisir les institutions les plus propres à assurer ses destinées; c'était précisément cette politique que combattait la droite, ouvrant ainsi la voie à la révolution.

La majorité des membres de la commission, tout en repoussant les

Fig. 47. Retour d'un convoi de blessés.

propositions Kératry et Glais-Bizoin, désirait cependant trouver une forme acceptable et qui pût attribuer à la Chambre une part plus directe à la défense nationale. Vainement supplie-t-elle le ministère de se rendre et d'accepter la proposition Kératry amendée, il s'y refuse d'abord obstinément; il finit pourtant par consentir aux trois adjonctions; mais, quand il s'agit de déterminer par qui les trois commissaires seront désignés, l'entente se rompt.

Les conclusions de la commission sont adoptées par 206 voix contre 41. Le ministère a réussi à faire repousser la question de la responsabilité, mais pour combien de temps? Il fallait pourtant donner une espèce de satisfaction aux réclamations au fond si justes de l'opposition; le gouvernement le comprit, et il adjoignit au comité de défense MM. Daru, Buffet, Dupuy de Lôme, représentant le Corps législatif; M. Béhic et le général Mellinet, le Sénat.

Le lendemain 25, en présence de 500 000 Allemands envahissant notre sol, la Chambre repoussa à une immense majorité la proposition faite par M. Jules Ferry d'abroger les lois du 24 mai 1834 et du 17 juillet 1860, prohibant la détention et la fabrication des armes de guerre. La loi de 1834, votée contre une insurrection, était maintenue devant l'ennemi.

Le gouvernement, à peine remis de l'alarme que lui ont causée MM. de Kératry et Glais-Bizoin, tremble de nouveau devant M. Keller. Ne serait-ce pas le comité de défense qui montre encore le bout de l'oreille dans la proposition de ce dernier, consistant à désigner un certain nombre de députés qui prêteraient leur concours au gouvernement dans l'exécution des mesures de défense? La majorité déclare que tous les députés feront leur devoir, qu'il ne saurait y avoir de différence entre eux. Les débats irritants vont recommencer. M. Thiers combat la proposition, et son auteur la retire. La Chambre apprend ce jour-là que l'armée du prince royal de Prusse a repris sa marche sur Paris.

La séance du 27 s'ouvre par une explication de M. Thiers, dont la nomination comme membre du conseil de défense a paru le matin même, à sa grande surprise, au *Journal officiel*. La question de l'adjonction des députés au comité de défense ayant été posée à la fois sur le terrain des prérogatives du gouvernement et des droits de la Chambre, c'est d'elle seule qu'il veut tenir sa délégation, et ce n'est qu'autorisé par elle qu'il peut consentir à entrer dans ce comité. De nombreux applaudissements lui prouvent que cette autorisation est accordée.

M. E. Picard demande que le gouverneur de Paris ait tous les pouvoirs pour armer la garde nationale. Le ministre de la guerre déclare qu'il n'acceptera jamais qu'un inférieur puisse se passer de ses ordres. Le gouvernement ne veut pas même accepter l'inoffensive proposition de M. Latour du Moulin consistant à déléguer auprès de lui cinq députés chargés de recevoir ses communications et de les transmettre à la Chambre.

La Chambre refusa de siéger le dimanche ; lundi, séance insignifiante ; celle du lendemain eut plus d'importance. Dans le comité secret du 26, on s'était plaint des calomnies, des violences, dont les plus honorables citoyens étaient victimes dans certains départements, notamment dans celui de la Dordogne. Le ministre de l'intérieur lut le lendemain à la Chambre une circulaire destinée à les réprimer. M. Tachard demanda que la circulaire et le discours fussent affichés dans toutes les communes de France. La droite murmura contre cette demande. « Vous nous devez bien cette réparation, » s'écria un membre de la gauche. Les bancs de la droite restèrent silencieux. A la Jacquerie politique allumée dans plusieurs départements au cri de : Vive l'Empereur ! la guerre religieuse allait-elle se joindre ? Les protestants se plaignaient des odieuses calomnies dont ils étaient victimes. Des ministres de l'Évangile avaient été injuriés, maltraités comme coupables de trahir l'Empereur et de livrer la patrie à l'étranger. Tant que ces violences n'atteignent que des hommes suspects d'opposition à l'Empire, ou des députés hostiles aux candidatures officielles comme M. d'Estourmel, la droite s'en émeut médiocrement, mais quand un membre de la majorité vient, à son tour, protester contre des actes de sauvagerie qui ne sont plus dirigés seulement contre les républicains et les libéraux, il faut bien prêter l'oreille à ses plaintes. M. André (du Gard) prend en main la cause des protestants dénoncés comme faisant des vœux en faveur de l'ennemi ; MM. Johnston et Charles Le Roux joignent leurs protestations aux siennes. Ces plaintes étaient légitimes, mais les faits qui les provoquaient n'étaient-ils pas la conséquence de faits antérieurs, sur lesquels la majorité avait trop complaisamment fermé les yeux ? M. E. Picard le fit remarquer à la droite : « Vous avez laissé calomnier l'opposi« tion, maintenant les calomnies retombent sur vous. » L'observation était juste.

M. le ministre de l'intérieur, rappelant sa déclaration touchant les crimes commis dans certaines localités, promit de nouveau de faire son devoir. M. E. Picard, en remerciant M. Chevreau de cette promesse,

ajouta cependant que, s'il ne doutait point du bon vouloir du ministre de l'intérieur, il craignait qu'il n'eût pas l'autorité nécessaire pour que ce bon vouloir ne restât pas stérile. « A côté du ministre, derrière lui,
« au-dessus de lui, dit M. Picard, il y a un gouvernement occulte, un
« parti qui n'a pas abdiqué et qui peut rendre vaines les meilleures inten-
« tions de quelques-uns des membres du cabinet. »

Ces paroles excitèrent un vif tumulte. Elles touchaient, en effet, au vif de la situation politique. A cette heure, il devenait difficile de préciser où était la véritable autorité et de savoir entre les mains de qui se trouvaient les destinées de la patrie. Le pouvoir législatif, par un respect superstitieux des règles constitutionnelles, avait été écarté du soin de la défense. Le pouvoir exécutif demeurait donc maître de la situation ; mais lui-même, à qui appartenait-il ? Nominalement à l'Empereur, et en réalité à l'Impératrice et à ses conseillers publics et secrets. M. Rouher et un sénateur, son confident dévoué, étaient à Reims auprès de l'Empereur. Quels conseils lui apportaient-ils ? M. Chevreau l'ignorait peut-être lui-même, et voilà pourquoi toutes les déclarations ministérielles paraissaient insuffisantes à l'opposition menacée dans Paris même. Des citoyens de Belleville faisant partie de la garde nationale et admis par le conseil de recensement, s'étant présentés pour demander des armes, le commandant du bataillon leur avait répondu qu'ils n'en auraient pas et que les malheurs de la France étaient dus exclusivement à l'opposition. M. Jules Favre signala cette calomnie à la tribune. « Si le fait est exact,
« ajouta-t-il, si une telle réponse a été faite, si un refus d'armes a été
« opposé à des citoyens légalement inscrits sur les contrôles de
« la garde nationale, le commandant qui a prononcé ces coupables pa-
« roles doit être destitué, à moins que M. le ministre ne veuille pas con-
« former ses actes à ses déclarations. Il ne suffit pas de flétrir du haut de
« la tribune ceux qui, en mettant à la charge de l'opposition les malheurs
« de la France, excitent les populations au meurtre ; il faut encore sévir
« contre les calomniateurs et les dépouiller du titre que donne à leurs pa-
« roles une autorité officielle. »

Une note insérée au *Journal officiel* le 31 août s'expliquait ainsi sur la situation de Strasbourg : « Une personne sortie vendredi de Strasbourg dit qu'un quartier de la ville a beaucoup souffert, que les munitions et les vivres sont suffisants et que le désir de résistance est général. »

Cette note écourtée n'avait pas préparé la Chambre aux terribles révélations que M. Keller, député du Haut-Rhin, vint lui apporter dans la

séance du même jour. « Strasbourg, dit-il, ne sera bientôt plus qu'un mon-
« ceau de ruines; les faubourgs sont détruits; le quart de la ville est brûlé;
« la bibliothèque, la cathédrale, le temple neuf, l'hôpital, sont à peu près
« réduits en cendres. Les femmes et les enfants se réfugient dans les
« égouts, seul abri contre les bombes, et pendant que la ville est incen-
« diée, pendant que la rage de l'ennemi se tourne contre l'habitant, les
« remparts ne sont pas même attaqués. C'est par la terreur, par l'incendie,
« par la ruine, c'est en tuant les femmes et les enfants, c'est en détrui-
« sant les maisons et les monuments, que l'armée assiégeante veut forcer
« Strasbourg à capituler. Ce n'est pas tout : les paysans français se trou-
« vent contraints, contre toutes les lois de la guerre, à construire les bat-
« teries et les tranchées ennemies, de sorte que les assiégés se trouvent dans
« l'obligation, ou de laisser ces travaux s'accomplir tranquillement ou de
« diriger leurs balles contre des poitrines françaises. Pendant ce temps-là,
« les paysans badois, sans fusils ni uniformes, simplement armés d'un
« sabre, passent le Rhin et viennent mettre à contribution des villages qui,
« faute d'armes, ne peuvent se défendre. Ces armes, les paysans alsaciens
« les ont depuis longtemps demandées ; on les leur a toujours refusées. »

M. Keller proposait de nommer une commission qui, après avoir
entendu le gouvernement sur la situation du département du Haut-Rhin,
nommerait un commissaire extraordinaire chargé de se rendre en
Alsace pour encourager le mouvement patriotique de la population. Tous
les cœurs étaient oppressés à ce récit des maux accumulés sur ce pays; il
se trouva pourtant un député de la majorité, M. Pinard (du Nord), qui
crut devoir reprocher à son collègue de n'avoir pas communiqué aux ministres les documents en sa possession, avant de s'adresser à la Chambre.
Celle-ci déclara par acclamations que l'héroïque population de Strasbourg
avait bien mérité de la patrie, et que jamais cette noble et chère cité ne
cesserait d'être française. Le Corps législatif, entraîné par son émotion,
aurait peut-être nommé immédiatement la commission proposée par
M. Keller; mais les formalistes, plus pressés de sauver les prérogatives
ministérielles que l'Alsace, s'opposèrent au vote en l'absence du ministre
de la guerre; ce vote d'ailleurs ne serait-il pas un empiètement sur les
droits du pouvoir exécutif? La droite, à cette pensée, oublie Strasbourg
en cendres, les villages réquisitionnés, les incursions des paysans badois,
pour courir au secours de la constitution menacée : « Nous sommes ici
« pour faire des lois, s'écrie M. Vendre ; nous n'avons que ce pouvoir ;
« en prendre un autre serait une usurpation. — Les faits sont-ils

« bien prouvés ? demande doucereusement M. Achille Jubinal. — Il faut
« entendre les ministres avant de prendre une décision, insinue M. Pinard
« (du Nord); ajournons toute résolution à demain. »

La Chambre décide, non sans peine à la vérité, que les ministres seront entendus dans la journée même ; la séance, interrompue pendant deux heures, est reprise à six heures. M. le ministre de la guerre est à son banc; il demande communication de la proposition de M. Keller. Il la repousse, pose d'un ton tranchant la question de confiance et répond en bravache aux murmures de l'opposition : « Vos interruptions ne m'effrayent pas...
« J'ai résisté à bien d'autres attaques. Que la Chambre se prononce une
« fois pour toutes, car c'est la dernière fois que je me dérange pour de
« semblables questions. »

M. Keller répond à ces paroles dédaigneuses :

« Dans cette proposition il n'y a rien d'inconstitutionnel. »

« Si ! si ! » crie la majorité.

M. Keller : « Il y a une chose *qui me surprend* : c'est que toutes
« les fois que la Chambre a, sous une forme ou sous une autre, voulu
« prendre une part effective à la défense du pays, le ministère s'y est
« opposé. Quant à moi, je vous le déclare, je souffre du rôle qu'on fait
« jouer à la Chambre depuis quelques semaines. »

« Allons donc ! allons donc ! » reprend la majorité.

M. Keller : « Il serait temps de nous *mettre au-dessus de ces pe-*
« *tites défiances* et de nous unir pour la défense du pays. Pourquoi, je
vous le demande, le gouvernement se méfie-t-il de la Chambre ? »

Plusieurs voix : « Il ne s'en méfie pas! C'est vous qui vous méfiez
« du gouvernement. »

La gravité de la responsabilité qui pesait en ce moment sur M. de Palikao ne saurait être méconnue, et l'on peut très bien admettre qu'il se refusât à toute explication sur les choses de la guerre, s'il jugeait, dans sa conscience, son silence indispensable à la bonne direction des opérations militaires. Mais il ne s'agissait ici que de chercher les moyens de secourir promptement les départements envahis, et nullement d'une question stratégique. M. le ministre de la guerre enlevait donc leurs dernières illusions à ceux qui s'imaginaient qu'il finirait par consentir à associer l'action du pouvoir législatif à celle du pouvoir exécutif.

Voter les lois qu'on lui présenterait, écouter les communications qu'on voudrait bien lui faire : tel devait être, aux yeux du gouvernement, l'unique rôle du Corps législatif; bien qu'au concours spécial des députés le gouvernement eût préféré celui de ses conseillers d'État, la proposition de M. Keller, réduite aux proportions d'une commission chargée d'examiner la situation des départements envahis et d'y envoyer un commissaire nommé par la Chambre, aurait mérité d'être accueillie avec moins de dédain par le président du conseil, qui, du reste, ne se montrait nullement en peine de l'issue de la guerre ; il annonça ce jour-là même que les Allemands depuis leur entrée en France avaient perdu près de 200 000 hommes, et produisit des calculs d'où il résultait qu'ils ne pourraient plus guère longtemps supporter les frais de la guerre.

La gauche ne désespérait pas cependant de ramener la droite au sentiment de la réalité. « Le pouvoir personnel a succombé, disaient les « membres de la gauche à leurs collègues des centres ; c'est au pouvoir « élu à le remplacer ; la Chambre doit participer au gouvernement et ne « pas s'en rapporter uniquement au général de Palikao, après s'en être « rapporté exclusivement à M. E. Ollivier. Nous ne voulons ni faire partie « du gouvernement, ni rétablir la République. C'est un gouvernement « anonyme qu'il faut pour le moment à la France, formons-le avec le gé- « néral de Palikao, le général Trochu, M. Schneider, et deux membres de « la majorité dont les noms vous seront le plus agréables. »

La création d'un gouvernement anonyme et ne rompant point avec le passé sembla d'abord trouver quelque faveur dans la Chambre. Un moment, on put même croire qu'il allait se fonder. L'illusion ne fut pas de longue durée. Les membres de la droite étaient ces mêmes députés qui avaient voté le plébiscite sans discussion préalable, soutenu le ministère Gramont-Ollivier, et voté la guerre par acclamation. Rien n'avait pu les transformer, ni la crise que la France traversait, ni les manifestations du pays. La droite restait ce qu'elle était au lendemain de son avènement et telle que le système des candidatures officielles l'avait faite [1].

La profonde antipathie de la Régente et de son gouvernement pour le système parlementaire, leur répugnance à associer à un degré quelconque le Corps législatif au partage du pouvoir, croissaient avec les périls de la France. M. E. Picard ayant, dans une conversation particulière, pressé vivement M. Schneider de céder à la nécessité, et de faire entrer quelques députés dans le conseil de défense : « A quoi « bon ? lui répondit tranquillement le président de la Chambre, puisqu'il « ne s'agit que de questions militaires. »

[1]. *Le 4 septembre*, par Jules Simon.

Fig. 48. — Évacuation des villages devant l'invasion des Prussiens.

La catastrophe de Sedan ne parvint même pas à diminuer l'imperturbable assurance des hauts dignitaires impériaux. M. E. Ficard, rencontrant dans la soirée du 3 septembre M. Magne chez M. Schneider, essaya de l'amener à l'idée d'une participation du Corps législatif au gouvernement. « L'Empereur, lui dit-il, est prisonnier ; le Prince « impérial sur un territoire étranger ; l'Impératrice-Régente n'est pas en « situation de diriger la barque en ce moment ; qu'elle se retire, et « qu'elle laisse nommer une commission de gouvernement. Ce ne sera « pas la République, elle peut y consentir. Conseillez-lui de s'y rési- « gner. » M. Magne se tut. Toute combinaison de ce genre semblait aux bonapartistes une menace contre l'Empire, et c'est l'Empire qu'ils voulaient sauver.

Le bonapartisme, dès le début de la crise, fit l'essai de la tactique audacieuse à laquelle il a encore recours aujourd'hui et qui consiste à rendre responsables de nos désastres les membres de l'opposition qui ont, disent-ils, forcé l'Empereur à faire la guerre, en lui refusant en même temps les moyens de la soutenir ; déjà des faits graves démontraient que cette tactique n'était pas sans produire de l'effet sur les populations ignorantes de certains départements. Deux députés de la Somme appartenant au centre gauche, M. d'Estourmel et M. d'Hésecques, avaient été accueillis en rentrant chez eux après la session, par les huées de la foule, qui bientôt menaça de brûler l'hôtel où M. d'Estourmel était descendu. Il essaya de retourner au chemin de fer ; la police, pendant le trajet, eut grand'peine à le protéger contre la foule, qui se ruait sur son escorte aux cris : A mort ! A mort le renégat ! Réfugié enfin dans la gare, il en repartit avec un train de marchandises. M. d'Hésecques, plus heureux, en fut quitte pour entendre le mot de traître retentir partout sur son passage.

Les bonapartistes, non contents de poursuivre de leurs calomnies les députés de l'opposition, signalaient à la haine des populations rurales les membres de certaines classes de la société qui ne s'étaient pas ralliés à l'Empire, et les accusaient de faire en secret des vœux pour les Prussiens. Les nobles devenaient, dans plusieurs départements, l'objet quotidien des menaces des paysans fanatisés. M. de Monéis se promenant sur le champ de foire de Haute-Faye, commune de la Dordogne, rencontre une troupe de paysans ; un jeune homme qui marche en tête de la bande s'écrie en le désignant : « Voilà encore un de ces riches qui « envoient les autres se battre à leur place et qui restent chez eux

« quand nous sommes obligés de partir. » M. de Monéis déclare qu'il ira se battre comme les autres. La bande répond qu'il ment et veut le forcer à crier : Vive l'Empereur ! Sur son refus, vingt individus tombent sur lui ; il se réfugie sur un toit, on l'y poursuit, on l'en arrache, et on l'assomme à coups de bâton, à coups de pied et à coups de poing. Il tombe, on le traîne à demi mort dans une mare presque tarie, on le couvre de fagots ; ses assassins poussent la férocité jusqu'à y mettre le feu, et il est brûlé vif au cri de : Vive l'Empereur !

La chute de M. E. Ollivier n'avait surpris ni affligé personne ; il n'emportait rien avec lui, pas même l'Empire libéral, auquel on ne croyait plus. Si quelques personnes conservaient encore des doutes à cet égard, elles durent les perdre en voyant à quels hommes l'Empereur faisait appel dans ce moment de crise. On a vu comment le cabinet était composé. Aucun ministère n'avait présenté cette homogénéité : il se composait uniquement de créatures personnelles de l'Empereur. Le général comte de Palikao, président du conseil, ministre de la guerre, avait failli amener un conflit grave entre le Corps législatif et l'Empereur, qui avait presque compromis, pour lui, sa prérogative [1]. M. Chevreau, ministre de l'intérieur, se posait comme le serviteur particulier et comme le confident de l'Impératrice ; M. Magne restait au ministère des finances ce qu'il était, l'ancien complice de l'Empire ; M. Grandperret, signalé par l'ardeur de son impérialisme, en recevait la récompense avec le titre de ministre de la justice ; M. Clément Duvernois, tiré du néant par l'Empereur, lui devait tout : son siège au parlement, son portefeuille de ministre, sans compter des largesses souvent renouvelées ; M. Jérôme David était un des pensionnaires les plus généreusement traités de la liste civile. Quel autre motif que le dévouement le plus absolu pouvait pousser un manufacturier comme M. Brame, complètement étranger aux questions universitaires si complexes, si délicates, à se charger du ministère de l'instruction publique ?

L'Empire n'en croulait pas moins pierre par pierre ; sa chute était désormais certaine ; on pouvait même déjà se demander s'il y avait encore un gouvernement impérial ; l'Empereur n'avait-il pas été en quelque sorte déclaré déchu par M. Jules Favre le jour où il proposa la formation d'un comité de quinze membres nommés par le Corps législatif et investis

---

1. En se voyant obligé de retirer un projet de loi pour accorder au général de Montauban une dotation de 30 000 francs par an. Ce dernier avait touché 500 000 francs sur l'indemnité de guerre payée par la Chine.

de pleins pouvoirs pour repousser l'invasion étrangère? N'était-il pas atteint par la proposition de M. de Kératry, demandant la mise en accusation du maréchal Le Bœuf? Accuser son chef d'état-major, n'était-ce pas mettre en accusation l'Empereur lui-même? Déclarer, comme le général de Palikao l'avait fait à la Chambre, pour ainsi dire sur l'injonction générale, que l'Empereur n'exerçait aucune espèce de commandement à l'armée, n'était-ce pas le dépouiller d'une des plus importantes prérogatives que lui assurait la Constitution?

L'affaiblissement progressif de l'Empire ne pouvait échapper à ses partisans. Quels remèdes y voyaient-ils? Un coup d'État. M. Granier de Cassagnac n'avait-il pas menacé les trente-deux signataires de la proposition de M. Jules Favre de les envoyer le soir même devant un conseil de guerre? Le public en augura que l'Empire ne reculerait pas, pour se maintenir, devant l'emploi des moyens qui avaient servi à le fonder. Il est certain que le gouvernement, dès le lendemain du plébiscite, avait songé, dans la prévision de la guerre, à un coup d'État dont la première victoire sur les Allemands devait donner le signal. Des listes de proscription préparées par les préfets ont été retrouvées à Lyon le 4 septembre à demi consumées dans la cheminée du préfet [1], et à Dijon sur la table même que le préfet venait de quitter à l'approche des nouveaux représentants de l'autorité. Déjà, dans les premiers jours du mois d'août, le bruit d'un coup d'État s'était répandu dans les départements, notamment dans ceux de l'Ouest, et certains mouvements de police dans les grands centres lui donnaient beaucoup de vraisemblance [2].

Les autorités civiles, judiciaires et militaires s'y seraient-elles associées, comme au 2 décembre? Cela est fort douteux; les hommes qui n'écoutent pas la voix de la conscience obéissent à celle de l'intérêt et ne se compromettent pas pour un gouvernement à la veille de sa chute.

Le général Trochu, retenu à Épernay par le passage d'un nombre infini de wagons chargés de gabions [3], eut l'idée de profiter de ce retard pour rédiger sa proclamation à la population de la capitale. Après l'avoir écrite sur ses genoux, il en donna lecture au général Schmitz; celui-ci, sur les premiers mots : « Je suis nommé gouverneur de Paris, »

---

1. *Ce que serait un nouvel Empire*, par Carnot.
2. MM. Jérôme David et Clément Duvernois, dans leur déposition devant la Commission d'enquête du 4 septembre, font allusion à ce bruit. L'un parle d'arrestations projetées, de mesures de force, avec une nuance très marquée de regret qu'on n'y ait pas donné suite; l'autre, en se défendant d'avoir approuvé ces mesures, prouve qu'il en a été question au conseil.
3. C'était le matériel pour le siège de Mayence.

lui fit remarquer que, venant d'être appelé par l'Empereur à ce poste, il était convenable qu'il fît figurer son nom dans sa proclamation. « C'est trop juste, » reprit le général Trochu ; et il reprit son crayon pour ajouter ces mots : « *Nommé par l'Empereur gouverneur de Paris.* »

Le général Trochu, en arrivant à Paris, se rendit immédiatement avec son chef d'état-major et ses aides de camp chez le ministre de l'intérieur. M. Chevreau travaillait dans son cabinet avec deux de ses directeurs, lorsqu'on lui annonça la visite de plusieurs officiers arrivant de Châlons. Il les reçut immédiatement. Le général Trochu lui apprit qu'il était nommé gouverneur de Paris et chargé du commandement de toutes les forces, garde nationale et armée, [destinées à concourir à la défense de la capitale.

M. Chevreau, peu préparé à cette nouvelle, ne put s'empêcher d'en manifester son étonnement. Le général Trochu lui fit part alors de cette lettre de l'Empereur :

« Camp de Châlons, 17 août 1870.

« Mon cher général,

« Je vous nomme gouverneur de Paris et commandant en chef de toutes les forces chargées de pourvoir à la défense de la capitale. Dès mon arrivée à Paris, vous recevrez notification du décret qui vous investit de ces fonctions ; mais, d'ici là, prenez sans délai toutes les dispositions nécessaires pour accomplir votre mission.

« Recevez, mon cher général, l'assurance de mes sentiments d'amitié.

« Napoléon. »

« Je reconnais l'écriture de l'Empereur, dit le ministre visiblement
« contrarié, et, comme le conseil des ministres se réunit tous les matins,
« je ferai part de cette nouvelle à mes collègues. »

Le général reprit : « Ma nomination doit paraître immédiatement au
« *Journal officiel*. Je ne précède l'Empereur que de quelques
« heures. »

M. Chevreau, cette fois, témoigna plus que de la surprise. « Le décret
« de l'Empereur n'est pas contresigné par un ministre, dit-il, et cela
« regarde le ministre de la guerre ; mais la chose est assez grave pour
« que je prenne les ordres de l'Impératrice-Régente ; nous nous ren-
« drons, si vous voulez, auprès d'elle. »

Ils montèrent en voiture et arrivèrent aux Tuileries à une heure et demie du matin. L'Impératrice, prévenue de leur présence, se leva, et, quelques minutes après, ils entrèrent dans son cabinet. Le général

Schmitz et les deux aides de camp du général Trochu attendirent dans le salon en compagnie de MM. Piétri et Conneau.

Le mécontentement produit sur M. Chevreau par la nouvelle du retour de l'Empereur ne fut pas moins vif chez l'Impératrice. Son opinion, partagée par tous les serviteurs intimes de l'Empereur, était qu'il ne pouvait pas rentrer à Paris sans péril, non seulement pour sa vie, mais encore pour son honneur. Ils éprouvaient « le plus vif désir « qu'il prît part à une grande bataille, sûrs qu'il saurait y prendre sa « place [1]. » L'Impératrice, s'avançant vers le général Trochu et lui donnant une poignée de main févreuse, commença l'entretien par ces paroles singulières : « Général, je vous demande un conseil : dans l'effroyable crise où est le pays, ne faut-il pas rappeler les princes de la maison d'Orléans? » Ironie ou piège, la demande était blessante; elle ajouta : « L'Empereur ne reviendra pas à Paris. Ses ennemis seuls ont pu lui conseiller ce retour. Il n'entrerait pas vivant aux Tuileries. — Alors, madame, le prince Napoléon et moi et tous les conseillers dont l'Empereur s'est entouré à Châlons, nous sommes les ennemis de l'Empereur. » Un silence glacial fut la seule réponse de l'Impératrice. Le général Trochu, comprenant tout ce que cet accueil lui présageait d'obstacles et de difficultés dans l'accomplissement de son difficile mandat, eut l'idée de remettre immédiatement sa démission à l'Impératrice, puisque rien de ce qui avait été résolu à Châlons ne devait être exécuté. Il y renonça, car on était à un de ces moments où un homme d'honneur ne peut quitter son poste.

L'Impératrice avait envoyé chercher l'amiral Jurien de La Gravière, aide de camp de l'Empereur, qui connaissait le général Trochu et qui avait même, comme on l'a vu, été chargé de le sonder relativement au ministère. La conversation entre l'Impératrice, le général Trochu, M. Chevreau et l'amiral Jurien dura longtemps. Le général Trochu peignit la situation sous des couleurs sombres. L'Impératrice se taisait et paraissait distraite; il semblait que, avant d'autoriser M. Chevreau à porter le décret de l'Empereur chez le ministre de la guerre pour lui demander son contre-seing, elle hésitât, et qu'elle attendît non seulement que le général Trochu lui eût donné des assurances de dévouement, mais encore que l'amiral Jurien de La Gravière lui eût certifié

---

1. Déposition de l'amiral Jurien de La Gravière (procès du général Trochu au journal le Figaro). Sedan était une belle occasion pour l'Empereur de remplir l'attente de ses amis.

qu'elle pouvait s'y fier. M. Chevreau, après avoir plus d'une fois consulté l'Impératrice du regard, partit enfin pour se rendre chez le général de Palikao.

La conversation entre l'Impératrice et le général Trochu reprit; on parla de la nécessité pour l'Empereur d'abandonner un camp de plaisance où il était exposé à être enlevé par un parti de cavalerie, et du bon effet que pouvait produire son retour à Paris. « Nous avons des « nouvelles de la grande, de la mémorable bataille du 16 août; le « maréchal Bazaine est victorieux à Rezonville! s'écria l'Impératrice, qui « venait de recevoir la dépêche; l'Empereur n'a plus besoin de revenir. » Le général Trochu, après avoir lu cette dépêche, reconnut en effet que le maréchal Bazaine était victorieux, mais que cependant il était arrêté, et que cela devait empêcher l'Empereur de revenir sur la détermination prise.

M. Chevreau, pendant ce temps-là, faisait réveiller le ministre de la guerre et lui remettait le décret de l'Empereur. Le général de Palikao le froissa un moment entre ses doigts, mais il finit pourtant par le signer.

Il ne restait plus au général Trochu qu'à lire sa proclamation à l'Impératrice. Elle l'arrêta dès la première phrase. « Il faut, dit-elle, avoir de certains ménagements dans les circonstances présentes; je crois inutile que le nom de l'Empereur figure là. » L'Impératrice prononçait elle-même la déchéance de son mari. Le gouvernement, depuis Reichshoffen, ne prononçait déjà plus le nom de l'Empereur devant le Corps législatif [1]. Le général Trochu supprima la phrase, et la proclamation parut le lendemain sans faire mention du nom de l'Empereur, ce qui frappa singulièrement les esprits.

Le général Trochu en annonçant le 18 août, dans cette proclamation à la population, sa nomination au poste de gouverneur de Paris, lui demandait son concours pour le maintien de l'ordre : « J'entends par « là non seulement le calme de la rue, mais le calme de vos foyers, le « calme de vos esprits, la déférence pour les ordres de l'autorité respon- « sable, la résignation devant les épreuves inséparables de la situation, « et enfin la sérénité grave et recueillie d'une grande nation militaire qui « prend en main sa destinée avec une ferme résolution, dans une cir- « constance solennelle. Et je ne m'en référerai pas, pour assurer à la

---

1. Le nom de Napoléon III fut définitivement rayé des actes officiels à partir du 3 septembre.

Fig. 40. — Les Parisiens travaillent aux fortifications

« situation cet équilibre si désirable, aux pouvoirs que je tiens de
« l'état de siège et de la loi ; je le demanderai à votre patriotisme, je
« l'obtiendrai de votre confiance, en montrant moi-même à la popula-
« lation de Paris une confiance sans limites. »

Cette proclamation, d'un ton si généreux, contenait en outre ce passage : « Je fais appel au dévouement des hommes de tous les partis ; « je leur demande de contenir par l'autorité morale les ardents qui ne « sauraient pas se contenir eux-mêmes, et de *faire justice par leurs* « *propres mains* de ces hommes qui ne sont d'aucun parti et qui « n'aperçoivent dans les malheurs publics que l'occasion de satisfaire des « appétits détestables. » Les mots soulignés furent l'objet d'une demande d'explication de la part de plusieurs journaux. Le général Trochu leur répondit par une lettre adressée au *Temps* et dans laquelle, après avoir fait remarquer que le tort de tous les gouvernements avait été de négliger la force morale, il ajoutait : « L'idée de maintenir l'ordre par « la baïonnette et par le sabre dans Paris livré aux plus légitimes « angoisses et aux agitations qui en sont les suites me remplit d'horreur « et de dégoût ; mais il peut arriver que Paris, aux prises avec les « épreuves du siège, soit livré à cette classe spéciale de gredins qui « n'aperçoivent dans les malheurs publics que l'occasion de satisfaire « des appétits détestables. Ceux-là, j'ai voulu recommander aux honnêtes « gens de leur mettre la main au collet en l'absence de la force publique « qui sera aux remparts, et voilà tout. »

Ce langage d'un honnête homme rassura l'opinion publique et parut le comble de l'hérésie aux Tuileries, où les séances du conseil devenaient de plus en plus fréquentes et de plus en plus orageuses : il y en avait quatre ou cinq par jour. Les discussions entre le ministre de la guerre et le gouverneur de Paris, sur des conflits d'attribution, en remplissaient une partie. La cour affectait de considérer les gardes nationaux mobiles comme les soldats d'une sorte de garde prétorienne que le général Trochu formait à Paris pour s'emparer de la dictature ; à chaque instant, elle réclamait leur éloignement et montrait des craintes plus vives pour la sécurité de la Régence. La proclamation du général Trochu, et surtout sa lettre au *Temps*, lui fournissaient une occasion trop belle de lui témoigner ses appréhensions pour qu'elle la laissât échapper. Il est certain que le système consistant à substituer la force morale à la force matérielle, à remplacer la contrainte par le libre consentement, devait paraître incompréhensible aux auteurs du coup d'État du 2 décembre, suspectés d'en rêver un autre ; mais il n'avait pourtant rien d'extraordinaire. Les hommes ont toujours été gouvernés par deux principes : la force matérielle ou la persuasion. Là où la première manque, la seconde est seule capable de maintenir l'ordre dans la société. La force morale a sans doute quelquefois besoin de l'appui de la force matérielle, mais le plus souvent, c'est dans les moments où la force matérielle lui est le plus nécessaire qu'il faut qu'elle apprenne à s'en passer. La France était dans un de ces moments. M. Rouher avait beau dire d'un ton pédant au général Trochu : « Il faut arriver à des considérations pratiques ; quelles mesures comptez-vous prendre pour maintenir l'ordre ? » on pouvait pour toute réponse lui demander, dans le cas où la population parisienne, apprenant d'heure en heure une nouvelle défaite, irait de revers en revers jusqu'à la révolte, où étaient les canons et les soldats pour la mitrailler.

Le peuple, heureusement, restait calme, sourd aux suggestions des agitateurs. Cependant une bande de soixante à quatre-vingts individus armés de revolvers et de poignards s'était jetée, le dimanche 14 août, vers quatre heures de l'après-midi, sur le poste des pompiers du boulevard de la Villette, avait tué le factionnaire ainsi qu'un de ses camarades, et enlevé quatre fusils au poste. Les sergents de ville accourus reçurent une décharge qui blessa trois d'entre eux et tua une petite fille de cinq ans. Les gens de la bande n'attendirent pas, pour s'enfuir, l'arrivée d'un escadron et d'une compagnie de la garde de Paris. Une cinquantaine d'individus furent arrêtés sur le lieu même de l'échauffourée et dans les environs. La police prit, une heure après, sur le boulevard Saint-Michel, deux étudiants ; l'un d'eux, nommé Eudes [1], était armé d'un pistolet et d'un poignard. Le peuple avait montré la plus vive réprobation contre les émeutiers. Commettre des actes de guerre civile dans un pareil moment, s'attaquer au corps le plus populaire et le plus respecté de la garnison de Paris, ce ne pouvait être que l'acte de fous ou de gens soudoyés par les Prussiens.

Quelques jours après, Paris se vit un beau matin inondé de pompiers appelés de tous les départements pour tenir en échec les passions politiques qui s'agitaient dans certaines régions de la société. « Comme les corps des pompiers sont formés de sujets laborieux, honnêtes, exercés au maniement des armes, nous pensions pouvoir nous en servir comme

---

[1]. Plus tard chef des fédérés ; pris et fusillé par les troupes de Versailles.

opposants aux agitations révolutionnaires [1]. » Le fameux préfet Janvier de La Motte, qui s'intitulait lui-même « le père des pompiers », présidait à l'installation de ces braves gens et réglait leur menu. L'idée de confier l'Empire expirant à la garde des pompiers de France [2] n'eut pas de suite; le général Trochu fit rentrer ces braves gens dans leurs foyers, sur lesquels ils ne cessaient de porter des regards d'envie et de regret. On lui en fit un crime à la cour, et l'on prétendit qu'il éloignait le corps dévoué des pompiers pour laisser la garde mobile maîtresse du terrain et libre désormais de se jeter sur les Tuileries.

Le départ des pompiers n'exerça aucune influence fâcheuse sur la tranquillité publique; la population ne montra jusqu'au 3 septembre aucun symptôme sérieux d'agitation.

Le ministre de l'intérieur, M. Chevreau, en sortant ce jour-là de la Chambre vers cinq heures du soir, se rendit chez l'Impératrice pour lui faire part, comme d'habitude, de ce qui s'y était passé. Des dépêches de sous-préfets et de maires lui annonçaient que dans les arrondissements des environs de Sedan passaient à chaque instant des troupes sans chef et des soldats débandés; M. le ministre de l'intérieur avait le pressentiment d'une grande catastrophe dont l'Impératrice aurait peut-être reçu la nouvelle. Il rencontra, en entrant dans le couloir qui précède les appartements particuliers, le directeur des lignes télégraphiques, qui avait à la main une dépêche de l'Empereur à l'Impératrice, mais qui n'osait pas la faire passer par l'aide de camp de service. « Prenez-en

1. Déposition de M. Jérôme David dans l'enquête sur le 4 septembre.
2. Un peu à leur corps défendant, s'il faut en juger par ces dépêches :

« *Préfet à intérieur*, Paris.

« La Rochelle, 16 août 1870.

« Appel des pompiers à Paris fait émotion très vive; la plupart refusent de partir; populations inquiètes. Vous informerai du résultat définitif. »

« *Préfet à intérieur et guerre*, Paris.

« Tours, le 16 août 1870, 3 h. 20 m. soir.

« Il y a de l'hésitation parmi nos pompiers. Je la surmonterai. La mesure est trouvée admirable par tous ceux qui réfléchissent. »

Il fallut pourtant renoncer à cette mesure admirable. Le ministre de l'intérieur en avertit les préfets par une circulaire où il est dit que « l'élan des pompiers est si grand » qu'on est obligé de les retenir chez eux pour « éviter l'encombrement ».

« L'impératrice reçut ce jour-là cette dépêche :

« Etain, le 16 août.

« Ma chère maman,

« Je vais très bien, ainsi que papa. Tout va de mieux en mieux.

« Louis Napoléon. »

connaissance, dit-il au ministre, et allez, selon que vous le jugerez convenable, prévenir Sa Majesté. » C'était la dépêche de Sedan.

L'Impératrice, après l'avoir lue, ordonna à M. Chevreau de convoquer le conseil des ministres. La convocation fut faite immédiatement, et M. Chevreau demanda à l'Impératrice l'autorisation de porter lui-même, au nom du gouvernement, la dépêche de l'Empereur au général Trochu.

La nouvelle du désastre de Sedan ne tarda pas à se répandre d'une façon, il est vrai, encore assez vague. Les hommes qui poussaient au renversement immédiat de l'Empire ne pouvaient manquer d'essayer d'en profiter pour soulever les masses. C'est à grand'peine pourtant qu'ils parvinrent à former une bande de deux à trois cents individus et à la jeter sur le poste de police situé vis-à-vis du théâtre du Gymnase. Les sergents de ville qui l'occupaient firent bonne contenance et, par une sortie hardie, dispersèrent les assaillants et leur firent de nombreux prisonniers. Une autre troupe, qui n'était guère plus nombreuse, fut mise en fuite un peu plus tard sur le boulevard Montmartre. Quelques mobiles du camp de Saint-Maur en faisaient partie. L'un d'eux reçut une blessure ; la bande, fort grossie en route par les curieux, s'en empara et le transporta au Louvre, en demandant vengeance. Les mobiles criaient plus fort que tous les autres. Le général Trochu descendit, les harangua et les fit reconduire par un lieutenant au camp de Saint-Maur.

Le Louvre, où se trouvaient les appartements du gouverneur de Paris, était comme une sorte de forum vers lequel les députations ne cessaient d'affluer, tantôt pour demander des armes, tantôt pour s'informer des événements, tantôt encore pour se plaindre de tel ou tel fonctionnaire. La foule, plus considérable que de coutume, qui, ce soir-là, se pressait à l'entrée du Louvre, cherchait à pénétrer dans la cour en criant : Trochu dictateur! Le gouverneur de Paris détache un de ses aides de camp pour demander aux gens formant le rassemblement de désigner des délégués qui lui feront connaître ce qu'ils désirent. Quinze individus désignés par leurs camarades montent chez le général ; les uns paraissent plongés dans une désolation et dans un désespoir profonds, les autres sont en proie à une espèce de fureur patriotique; en entrant, ils demandent si la nouvelle du désastre de Sedan est vraie. Le général Trochu ne peut leur cacher la vérité.

« Eh bien! lui disent-ils, prenez tous les pouvoirs concernant la défense nationale. » Le général Trochu leur répond : « J'ai été chargé

« d'organiser la défense de Paris, et j'ai la confiance qu'avec vous elle
« sera suprême. Je ne puis accepter d'autres pouvoirs que ceux qui m'ont
« été confiés, et je ne consentirai jamais à en devoir à la violence. Le
« peuple de Paris doit en ce moment se distinguer par son calme et
« n'avoir d'autre devise que : Concorde et patriotisme. »

Les députations se succédèrent sans interruption dans la soirée; toutes demandaient la déchéance de l'Empereur; et des armes.

Le gouvernement comptait trop peu sur la force morale pour ne pas chercher à s'assurer la force matérielle. La crise approchant, il songea d'abord à annuler l'autorité du général Trochu, n'osant pas le destituer. On y travaillait du reste depuis longtemps. Le conseil de régence, où une place lui avait été assignée, affectait de lui témoigner des soupçons non moins offensants que ceux de l'Impératrice. Il cessa bientôt de le convoquer. La Régente, le ministre de la guerre, les membres du gouvernement s'abstinrent de toute communication avec lui; enfin le général Soumain, commandant la place de Paris, et comme tel soumis à l'autorité du gouverneur, reçut le 3 septembre, du ministre de la guerre, une lettre lui enjoignant de ne recevoir d'ordre que de lui et de ne faire de rapports qu'à lui; elle était conçue en ces termes :

« Paris, le 3 septembre 1870.

« Mon cher général,

« Je sais d'une source certaine qu'une manifestation se prépare pour ce soir dans Paris.
« Cette affaire étant entièrement en dehors de la défense de Paris, veuillez me faire savoir directement les mesures que vous aurez prises pour assurer la tranquillité publique. Vous recevrez également mes ordres directement pour la répression des désordres, s'il s'en produit.
« Le général Mellinet sera également prévenu par vous, et il sera à votre disposition avec les dépôts de la garde.
« Agréez, mon cher général, la nouvelle assurance de mes sentiments affectueux et de haute considération.

« PALIKAO. »

Le général Soumain crut devoir communiquer au général Trochu cette lettre, qui le destituait en quelque sorte et le réduisait au rôle de commandant des forts. Le général Trochu paraissait bien décidé cette fois à ne pas subir cet amoindrissement et à donner sa démission. Il y était fort poussé par ses amis. La réflexion le fit changer d'avis, et cette fois encore il crut devoir, par des motifs analogues à ceux qui l'avaient fait rester une première fois à son poste, éviter une rupture publique avec le gouvernement, rupture qui, dans les circonstances présentes, pouvait avoir de si terribles conséquences.

Qu'avait fait le conseil des ministres dans sa séance du soir? Rien. Quoique la nouvelle officielle de la défaite de l'armée et de la capture de l'Empereur à Sedan lui eût été communiquée, il ne se demanda pas un seul instant si la démission de l'Impératrice comme régente et la formation d'une commission de gouvernement n'étaient pas deux actes impérieusement commandés par la situation. Les ministres, avec l'assentiment de M. Schneider, décidèrent en revanche que la Chambre ne tiendrait pas de séance de nuit « pour donner au ministère le temps de la réflexion », que toutes les troupes levées en province seraient dirigées sur Paris, et qu'on formerait une armée de 300 000 hommes derrière la Loire. Il fallait pourtant bien dire quelque chose à la France. Le ministère décida qu'il lui adresserait une proclamation. M. Clément Duvernois se chargea de consoler et de raffermir cette grande et malheureuse nation blessée au cœur.

Fig. 50. — M. Thiers et M. Jérôme David dans la soirée du 3 septembre.

CHAPITRE XI

LE QUATRE SEPTEMBRE

L'Impératrice est responsable du désastre de Sedan. — M. Mérimée conseille à l'Impératrice de consulter M. Thiers. — Visite de M. Mérimée à M. Thiers. — La gauche offre le pouvoir à M. Thiers. — M. Thiers repousse ces ouvertures. — Attitude des membres de la gauche. — Séance du 3 septembre au Corps législatif. — Nouvelle donnée par le ministre de la guerre. — Brusque interpellation de M. Jules Favre. — La vacance du gouvernement est officiellement constatée. — M. Schneider consent avec peine à une séance de nuit. — Expédient proposé par le tiers-parti. — M. Gambetta, sur l'invitation de ses collègues, harangue un rassemblement formé devant le palais Bourbon. — Conseil des ministres chez M. Schneider. — La séance commence à une heure un quart du matin. — Motion de déchéance présentée par M. Jules Favre. — Rassemblements nocturnes. — La nuit s'achève paisiblement.
La matinée du 4 septembre. — Dispositions prises par le préfet de police. — Inaction du ministre de l'intérieur et du ministre de la guerre. — Remplacement des troupes de ligne par la garde nationale. — Bruit de l'abdication de la Régente. — Le centre gauche somme M. Buffet de se rendre aux Tuileries. — La droite consent à la déchéance, pourvu qu'on la remplace par un autre mot. — La place de la Concorde à midi. — L'intérieur de la Chambre. — Ouverture de la séance. — Communication du gouvernement. — Froideur de l'assemblée. — Proposition de M. Thiers. — Lenteur calculée de la délibération des bureaux. — La place de la Concorde pendant cette délibération. — Indécision des masses. — La foule pénètre dans le palais Bourbon par la place de la Concorde. — La troupe fraternise avec le peuple. — Reprise de la séance. — M. Gambetta harangue les envahisseurs. — Allocution du président — Le président se retire. — Scènes de désordre. — M. Gambetta est obligé de prononcer la déchéance. — Arrivée de M. Jules Favre. — MM. Jules Favre et Gambetta donnent rendez-vous à la foule à l'Hôtel de ville. — M. Glais-Bizoin met les scellés sur les portes du palais Bourbon. — Réunion chez M. Schneider. — L'Empire est renversé par le Corps législatif. — Patriotique langage de M. Thiers. — La dernière séance du Sénat. — Les scellés sont apposés sur les portes du Sénat. — Pouvait-on empêcher la Révolution?

Le désastre de Sedan était l'œuvre de l'Impératrice. Lancer la dernière armée de la France dans les Ardennes, après avoir donné le temps à l'ennemi d'envelopper l'armée de Metz et de placer entre elle et Paris un obstacle de 300 000 hommes, n'était-ce pas s'exposer de gaieté de cœur à perdre les dernières forces organisées de la France? La défense de la capitale n'étant possible qu'avec une armée de secours campant et manœuvrant autour de ses murs, ne courait-on pas risque de livrer Paris à l'ennemi en donnant à l'armée de Châlons une destination autre que celle de couvrir cette ville? Ces questions, agitées devant l'Impératrice dans le conseil de défense, y amenaient des discussions fréquentes qui malheureusement ne parvenaient pas à convaincre la Régente du danger de son plan. M. Thiers, dans la séance du conseil qui devait être la dernière, ayant repris avec sa vivacité ordinaire ses arguments en faveur du retour de l'armée à Paris, M. Jérôme David lui dit à voix basse : « « N'insistez pas ; je vous parlerai tout à l'heure. » La séance finit tard : M. Thiers, en descendant la rue Saint-Dominique, apprit de la bouche de M. Jérôme David que le maréchal de Mac-Mahon était blessé et l'Empereur prisonnier [1]. On n'en savait pas davantage.

L'Impératrice avait reçu ces nouvelles à la fin de la journée. Son mari prisonnier, son fils détrôné avant d'avoir régné, il y avait là de quoi troubler l'esprit d'une femme. L'Impératrice, incapable de prendre aucune résolution, demandait des conseils à tous ceux qui l'entouraient et qui n'étaient pas plus en état qu'elle d'avoir une idée en de pareilles circonstances. M. Mérimée cependant l'engagea à consulter M. Thiers. Elle accueillit cette proposition comme elle eût accueilli toutes celles qu'on lui aurait présentées. M. Mérimée fut autorisé à lui écrire en son nom.

M. Mérimée, ancien orléaniste rallié à l'Empire, voyait pourtant encore de loin en loin M. Thiers; il se rendit chez lui. « L'Empereur est prisonnier, lui dit-il ; il n'y a plus qu'une femme et un enfant ! quelle belle occasion de fonder à jamais le régime représentatif en France! » M. Mérimée, esprit peu politique, se faisait d'étranges illusions sur les préoccupations qu'un homme d'État français et patriote, comme M. Thiers, pouvait avoir en un pareil moment : il s'agissait bien vraiment de la forme du gouvernement! Chasser l'ennemi, voilà l'unique question.

---

[1]. M. Thiers a raconté lui-même, dans sa déposition devant la commission de l'enquête du 4 septembre, sa conversation avec M. Jérôme David dans ce moment de consternation profonde : « Nous nous promenâmes bien avant dans la nuit sur le pont de Solferino, « nous perdant en réflexions désolantes sur l'avenir qui nous attendait tous. Je voyais « mon pays perdu, je voyais l'Empire perdu ; mais cette chute était loin de me consoler « de la chute de la France. — « Ne vous découragez pas, me dit M. Jérôme David, vous « pouvez rendre encore de grands services à la France, il faut les lui rendre. — Je ne « puis plus rien, fut ma réponse. De tels désastres ne se réparent pas, et je ne sais où « nous serons tous dans huit jours. »

M. Mérimée comprit bientôt au langage de son interlocuteur qu'il faisait fausse route en lui offrant en quelque sorte la succession parlementaire de M. E. Ollivier, et il se borna dès lors à le prier de se rendre au vœu de l'Impératrice. Quels conseils donner dans un moment où, des trois questions indispensables à résoudre : entrée en communication avec le maréchal Bazaine pour s'entendre sur les opérations ultérieures, changement de ministère, abdication de l'Empereur, la première était rendue impraticable par les Prussiens, et la seconde par l'impossibilité de trouver des remplaçants aux ministres actuels ; quant à la troisième, la plus essentielle de toutes en ce moment, les amis de l'Empereur pouvaient seuls en fournir la solution. M. Thiers ne se rendit point aux Tuileries [1].

La gauche, dès qu'elle connut le désastre de Sedan, comprit que l'Empire ne résisterait pas à ce coup et qu'un autre gouvernement ne tarderait pas à lui succéder. Quel serait ce gouvernement? La République était celui qu'elle aurait naturellement préféré ; mais ne valait-il pas mieux dans les circonstances actuelles d'un gouvernement anonyme ayant pour chef M. Thiers? La gauche se rangea à cette opinion, et, lorsque M. Thiers se présenta le 3 au Corps législatif, il se vit entouré par ses collègues de la gauche, qui le prièrent de les suivre dans un des bureaux de la Chambre. Il y avait là MM. Jules Favre, Jules Simon, Jules Ferry, Ernest Picard, Gambetta [2]. « La révolution est inévitable, lui dirent-ils, « elle est proche ; le pouvoir doit passer en vos mains, mettez-vous à « notre tête, et sauvons le pays! » M. Thiers refusa. C'était au Corps législatif, selon lui, à dénouer les difficultés de la situation, en déclarant d'abord le trône vacant et en formant ensuite une commission de gouvernement qui essayerait de signer un armistice avec l'ennemi et de convoquer une assemblée d'où sortirait le remède aux malheurs du pays. La gauche au fond ne demandait pas autre chose. Mais comment arracher une semblable résolution au Corps législatif?

En attendant, loin de vouloir le supprimer, ils avaient proposé, dès le 9 août, non seulement de donner le pouvoir à une commission de cette assemblée, mais encore, le 1ᵉʳ septembre, ils avaient renouvelé cette proposition et dressé une liste des membres de la commission sur laquelle figuraient MM. Thiers, Schneider, le général Trochu, le général de Palikao, et pas un seul d'entre eux. Le désastre de Sedan n'était pas de

1. Le prince de Metternich fit auprès de M. Thiers, au nom de l'Impératrice, une démarche semblable à celle de M. Mérimée, sans plus de succès.
2. M. Jules Simon est moins affirmatif sur ce dernier dans son livre sur le 4 septembre.

nature à modifier leur conduite et à accroître leur impatience d'arriver au pouvoir. La responsabilité de ceux qui désormais allaient en être chargés ne pouvait être acceptée que comme un acte de dévouement. Quel besoin M. Jules Favre, parvenu au plus haut point de la popularité, pouvait-il avoir d'échanger l'espèce de pontificat de l'éloquence qu'il exerçait, contre une place, fût-elle la première, dans un gouvernement de défaite? M. Jules Simon était un esprit politique trop sagace pour ne pas être parfaitement instruit de la situation morale de la population de Paris, qu'il avait si longtemps étudiée et représentée; qui mieux que lui pouvait se rendre compte d'avance des dangers qui attendaient ceux auxquels les circonstances imposeraient la tâche de gouverner dans la crise terrible où se trouvait la France? Trop sûr d'arriver au pouvoir pour avoir la moindre envie de se hâter, la tête pleine d'idées utiles et fécondes sur l'instruction publique, ambitieux de les appliquer, il ne se méprenait pas sur la différence existant entre le portefeuille reçu d'une assemblée régulièrement élue et celui qu'il tiendrait de la foule à la suite d'un mouvement populaire. M. Ernest Picard n'en était pas non plus à souhaiter de recevoir d'une émeute l'investiture ministérielle promise infailliblement à son influence dans la future Chambre. M. Jules Ferry, nouveau venu dans la carrière parlementaire, avait trop de sens et d'esprit pour ne pas savoir qu'un homme de talent sait attendre son heure. M. Eugène Pelletan n'était pas moins éloigné que ses collègues de la pensée de s'emparer du gouvernement par un coup de main. Il y a, pour les esprits élevés et contemplateurs, un moment de la vie où ils aiment mieux voir passer les événements que les diriger. M. Eugène Pelletan semblait en être venu là. M. Crémieux avait déjà fait partie d'un gouvernement provisoire. M. Glais-Bizoin n'avait jamais goûté cet honneur, mais il n'était plus dans l'âge de l'ambition fougueuse et irréfléchie. M. Emmanuel Arago s'était fait toujours remarquer par son dévouement désintéressé à l'idée républicaine. M. Gambetta seul, par ses antécédents, par ses relations, par la fougue de sa nature, pouvait tromper certains observateurs capables de prendre l'ardeur d'un patriotisme exalté par la défaite pour l'explosion d'une ambition impossible à contenir; sa patience, sa modération dans ces derniers jours de l'Empire, prouvèrent que nul mieux que lui ne se rendait compte de la gravité de la situation et de la responsabilité qu'elle faisait peser sur tous. Quant à M. Garnier-Pagès, il ne se rallia que le soir du 4 septembre à ses collègues, et pour ne pas avoir l'air de les abandonner.

Des bruits inquiétants circulaient déjà dans la matinée du 3 septembre. Les députés s'étaient rendus de bonne heure au Corps législatif, espérant que le ministre de la guerre se montrerait cette fois plus net que de coutume [1]. La séance ne commença qu'à trois heures. Le général de Palikao l'ouvrit en annonçant que le maréchal Bazaine, après un vigoureux combat de huit ou neuf heures, avait été obligé de se retirer sous Metz. « Voilà la première nouvelle que je vous donne, ajouta-t-il, et elle n'est « pas bonne. Il n'est pas dit que le maréchal Bazaine ne pourra pas « tenter de nouveau une sortie, mais celle qui devait aboutir à une jonc- « tion avec le maréchal Mac-Mahon a échoué. »

Le ministre de la guerre résume en quelques mots la bataille de Sedan : « Elle a été pour nous l'occasion de succès et de revers. Nous avons « d'abord culbuté une partie de l'armée prussienne en la jetant dans la « Meuse; mais ensuite nous avons dû, accablés par le nombre, nous « retirer, soit sous Mézières, soit dans Sedan, soit même, je dois vous le « dire, sur le territoire belge, mais en petit nombre. Il en résulte que la « position actuelle ne permet pas d'espérer d'ici à quelque temps une « jonction entre les forces du maréchal de Mac-Mahon et celles du « maréchal Bazaine. Mais il y a encore en circulation des nouvelles plus « graves, telles que celle de la blessure du maréchal de Mac-Mahon, et « d'autres encore; mais je déclare qu'aucune ayant un caractère officiel « n'a été reçu par le gouvernement. »

Le ministre, sans que lui-même paraisse se rendre compte de ce que cela veut dire, ajoute qu'il va « faire appel aux forces vives du pays », et la droite d'applaudir, quoiqu'elle n'en sache pas plus que le général de Palikao sur ce qu'il faut entendre par là.

« La Chambre a perdu la France! s'écrie M. Girault, député du Cher.

« — Plus de complaisance, reprend M. Jules Favre. Il est temps de « dire la vérité. L'armée a été héroïque en face de l'ennemi, les généraux « aussi. La liberté du commandement seule leur a manqué. Où en

---

[1]. Ce n'est pas un mince sujet d'étonnement pour l'historien que la façon dont le ministre de la guerre n'a cessé de présenter les faits militaires à la Chambre et au pays, dans un moment où les communications entre Paris et le reste de la France étaient encore libres. On a quelque peine à croire que, quinze jours après la bataille livrée le 18 août sous Metz, la Chambre n'eût reçu d'autre renseignement officiel que les vagues paroles du général de Palikao, au sujet de corps prussiens culbutés dans les carrières de Jaumont, qui n'avaient été le théâtre d'aucun événement de ce genre pendant la bataille. Rien de plus vrai cependant. Ce manque de renseignements augmentait la curiosité et la rendait fébrile.

« sommes-nous avec le gouvernement? Où est l'Empereur? Donne-t-il
« des ordres à ses ministres?...

« — Non ! répond M. de Palikao.

« — Cette réponse me suffit, reprend M. Jules Favre. Le gouverne-
« ment ayant cessé d'exister... »

La droite et le centre couvrent ces mots par leurs murmures.

« En toute occasion, essaye de dire M. Schneider, je devrais protester contre de telles paroles..... »

M. Jules Favre l'interrompt :

« Protestez tant que vous voudrez, protestez contre la défaite, protestez
« contre la fortune, niez les événements, dites que nous sommes victo-
« rieux, à la bonne heure! Ce qu'il faut en ce moment, c'est que tous les
« partis s'effacent devant un nom militaire qui représente la France et
« Paris et qui vienne prendre en main la défense de la patrie. Ce nom
« est connu, il est cher au pays, il doit être substitué à tous les autres,
« devant lui doivent s'effacer tous les fantômes de gouvernement, voilà
« le remède. Voilà mon vœu ! je l'exprime en face de mon pays, que mon
« pays l'entende ! »

La vacance du gouvernement se trouvait donc publiquement constatée.
M. Jules Favre, en mettant en avant le général Trochu, ne désignait
point un dictateur à la France et à la Chambre; il leur indiquait tout simplement un homme qui devait être le bras d'une commission de défense,
dont M. Thiers serait la tête [1]. La gauche comptait encore que la Chambre reviendrait à la proposition faite en son nom le 9 août par M. Jules
Favre, et elle y compta jusqu'au dernier moment.

Le ministre de la guerre n'avait pas fait connaître dans toute son
étendue à la Chambre le désastre de la France, mais le soir on savait tout,
et les nombreux députés réunis dans la salle des Pas-Perdus se demandaient si le pays ne s'étonnerait pas que la Chambre ne songeât point
à se réunir dans cette fatale circonstance? M. de Kératry se chargea
d'aller, au nom de ses collègues, communiquer cette idée à M. Schneider.
Il trouva chez le président de la Chambre une quarantaine de députés qui cherchaient depuis un moment à le convertir à l'idée d'une
séance de nuit. M. Schneider était à table pendant que ces députés
s'étaient présentés chez lui et il semblait écouter avec mauvaise humeur,
et sans la goûter beaucoup, leur proposition ; mais, vivement pressé, il
finit par consentir à envoyer des lettres de convocation aux députés.

1. *Souvenirs du 4 septembre*, par Jules Simon.

LA VACANCE DU GOUVERNEMENT OFFICIELLEMENT CONSTATÉE

Les ministres, prévenus individuellement de la séance de nuit, s'en montrèrent très vivement contrariés; le président du conseil déclara qu'il ne s'y rendrait pas. M. Schneider se mit en campagne pour amener les députés à renoncer à la séance, mais les lettres de convocation étaient lancées. Il fallait se résigner. Pendant ce temps les plus vives alarmes ne cessaient de régner aux Tuileries.

Fig. 51. — M. Schneider, président du Corps législatif.

L'Empire n'existait plus. Laisser pendant douze heures en suspens la question de savoir ce qu'on mettrait à sa place, c'était une grave imprudence; la droite de la Chambre le sentait, mais beaucoup de ceux qui en faisaient partie ne pouvaient se débarrasser de certains scrupules de forme, fort singuliers dans un pareil moment; de tous côtés on cherchait un moyen de proclamer la déchéance de l'Empereur sans sortir de la constitution. C'était chercher la quadrature du cercle. M. Buffet et ses amis du tiers parti croyaient avoir trouvé un excellent moyen de résoudre la difficulté : c'était d'obtenir de l'Impératrice l'envoi au Corps législatif d'un message conçu à peu près ainsi : « Je gouverne depuis le départ de « l'Empereur en vertu de pouvoirs délégués et limités, tout à fait insuffi- « sants pour faire face aux difficultés de la situation. Je ne puis en dé-

« mander le complément ni à l'Empereur, qui a cessé d'être libre, ni au
« pays, auquel il est impossible de faire appel en ce moment. Je remets en
« conséquence au Corps législatif, qui est l'émanation la plus directe du
« suffrage universel, l'exercice du pouvoir exécutif, en l'invitant à constituer
« une commission de gouvernement. Le pays sera consulté dès que cela
« sera possible. »

M. Buffet et ses amis, au lieu de renverser l'Empire par une émeute,
le supprimaient par un coup d'État parlementaire. Pour faire face aux
nécessités du moment, *sans usurper et sans trahir leur serment*,
pour employer leur langage, ils proposaient de constituer une commission
de gouvernement; or ni l'Impératrice ni le ministère ne voulaient s'y résoudre. Le tiers-parti parviendrait-il à décider la Régente à céder? Cela
semblait douteux. On a vu par ses premières paroles au général Trochu à
quel point elle se méfiait des orléanistes, et les membres du tiers-parti
étaient pour la plupart anciens orléanistes; ils crurent néanmoins devoir
hasarder de soumettre à l'Impératrice ce plan approuvé par M. Schneider,
déjà fort suspect lui-même d'orléanisme ; mais, comme il était trop tard
pour se rendre aux Tuileries, M. Buffet et ses amis se donnèrent rendez-
vous pour le lendemain matin à neuf heures, à la salle des conférences.

On parlait de rassemblements considérables autour du palais Bourbon ;
les députés, en sortant de chez le président Schneider, s'étaient rendus
dans la cour dont la grille s'ouvre du côté de la place de la Concorde,
pour juger de l'attitude de la foule. M. Gambetta la haranguait ; les citoyens, cramponnés aux barreaux de la grille, grimpés sur les piédestaux
des statues, n'interrompaient l'orateur que pour crier : *Vive la République!* « Citoyens, dit-il en finissant, le gouvernement dont vous venez de
« prononcer le nom est celui que j'appelle de tous mes vœux, mais il faut
« s'en montrer dignes ! il ne faut pas qu'il soit responsable ni qu'il hérite
« des malheurs qui viennent de fondre sur notre patrie ! Comptez sur
« moi, comptez sur nous, personne de nous ne faillira à son devoir ! Il
« faut s'unir et ne pas faire de révolution. »

Le plus ardent des membres de la gauche se contentait donc de répudier publiquement l'héritage des fautes de l'Empire; il songeait si peu à
chasser le Corps législatif que ses collègues s'adressaient à lui pour écarter
la foule du palais Bourbon, et qu'il n'hésitait pas à se rendre à leur vœu.
Pendant qu'il s'acquittait de cette mission difficile, un de ses collègues de
la droite [1] s'approcha de lui pour l'informer de la convocation de la

---

1. M. Dréolle.

Chambre et le prier d'en faire part au peuple. Les cris : *Vive Gambetta! Vive le Corps législatif!* accueillirent cette communication.

Les ministres, pendant ce temps-là, étaient réunis chez le président Schneider, où plusieurs députés les suppliaient de consentir à la formation d'une commission de gouvernement composée de gens sûrs, qui prendrait momentanément la place de la Régence et garderait le pouvoir en dépôt pour le remettre fidèlement à l'Empereur quand le moment serait venu. Certains membres de la droite tenaient un autre langage; deux d'entre eux [1] firent passer leurs cartes au président du conseil.

« Général, lui dit l'un des députés, il faut absolument prendre une réso-
« lution énergique. Il sera trop tard demain. Paris ne peut pas se ré-
« veiller sans apprendre que tout est prêt pour sauver le pays. Je suis de
« ceux qui ont provoqué la réunion de la Chambre pour cette nuit; l'heure
« est venue d'entrer en séance; prenez une décision avec vos collègues,
« et dégagez la situation ! »

Le ministre se plaignit que, brisé de fatigue, on l'eût arraché de son lit.

« Je n'ai rien de plus à faire, ajouta-t-il, que ce que nous avons décidé
« ce soir en conseil. Je regrette cette réunion improvisée de la Chambre.
« On peut attendre à demain.

« — Demain ne sera-ce pas trop tard? Vous connaissez le peuple de
« Paris. Vous pouvez trouver le Corps législatif envahi...

« — J'ai des troupes pour vous défendre. Il y a 40 000 hommes prêts à
« marcher [2].... »

L'entretien fut interrompu par un officier d'état-major qui s'approcha mystérieusement du ministre et lui présenta un homme qui se chargeait de traverser la place de la Concorde. En effet beaucoup de députés affectant de craindre les rassemblements, on voulait faire venir la cavalerie postée au palais de l'Industrie et il fallait lui en porter l'ordre, ce qui n'offrait ni grand péril ni grande difficulté.

« Monsieur le ministre, continua le premier interlocuteur, tout en pre-
« nant de sages précautions n'oubliez pas qu'il n'y a encore dans Paris que
« de la tristesse et de la douleur. Seulement la colère peut venir, et vous
« la préviendrez si vous annoncez demain matin quelque résolution éner-
« gique. »

L'autre député expliqua au général de Palikao en quoi consistait la résolution énergique qu'on attendait de lui : « Acceptez une sorte de dicta-

---

1. MM. Ernest Dréolle et Calvet-Rogniat.
2. *La journée du 4 septembre*, par Ernest Dréolle.

« ture militaire. L'opinion publique a pleine confiance en vous, l'armée
« vous obéit... ».

Le ministre de la guerre ne parut pas goûter cette proposition ; il déclara qu'il ne s'emparerait pas du pouvoir sans le consentement de l'Impératrice. Vainement les deux députés lui objectèrent qu'il ne s'agissait pas d'un coup d'État contre la Régente, mais, au contraire, de se mettre d'accord avec elle pour prévenir des désordres imminents, il finit par les éconduire en faisant, à chaque mot, un pas vers la porte du salon dans lequel se trouvaient ses collègues, et où il rentra [1].

Le président Schneider prit place au fauteuil à une heure un quart du matin, et au milieu d'un morne silence il donna la parole au président du conseil. M. de Palikao monte à la tribune, et, après avoir annoncé que l'armée a capitulé et que l'Empereur est prisonnier, il demande à la Chambre de s'ajourner au lendemain à une heure de l'après-midi : *Oui oui !* répond la droite : « Demain il sera trop tard, » s'écrie une voix.

M. Jules Favre prend la parole.

« Si la Chambre, dit-il, est d'avis que, dans la situation où nous nous
« trouvons, il est sage de remettre la délibération à demain à midi, je
« n'ai aucun motif de m'y opposer ; mais, comme nous avons à provoquer
« de sa part une résolution très importante, je dépose notre proposition
« sur son bureau, sans y joindre, pour le moment, aucune observation.
« Nous prions la Chambre de vouloir bien prendre en considération la
« motion suivante :

« Art. 1er. — Louis-Napoléon Bonaparte et sa dynastie sont déclarés
« déchus des pouvoirs que leur a conférés la Constitution.

« Art. 2. — Il sera nommé par le Corps législatif une commission
« composée de... (vous fixerez, messieurs, le nombre de membres que
« vous jugerez convenable).. qui sera investie de tous les pouvoirs du gou-
« vernement, et qui aura pour mission expresse de résister à outrance à
« l'invasion et de chasser l'ennemi du territoire.

« Art. 3. — M. le général Trochu est maintenu dans les fonctions de
« gouverneur général de la ville de Paris. »

La Chambre et les ministres écoutent cette proposition en silence, M. Pinard (du Nord) seul s'écrie : « Nous ne pouvons prendre des mesures pareilles, nous ne pouvons décréter la déchéance. »

Ainsi donc, la Constitution de 1852, sortie du crime du 2 décembre, doit être préférée au salut de la patrie.

1. *La journée du 4 septembre,* par Ernest Dréolle.

La séance est levée; elle a duré vingt minutes. « Demain plus d'Empire ou un coup d'Etat [1]! » dit en quittant la Chambre un membre de la droite. L'idée d'un coup de force n'a donc pas été abandonnée par les partisans de l'Empire. Ils l'ont cru possible jusqu'au dernier moment.

La séance de nuit aurait attiré une foule bien plus considérable sur la place de la Concorde si elle avait été connue. Les journalistes eux-mêmes, prévenus très vaguement, n'y assistèrent qu'en petit nombre. Les curieux qui passaient leur vie autour du palais Bourbon, les restes des rassemblements du boulevard, couvraient la place; des groupes de gens appartenant à toutes les classes de la société, causant entre eux, se communiquant ce qu'ils avaient entendu dire dans la journée, et discutant les mesures à prendre pour sauver le pays, se formaient et devenaient à chaque instant plus nombreux. La nécessité de l'abdication de l'Empereur était partout proclamée, ainsi que celle de la création d'un gouvernement nouveau. Lequel? Le mot *République*, accepté avec enthousiasme dans la plupart des groupes, était accueilli avec une certaine réserve dans d'autres. La nécessité de l'union entre tous les citoyens pour sauver la patrie, voilà ce qu'on invoquait surtout. Un citoyen ayant parlé dans un groupe d'ouvriers de certains faits qui, selon lui, prouvaient chez le général de Palikao un dévouement trop absolu à l'Empire, les ouvriers lui répondirent que ce général passait pour un bon militaire, et que ce n'était pas le moment de le rendre suspect. Le langage du plus pur patriotisme était du reste le seul qu'on entendît dans ces groupes presque entièrement composés de pauvres gens, dont quelques-uns essuyaient d'un revers de main ou d'un mouchoir déchiré les larmes qui coulaient sur leurs joues amaigries.

La cavalerie sortie du palais des Champs-Elysées jeta, en débouchant sur la place de la Concorde vers une heure du matin, un peu d'alarme et de désordre dans les groupes. Les députés revenaient de la séance; les ouvriers, ayant reconnu à la lueur du gaz MM. Thiers et Jules Favre qui traversaient la place, coururent après leur voiture et parvinrent à l'arrêter : « Sauvez-nous ! Sauvez-nous ! La déchéance ! criaient les citoyens. — La déchéance est certaine, répondit M. Thiers; il dépend de vous de la faire prononcer plus tôt par votre calme. » La voiture reprit sa course. Une heure après, le pont de la Concorde, dégagé par les sergents de ville, livrait un libre passage à la circulation. Quelques groupes persistaient encore sur la place; mais, comme les nuits com-

1. Déposition de M. Dréolle. (Enquête sur le 4 septembre.)

mencent à devenir fraîches en septembre, ils finirent par se dissiper. Les grilles des Tuileries, de la place du Carrousel et du Louvre étaient fermées. Dans les cours, un silence complet. Le reste de la nuit fut calme. Les boulevards, les faubourgs, ne donnèrent presque pas signe d'agitation. Les sergents de ville occupaient leurs postes ordinaires ; les patrouilles de gardes municipaux circulaient comme d'habitude, et rien n'indiquait la moindre défaillance dans leur attitude. Peu de gens cependant dormirent dans cette nuit terrible, où le désastre de la journée pesait sur le cœur de tous comme un cauchemar.

Paris, après une nuit de la plus cruelle insomnie, se leva dans un état de désespoir mêlé de stupeur. Personne se songeait au gouvernement ; il semblait avoir disparu. L'idée d'engager une lutte peut-être sanglante pour hâter sa chute certaine comptait peu d'approbateurs, même parmi les chefs du parti de l'action ; quant au Corps législatif, il répugnait à l'immense majorité du parti républicain de commettre sur la représentation nationale, quelque viciée qu'elle fût dans son origine par la candidature officielle, un attentat semblable à celui qu'on reprochait depuis dix-huit ans au gouvernement près de succomber.

Proscrits, transportés, clubistes, membres des sociétés secrètes, bien que décidés avant tout à prendre une revanche du 2 décembre, ne formaient pas une phalange assez nombreuse et ayant assez d'autorité morale pour communiquer à une population accablée par le désastre qu'elle avait appris vaguement la veille et dont elle recevait la confirmation, la force de faire une révolution.

Le gouvernement, du reste, avait l'air décidé à ne pas abandonner la partie ; la préfecture de police était occupée par une forte garnison de sergents de ville. Tous les chefs de service convoqués par M. Piétri, et sommés de déclarer si le gouvernement pouvait compter sur eux[1], avaient répondu d'une façon très chaleureuse et très affirmative. M. Piétri fit placer le gros des forces de la préfecture de police autour du palais Bourbon et particulièrement sur le pont de la Concorde, dont la défense fut spécialement confiée aux sergents de ville ; quatre commissaires de police choisis parmi les meilleurs, des gardes de Paris à pied et à cheval, au nombre de 800, tous hommes d'élite, sans compter les officiers, les chefs de service civils et environ 200 inspecteurs[2] furent dirigés sur ce point. Ces

---

1. Déposition de M. Bellanger, commissaire de police, dans l'enquête du 4 septembre.
2. Précaution bien inutile. M. Piétri, leur chef, était à trois heures et demie sur la route de Belgique, et il ne restait plus personne à la préfecture de police.

forces prirent position, à dix heures du matin, pendant que les troupes de ligne et la gendarmerie départementale occupaient la place de Bourgogne et la place de la Concorde.

Le ministre de l'intérieur, qui avait reçu, à onze heures du matin, un télégramme annonçant que la garnison de Lyon fraternisait avec le peuple et que la seconde ville de France avait proclamé la République, ne donnait pas signe de vie. Il en était de même du ministre de la guerre, quoiqu'il eût jugé à propos de concentrer en ses mains tous les pouvoirs militaires. Quant au gouverneur de Paris, la lettre adressée la veille par le ministre de la guerre au général commandant la place ne lui laissait pas un rôle bien important à remplir.

Les Tuileries étaient gardées par les soldats des dépôts des régiments de la garde; la nuit y avait été très calme. L'Impératrice entendit la messe en se levant et visita l'ambulance établie au château. Le conseil des ministres, réuni sous sa présidence, à sept heures du matin, ne prit aucune décision importante, si ce n'est celle de maintenir la proposition déposée dans la séance de nuit du Corps législatif.

La nouvelle de la proclamation de la République à Lyon, connue avant midi des officiers de garde au palais Bourbon, avait augmenté l'impression produite sur eux par la capitulation de Sedan et les rendait moins capables d'enlever et d'entraîner leurs troupes, qui n'étaient, du reste, qu'un « ramassis de jeunes soldats sachant à peine tenir une arme [1] ». Les questeurs du Corps législatif savaient par les gardiens que ces recrues ne se battraient pas. Le général Lebreton fit part de ses inquiétudes au ministre de la guerre, qui lui répondit : « Vous pouvez être tranquille ; j'ai là 25 000 hommes qui vous gardent. Vous n'avez rien à craindre [2]. » M. Hébert, l'autre questeur, se rendit auprès du général Soumain, commandant de la place, qui lui tint le même langage. Au moment où les questeurs recevaient ces assurances, les soldats, du haut des fenêtres de la caserne Napoléon, répondaient au cri de : Vive la République ! poussé sur la place par le peuple; déjà, dans tous les postes, les soldats se sauvaient, et les officiers seuls attendaient qu'on vînt les relever. Le général La Motte-Rouge, commandant supérieur de la garde nationale, promit aux questeurs de leur envoyer un renfort de deux bataillons [3], mais on ne pouvait déjà plus compter sur cette garde [4].

1. Déposition du général Lebreton dans l'enquête sur le 4 septembre.
2. Ibid.
3. Déposition de M. Hébert, questeur, dans l'enquête du 4 septembre.
4. Déposition de M. Bellanger, commissaire de police, dans l'enquête du 4 septembre.

Les troupes de ligne destinées à défendre l'entrée du Corps législatif formaient un total de 1 200 ou 1 500 hommes, placés sous les ordres du général Caussade. Que pouvaient-elles faire dans le cas d'une invasion du palais législatif? Jeter sur le carreau quelques centaines d'individus, et succomber ensuite sur les marches du palais Bourbon sous les coups de la foule exaspérée, sans autre résultat que d'ajouter la guerre civile aux malheurs du pays. C'est ce que comprirent les députés du centre gauche, aussi demandèrent-ils vers midi le remplacement des troupes de ligne par la garde nationale.

Les députés de la gauche s'étaient tranquillement retirés chez eux après la séance de nuit [1]; les portes du palais Bourbon à peine ouvertes, ils s'y rendirent en grand nombre. Des nouvelles de tous genres circulaient dans les couloirs; celle de l'abdication de l'Impératrice y fut portée par un de ses chambellans, vers dix heures. C'eût été un acte de patriotisme. L'abandon de la Régence, la captivité de l'Empereur, faisaient passer tous les pouvoirs au Corps législatif. Pas de meilleure issue de la crise; la Chambre l'aurait acceptée, sauf l'extrême droite, qui était au pouvoir et qui ne voyait de salut que dans la dictature du général de Palikao, auquel quelques-uns de ses membres l'avaient déjà offerte [2]. Aussi apprit-on bientôt que, sur les conseils de M. Jérôme David, l'Impératrice était revenue sur sa résolution.

MM. Buffet, Daru, de Talhouët, etc., arrivés à neuf heures précises dans la salle des conférences, y attendent encore à onze heures un avis pour se rendre aux Tuileries [3]. Les députés, de plus en plus nombreux,

---

1. Un rapport de police, exhumé, affirme qu'ils se rendirent rue de la Sourdière, dans le lieu habituel de leurs séances, où les attendaient MM. Delescluze, Blanqui et plusieurs amis de ces derniers. Que M. Piétri ait cru à la possibilité d'une entente commune entre ces deux hommes et MM. Favre, Simon, Grévy, Pelletan, Garnier-Pagès, Picard, Ferry, etc., cela étonne, bien que dans l'exercice des fonctions de préfet de police, à force de vivre au milieu de gens chimériques et fertiles en inventions par position et par intérêt, on soit exposé à contracter un certain penchant à croire bien des choses. M. Piétri dépasse ici pourtant les limites de la crédulité permise à un préfet de police; il est vrai que ce qu'on ne croit pas soi-même, on veut quelquefois le faire croire aux autres. La réunion de la rue de la Sourdière pouvait servir à prouver que la parti républicain tramait le renversement du gouvernement et la dispersion du Corps législatif; aussi n'a-t-on pas manqué d'invoquer plus tard ce mensonge d'un agent de police réfuté d'avance par cette déclaration : « A dire vrai, on ne s'est pas décidé là, selon moi, dit l'un d'eux, à un mouvement sur la Chambre. On était plutôt effrayé que désireux de tenter une manifestation. » (Déposition de M. Bellanger, commissaire de police, devant la commission d'enquête du 4 septembre.)
2. Déposition du général de Palikao dans l'enquête du 4 septembre.
3. On se souvient que ces messieurs avaient demandé la veille une audience à l'Impératrice.

Fig. 52. — La lecture des dernières nouvelles du *Moniteur*, au Pont-Royal.

s'informent avec anxiété de la résolution prise dans le conseil des ministres tenu le matin. Le général de Palikao, arrivé un peu avant midi, est aussitôt entouré de députés de la majorité qui le pressent de questions. « Le conseil, leur répond-il, a adopté un projet qui, sans être précisément celui que M. Buffet a suggéré, s'en rapproche sur certains points. » Et il leur en explique les dispositions principales qu'on retrouvera plus loin. L'impression de désappointement et de tristesse qu'elles causent est visible sur tous les visages; plusieurs députés manifestent leurs sentiments avec une extrême vivacité et somment en quelque sorte M. Buffet et ses amis [1] d'aller aux Tuileries présenter leur proposition à l'Impératrice, en les rendant responsables, s'ils ne font pas cette démarche, des malheurs qui peuvent en résulter. Il s'agissait pour M. Buffet d'amener l'Impératrice à se dépouiller de la puissance impériale dont elle était dépositaire. Apercevant dans le groupe qui l'entourait, MM. de Pierres et d'Ayguevives, qui avaient appartenu aux maisons de l'Empereur et de l'Impératrice : « Je suis prêt, dit-il, à me rendre avec eux au château. Ces messieurs, ajoute-t-il, verront d'abord l'Impératrice, et, si Sa Majesté désire nous entendre, nous nous empresserons de nous rendre à son appel [2]. »

Pendant que les députés du centre gauche se rendent aux Tuileries, les députés de l'opposition accourent chez le président Schneider pour l'engager à ouvrir la séance et pour avoir quelques renseignements sur

---

1. Déposition de M. Buffet dans l'enquête du 4 septembre.
2. Le changement de gouvernement, si la Régente avait accepté la proposition de M. Buffet et des habiles gens qui l'avaient préparée, s'opérait du consentement même du pouvoir qu'il s'agissait de renverser, et les auteurs de ce renversement se trouvaient dégagés par lui-même du serment qu'ils lui avaient prêté. Le centre gauche comptait parmi ses membres un grand nombre d'orléanistes ralliés à l'Empire sous bénéfice d'inventaire et parfaitement en mesure d'exercer une influence considérable sur le gouvernement qui succéderait à la Régence. Les princes d'Orléans avaient demandé l'autorisation de rentrer en France pour y servir dans l'armée; le nouveau gouvernement se serait empressé de la leur accorder; il n'aurait pas tardé à ouvrir ses rangs à un des princes et à y préparer l'avènement du chef de la maison d'Orléans. Que fallait-il pour ce plan réussit? Il fallait que l'Impératrice consentit à se retirer et que sa démission fût connue à la Chambre en temps opportun pour que la proposition du centre gauche vînt en délibération.

L'Impératrice, après avoir refusé de donner sa démission, de peur, dit-elle, de paraître déserter son poste au moment du danger et de changer de sa propre autorité des résolutions prises en conseil des ministres, finit cependant par autoriser M. Buffet à dire au général de Palikao et à ses collègues du ministère qu'elle s'en rapportait complètement à eux, qu'ils étaient libres de prendre le parti qu'ils croiraient le plus favorable aux intérêts du pays, et qu'elle y adhérait d'avance. Mais quand M. Buffet et ses amis revinrent au Corps législatif, la Chambre se retirait dans ses bureaux pour examiner les trois propositions. Il n'était plus temps de demander au chef du cabinet de retirer la proposition du gouvernement et d'en présenter une autre au nom de l'Impératrice.

le parti pris par le gouvernement au sujet des propositions. M. Schneider leur répond avec le plus grand sang-froid que le gouvernement en présenterait lui-même une qui, sans ressembler entièrement à celle de l'opposition, commencerait cependant à s'en rapprocher.

M. Thiers fait son entrée dans la salle des séances. Un cercle nombreux l'environne bientôt. Les membres de la droite qui ont montré jusqu'ici à son égard le plus de réserve et même d'éloignement ne sont pas ceux qui s'empressent le moins autour de lui. « Il faut en finir, disent-ils ; nous sommes décidés à rendre le trône vacant, mais nous ne pouvons pas nous-mêmes prononcer la déchéance ; va pour la chose, mais qu'on nous épargne le mot. » Les membres de la droite supplient donc M. Thiers de trouver une rédaction conciliant ce qu'ils doivent, prétendent-ils, à leur dignité et au salut du pays. M. Thiers se rend à leurs vœux et entre dans le bureau où les membres de la gauche sont réunis ; il leur propose de remplacer le considérant de sa proposition : « Vu la vacance du pouvoir, » par celui-ci : « Vu les circonstances. » Les députés de la gauche tiennent à la chose et non au mot. Si la formule : « Vu la vacance du pouvoir, la Chambre nomme une commission de gouvernement, » leur paraît la meilleure, parce qu'elle est la plus vraie, ils consentent néanmoins à se rallier à celle de la droite : « Vu les circonstances », qui ne signifie rien, mais qui, par cela même, paraît devoir rallier un plus grand nombre de signatures.

Les ministres cependant sont arrivés ; le président du conseil lit, dans les couloirs, aux membres de la droite, la proposition qui, selon M. Schneider, se rapproche de celle de l'opposition ; elle débute ainsi : « Un conseil de Régence est formé... » Le mot « Régence » fait dresser l'oreille ; on demande au président du conseil de la changer en celui plus usité de « conseil de défense ». Le général de Palikao résiste. Plusieurs membres de la droite le menacent de signer la proposition de M. Thiers. M. Brame, M. Busson-Billaut et M. J. David partagent son avis ; le président du conseil cède. La Régence est donc renversée par la droite et par le ministère. M. Duvernois court aux Tuileries informer l'Impératrice de la substitution des mots « Conseil de défense » à celui de « Régence ». L'Impératrice l'approuve et donne ainsi sa démission.

Pendant ce temps-là, que s'est-il passé aux alentours du palais Bourbon ?

Les boulevards, de huit heures du matin à onze heures, n'ont pas offert une animation beaucoup plus grande que celle qu'on y remarque d'habitude le dimanche. Il en est de même de la rue Royale et de la place de la Concorde. Quelques groupes stationnent autour de la statue de Strasbourg. Ils deviennent plus nombreux à mesure qu'on s'approche du Pont-Royal, barré par des détachements de gendarmes à cheval en tenue de campagne et par des sergents de ville. Les curieux ne dépassent pas le chiffre de cinq ou six cents; il augmente, il est vrai, à chaque instant. Un bataillon de la garde nationale prend position vers midi et demi devant le pont. La foule forme deux courants, en pénétrant sur la place. Le cri : La déchéance ! domine dans l'un; dans l'autre, c'est : Vive la République ! auquel se mêle de temps en temps celui de : Vive Trochu ! On se demande de tous côtés dans les groupes ce qui se passe dans la Chambre, mais la séance n'est pas commencée. La foule, pour tromper son impatience, s'amuse à composer des listes de gouvernement provisoire.

Le public s'attendait à une séance matinale; les tribunes publiques étaient pleines dès neuf heures du matin, la tribune des journalistes surtout. Chaque journal recevait du syndic de la presse et de la questure deux cartes : l'une pour le rédacteur en chef, l'autre pour le rédacteur chargé du compte rendu de la séance. Outre ces hôtes obligés, la tribune des journaux avait reçu un supplément notable de visiteurs, grâce à la contrebande opérée par la plupart des journalistes qui, trompant la surveillance des syndics, très difficile sinon impossible en pareille circonstance, étaient parvenus, après avoir pris leur place, à transmettre leur carte à un ami du dehors. La tribune des journalistes renfermait donc trois fois plus d'occupants qu'elle n'en pouvait contenir. Même affluence dans la tribune des anciens députés. Les personnages les plus connus par leur hostilité à l'Empire : orléanistes, légitimistes, républicains, sont dans la salle; il n'en est pas un seul qui n'ait trouvé à se caser dans une tribune quelconque.

M. Schneider monte enfin, à une heure un quart, au fauteuil : il est pâle et fatigué; les députés se pressent sur leurs bancs. M. Glais-Bizoin et d'autres députés un peu trop méticuleux, vu les circonstances, réclament contre le procès-verbal. M. de Kératry se plaint que la garde de la Chambre, au lieu d'être confiée à des gardes nationaux, soit remise, contrairement aux ordres du général Trochu, à des sergents de ville et à des troupes de ligne, et il ajoute qu'en agissant ainsi le ministre de la guerre a manqué à son devoir. On dit à gauche que la question du coup d'Etat a été posée la veille même au conseil des ministres. L'observation

de M. de Kératry est une réponse à cette menace. Le nom seul du général Trochu suffit pour irriter la droite. Elle appelle à la tribune le ministre de la guerre, sous la protection duquel elle entend bien rester placée. M. de Palikao répond à M. Kératry. M. le ministre de la guerre répond qu'il y a une distinction à faire entre les pouvoirs du général Trochu et les siens; ce dernier a sous ses ordres tout ce qui concerne la défense de Paris, de l'enceinte, et des fortifications; quant aux autres troupes, elles restent à la disposition du ministre de la guerre. « D'ail-
« leurs, de quoi vous plaignez-vous? que je vous fais la mariée trop belle?
« Quoi ! Je mets autour du Corps législatif un nombre de troupes suffisant
« pour assurer votre liberté, et vous vous plaignez : si je ne l'avais pas
« fait, vous vous plaindriez peut-être que je livre la Chambre à des pres-
« sions étrangères. »

Ce ton d'ironie aurait excité plus que des murmures, si le général de Palikao n'avait tout de suite demandé la parole pour une communication du gouvernement.

« *M. le ministre de la guerre :* Je viens, au milieu des circons-
« tances douloureuses dont je vous ai rendu compte hier, circonstances
« que l'avenir peut encore aggraver, bien que nous espérions le contraire,
« vous dire que le ministère a cru devoir apporter certaines modifications
« aux conditions actuelles du gouvernement, et qu'il m'a chargé de vous
« soumettre un projet de loi ainsi conçu :

« Art. 1er. — Un conseil de gouvernement et de défense nationale est
« institué. Ce conseil est composé de cinq membres. Chaque membre est
« nommé à la majorité absolue du Corps législatif.

« Art. 2. — Les ministres sont nommés sous le contre-seing des mem-
« bres de ce conseil.

« *M. Jules Favre :* Par qui?

« *M. le ministre de la guerre :* Par les membres du conseil.

« Art. 3. — Le général comte de Palikao est nommé lieutenant
« général de ce conseil. »

L'Empereur a disparu, l'Impératrice s'en va, le général de Palikao reste seul à la tête du pouvoir. Le ministre de la guerre, un moment décontenancé par la froideur avec laquelle sa proposition est accueillie, reprend bientôt son assurance habituelle et se rend à sa place d'un air assez provoquant.

M. Jules Favre demande brièvement l'urgence pour la proposition de la gauche. M. Thiers en fait autant pour la sienne; il prononce ces quel-

ques mots en la déposant : « Mes préférences personnelles sont pour la
« proposition de mes honorables collègues de la gauche, parce qu'à mon
« avis, elle pose nettement la question dans un moment où le pays a
« besoin d'une grande clarté; mais, comme je mets au-dessus de mon
« opinion personnelle le grand intérêt de l'union, j'ai formulé un projet
« signé par quarante-sept députés pris dans toutes les parties de la
« Chambre; le voici :
  « Vu les circonstances, la Chambre nomme une commission de gou-
« vernement et de défense nationale.
  « Une Constituante sera nommée dès que les circonstances le permet-
« tront. »

Les députés de la droite, soit qu'ils fussent revenus de leur première
impression sur la proposition du ministère, soit qu'ils eussent d'avance la
conviction de l'inutilité de tout vote, ne prêtaient qu'une médiocre attention à ce qui se passait à la tribune. Courbés sur leurs tiroirs, déchirant
des papiers, mettant leurs lorgnettes dans leur poche, ils faisaient en
quelque sorte leurs préparatifs de départ, comme des gens qui vont quitter
un endroit sans savoir quand ils y reviendront, et même s'ils y reviendront.

Le Corps législatif, mis pour la troisième fois en demeure de prendre
le pouvoir, ne montrait nul empressement à l'accepter, sous prétexte
qu'il ne voulait pas être accusé d'imiter la conduite du Corps législatif
en 1815. Le Corps législatif n'ignorait pas l'immense différence existant
entre les deux époques et les deux situations; mais connaissant son impo-
pularité, voyant les périls qui attendaient ceux qui auraient le courage
de se charger du gouvernement, il n'était pas fâché d'en laisser la responsabilité au parti républicain, quitte à l'accuser plus tard de la lui
avoir enlevée ou de n'avoir pas voulu la partager avec lui.

La Chambre vote l'urgence des trois propositions et se retire dans
ses bureaux, pour nommer la commission qui va se réunir sur l'heure
pour les examiner.

Les bancs de la salle se vident, les sténographes écrivent à leurs petites
tables, les huissiers vont et viennent dans l'hémicycle. Les dames, qui ne
s'attendaient pas à cet intermède, restent seules dans les tribunes et
agitent leurs éventails d'un air ennuyé. La délibération paraît bien longue.
Les gens qui connaissent le tempérament du Corps législatif craignent
qu'il ne veuille laisser les choses aller jusqu'au point où l'on ne pourra
manquer de lui faire une violence qu'il appelle de ses vœux secrets; tout
en se promettant bien de protester en temps et lieu. La lenteur de la déli-

bération des bureaux est un encouragement donné à l'envahissement de la Chambre. Plus les gens de la droite se sentent hésitants et divisés, plus ils se livrent à des fanfaronnades calculées. « Prenez garde, disait M. Glais-Bizoin au président de son bureau, vous allez vous faire envahir ! — . Est-ce une menace ? » lui répondent fièrement les membres de la droite. M. de Kératry demande qu'on vote d'urgence l'abdication. M. Roulleaux-Dugage s'y oppose; plutôt que de céder, il se fera, dit-il, tuer sur son siège.

Pendant que les députés délibèrent, les bandes débouchent toujours plus nombreuses sur la place de la Concorde, par la rue Royale, la rue Rivoli et le quai des Tuileries; la foule, chantant la *Marseillaise*, criant : *La déchéance ! Vive la République !* grossit à chaque instant. Depuis le commencement de la séance, des citoyens n'ont cessé de venir de l'intérieur de la salle voir ce qui se passe au dehors et donner à leurs amis des nouvelles de ce qui passe au dedans. S'il y avait, dans cette masse, plus d'un groupe décidé d'avance à envahir le Corps législatif et qui n'était là que pour cela, l'indécision était encore grande dans d'autres groupes ; les membres du bureau de l'Internationale qui, depuis le matin, étaient sur la place de la Concorde, attendant les événements, hésitaient à se prononcer pour ou contre l'invasion. La même indécision régnait parmi les autres meneurs. Une forte colonne d'hommes du peuple et de gardes nationaux, conduite par un citoyen très lancé dans le mouvement révolutionnaire depuis 1848, débouchant par la rue Royale sur la place de la Concorde, se trouve en présence d'un grand rassemblement à la tête duquel marche un membre influent du parti républicain. Les deux meneurs se connaissaient de longue date. « Venez avec nous, dit le premier; marchons ensemble sur le Corps législatif. — Laissons-le à sa propre impuissance, répondit le second : je n'envahirai jamais une assemblée bien ou mal élue. »

La proposition Palikao, qui n'était qu'une régence déguisée avec des pouvoirs plus étendus, bientôt connue de tout le monde, la persistance de l'Empire à vouloir se perpétuer dans la personne d'un de ses serviteurs les plus compromis, modifièrent bientôt les dispositions populaires ; l'envahissement du palais Bourbon devenait presque inévitable.

L'espace compris entre une moitié de la place de la Concorde et l'autre était barré par des gendarmes à cheval. Des gardes municipaux et des sergents de ville gardaient la tête du pont du côté de la Chambre. Les gardes nationaux de service eurent d'abord l'autorisation de passer ; c'était un moyen pour les autres gardes nationaux de s'introduire dans le palais. Le questeur Lebreton ordonne qu'on refuse le passage aux gardes nationaux sans fusil. Les habitants des rues voisines leur en font passer, et les gardes nationaux, armés, affluent bientôt sur le quai au delà du pont.

Le mouvement de la foule stationnant sur la place de la Concorde vers le palais Bourbon, est d'abord assez lent; l'apparition, sur le grand escalier de la façade, de nombreux citoyens qui, en agitant leurs mouchoirs et en criant : Vive la République! font signe au peuple d'avancer, accélère sa marche. Les gardes municipaux à cheval placés entre le quai Solférino et la garde nationale, reçoivent l'ordre de s'éloigner. Un bataillon de gardes nationaux qui semble attendre le moment d'avancer derrière les gardes municipaux s'ébranle et franchit silencieusement le pont de la Concorde entre deux haies de gardes municipaux à pied laissés sans ordres. Il est deux heures et demie. Une masse de 15 à 20 000 personnes suit les gardes nationaux et se jette sur les grilles du palais Bourbon, qu'elle franchit; on voit sous la colonnade des gens qui se donnent la main et qui s'embrassent; mais l'enthousiasme n'est pas général; il y a là plus d'un envahisseur involontaire que la masse a saisi et porté à l'entrée de l'enceinte législative. Là, des amis qui depuis vingt ans luttaient ensemble pour la République découvrent, à leur grande surprise, qu'ils n'accueillent pas son avènement avec les mêmes sentiments et qu'il ne leur fait pas éprouver la même joie.

La foule, d'un autre côté, était entrée dans la cour d'honneur occupée par des régiments de marche offrant si peu de résistance, qu'on avait eu toutes les peines du monde à placer des sentinelles. Ces troupes fraternisaient depuis huit jours avec la garde nationale. Agités des mêmes sentiments que la population, ces soldats n'attendaient que le moment de mettre la crosse en l'air. Le général Caussade, mis à leur tête par le général de Palikao lui-même, était d'avance sûr de ne pas être obéi, s'il leur eût commandé de faire feu. Il aurait fallu, pour livrer bataille dans les rues de Paris, au lendemain de Sedan, une armée qu'un général fût capable d'enlever. Le général de Palikao avait, affirmait-il la veille, plus de 40 000 hommes à sa disposition. Que ne se mettait-il à leur tête, puisqu'il avait déclaré à la Chambre que la défense du Corps législatif lui appartenait et que les forces destinées à remplir cette mission étaient sous ses ordres? Aurait-il obtenu des soldats ce que l'obscur général qui les commandait ne pouvait leur demander? Serait-il parvenu à sauver le Corps législatif et la dynastie? Cela n'est guère probable;

mais, du moins, en l'essayant, eût-il rempli le devoir qu'on accuse le général Caussade d'avoir méconnu. Cela eût mieux valu, pour la réputation du général de Palikao, que d'errer dans les couloirs du Corps législatif, sans uniforme, de pérorer au milieu des groupes et de se faire rudoyer par les envahisseurs.

Pendant que s'opérait l'envahissement, le public ardent et passionné resté dans la salle des séances : journalistes, anciens représentants, hommes politiques, impatienté par la longueur de la délibération, s'était répandu dans les couloirs et avait déjà pénétré dans la salle des conférences, dans le salon de la Paix, et, se répandant de là sur le péristyle, n'avait pas cessé de faire signe à la foule d'avancer. Cependant beaucoup de spectateurs étaient restés à leur place ; tout à coup ils sentent les tribunes qu'ils occupent fléchir ; un flot d'inconnus s'y précipitent ; l'encombrement est si grand, que les plus agiles parmi les nouveaux venus se glissent le long des colonnes et sautent dans l'enceinte au risque de se casser le cou. Au milieu de ce grand brouhaha, la voix lente des huissiers fait entendre dans les couloirs l'avertissement sacramentel : « En séance, messieurs ; en séance ! » La délibération des bureaux est terminée. Les députés se rendent mollement à l'appel. M. de Piré entre le premier et s'installe à sa place, le revolver au poing. Les députés de la gauche entrent après lui et paraissent assez surpris d'être accueillis au cri de : Vive la République !

L'invasion de la Chambre est un fait accompli ; mais, comme les envahisseurs ne sont pas encore assez nombreux dans la salle pour qu'on ne puisse plus espérer de leur faire entendre raison, pourquoi ne pas essayer d'obtenir d'eux qu'ils se considèrent comme de simples spectateurs venus pour assister à la séance. M. Gambetta essaye de leur faire accepter cette fiction. Les cris : *Vive la République ! La déchéance !* l'empêchent d'abord de parler ; il parvient enfin à se faire entendre, et il recommande au public de se pénétrer de la gravité de la situation, de respecter le mandat dont les députés sont investis par le suffrage universel. « C'est aux hommes qui siègent sur ces bancs qu'il incombe de prononcer la déchéance d'un gouvernement qui a attiré tant de maux sur le pays. « Au nom de la patrie et de la liberté, et comme représentant de la Révolution française, je vous adjure d'assister avec calme au retour des députés sur leurs bancs. »

Un moment on peut espérer que la fiction va être acceptée, la foule se tait, mais un flot nouveau d'envahisseurs pénètre dans la salle ; les cris :

Fig. 53. — Envahissement de la Chambre le 4 septembre.

Vive la République! La déchéance! recommencent; c'est le moment où M. Schneider remonte au fauteuil présidentiel et où les ministres prennent place au banc du gouvernement. « Silence, messieurs, silence! » crient automatiquement les huissiers. M. Crémieux essaye de leur venir en aide. « Je suis, dit-il, le citoyen Crémieux; je me suis engagé avec « tous mes collègues de la gauche à faire respecter la liberté des délibé- « rations de la Chambre. »

Les cris étouffent sa voix. La foule n'a d'oreilles que pour M. Gambetta. Il monte à la tribune : « Citoyens! une des premières conditions « de l'émancipation d'un peuple, c'est l'ordre et la régularité. Nous « nous sommes engagés à les respecter, voulez-vous tenir le contrat? « Voulez-vous que nous fassions des choses régulières? »

Un cri d'assentiment lui répond. M. Gambetta reprend : « Dans les « circonstances actuelles, il faut que ce soit chacun de vous qui fasse « l'ordre. Vous pouvez donner un grand spectacle et une grande leçon. « Le voulez-vous? (*Oui, oui! Vive la République!*) Qu'il y ait alors, « dans chaque tribune, un groupe qui assure l'ordre pendant nos déli- « bérations. Le travail de la commission chargée de l'examen des pro- « positions de déchéance et de constitution provisoire du gouvernement « s'apprête, et la Chambre va délibérer. »

Les envahisseurs semblent s'apaiser. M. Schneider prend la parole, on l'écoute tant qu'il se borne à faire l'éloge de M. Gambetta, *un des plus grands patriotes* du pays; mais les phrases interminables dans lesquelles il s'engage sur l'ordre et sur la liberté finissent par exciter un tel vacarme qu'il quitte le fauteuil et se couvre. Le public qui a pénétré dans la salle, peu au courant des usages parlementaires, redouble ses clameurs; M. Schneider, qui s'est retiré derrière le bureau sans quitter l'estrade, se rend aux prières des députés de la gauche et remonte au fauteuil : nouveaux cris à sa vue. M. Girault, le meunier du Cher, veut recommander l'union et le calme. Le tumulte redouble. M. Gambetta et M. de Kératry se rencontrent sur l'escalier de la tribune. M. de Kératry lui cède la place. Le silence a l'air de se rétablir. « Pa- « tience! les députés vont vous apporter le résultat de leurs délibéra- « tions, on est allé les chercher. Je vous prie de garder un silence « solennel jusqu'à ce qu'ils rentrent. Il va sans dire que nous ne sor- « tirons pas d'ici sans un résultat affirmatif. »

L'invasion, malheureusement, reçoit à chaque instant des renforts; l'hémicycle est envahi, et la tribune et le bureau sont entourés de gens qui vocifèrent : « La déchéance ! la République ! » Le président, à bout de force, quitte le fauteuil et sort de la salle [1].

La foule, maîtresse de l'enceinte parlementaire, ouvre les pupitres, marche sur les banquettes, escalade la tribune, où cinq ou six orateurs crient et gesticulent, pendant que d'autres font pleuvoir sur la tête des citoyens qui remplissent l'hémicyle les procès-verbaux, les listes d'inscription, les papiers des secrétaires. Deux jeunes gens luttent pour s'emparer du fauteuil abandonné par M. Schneider. L'hémicycle est occupé par une cohue bruyante composée de gardes nationaux armés, de bourgeois et d'étudiants ; bureaux, couloirs, bibliothèque tout est envahi [2].

Les députés de la gauche gesticulent et parlent au milieu des groupes animés qui les entourent dans la salle Casimir Périer. M. Thiers prêche le calme et la modération à ceux qui se pressent autour de lui. Les députés de l'opposition luttent seuls contre l'invasion ; s'ils ne peuvent l'empêcher, ils la retardent.

Il faut pourtant en finir. La foule qui remplit la salle appelle M. Gambetta à la tribune, dont il a beaucoup de peine à dégager les abords. « La déchéance ! » lui crient des milliers de voix. Impossible de reculer davantage.

« Citoyens, s'écrie-t-il, attendu que la patrie est en danger ;

« Attendu que tout le temps nécessaire a été donné à la représentation « nationale pour prononcer la déchéance ;

« Attendu que nous sommes et que nous constituons le pouvoir ré- « gulier issu du suffrage universel libre ;

« Nous déclarons que Louis-Napoléon Bonaparte et sa dynastie ont « à jamais cessé de régner sur la France [3]. »

1. M. Schneider disait la veille à M. Magnin, l un des secrétaires de Chambre : « Le Corps législatif sera peut-être envahi. — C'est possible, monsieur le président ; mais je suis votre secrétaire et je ne vous quitterai pas. » M. Magnin, en effet, fidèle à sa promesse, accompagna M. Schneider chez lui, sans parvenir à le protéger entièrement contre des injures et des sévices dont il eut aussi sa part.
2. Il n'y a personne à la buvette ; c'est la seule partie du Corps législatif qui ne sera pas envahie.
3. L'Assemblée nationale réunie six mois après à Bordeaux confirma cette déchéance dans la séance où le traité de paix fut discuté. « Un seul homme, dit M. Bamberger. devrait signer ce traité, c'est Napoléon III. » Un immense cri d'approbation lui répondit. M. Conti, le secrétaire, l'ami de l'ex-Empereur, essaya de protester. Le tumulte du Corps législatif envahi fut moins considérable que celui de la salle du théâtre de Bordeaux, lorsque M. Conti parla « d'années glorieuses ».

« Dites honteuses, s'écria M. Vitet. Honteuses ! honteuses ! oui, honteuses à jamais pour nous qui les avons subies ! » M. de Franclieu cria à M. Conti : « Descendez de la tribune, les bourreaux n'ont pas le droit d'offenser leurs victimes ! » De tous côtés, sur tous les bancs, sans exception, on criait : *La déchéance !* Le même cri retentit dans les tribunes. Le bruit de cette scène se répandit au dehors, et, si le tumulte n'avait pas été si grand

Un tonnerre d'applaudissements accueille cette déclaration. Mais la foule demande maintenant la proclamation de la République. M. Jules Favre, qui, en sortant de son bureau, a eu grand'peine à arriver jusqu'à la salle des conférences, finit à ce moment par pénétrer dans la salle des séances. M. Gambetta vient au devant de lui, la foule s'efface pour les laisser passer; ils montent à la tribune au milieu des acclamations; les tambours de la garde nationale battent aux champs. M. Jules Favre profite d'une accalmie pour prendre la parole.

« *M. Jules Favre* : Voulez-vous ou ne voulez-vous pas la guerre
« civile?

« *Voix nombreuses* : Non! non! pas de guerre civile! Guerre aux
« Prussiens seulement!

« *M. Jules Favre* : Il faut que nous constituions immédiatement un
« gouvernement provisoire.

« *Quelques voix* : A l'hôtel de ville, alors!

« *M. Jules Favre* : Ce gouvernement prendra en main les destinées
« de la France; il combattra résolûment l'étranger; il sera avec vous, et
« d'avance chacun de ses membres jure de se faire tuer jusqu'au dernier.

« *Cris nombreux* : Nous aussi; nous aussi! — Nous le jurons tous! — Vive la République!

dans la salle, on aurait pu entendre des milliers de voix qui criaient aussi : *La déchéance! la déchéance!* sur les places publiques et dans les rues avoisinant le théâtre. « Je vous ai « proposé une politique de paix, dit M. Thiers; mais lorsque le passé se dresse devant le « pays, lorsqu'il semble se jouer de nos malheurs, dont il est l'unique cause, au moment « même où nous courbons la tête sous ses fautes, sous ses crimes.... » A ces mots, les malédictions recommencent et se prolongent. « Savez-vous, continua M. Thiers, en « s'adressant directement à M. Conti, savez-vous ce que disent en Europe les princes que « vous représentez? Je l'ai entendu de la bouche des souverains. Ils disent que ce n'est « pas eux qui sont coupables de la guerre, que c'est la France. Eh bien, je leur donne « un démenti à la face de l'Europe. (*Applaudissements.*) Non, la France n'a pas voulu de « guerre. (*Non, non!*) C'est vous qui protestez, c'est vous qui l'avez voulue! » (*Oui, oui!*)

Il fallut suspendre la séance. A la reprise, M. Target déposa sur le bureau une proposition signée par MM. Target, Paul Bethmont, Jules Buisson, René Brice, Charles Rolland, Tallon, le duc de Marmier, Pradier, Ricard, Girerd, Lambert de Sainte-Croix, Wilson, Charles Alexandre, Baragnon, Léon Say, Victor de Laprade, Farcy, Marcel Barthe, comte d'Osmoy, Wallon, Ch. Rivet, comte de Brettes-Thurin, Villain. On aurait pu avoir les signatures de toute la Chambre. Voici le texte de la proposition :

« L'Assemblée nationale clôt l'incident, et dans les circonstances douloureuses que « traverse la patrie, en face de protestations et de réserves inattendues, confirme la « déchéance de Napoléon III et de sa dynastie, déjà prononcée par le suffrage universel, « et le déclare responsable de la ruine, de l'invasion et du démembrement de la France. »

Quelques voix demandent le scrutin. « Non, non! pas de scrutin, l'unanimité! »
La proposition est mise aux voix. Cinq membres se lèvent à la contre-épreuve.
« *M. Cochery* : Je constate que cinq membres seulement se sont levés à la contre-épreuve.
« *M. Daniel Wilson* : Il y en a six, pas un seul de plus. Je demande que cela soit cons-« taté au *Moniteur*. »

« *Un citoyen :* Oui, vive la République ! Mais, vive la France d'abord !

« *M. Jules Favre* : Je vous en conjure, pas de journée sanglante. « (*Non ! non !*) Ne forcez pas de braves soldats français, qui pourraient « être égarés par leurs chefs, à tourner leurs armes contre vous. Ils ne « sont armés que contre l'etranger. Soyons tous unis dans une même « pensée de patriotisme et de démocratie. (*Vive la République !*) La « République, ce n'est pas ici que nous devons la proclamer.

« — Si, si ! Vive la république !

« *Un citoyen :* Et les Prussiens, qu'en faites-vous ? »

Un jeune homme s'élance à la tribune en criant : « La République ! la République ici ! »

Quelques gardes nationaux veulent le faire descendre. Il se débat en criant toujours : « La République ! la République tout de suite !

« *Cris nombreux :* Vive la République !

« *M. Gambetta :* Oui, vive le République ! Citoyens, allons la proclamer « à l'hôtel de ville. »

C'était le seul moyen de débarrasser le Corps législatif et de lui permettre de délibérer, s'il est vrai qu'il en ait eu l'intention, car pendant tout ce tumulte on a vainement cherché les membres de la droite, qui avaient, on s'en souvient, disparu avant l'invasion.

MM. Jules Favre et Gambetta descendent de la tribune en répétant : « A l'hôtel de ville ! à l'hôtel de ville ! »

« *Un citoyen :* A l'hôtel de ville ! et nos députés à notre tête. (*Oui, oui !*)

« *Un autre citoyen :* Non, c'est ici qu'il faut proclamer la Répu- « blique. Nous la proclamons.

« La République est proclamée.

« *Un garde national :* Non, non ! Il faut dire : La République est rétablie !

« *Cris confus :* A l'hôtel de ville ! A bas l'Empire ! Vive la République ! Vive la France ! Vive la garde nationale ! Vive la ligne ! »

M. Jules Favre et M. Gambetta pouvaient bien hésiter à imposer à la République l'héritage des crimes et des fautes de l'Empire ; mais il ne leur était pas permis de laisser tomber le gouvernement aux mains des niais et des violents qui parlaient de s'en emparer. L'hésitation n'est plus permise ; il faut proclamer la République. C'est pour cela que M. Jules Favre invite les citoyens à se rendre à l'hôtel de ville, mais cet appel ne paraît pas avoir été entendu de tous ; il semble même qu'une partie des envahisseurs veuille rester par méfiance. M. Gambetta monte à la tribune, pour tenter un nouvel effort. Les cris : Vive la République ! l'accueillent — « Oui, vive la République ! s'écrie-t-il ; allons la proclamer à l'hôtel de ville ! » En descendant de la tribune, il se dirige vers la porte ; un grand mouvement de sortie s'opère à sa suite, par le couloir de gauche. Le courant, grossissant à chaque instant, se dirige vers l'hôtel de ville ; la salle serait bien vite évacuée si des citoyens avisés ne se disaient : Restons pour empêcher les députés de revenir et de rétablir l'Empire.

Des officiers de la garde nationale essayent d'établir une sorte de police dans la cohue qui s'installe dans l'enceinte législative. On fume malgré eux, malgré les huissiers, et malgré le danger évident de mettre le feu au palais. Au bout d'une heure, il est évident que les citoyens vigilants qui veillent au salut de la République commencent à s'ennuyer, malgré la pipe, les conversations et les plaisanteries des loustics. Un garde national trouve dans un tiroir de député une lettre datée du 4 septembre et commençant ainsi : « Mon cher ami, je n'ai pas pu vous envoyer un « billet pour la séance d'aujourd'hui, mais je vous en envoie un pour la « séance de demain. » Ce billet circule dans la salle et déride un instant les assistants. L'ennui redouble avec les ténèbres qui commencent à gagner la salle. Si les citoyens des tribunes donnaient l'exemple aux citoyens de l'hémicycle, ou si ceux de l'hémicycle prenaient les devants sur les citoyens des tribunes, la salle serait bientôt vide, mais personne ne veut avoir l'air de déserter son poste. Tout à coup, au milieu de l'obscurité, on distingue à la tribune un monsieur osseux, chauve, qui, d'une voix lente et ferme, prononce ces paroles : « Un gouvernement dont je « fais partie est installé à l'hôtel de ville. Ce gouvernement a prononcé « la dissolution du Corps législatif. Ne craignez rien, les députés ne ren- « treront pas. Voici des officiers de la garde nationale qui vont visiter le « palais. On fermera les portes, on gardera toutes les issues ; vous pouvez « vous retirer. »

L'orateur, c'est M. Glais-Bizoin ; à peine a-t-il fini de parler que déjà la salle est vide. M. Glais-Bizoin appose les scellés sur les portes du palais législatif et en met les clefs dans sa poche.

Les membres de la majorité, pendant les scènes que nous venons de raconter, erraient dans les bureaux et dans les couloirs du palais législatif, au milieu de la foule, qui ne les connaissait pas et qui, d'ailleurs, n'était point d'humeur à faire le moindre mal à qui que ce fût [1], lorsque

---

1. « Jamais je n'ai vu une révolution accomplie si aisément et à moins de frais. L'Empire avait attiré de tels malheurs sur le pays, que personne n'avait pitié de sa chute et

l'idée de se réunir dans la salle à manger du président vint à quelques députés. Cette réunion aurait du moins pour résultat de permettre plus tard aux membres de la droite de prouver qu'ils avaient fait autre chose que se promener pendant l'occupation du lieu de leurs séances [1]. Il s'agissait de prendre un parti. Lequel? C'est le matin qu'il aurait fallu tâcher de conserver le pouvoir, en improvisant une loi électorale, en prononçant la dissolution du Corps législatif, et en convoquant une assemblée qui aurait décidé du sort du pays [2]. Cela n'était plus possible au moment où M. Thiers fut invité à prendre la présidence de la séance, par les députés mêmes qui lui avaient, un mois auparavant, fermé la bouche de la façon la plus outrageante. Le président, M. Alfred Leroux, donna aussitôt la parole à M. Martel, rapporteur de la commission chargée d'examiner les trois propositions soumises à la Chambre.

M. Garnier-Pagès, avant la lecture du rapport, demanda à poser une question préliminaire, et après avoir exposé tout ce que les membres de la gauche avaient fait, dans ces derniers temps, pour éviter les événements d'aujourd'hui, et constaté que la représentation nationale était l'unique autorité qui eût survécu au naufrage, il demanda s'il ne conviendrait pas d'envoyer quelques-uns des membres de la réunion à l'hôtel de ville, où plusieurs de leurs collègues constituaient un pouvoir issu du vœu populaire et sans le concours duquel il était devenu impossible de faire quelque chose de sérieux; une entente avec eux lui semblait indispensable au salut public. « Ce serait traiter d'égal à égal avec les usurpateurs, s'écria un député de la droite; la Chambre ne peut pas se suicider. »

M. Buffet prit ensuite la parole avec une véhémence extrême :

« Messieurs, chassés de l'enceinte qui vous est réservée, je proteste
« avec énergie au nom du droit, de la morale publique, et du pays dont

---

n'avait la pensée d'y résister. Ses amis eux-mêmes assistaient à ce singulier spectacle sans essayer d'y porter remède. Les partisans de l'Empire, accablés ce jour-là, réveillés aujourd'hui, prétendent qu'en les frappant on a frappé la France. Pourquoi ne se défendaient-ils pas alors? Pourquoi aucun effort de leur part pour résister à cette révolution opérée sans aucune difficulté? Par une bonne raison : c'est qu'ils n'auraient pas trouvé quelqu'un, eux compris, qui songeât à les sauver. De violence, il n'y en avait aucune. On se promenait mêlé à la foule pas trop mal vêtue, qui nous appelait de nos noms et me répétait : Monsieur Thiers, tirez-nous de là! A quoi je répondais que le moyen le plus sûr pour nous y aider, c'était de s'en aller et de nous laisser pourvoir paisiblement aux destinées du pays. » Déposition de M. Thiers dans l'enquête du 4 septembre.

1. Deux cents membres environ du Corps législatif, de la droite, du centre droit et du centre gauche, et sept députés républicains, MM. Garnier-Pagès, Grévy, Girault (du Cher), Barthélemy Saint-Hilaire, Tachard, Raspail, se trouvèrent donc rassemblés vers trois heures au lieu indiqué.

2. Déposition de M. Thiers.

« vous êtes les seuls mandataires légitimes, contre la violence qui vous
« est faite. (*Très bien! très bien! Assentiment général.*) Vos pou-
« voirs émanent de la nation et ne sauraient être ravis par la violence ; la
« force appelle l'abus de la force. C'est l'oubli constant des principes
« d'éternelle équité qui cause tous nos malheurs publics. (*Très bien!
« très bien!*) Vous avez refusé de délibérer sous une pression extérieure ;
« vous avez résisté à des masses égarées par de criminelles passions ; la
« France dira que vous avez fait votre devoir. (*Assentiment prolongé.*)
« La liberté de vos discussions vous étant momentanément rendue, je
« vous propose d'entendre le rapporteur de votre commission. »

« Oui! oui! s'écrient un grand nombre de voix, la parole au rapporteur. »

La résistance du Corps législatif à des masses égarées par de criminelles passions n'existait que dans l'imagination de M. Buffet; les passions
auxquelles il faisait allusion étaient le produit naturel des circonstances ;
il n'y avait de criminel que la conduite de l'Empire. Quant à la prétention de transformer les députés en mandataires légitimes du pays, elle ne
paraissait pas très facile à justifier. Le Corps législatif ne tenait-il pas ses
pouvoirs de la candidature officielle encore plus que de la nation? Les
réflexions de M. Buffet sur le danger de l'abus de la force auraient paru
plus justes si elles s'étaient adressées à une autre assemblée qu'au Corps
législatif, défenseur obstiné d'un gouvernement né d'un coup d'Etat. La
protestation de M. Buffet n'en fut pas moins accueillie avec faveur.
M. Estancelin, après s'y être associé chaleureusement, ajouta : « Je viens
« de rencontrer le général Trochu se dirigeant sur l'hôtel de ville. La
« situation n'est plus aujourd'hui ce qu'elle était hier, ni même ce qu'elle
« était il y a quelques heures. Nous devons tenir compte des faits ac-
« complis; on vous a proposé de déclarer la vacance du trône; le Corps
« législatif ne doit pas hésiter à la prononcer. »

Cette proposition étant repoussée, M. Martel prit la parole au nom de
la commission [1]. Elle se prononçait pour la proposition de M. Thiers, en
y ajoutant deux paragraphes relatifs, l'un au nombre des membres de la
commission, l'autre à la nomination des ministres. Voici le texte du
projet proposé par le rapporteur :

« Vu les circonstances, la Chambre nomme une commission de gouvernement et de défense nationale. Cette commission est composée de
cinq membres, elle nommera les ministres.

---

[1]. Elle était ainsi composée : 1er bureau, M. Daru; 2e M. Buffet; 3e......; 4e, M. Gaudin;
5e, M. Martel; 6e, M. Jules Simon; 7e, M. Josseau; 8e, M. Lehon; 9e, M. Dupuy de Lôme.

« Dès que les circonstances le permettront, la nation sera appelée à se prononcer par une Assemblée constituante sur la forme de son gouvernement. »

Le Corps législatif, sans se dissoudre, confiait le pouvoir exécutif à cinq de ses membres et restait associé à son action, en gardant la plénitude du pouvoir législatif et en restant à peu près maître de décider du moment où les circonstances permettraient de réunir la Constituante destinée à le remplacer, et à se prononcer sur la forme du gouvernement. Une telle combinaison n'était pas exempte de dangers pour l'avenir. M. Thiers l'accepta dans une intention de conciliation, mais à la condition de remplacer la formule : « Vu les circonstances, » par celle-ci : « Vu la vacance du trône, » plus sincère et plus conforme à la situation. La seconde formule fut votée à une immense majorité.

Le Corps législatif seul, sans le concours du Sénat, déchirait le pacte constitutionnel, proclamait la vacance du trône et s'emparait du pouvoir. On ne faisait pas autre chose à l'hôtel de ville.

M. Pinard protesta contre ce vote; M. Thiers engage la réunion à céder devant la nécessité : M. Dréolle, en défendant énergiquement les droits de la Chambre, s'incline devant les faits accomplis et se rallie à la proposition de M. Garnier-Pagès relative à l'envoi d'une délégation à l'hôtel de ville, chargée d'y porter sa résolution et de se concerter avec les membres du nouveau gouvernement. MM. Lefèvre-Pontalis, Martel, Grévy, de Guiraud, Cochery, Johnston et Barthélemy Saint-Hilaire, désignés pour remplir cette mission, étaient autorisés à déclarer à leurs collègues de l'hôtel de ville qu'ils pouvaient considérer comme provisoire la fixation à cinq des membres de la commission de gouvernement et de défense votée par le Corps législatif. La réunion s'ajourna à huit heures, pour entendre le rapport de ses délégués.

La séance, levée à cinq heures, est reprise à l'heure dite, sous la présidence de M. Thiers. MM. Jules Favre et Jules Simon se présentent au moment où il ouvre la séance. M. Jules Favre, après avoir remercié la réunion de la démarche faite par ses délégués, ajoute : « Un gouver-
« nement issu de circonstances impossibles à prévoir existe; les hommes
« qui le composent y sont enchaînés par un intérêt supérieur, qui a, je
« l'avoue, répondu au sentiment intime de leur âme. Je n'ai pas aujour-
« d'hui à m'expliquer sur les fautes de l'Empire. Notre devoir est de dé-
« fendre Paris et la France. Lorsqu'il s'agit d'un but aussi cher à
« atteindre, il n'est certes pas indifférent de se rencontrer dans les mêmes

« sentiments que le Corps législatif; mais nous ne pouvons rien changer
« à ce qui vient d'être fait. Si vous voulez bien y donner votre ratification,
« nous en serons reconnaissants; si vous la refusez, nous respecterons
« les décisions de votre conscience, mais nous garderons entièrement la
« liberté de la nôtre. Voilà ce que je suis chargé de vous dire par le gou-
« vernement provisoire de la République, dont la présidence a été offerte
« au général Trochu, qui l'a acceptée. »

« *M. Thiers :* L'histoire seule peut juger les événements actuels; mes
« collègues ne m'ont pas donné mission de vous dire s'ils les ratifient : la
« tâche de défendre Paris est immense. Nous faisons des vœux pour
« votre succès, parce qu'il serait celui de notre patrie. »

« *M. Peyrusse :* Paris fait encore une fois la loi à la France. »

MM. Jules Favre et Jules Simon protestent contre cette assertion, assurément bien hasardée. Ils vont se retirer, lorsque M. Lehon leur adresse cette demande : « Quelle est la situation du Corps législatif vis-à-vis du gouvernement provisoire? — Nous n'en avons pas encore délibéré, » répond M. Jules Favre.

M. Thiers fait remarquer que, s'il n'a pas adressé de question à ses collègues sur le sort du Corps législatif, c'est qu'il lui paraît convenable, dans le cas où les membres de la réunion jugeraient bon de s'en occuper, d'attendre le départ des deux membres du gouvernement provisoire.

M. Thiers reprend, après le départ de MM. Jules Favre et Jules Simon :

« Messieurs, nous n'avons plus que quelques minutes à passer en-
« semble. Mon motif pour ne pas adresser de questions à M. Jules Favre
« et à M. Jules Simon a été que, si je le faisais, c'était reconnaître le
« gouvernement qui vient de naître des circonstances. Avant de le recon-
« naître, il faudrait résoudre des questions de fait et de droit qu'il ne
« convient pas de traiter actuellement.

« Le combattre aujourd'hui serait une œuvre antipatriotique. Ces
« hommes doivent avoir le concours de tous les citoyens devant l'ennemi.
« Nous faisons des vœux pour eux, et nous ne pouvons les entraver par
« une lutte intestine. Dieu veuille les assister! Ne nous jugeons pas les
« uns les autres. Le présent est rempli de trop amères douleurs. »

Noble et patriotique langage! M. Thiers le corrobore en répondant à M. Roulleaux-Dugage, qui lui demande quel rôle les députés doivent jouer dans les départements.

« *M. Thiers* : Dans les départements, nous devons vivre en bons

« citoyens, dévoués à la patrie. Aussi longtemps qu'on ne nous demandera
« rien de contraire à notre conscience et aux vrais principes sociaux,
« notre conduite sera facile. Nous ne nous dissolvons pas ; mais, en pré-
« sence de la grandeur de nos malheurs, nous rentrons dignement chez
« nous, car il ne nous convient ni de reconnaître ni de combattre ceux
« qui vont lutter ici contre l'ennemi.

« *Une voix* : Mais comment saura-t-on ce qui s'est dit ici?

« *M. Thiers* : Veuillez vous en rapporter à moi, vous qui m'avez fait
« l'honneur de me donner une présidence de quelques minutes dans ces
« douloureuses circonstances. Je m'entendrai avec M. Martel pour la
« rédaction d'un procès-verbal.

« *M. Buffet* : Ne devons-nous pas rédiger une protestation ?

« *M. Thiers* : De grâce, n'entrons pas dans cette voie. Nous sommes
« devant l'ennemi, et, pour cela, nous faisons tous un sacrifice aux
« dangers que court la France : ils sont immenses. Il faut nous taire, faire
« des vœux et laisser à l'Histoire le soin de juger.

« *M. Pinard* (du Nord) : Nous ne pouvons pas garder le silence
« devant la violence faite à la Chambre ; il faut la constater !

« *M. Thiers* : Ne sentez-vous pas que, si vous opposez ce souvenir
« comme une protestation, il rappellera aussitôt celui de la violation d'une
« autre assemblée? Tous les faits de la journée ont-ils besoin d'une cons-
« tatation?

« *M. le comte Daru* : Les scellés ont été mis sur la porte de la
Chambre.

« *M. Thiers* : Y a-t-il quelque chose de plus grave que les scellés sur
« les personnes? N'ai-je pas été à Mazas? vous ne m'entendez pas m'en
« plaindre. »

La réunion ne s'était pas contentée d'envoyer une délégation à l'hôtel
de ville ; elle en avait nommé une autre chargée de se rendre au Louvre
pour demander au général Trochu de mettre immédiatement des forces
militaires à sa disposition. Les deux délégations revinrent en même temps.

M. Grévy prit la parole au nom de la première :

« Le gouvernement provisoire, auprès duquel vous m'aviez fait l'hon-
« neur de me déléguer avec la mission de lui parler comme à des collègues,
« n'a pu nous donner tout de suite sa réponse définitive. Il nous avait pro-
« mis d'en délibérer avant de nous la transmettre en nous indiquant neuf
« heures du soir pour venir la chercher. Je ne comptais pas que cette heure
« aurait été devancée ; c'est pourquoi je ne suis pas venu ici plus tôt.

Fig. 54. — La proclamation de la République à l'hôtel de ville.

« Nous sommes arrivés trop tard à l'hôtel de ville. Il y avait déjà un
« gouvernement provisoire qui s'y était installé. Nous y avons lu l'épreuve
« qu'on nous a montrée d'une proclamation qui nous a convaincus que
« notre mission était devenue sans objet. »

La réunion savait depuis une heure à quoi s'en tenir là-dessus.
M. Alfred Leroux le constata. « Chargé par vous, dit-il, de voir M. le
général Trochu, je me suis rendu auprès de lui avec M. Estancelin. Là
aussi, nous avons reconnu qu'il était trop tard. »

Plusieurs membres de la réunion protestent encore contre « la violence dont la représentation nationale a été l'objet », mais on sent dans leurs paroles plus de mauvaise humeur et de parti pris que de conviction véritable.

« *M. Thiers* : De grâce, n'entrons pas dans la voie des récrimina-
« tions ; cela nous mènerait trop loin, et vous devriez bien ne pas oublier
« que vous parlez devant un prisonnier de Mazas. (*Mouvement*.)

« J'espérais que nous nous séparerions profondément affligés, mais
« unis. Je vous en supplie, ne nous laissons pas aller à des paroles irri-
« tantes ! Suivez mon exemple. Je réprouve l'acte qui s'est accompli
« aujourd'hui. Je ne peux approuver aucune violence ; mais je songe
« que nous sommes en présence de l'ennemi, qui est près de Paris.

« *M. Girault* : Je partage l'opinion de M. Buffet quand il a protesté
« dans la séance de quatre heures. Nous ne devons pas faire de politique
« ni nous diviser. Amenons le gouvernement à s'entendre avec la
« Chambre. De cette façon, nous serons d'accord avec les départements.
« Soutenons-nous et soutenons la France. Je vais aller à l'hôtel de ville.
« Si l'on ne veut pas m'écouter, je protesterai.

« *M. Thiers* : Voulez-vous renouveler toutes les discussions des der-
« nières années ? Je ne crois pas que ce soit convenable.

« Je proteste contre la violence, que nous avons subie aujourd'hui, et
« contre tous les violences de tous les temps, dirigées contre nos assem-
« blées ; mais ce n'est pas le moment de donner cours aux ressentiments.
« Est-il possible de nous mettre en hostilité avec le gouvernement provi-
« soire en ce moment suprême ?

« En présence de l'ennemi qui sera bientôt sous Paris, je crois que
« nous n'avons qu'une chose à faire : nous retirer avec dignité. »

L'émotion profonde de M. Thiers s'était communiquée à l'assemblée.
Les membres de la réunion avait les yeux mouillés quand ils se séparèrent
à dix heures.

Pendant que le palais Bourbon est le théâtre de ces événements que se passe-t-il au Luxembourg?

M. le sénateur Chabrier, au moment où la séance s'ouvre sous la présidence de M. Rouher, monte à la tribune « pour envoyer à l'Empereur un dernier vœu et un dernier hommage. Vive l'Empereur!

« *Le prince Poniatowski* : Vive l'Empereur!

« *Voix nombreuses* : Vive l'Empereur!

« *M de Ségur* : Vive l'Impératrice! Vive le Prince impérial! »

« *M. de Flamarens :*

« Le Corps législatif n'a pas le droit de décréter la déchéance de l'Empereur. C'est un acte inconstitutionnel : Vive l'Empereur! Vive le Prince impérial! Vive la dynastie!

« *M. de Chabrier* : Cela va de soi!

« *M. Nisard :* Vaincu et prisonnier, il est sacré! »

Le Sénat électrisé crie : Vive l'Empereur! Vive l'Impératrice! Vive le Prince impérial! Vive la dynastie! C'est une scène des plus attendrissantes.

« *M. Rouher* (de sa voix la plus solennelle) : En présence de la gra-
« vité des circonstances, nous saurons avoir le cœur ferme, la volonté
« haute et résolue. (*Appaudissements.*)

« *M. Quentin-Bauchard :* Et le sentiment de notre honneur!

« *M. Rouher* : Je propose au Sénat de se déclarer en permanence.
« (*Oui! oui!*) La séance sera reprise dès que j'aurai reçu des nouvelles
« du Corps législatif. Je prie MM. les sénateurs de ne pas s'éloigner de
« l'enceinte de l'Assemblée! »

Les sénateurs prennent d'assaut l'estrade du président; cent mains viennent presser la sienne, on l'entoure, on le félicite, on voudrait presque l'embrasser, tant il a bien rendu les sentiments héroïques dont le Sénat est animé. Ses membres se retirent avec une contenance pleine de fierté et de résolution. L'impatience de revenir se lit dans leurs regards. A deux heures et demie cependant, les huissiers parcourent encore les couloirs en criant : « En séance, messieurs, en séance! » Les sénateurs arrivent lentement. Un certain air d'inquiétude et d'abattement a succédé sur leur visage à l'enthousiasme. M. Rouher leur annonce d'une voix morne et pâteuse que, pendant que les bureaux du Corps législatif délibéraient, la foule a envahi l'enceinte de l'Assemblée. « Le Sénat veut-il rester en séance, quoiqu'il soit probable qu'aucun projet de loi ne nous parvienne, car le Corps législatif ne peut délibérer? »

Plus d'un sénateur serait peut-être d'avis de s'en aller ; mais MM. de Mentque et Ségur d'Aguesseau déclarent que le Sénat est en permanence et qu'il doit y rester. M. Larabit « proteste contre la force qui empêche le Corps législatif de délibérer avec maturité ». M. Ernest de Girardin s'écrie : « Je suis ici en vertu du plébiscite, je n'en sortirai que par la force. »

Le Sénat reste donc en permanence ; la séance est seulement interrompue. Les sénateurs quittent leurs places et assiègent en foule le président, qui leur répond à peine et d'un ton très brusque ; ceux qui restent à leur place font ce que nous avons déjà vu faire aux députés : ils fouillent dans leurs pupitres et se livrent au triage de leurs papiers ; on dirait des préparatifs de départ.

La séance est reprise à deux heures trois quarts. Les sénateurs attendent une communication du président. M. Rouher annonce que les nouveaux renseignements qu'il vient de recevoir portent que, pendant que les bureaux de la Chambre délibéraient sur trois propositions à elle soumises, la foule a pénétré dans l'enceinte législative, et que la délibération se trouve, au moins momentanément, suspendue ; M. Rouher renouvelle sa question : « Le Sénat veut-il rester en séance, ou suspendre la séance ? »

La demande, cette fois, est accueillie de « mouvements divers ». M. Rouher, se voyant soutenu, insiste sur la cessation de toute délibération au Corps législatif : « Je ne sais quelle résolution va prendre le « Sénat ; mais, quelle qu'elle soit, nous devons protester contre l'envahis-« sement de la force venant paralyser l'action d'un des grands pouvoirs « publics. (*Oui ! oui ! Très bien ! très bien !*) Maintenant, je suis aux « ordres du Sénat pour savoir s'il veut demeurer en permanence ou « s'ajourner à heure fixe. C'est à lui qu'il appartient de prendre une « décision, et je la provoque. »

Le Sénat incline visiblement à croire que rien ne lui défend de s'ajourner ; M. de Mentque a beau persister à penser que le Sénat doit rester en séance. Les « mouvements divers » redoublent. M. le président reprend : « Il importe d'apprécier la situation. Si une force tumultueuse « était à nos portes, ce serait un devoir impérieux de l'attendre délibéré-« ment, mais aucune force ne nous menace, nous pouvons attendre long-« temps sans être saisis d'un projet de loi, et nous n'avons actuellement « aucun sujet de délibération. Il y a là une question de dignité que je « ne résous pas, mais que je signale. Je suis prêt d'ailleurs à faire « exécuter les décisions du Sénat. »

Rien n'étant en délibération, l'ordre du jour ne pouvait en effet consister qu'à attendre les envahisseurs. Le Sénat n'aurait pas mieux demandé que d'être envahi, mais personne ne se présentait pour lui rendre ce service. M. Baroche vint au secours de M. Rouher. « Le « Sénat, dit-il, doit d'abord s'associer par acclamation aux paroles du « président et protester avec la plus grande énergie contre la violence « dont l'autre assemblée est victime. » Il ajoute : « Et maintenant, « qu'avons-nous à faire? Si nous pouvions espérer qu'elles se dirigeraient « sur nous, ces forces révolutionnaires qui ont pénétré dans l'enceinte « du Corps législatif, je persisterais à penser que chacun de nous doit « rester sur son fauteuil. Malheureusement (car c'est ici que je voudrais « mourir!) nous ne pouvons pas avoir cet espoir. La révolution éclatera « dans Paris, mais ne viendra pas dans cette enceinte. Peut-être, au con- « traire, pourrions-nous mieux au dehors rendre service au pays et à la « dynastie, car je veux parler bien haut de la dynastie. (*Oui! oui! Très* « *bien!*) En nous séparant, d'ailleurs, nous cédons à la force et non à « l'intimidation, et notre but est de défendre par nos moyens person- « nels l'ordre et la dynastie impériale. »

L'idée de défendre l'ordre et la dynastie au dehors, chacun avec ses moyens personnels, sourit évidemment à la majorité du Sénat. M. de Mentque, auquel vient se joindre M. Larabit, demande qu'on attende du moins, pour se séparer, jusqu'à cinq heures. M. de Salignac-Fénelon veut qu'on cherche les moyens de porter au plus vite un secours soit moral, soit matériel, au Corps législatif. M. Duruy propose une séance de nuit. « Elle pourrait n'être pas sans inconvénient, » lui répond M. Rouher. MM. Gressier, Dupin, Haussmann prennent part à un débat confus pendant lequel le président s'éclipse. Le vice-président Boudet surgit au fauteuil. Il clôt la séance par cette phrase : « Je propose au Sénat de se réunir demain, à son heure ordinaire, sans tenir compte des événements extérieurs. » Cette résolution héroïque est adoptée; le Sénat se sépare pour porter secours à la dynastie.

M. Baroche avait raison; il aurait vainement attendu la mort au Luxembourg. Aucune force tumultueuse ne se présenta de toute la journée pour envahir le Sénat; on l'avait complètement oublié.

Le soir, une dépêche non signée annonce au nouveau gouvernement, à l'hôtel de ville, que le Sénat, chose peu croyable, va tenir une séance de nuit pour protester contre les actes de la journée. M. Eugène Pelletan, seul membre présent du gouvernement, charge M. Floquet, adjoint au maire de Paris, et M. Valentin, ex-représentant, de mettre les scellés sur la porte de la salle du Luxembourg, où ils arrivent vers dix heures. Le grand référendaire Ferdinand Barrot et le général de Montfort, gouverneur du palais, descendent dans la cour, où sont rangés deux escadrons de gendarmerie placés sous leurs ordres ; le pli du gouvernement est remis au grand référendaire qui, entouré de ses deux escadrons, déclare gravement à M. Floquet seul avec M. Valentin : « Je cède à la force. » M. le gouverneur du palais inscrit sur son registre de service l'ordre dont M. Floquet est porteur ; M. le grand référendaire demande s'il peut rester au palais, et si MM. les sénateurs seront autorisés à entrer dans leurs bureaux pour y prendre les objets à eux appartenant. Le grand référendaire se retire muni de cette autorisation, et M. Floquet peut procéder tranquillement à l'opération qui met fin à l'existence du Sénat du second Empire.

L'invasion du Corps législatif, la proclamation de la République, tout cela pouvait paraître regrettable à bien des gens ; mais refaire tout ce qui avait été détruit ce jour-là n'était plus possible. Le peuple parisien, s'il ne sait pas toujours conserver la République, la défend dans certains moments de telle façon que personne n'ose porter la main sur elle. Les forces qui n'avaient pu défendre le Corps législatif étaient-elles capables de détruire la République ? Les sergents de ville, dispersés, pouvaient-ils être réunis et lancés sur la multitude couvrant la place de l'hôtel de ville ? Non ; quant au Corps législatif, n'avait-il pas tout fait pour rendre sa déchéance inévitable ? Il y a quelques heures à peine, ne résistait-il pas à la nécessité de constater la vacance du trône ? L'adjonction de quelques députés de Paris à la liste des cinq membres de la commission de gouvernement, voilà l'unique concession qu'on pût attendre de lui. Quelle force, quelle considération aurait eu ce gouvernement sans cesse tiraillé en sens contraire ? Le gouvernement du Corps législatif, encore possible peut-être le 4 au matin, ne l'était plus à midi. Les députés qui s'élevaient avec le plus de force contre « l'attentat dont la représentation nationale était la victime », ne se faisaient aucune illusion à cet égard. On les eût fort embarrassés en leur cédant le pouvoir et en les laissant en face de la nation ; mais il leur convenait de couvrir leur retraite et de masquer leur impuissance sous des plaintes et sous une insistance de commande.

Le Corps législatif, pour prouver qu'il avait la volonté et la force de prendre le pouvoir, n'avait qu'à se réunir dans quelque localité connue pour son esprit bonapartiste et, de là, en appeler à la nation. Il ne le fit pas, dit-on, pour éviter la guerre civile. Cette crainte ne l'arrêtait guère, s'il faut prendre au sérieux ses réunions à Paris, après le décret du nouveau gouvernement prononçant sa dissolution. Le jour même où il parut, c'est-à-dire le 5 septembre, deux réunions du Corps législatif étaient annoncées, l'une pour l'après-midi, l'autre pour le soir. La première eut lieu ; le gouvernement empêcha la seconde. La translation du Corps législatif hors Paris, où il ne disposait pas de forces suffisantes pour résister à une insurrection, pouvait s'opérer huit jours auparavant sans amener la guerre civile ; l'Impératrice souhaitait cette mesure. Le Corps législatif se crut-il assez fort pour affronter la tempête? Cela n'est guère probable ; en tout cas, les institutions de l'Empire ne résistèrent pas mieux que les hommes. Le Corps législatif, abandonné de tous et de lui-même, disparut comme le Sénat, mais en jouant une comédie de résistance, qu'il poussa jusqu'à envoyer, encore le lendemain de sa dissolution, des délégués à l'hôtel de ville pour réclamer le partage du pouvoir. En le prenant la veille de la révolution, il eût fait acte de courage ; en se ravisant le lendemain quand il était sûr d'un refus, il recourait à un expédient pour faire croire qu'il avait vainement invoqué une responsabilité ; la vérité est qu'il n'en voulait pas et qu'il comptait bien la faire retomber un jour sur ceux à qui la force des choses l'avait imposée.

CHAPITRE XII

LA DÉFENSE NATIONALE

La matinée du 4 septembre aux Tuileries. — Le général Trochu aux Tuileries. — Arrivée de la députation du tiers parti. — Douleur de l'Impératrice. — Dernière dépêche de la préfecture de police. — Arrivée du ministre de l'intérieur. — Adieux de l'Impératrice. — Un rassemblement se porte aux Tuileries. — Fuite de l'Impératrice. — Elle se réfugie chez son dentiste. — Elle se dirige sur Deauville, où elle s'embarque pour Brighton. — Parallèle entre Lamartine et Trochu. — L'hôtel de ville est envahie. — Arrivée de M. Gambetta. — Nécessité de désigner sans retard un maire de Paris. — M. de Rochefort porté en triomphe à l'hôtel de ville. — On décide que le gouvernement se composera des députés de Paris. — Le peuple acclame le nouveau gouvernement. — Envoi d'une délégation de l'Internationale à l'hôtel de ville. — La lutte commence contre la Commune. — Chute misérable de l'Empire.

L'Impératrice, levée à six heures du matin, visita l'ambulance des Tuileries, entendit la messe et présida le conseil des ministres et le conseil privé réunis. Aucune résolution n'y fut prise autre que celle de soutenir devant le Corps législatif la proposition investissant le général de Palikao de la lieutenance générale de la commission de défense, c'est-à-dire en réalité de la lieutenance générale de l'Empire. L'Impératrice, personnellement, ne paraissait nullement s'être arrêtée à une de ces décisions héroïques et désespérées qui sauvent rarement les gouvernements, mais qui grandissent toujours les personnes. Qui sait cependant si l'Impératrice, montant à cheval et sollicitant en faveur de son fils l'appui de la population d'une ville comptant près de cent mille plébiscitaires et tant de femmes faciles à émouvoir, n'eût pas déterminé dans l'opinion un certain courant d'indulgence que le Corps législatif aurait pu mettre à profit? L'Impératrice, en tout cas, pouvait faire cette tentative sans danger. Si on ne l'eût pas suivie, on l'eût respectée; mais elle n'y songea pas, et personne ne l'y fit songer. M. Rouher s'étant informé des précautions que l'on avait sans doute adoptées contre un mouvement populaire, l'Impératrice lui répondit qu'assez de sang avait coulé sur le champ de bataille et qu'elle ne voulait pas qu'on en répandît encore à Paris pour le salut de la dynastie. Les dépêches arrivaient de minute en minute aux Tuileries, du ministère de la guerre, du ministère de l'intérieur et de la préfecture de police; elles devenaient à chaque instant plus alarmantes : « ... La foule descend des faubourgs, la place de la Concorde est couverte d'ouvriers et de gardes nationaux, les mots de déchéance et de *République* sont prononcés... » L'Impératrice put voir, des fenêtres des Tuileries, les troupes prendre position dans la cour du Carrousel et devant la façade qui regarde le jardin. Leur moral aurait eu besoin d'être relevé; tant de désastres subis par l'armée n'étaient point faits pour leur faire oublier leur isolement au milieu de la population. L'Impératrice, en les passant en revue, en leur adressant quelques paroles chaleureuses, serait peut-être parvenue à leur rendre la confiance dont elles semblaient dépourvues; rien ne l'empêchait d'ailleurs de faire, par une proclamation, un chaleureux appel à la population; lire les dépêches de la préfecture de police, échanger quelques mots de conversation avec les personnes de son service, rentrer dans son salon et en sortir, faire appeler tantôt l'aide de camp de service, tantôt une de ses dames d'honneur, leur parler à voix basse et leur donner des ordres qu'elle révoque un moment après, écrire des billets aussitôt déchirés que finis, voilà quelles furent ses dernières occupations. Quelques visiteurs se présentaient de temps en temps qui, après s'être inclinés devant elle, se perdaient parmi les assistants, auxquels ils communiquaient à voix basse des renseignements qui ne faisaient qu'accroître leur impatience. Le général Trochu se présenta chez elle vers onze heures. « Madame, lui dit-il, voilà l'heure des grands périls; nous ferons tout ce que nous pourrons. » L'Impératrice l'écouta d'un air distrait, et quand M. Chevreau, ministre de l'intérieur[1], lui demanda, quelques instants après, si elle avait vu le

---

1. Déposition de M. Chevreau dans l'enquête du 4 septembre.

général Trochu, et si elle en était contente, l'Impératrice leva les yeux au ciel d'un air qui voulait dire : Il n'y a rien à attendre de lui ; mais quel désappointement pouvait-elle éprouver, puisqu'elle déclarait tout à l'heure qu'il ne fallait pas songer à sa dynastie, ni surtout verser une goutte de sang à son profit?

La députation de membres du Corps législatif appartenant au tiers parti demanda, vers midi, à être reçue par l'Impératrice. Cette députation était composée de MM. Buffet, Daru, Dupuy de Lôme, Genton et Kolb-Bernard. Quelques minutes s'écoulèrent avant que les formalités de l'introduction fussent remplies, car on maintenait encore à ce moment suprême les règles de l'étiquette. Les députés entrèrent enfin ; l'Impératrice les accueillit avec un salut triste et froid et attendit que l'un d'eux prît la parole. M. Buffet se chargea de ce soin : l'abdication ! Voilà ce qu'en réalité il lui demandait avec toutes sortes de précautions de langage. L'Impératrice répondit qu'elle ne pouvait prendre de décision sans l'avis de ses ministres et que, s'ils jugeaient la mesure proposée par M. Buffet nécessaire, elle se conformerait immédiatement à leur opinion. M. Daru revint à la charge après M. Buffet et fit valoir les considérations puissantes qui devaient pousser l'Impératrice à prendre une résolution immédiate. « Tout est-il donc perdu? réplique-t-elle ; avec de la fermeté et de l'union, ne pourrait-on surmonter les obstacles et inaugurer la résistance dans les départements en y transportant le Corps législatif? » Les députés témoignèrent par leurs réponses qu'ils ne le croyaient pas possible. La froideur de ses interlocuteurs agissant en sens inverse sur l'Impératrice, ses gestes devinrent plus vifs, sa voix s'anima, et elle leur reprocha vivement leur découragement ; mais n'était-elle pas elle-même profondément découragée? L'arrivée d'un préfet du palais apportant la nouvelle de l'envahissement du Corps législatif, les clameurs de la multitude qui montaient jusqu'à la salle du conseil, prêtaient d'ailleurs une terrible force aux arguments de MM. Buffet et Daru ; ils n'avaient qu'à répondre à l'Impératrice : Regardez par la fenêtre, et écoutez !

Si l'abdication de la Régente paraissait nécessaire au tiers parti, pourquoi n'avait-il pas voté la déchéance? Toutes les considérations secondaires devaient céder devant le salut public. S'il croyait sauver l'amour-propre de l'Impératrice par une abdication volontaire, il se trompait étrangement. L'abdication, en un pareil moment, pouvait-elle paraître volontaire? Quant à la résistance de l'Impératrice, elle surprend d'autant plus qu'elle est en opposition formelle non seulement avec sa déclaration qu'elle n'entendait pas qu'une seule goutte de sang fût versée dans l'intérêt de la dynastie, mais encore avec la démarche que M. Mérimée, à cette heure même, tentait en son nom auprès de M. Thiers.

L'Impératrice s'en remettait à la décision du général de Palikao : tel fut le dernier mot de cette entrevue.

L'Impératrice supportait assez mal la contradiction et se laissait aller dans certains moments [1] à des mouvements de vivacité et même d'emportement. Après le départ des députés, appuyée au chambranle de la cheminée, elle répétait avec colère : « L'abdication! ce serait affaiblir « la résistance! l'autorité nominale, voilà ce que je voulais pour empê- « cher la désorganisation; qu'on fasse après nous tout ce qu'on voudra, « je ne demande qu'à visiter les hôpitaux, qu'à aller aux avant-postes! « Ils ne veulent pas! Ah! en France, il ne faut jamais être malheureux! » Amère réflexion que bien des souverains avaient faite avant elle dans les mêmes circonstances et dans ce même palais!

Le moment de prendre une décision approchait. « On abat les aigles. » Voilà le contenu de la dernière dépêche reçue de la préfecture de police. Les dames d'honneur, les dames de la cour, les maréchales Pélissier et Canrobert, réunies autour de l'Impératrice, balbutient quelques mots de consolation, lui conseillent de songer à elle, et s'en vont. La princesse Clotilde et la princesse Mathilde arrivent; l'Impératrice les embrasse. Le chevalier Nigra, ministre d'Italie, et le prince de Metternich, ambassadeur d'Autriche, causent à voix basse. Quelques jeunes gens du service d'honneur, jouant aux gardes du corps de 89, tirent des revolvers de leur poche et parlent de mourir plutôt que de laisser un seul garde national pénétrer jusqu'à l'Impératrice. Il est deux heures : l'huissier de service annonce M. le ministre de l'intérieur.

M. Chevreau apporte la nouvelle de l'envahissement du Corps législatif; M. Jérôme David et M. Piétri le suivent. « Nous sommes trahis! » s'écrie en entrant le préfet de police [2]. L'Impératrice fait appeler le général Mellinet : « Général, pouvez-vous défendre le château sans faire usage des armes? — Madame, je ne crois pas, répond le général à cette singulière question. — Dès lors, tout est fini; il ne faut pas ajouter à nos désastres l'horreur de la guerre civile [3]. » Le général Mellinet approuve

---

1. *Les moments de Chimène*, écrit l'auteur d'une brochure intitulée : *Le 4 septembre aux Tuileries*, par D. Caillé, conseiller général; Niort, 1871. Le *Figaro* a publié cette brochure qui rendrait l'Impératrice ridicule si elle avait pu l'être dans un pareil moment.
2. C'est déjà le mot d'ordre des bonapartistes.
3. *Le 4 septembre aux Tuileries*.

d'un signe de tête cette phrase que l'Impératrice répète à chaque instant comme une leçon, et, après s'être incliné, il va reprendre son poste ; mais, si pressé qu'il soit de rejoindre sa troupe, en traversant les salons, il ne croit pas pouvoir se dispenser de « s'arrêter de temps en temps pour baiser galamment la main de quelque dame de sa connaissance » [1].

Le chevalier Nigra et le prince de Metternich pressent cependant l'Impératrice de partir. Elle se lève. « Ce fut le signal des larmes. Les dames se serrent autour d'elle et couvrent ses mains de baisers [2]. » Elle recule jusqu'au fond du salon en cherchant à s'arracher à ces marques d'affection, et, accompagnée de Mme Lebreton, du prince de Metternich et du chevalier Nigra, elle disparaît dans ses appartements intimes en faisant à ses amis « son plus grand salut, celui des grandes circonstances [3] ».

M. de Cossé-Brissac, chambellan de l'Impératrice, entre bientôt après dans le salon de service et prononce ces mots d'une voix solennelle : « Sa Majesté vous remercie et vous invite à vous retirer. — Notre « devoir, s'écrient les officiers de service, est de rester ici tant que « l'Impératrice y sera. Nous donnez-vous l'assurance que notre présence « n'a plus d'objet ? » M. de Cossé-Brisac répond : « Vous avez congé de Sa Majesté, et je puis vous dire que tout va pour le mieux [4]. »

Le jardin des Tuileries était resté désert jusqu'à près de trois heures. Le cri : Aux Tuileries ! commence dès lors à retentir sur la place de la Concorde. Un rassemblement considérable, formé en grande partie de gardes nationaux, se dirige vers la porte du jardin gardée par un poste de zouaves qui le laisse passer. Les aigles qui surmontent la grille sont arrachés en un instant, et le rassemblement, parvenu devant le jardin réservé, se trouve en face d'un détachement de la garde, commandé par le général Mellinet. Un bataillon armé de la garde nationale se présente. La foule court au devant de lui en criant : Vive la République ! Le bataillon, composé de citoyens du quartier, répond : Vive la France ! et a l'air de vouloir s'opposer à la marche du rassemblement. Un conflit va-t-il éclater ? Un citoyen s'en détache et exhorte le commandant du bataillon à se ranger du côté du peuple. La troupe, lui dit-il, n'est pas en mesure de résister. Qu'arrivera-t-il si le peuple entre de vive force aux Tuileries ? Le sang français doit-il être versé par des Français en présence de l'ennemi ? Le commandant hésite. Au milieu de ces pourparlers, une

---

1. *Le 4 septembre aux Tuileries.*
2. *Ibid.*
3. *Ibid.*
4. *Ibid.*

voix s'écrie : Le drapeau du château vient d'être abaissé; l'Impératrice est partie! Il n'y a plus aucune raison de s'opposer à la prise de possession du palais; les gardes nationaux s'y installent en prenant toutes les précautions pour empêcher les masses d'y faire irruption.

L'Impératrice, pendant ce temps-là, suivait la galerie du bord de l'eau pour pénétrer dans le Louvre et de là gagner une sortie par la grille du pont des Saints-Pères. Arrêtée sur l'escalier que tant de souverains détrônés ont descendu, elle écoute le retentissement d'un bruit sourd produit par la grille fortement ébranlée. On craint un moment qu'elle ne finisse par céder, lorsqu'on entend retentir les cris : Vive la France! vive l'ordre! C'est un piquet de garde nationale qui vient se placer devant la grille pour en défendre l'accès. Le général Schmitz, chargé par le général Trochu de prévenir l'Impératrice de son départ pour le Corps législatif, arrivait et trouvait le vice-amiral Jurien de La Gravière, aide de camp de l'Empereur, en train d'adresser ses remerciements et ses félicitations à la garde nationale. Le général Schmitz lui fait part de son message. M. Jurien de La Gravière court rejoindre l'Impératrice au haut de l'escalier; elle n'y est plus.

La fugitive était sortie des Tuileries par la petite porte qui donne sur la place Saint-Germain-l'Auxerrois. Là, reconnue par un gamin, qui se met à crier : « Voilà l'Impératrice, » elle a à peine le temps de se jeter avec sa lectrice Mme Lebreton, sœur du général Bourbaki, dans un fiacre qui lui est amené par le prince de Metternich et par le chevalier Nigra. Ces deux messieurs la mettent en voiture. Où va-t-elle? Son intention est-elle de se réfugier chez des amis, ou de se rendre à une gare de chemin de fer? A-t-elle l'argent nécessaire pour continuer son voyage. Ni M. de Metternich ni le chevalier Nigra ne s'en informent, elle-même n'a pas songé à sa bourse, car elle demande à Mme Lebreton si elle a de l'argent. Celle-ci ne possède que 3 francs. L'impératrice les donne au cocher et descend de voiture avec sa lectrice pour continuer son chemin à pied. Chose étrange, que cette souveraine quittant son palais sans argent, sans savoir où elle va, à qui aucun de ses amis et de ses serviteurs n'adresse de question à ce sujet, et qui, lorsque le moment vient pour elle de choisir un asile, oublie qu'elle a des parents, ces amis auxquels elle peut demander l'hospitalité, pour se réfugier chez son dentiste!

Ce praticien attendait précisément ce jour-là deux dames inconnues à ses domestiques. L'Impératrice et Mme Lebreton passèrent pour ces deux étrangères; la garde-robe de la femme de leur hôte leur fournit le linge et les vêtements dont elles avaient besoin. Leur séjour dans cette maison ne pouvait cependant se prolonger, non que l'Impératrice courût le moindre danger à Paris, mais elle avait hâte de rejoindre son mari et son fils. Le gouvernement de la Défense nationale, prévenu de sa présence, lui aurait très promptement fourni les moyens de quitter la France en sûreté; elle aima mieux recourir à des moyens romanesques et avoir l'air de s'échapper, en jouant le rôle d'une personne malade que l'on conduit dans une maison de santé. Le dentiste passait pour son médecin, et Mme Lebreton pour sa garde-malade. Le vrai but du voyage était Deauville. Le voyage de Paris à la côte de Normandie s'accomplit sans encombre en *chaise de poste* et de *relai* en *relai* [1]. L'impératrice, après un court séjour dans cette petite ville improvisée par une fantaisie de spéculation de M. de Morny, la quitta sur le yacht du fils du général sir John Burgoyne, ami de Napoléon III, qui, chose assez étonnante chez un Anglais, hésitait à la recevoir à son bord, de crainte d'amener quelque complication internationale. L'Impératrice, débarquée à Brighton, après une traversée des plus pénibles, se réunit le soir même à son fils à Hastings; le dentiste, son compagnon de voyage, s'occupa ensuite de chercher une résidence convenable pour elle et pour l'ex-prince impérial. Enfin on tomba d'accord sur Camden-House à Chislehurst. Ainsi, depuis le moment où l'Impératrice monte en fiacre sur la place Saint-Germain-l'Auxerrois jusqu'au jour où elle arrive à Londres, nous ne voyons à ses côtés que sa lectrice et son dentiste; c'est ce dernier qui s'occupe à lui fournir tout, depuis le linge et les robes dont elle a besoin jusqu'à la résidence qu'elle occupe encore aujourd'hui.

La foule qui remplissait la place de la Concorde et le jardin des Tuileries avait reflué sur l'hôtel de ville après l'occupation du château. La joie était sur tous les visages, et la *Marseillaise* semblait donner le signal des victoires prochaines; n'était-ce pas en chantant cet hymne que la France en 92 avait chassé l'étranger? L'hallucination à laquelle la population, saturée des souvenirs de l'Empire et rêvant un second Iéna, avait été en proie dans la matinée du 5 août, fut remplacée par celle de la République, faisant surgir du sol quatorze armées; le peuple s'imagina que la même cause devait produire les mêmes effets. Ces

---

1. Ces mots, qui représentent des choses qu'on pouvait croire ne plus exister en 1870, sont employés dans le récit de la fuite de l'Impératrice recueilli de la bouche même de son dentiste et publié dans son livre intitulé : *Bloqué dans Paris*, par un Américain M. Wathers Sheppard (collection Tauchnitz). Ce récit, traduit par la *Revue politique et littéraire*, n'a été ni démenti ni rectifié.

cris de joie de la foule, ces bouquets au bout des fusils, ces drapeaux et ces guirlandes, ce contentement si singulier au milieu des malheurs de la France, c'était encore la vision décevante du passé qui troublait les cerveaux. La joie, hélas! remplissait les cœurs de ces braves gens qui de la place de la Concorde et des faubourgs longeaient les quais pour gagner l'hôtel de ville. L'enthousiasme était moins vif sur les boulevards, bien que le sol fût déjà jonché des débris des écussons impériaux. Les marchands s'informaient si l'on avait proclamé un gouvernement et si M. Thiers en faisait partie; sur la réponse négative, ils se retiraient d'un air désappointé.

Le général Trochu, se rendant vers trois heures au Corps législatif avec une partie de son état-major, rencontra sur le quai à la hauteur du Louvre MM. Jules Favre et Jules Ferry. « Général, lui dirent-ils, il n'y a plus de Corps législatif, nous allons à l'hôtel de ville; votre présence y sera nécessaire; rentrez au Louvre, nous vous ferons prévenir. »

Les devoirs du général Trochu, en changeant de nature, avaient grandi : l'Empire n'existait plus, il se trouvait entre l'anarchie à contenir et l'invasion à combattre; consentirait-il à jouer un rôle politique dans les événements qui se préparaient, ou demanderait-il un commandement qui l'éloignerait de Paris et le déroberait au péril immédiat d'une immense responsabilité? La population parisienne presque tout entière était alors convaincue que la tâche de diriger la révolution dans un sens honnête et de tourner toutes les forces du pays contre l'étranger ne pouvait être remplie sans l'aide du général Trochu. Il le croyait aussi lui-même, il s'en est confessé, et il éprouvait quelque chose qui ressemblait à un remords, à la pensée de se dérober à un rôle que sa conscience lui montrait comme l'accomplissement d'un devoir; aussi était-il plus ému qu'hésitant lorsqu'un député, M. Steenackers, vint le prier de se rendre à l'hôtel de ville. « Adieu, dit-il au général Schmitz; qui sait si nous nous reverrons? Je vais là-bas faire le Lamartine. »

Le général Trochu ne ressemblait pas plus à Lamartine que 1870 ne ressemblait à 1848 : ces deux hommes différaient autant par le physique que par le moral. Une taille élevée, une tête noble portée avec élégance étaient des avantages donnés par la nature à Lamartine et refusés au général Trochu. Eloquents tous les deux, l'un avait cette eloquence imagée qui en France plaît aux ignorants comme aux gens cultivés et entraîne tout le monde, l'autre s'adressait au raisonnement plutôt qu'à la passion et laissait les masses froides, lui faisant une popularité d'estime et de réflexion plutôt que d'enthousiasme : Lamartine, insouciant de l'avenir, qu'il ne savait pas prévoir ou qu'il oubliait, se jetait dans la mêlée sans songer au lendemain ; le général Trochu subissait dans le présent l'influence lointaine de l'avenir ; il en portait le poids et il en était comme accablé d'avance. *Alea jacta est!* c'est leur commune devise ; mais, tandis que pour Lamartine elle est le cri de l'espérance, pour le général Trochu, elle n'exprime que l'arrêt fatal du destin ; doué en quelque sorte du sombre don de prophétie, un coin du voile de l'avenir s'était soulevé depuis longtemps pour lui, et son esprit, obsédé par cette vision, ne peut plus s'en délivrer. Interrogé un jour pourquoi il défendait Benedeck après sa défaite à Sadowa : « C'est, répondit-il, que le temps n'est pas loin où les généraux français auront besoin d'être défendus à leur tour ! » Lamartine, avant de se rendre le 24 février à l'hôtel de ville pour aider à la proclamation de la République, ne songeait guère à écrire son testament. Le général Trochu avait dès le 4 septembre rédigé le sien pour y consigner ses funestes prévisions sur l'issue de l'entreprise qu'il allait tenter ; le premier marchait en vainqueur vers le but qu'il s'était marqué, le second s'acheminait vers le poste que la fatalité lui assignait. Les deux époques dans lesquelles Lamartine et le général Trochu ont été appelés à jouer un rôle se ressemblent encore moins que ces deux hommes. La société politique était seule attaquée en 1848, et elle avait les forces nécessaires pour se défendre ; la nationalité même se trouvait menacée en 1870, et l'on en était à se demander si la capitale pouvait être défendue ! Lamartine avait une certaine foi dans le succès de la mission ; la foi manquait au général Trochu dans le résultat de ses efforts ; ils ont échoué tous les deux, mais après avoir rendu des services que leur pays reconnaîtra peut-être un jour. Lamartine tombé ne pardonna pas son ingratitude à la France ; le général Trochu a senti la profonde amertume de la sienne, et il s'en est puni par une espèce de déchéance prononcée sur lui-même par lui-même. Des gens dont l'insuffisance militaire a été pour le moins aussi fatale que la sienne à la France n'en ont pas rougi et sont restés sans embarras sur la scène politique ; le général Trochu s'en est banni volontairement ; de grands honneurs lui ont été offerts, il a tout refusé [1] ; le

---

1. Voici la lettre adressée par lui à ce sujet au ministre de la guerre :

« Versailles, 19 mai 1871.

« Cher général et ami,

« Vrai ou faux, le bruit est venu jusqu'à moi que vous vous proposiez de me faire, moi aussi, grand-croix de la Légion d'honneur.

« Permettez-moi de vous dire à l'avance, parce qu'il est difficile, et que pour moi il

siège de Paris est une des opérations de la dernière guerre destinées le plus à grandir par l'effet même des années. Que fallait-il au général Trochu, maréchal de France, grand-croix de la Légion d'honneur, pour en recueillir l'honneur et pour devenir « le glorieux vaincu » de Paris? Laisser agir le temps et compter sur les jeux de la politique et du hasard.

MM. Jules Favre et Jules Ferry, après avoir quitté le général Trochu, avaient continué leur route, suivis par une immense colonne criant : Vive la République ! A l'hôtel de ville ! Un rassemblement de deux ou trois cents personnes ayant à sa tête M. Mahias, rédacteur de l'*Avenir national*, parti de deux heures et demie à trois heures du pont de la Concorde, était arrivé le premier sans encombre sur l'ancienne place de Grève. Il n'avait pas été difficile à M. Mahias de s'introduire dans le palais municipal et de pénétrer jusqu'au cabinet du préfet occupé par M. Alfred Blanche, secrétaire général chargé de l'intérim. M. Mahias s'approcha de la table devant laquelle ce fonctionnaire se tenait debout et lui donna une poignée de main maçonnique [1], en lui faisant remarquer qu'il était impossible désormais de s'opposer à l'envahissement de l'hôtel de ville. La foule en effet couvrait déjà la place.

M. Gambetta, suivi de M. de Kératry et d'un de ses amis M. Spuller, était arrivé en fiacre, à l'hôtel de ville, devant la petite porte grillée. Après avoir sonné à deux reprises différentes, il réfléchit qu'il ne lui convient pas de pénétrer dans l'hôtel de ville par une porte dérobée, et il se dirige vers l'entrée principale, devant laquelle un régiment est rangé : « A-t-on proclamé la République au Corps législatif? lui demande l'officier qui le commande. — Non, répond M. Gambetta; on va la proclamer ici. » L'officier se jette dans ses bras. La foule qui suit à distance, rassurée par cette accolade, se précipite dans l'intérieur de l'hôtel de ville. Les officiers commandant les compagnies de garde à l'intérieur de

---

serait prétentieux de le dire après, que je ne pourrais pas accepter cette distinction honorifique. En voici la raison :

« Au début du siège de Paris, j'ai fait le vœu, comme nous disons en Bretagne, de tenter gratuitement ce dernier effort et d'arrêter là dans le sens de l'avancement et dans tous les sens, l'élan de ma carrière.

« Voilà pourquoi j'ai refusé à cette époque le traitement qu'on voulait attacher à ma fonction de président du gouvernement, témoignant que le traitement de ma fonction militaire me suffirait.

« Voilà pourquoi encore j'ai prié M. Jules Favre, qui m'avait annoncé que M. Thiers, en vue d'honorer le siège de Paris, comptait m'élever au maréchalat, de dire au président du conseil que je déclinerais cette haute dignité.

« Gardez pour vous cette petite profession de foi officieuse, et croyez à tous mes sentiments dévoués. »

1. M. Blanche était grand maître adjoint de l'ordre.

Fig. 55. — Le gouvernement de la Défense nationale.

l'hôtel de ville firent retirer leurs soldats devant ce flot humain, par lequel M. Gambetta se trouva tout à coup porté dans le cabinet du préfet de la Seine. « Je vous attendais, » lui dit M. Blanche, tant l'idée que tout ce qui se passait ne pouvait être évité était générale.

La foule grossissait à chaque instant. On s'apercevait déjà, au langage de certains individus, que les différentes nuances des partis extrêmes étaient représentées à l'hôtel de ville, sinon par leurs chefs, du moins par d'actifs agents. Il était permis de craindre qu'une municipalité improvisée par eux ne tînt en échec le gouvernement qu'on supposait devoir être composé de députés. M. Gambetta pouvait seul, en ce moment, obtenir l'assentiment populaire à la formation d'une mairie qui pût d'abord maintenir l'ordre à l'intérieur de l'hôtel de ville. Il comprenait la nécessité d'agir promptement et de placer des hommes sûrs à la tête des deux préfectures. M. Etienne Arago se trouvait là ; M. Gambetta le proposa pour maire de Paris, titre qui ne répondait ni à l'organisation de Paris ni à celle du département, mais qui satisfaisait certains instincts du moment ; quelques voix essayèrent sans succès d'opposer le nom de M. de Rochefort à celui de M. Etienne Arago. M. de Kératry, proposé comme préfet de police, fut accepté par acclamations. Le premier usage que le maire de Paris fit de son autorité fut de signer un ordre de mise en liberté de M. de Rochefort, soin qui ne le concernait nullement ; mais le moment n'était pas favorable aux scrupules de la légalité. Les amis de M. de Rochefort coururent à Sainte-Pélagie, mais déjà le prisonnier était délivré. Il entra tout à coup à l'hôtel de ville, porté en triomphe par la foule, et déjà orné de l'écharpe rouge des municipaux de 93. L'instant était critique ; une compétition pour la mairie pouvait avoir les plus graves conséquences, et bien des gens contribuaient de toutes leurs forces à la faire naître. On ne pouvait savoir ce qui en serait résulté, lorsque M. de Rochefort, avec un bon sens et un désintéressement dont il donna plus d'une preuve dans ces premiers temps si difficiles, appuya la candidature de M. Etienne Arago et se déclara heureux de s'effacer devant un républicain aussi éprouvé [1].

Le cabinet du préfet de la Seine était orné d'un immense portrait équestre de l'Empereur ; la foule veut le lacérer. M. Gambetta s'oppose à cette destruction, qui pourrait donner le signal de beaucoup d'autres, et préserve

---

[1]. M. Étienne Arago et M. de Kératry donnèrent chacun le nom du secrétaire général choisi par eux, M. Jules Mahias pour la mairie, et M. Antonin Dubost pour la préfecture de police.

le tableau en le faisant retourner; en ce moment, MM. Ernest Picard, Emmanuel Arago et Jules Simon arrivent dans la grande salle. M. Jules Favre, monté sur un fauteuil, harangue la foule, qui s'accroît de plus en plus et qui rend intenable cette partie de l'édifice. Les députés ont besoin de s'entendre sur la formation du gouvernement; ils se réfugient dans le petit cabinet dit du télégraphe, donnant sur un couloir, entre les bureaux du préfet et la salle du trône. Des amis dévoués se placent devant la porte, pour éloigner les importuns. M. Lavertujon, rédacteur en chef de la *Gironde*, la main sur le bouton de la porte, en défend l'entrée aux clubistes, aux énergumènes, qui, espérant être bientôt eux-mêmes le gouvernement, parlent déjà de renverser celui que les députés sont en train de faire. M. Delescluze, rédacteur en chef du *Réveil*, se présente devant la porte du cabinet où les députés délibèrent. M. Lavertujon la lui ouvre; il en ressort au bout d'un instant en s'écriant : « Il n'y a rien à faire avec ces gens-là. »

Il n'était pas aisé de pénétrer jusqu'à M. Gambetta : prévenu le dernier de la présence de ses collègues dans la salle du télégraphe, il parvint non sans peine à les rejoindre. Il les trouva en train de résoudre la grande question de la formation du gouvernement; les rivalités et les compétitions semblaient prêtes à surgir. Ledru-Rollin prévoyait ce danger; se trouvant quelques jours avant la chute de l'Empire chez un ami commun [1] avec M. Gambetta, il lui avait suggéré l'idée de ne mettre au gouvernement que des députés de Paris ou nommés par Paris, sans tenir compte de leur option pour une autre localité. M. Gambetta soumit cette idée à ses collègues, qui l'adoptèrent avec empressement. La liste suivante fut aussitôt dressée et communiquée à la foule : Emmanuel Arago, Jules Favre, Garnier-Pagès, Léon Gambetta, Ernest Picard, Eugène Pelletan, Jules Simon.

M. Jules Favre sortit, pour proclamer ces noms, dans la salle du trône; d'autres s'étaient mis à l'œuvre de leur côté et avaient formé une liste de gouvernement sur laquelle figuraient MM. Delescluze, Félix Pyat, Blanqui, etc. La bande des clubistes, du haut des fenêtres de l'hôtel de ville, jetait ces noms à la foule, qui les accueillait avec une froideur hostile. L'apparition de M. Jules Favre sur le balcon fut accueillie par des acclamations prolongées qui redoublèrent après la lecture de la liste des membres du gouvernement. M. Jules Favre était alors entouré d'une de

---

1. M. Montégut, chef d'état-major de la garde nationale pendant le siège, mort tristement dans un naufrage.

ces popularités qui ne durent jamais longtemps, mais qui sont irrésistibles tant qu'elles durent; d'ailleurs lui et ses collègues n'avaient pas alors de concurrents sérieux à redouter. Il fallait de nouveaux malheurs à la France pour permettre à MM. Blanqui, Félix Pyat et Delescluze d'engager la lutte contre les membres du gouvernement formé le 4 septembre.

« Général, dirent à l'ex-gouverneur de Paris les membres du nouveau gouvernement qui réclamaient son concours, nous voudrions, dans cette crise redoutable, que le pays ne tombât pas entre les mains des gens qui sont là à côté. A l'heure qu'il est, surpris par la soudaineté de l'événement, ils sont réunis; mais ils ne sont pas armés, ils le seront demain... Si vous consentez à être ministre de la guerre, demain, à votre nom se rallieront les officiers et les soldats. L'ordre pourra être maintenu. »

Le général Trochu répondit qu'il ne pouvait prendre une telle résolution sans en prévenir le ministre de la guerre, de qui il dépendait, et il se rendit chez lui. Le général de Palikao le reçut cette fois avec beaucoup de cordialité. « Général, lui dit-il, si vous ne prenez pas la direction des affaires, tout est perdu; si vous la prenez, tout sera peut-être encore perdu, mais les troupes iront à vous. »

Le général Trochu, en rentrant à l'hôtel de ville, dit aux membres du gouvernement : « Si vous voulez que je sois utile dans ma spécialité, il faut que je sois président du gouvernement. Je ne vous demande d'autre garantie que d'affirmer devant moi Dieu, la famille et la propriété. »

Sur certains points cependant, on se préparait déjà à la lutte. L'*Association internationale des travailleurs* tint, dans la soirée même du 4 septembre, une nombreuse réunion, où les orateurs s'élevèrent avec colère contre l'installation à l'hôtel de ville des « bourgeois assermentés du Corps législatif » et où l'on discuta sur les moyens de mettre obstacle aux progrès de la réaction. Le mot d'ordre fut donné aux démocrates purs de veiller pendant la nuit et de s'armer. La *Chambre fédérale* des sociétés ouvrières de l'Association internationale des travailleurs envoya à l'hôtel de ville une délégation de sept membres [1] chargés de réclamer les mesures suivantes :

« Considérant que la proclamation de la République doit avoir pour effet de sup-
« primer toute institution d'essence monarchique, le gouvernement provisoire est invité
« à décréter les mesures suivantes :
« 1° Elections municipales du département de la Seine, immédiatement, au scrutin
« de liste et par arrondissement.
« 2° Restitution complète aux citoyens de Paris du soin de leur propre sécurité, par

[1]. Trois d'entre eux ont été membres de la Commune.

« la suppression de la préfecture de police actuelle, de la garde municipale, etc., par
« l'organisation de la police municipale.

« 3° Suppression de toutes lois préventives, fiscales et répressives de la liberté de la
presse, de l'imprimerie et de la librairie, et des droits de réunion et d'association.

« 4° Annulation complète de tous jugements, arrêts et poursuites ayant un caractère
« politique (sont considérées comme telles les condamnations encourues à propos des
« troubles et prononcées par des tribunaux exceptionnels).

« 5° Armement immédiat de tous les Français sans exception et organisation de la
« levée en masse. »

Cette démarche et ces exigences ne surprirent aucun des membres du nouveau gouvernement. Ils savaient tous quels obstacles ils allaient rencontrer sur leur route. Tout le monde les voyait, et personne ne ménageait sa reconnaissance à ceux qui ne craignaient pas de les affronter dans l'intérêt de tous. Une bataille qui allait durer cinq mois commençait entre le gouvernement de la Défense nationale et les partisans de la Commune de Paris.

L'Empire, qui se vantait avec tant d'arrogance d'échapper par son énergie au sort des gouvernements précédents, venait de tomber plus misérablement qu'aucun d'eux. L'Impératrice, dont le rôle héroïque devait être le même que celui de Marie-Thérèse, s'était réfugiée piteusement chez son dentiste; les membres de la famille impériale avaient fui à l'heure du péril. Le nom de Napoléon III, depuis nos désastres, ne figurait plus dans les actes publics; ses amis même et ses créatures évitaient de le prononcer; les bonapartistes avaient commencé par renier l'Empereur avant d'abandonner l'Empire. Quelle preuve de dévouement ses ministres donnent-ils à la Régente pendant la journée du 4 septembre? Le ministre de l'intérieur va et vient, du Corps législatif aux Tuileries et des Tuileries au Corps législatif; le ministre de la guerre pérore dans les couloirs du Palais-Bourbon au lieu de se mettre à la tête des troupes. Il ne tarde pas lui-même à partir, après avoir recommandé sa famille au général Trochu. Le préfet de police se précipite dès trois heures de l'après-midi vers la frontière de Belgique; nulle part le moindre effort pour arrêter la débâcle; on se laisse entraîner par elle avec le fatalisme résigné de gens qui voient le précipice et qui se sentent incapables de l'éviter. L'Empire finit dans l'abandon le plus complet, n'inspirant à personne ni respect ni pitié; la France se sentit soulagée de sa disparition, et sa chute lui apparut comme le commencement du salut. C'est l'arrêt le plus terrible qu'une nation puisse porter contre son gouvernement.

FIN

TABLE DES MATIÈRES

CHAPITRE Ier. — LA PRESSE. — Troisième avertissement au *Courrier du dimanche*. — Premier avertissement au *Temps*. — Avertissements aux journaux de province. — La liberté des comptes rendus parlementaires. — Deuxième avertissement au *Journal des Débats*. — Avertissement au *Journal des Villes et des Campagnes*. — Avertissements à l'*Alsacien*, au *Courrier d'Oran*, à l'*Union de l'Ouest*, au *Siècle*. — Avertissements au *Mémorial de l'Allier*, au *Sémaphore de Marseille*, à la *Presse*, à la *Revue nationale*, au *Courrier de Saint-Etienne*, à la *France*, à l'*Impartial dauphinois*. — Suppressions et suspensions de journaux en 1863. — Procès des correspondants. — Création par le gouvernement d'un journal à 5 centimes. — Avertissements et suspensions de journaux en 1864 et 1865. — Suppression du *Courrier du dimanche*. — Rapport de M. de La Valette. — Avertissement à la *Presse*; M. de Girardin abandonne la rédaction en chef de ce journal. — Impossibilité de créer des journaux. — MM. E. Ollivier, Louis Veuillot, C.-L. Chassin demandent inutilement l'autorisation de créer chacun un journal. — Autorisation accordée à M. L. Veuillot de fonder l'*Univers*. — Suppression de l'autorisation préalable. — Fin du régime administratif. — Inconvénients et dangers pour le gouvernement de l'ancienne loi sur la presse. — La presse orléaniste. — La presse légitimiste. — La presse bonapartiste. — Les journalistes sous le second Empire. — Le régime administratif n'arrête pas la décadence de l'Empire. — L'*Electeur libre*. — La presse irréconciliable. — Condamnations nombreuses de journaux. — Congrès de la presse légitimiste des départements. — Application du sénatus-consulte interdisant la discussion de la constitution. — Développement de la presse littéraire. — M. Prévost-Paradol est nommé ministre à Washington. — Lutte entre les journaux bonapartistes. — La presse et l'Empire. 1

CHAPITRE II. — MEURTRE DE VICTOR NOIR. — M. Haussmann est relevé de ses fonctions. — Les partis devant le nouveau ministère. — Duel proposé par le prince Pierre Bonaparte à M. de Rochefort. — Les deux témoins de M. Paschal Grousset chez le prince Pierre Bonaparte. — Le prince Pierre Bonaparte fait feu sur M. Victor Noir. — Indignation causée par ce meurtre dans Paris. — Note de la *Marseillaise*. — Saisie de ce journal. — Attitude menaçante de l'opinion publique. — On invite le peuple à se rendre au convoi. — Funérailles de Victor Noir. — Harangue de M. de Rochefort. — Tentative pour diriger le convoi vers le Père Lachaise. — Les citoyens s'attellent au corbillard qui entre dans le cimetière de Neuilly. — Précautions prises par le gouvernement. — Tumulte dans le quartier Saint-Denis. — Condamnation de M. de Rochefort. — Interdiction de la réunion publique du Cirque. — Mort du duc de Broglie. — Arrestation de M. de Rochefort. — Appel aux armes. — M. Flourens à Belleville. — Protestation des rédacteurs de la *Marseillaise*. — Arrestation des rédacteurs de ce journal. — La ligue de l'Ordre. — Le coup de pistolet de Mégy. — Procès du prince Pierre Bonaparte devant la Haute Cour. — Récit de l'accusé. — Audition des témoins. — Incident Paschal Grousset. — Déposition des médecins. — Dépositions des témoins à décharge. — Troubles à l'Ecole de médecine. — Bouquet offert à M. Gambetta par la jeunesse parisienne. — Grève du Creuzot. — Souscription en faveur des grévistes du Creuzot. — Arrestation de Beaury. — La police connaissait d'avance le complot. — Arrestations à Paris et dans les départements. 33

CHAPITRE III. — LE PLÉBISCITE. — Inquiétude causée à M. Em. Ollivier par la droite. — Question de M. J. Simon sur le conseil privé. — Proposition de M. Guyot-Montpayroux. — Question de M. de Rochefort. — M. de Rochefort est rappelé à l'ordre. — Demande en autorisation de poursuites contre M. de Rochefort. — Interpellation de M. Esquiros sur la grève du Creuzot. — Discours de M. Gambetta. — Le traité de commerce attaqué par M. Thiers. — La dénonciation du traité est repoussée. — La marine marchande. — Question de M. de Keratry au sujet de l'arrestation de Rochefort. — Le sénatus-consulte sur le pouvoir constituant. — Discours de MM. Grévy, Ernest Picard, Gambetta et Jules Simon. — Prorogation de la Chambre. — Situation extérieure de l'Empire depuis la guerre de Crimée. — La guerre d'Italie et ses conséquences. — Alliance de la Prusse et de la Russie. — Napoléon III laisse la Prusse marcher sur Vienne. — Napoléon III veut faire la guerre, mais il n'est pas prêt. — Situation intérieure de l'Empire. — Essais divers de transformation de l'Empire. — Faiblesse du ministère libéral. — Situation difficile de l'Empereur. — Malaise universel. — Origine du plébiscite. — L'Empereur le propose au conseil des ministres, qui l'approuve, malgré MM. Em. Ollivier et Buffet. — Opinions diverses sur le plébiscite. — Proclamation du gouvernement. — Circulaires des ministres. — Comité central du plébiscite de 1870. — Réunion chez M. Crémieux pour former un comité opposant. — Manifeste de la gauche et des délégués de la presse. — Manifeste à l'armée. — Les abstentionnistes. — Le comité Dufaure. — Manifeste de l'*Union* et de la *Gazette de France*. — Le plébiscite et le clergé. — Le plébiscite et la magistrature. — M. Em. Ollivier et l'Internationale. — Les rapports des procureurs généraux. — Déclaration de la gauche libre. — Réponse à M. Gambetta. — La gauche ouverte et la gauche fermée. — Procès de l'Internationale. — Procès de Blois. 69

CHAPITRE IV. — LA QUESTION HOHENZOLLERN. — Confiance dans le maintien de la paix. — M. de Gramont remplace M. Daru au ministère des affaires étrangères. — Origine de la candidature du prince de Hohenzollern. — Entretien de M. Benedetti avec M. de Bismarck. — Napoléon III avait-il le droit de s'opposer à cette candidature? — Session du Corps législatif. — Discours de M. Thiers sur le contingent. — Discours de M. Jules Favre. — Discours imprudent de M. Em. Ollivier. — Discussion de la pétition des princes d'Orléans. — Interpellation de M. Cochery. — Déclaration du gouvernement. — La gauche demande communication des pièces diplomatiques. — Ardeur belliqueuse du sénat. — Le gouvernement impérial laisse de côté l'Espagne pour s'adresser uniquement à la Prusse. — Le roi de Prusse cherche à dégager sa responsabilité. — Exigences croissantes du gouvernement impérial. — Interpellation de M. Clément Duvernois. — Retrait de la candidature Hohenzollern annoncé par M. E. Ollivier. — C'est la paix. — Hausse à la bourse. — Brusque changement opéré par l'influence de l'Impératrice. — Nouvelles exigences de M. de Gramont. — Rupture entre la France et la Prusse. 111

CHAPITRE V. — LA DÉCLARATION DE GUERRE. — DÉPART DE L'EMPEREUR. — Arrivée de M. Benedetti à Paris. — Il apprend avec étonnement la prétendue insulte qu'on lui a faite. — Déclaration de guerre lue au Sénat. — Enthousiasme du Sénat à la lecture de ce document. — Déclaration de guerre lue au Corps législatif. — Situation ambiguë de divers membres de la droite. — La gauche réclame vainement la communication des dépêches de M. Benedetti. — Discussion entre M. Gambetta et M. Em. Ollivier. — M. Ollivier invoque la dépêche de la *Gazette de Cologne*. — M. Ollivier s'obstine à déclarer que M. Benedetti a été insulté. — Discours de M. Thiers. — Phrases ronflantes de M. de Gramont et de M. de Kératry. — M. Buffet se joint à M. Jules Favre pour demander communication des dépêches. — La droite repousse cette motion. — La commission se laisse tromper par le ministère. — Le ministre des affaires étrangères et le ministre de la guerre affirment que nous sommes prêts. — On croit à la possibilité de détacher de la Prusse les Etats du Sud. — Séance de nuit. — La Chambre vote les quatre projets de loi. — Napoléon III veut défaire ce qu'a fait Sadowa. — Il n'est plus temps. — Clôture de la session. — Le Corps législatif aux Tuileries. — L'article du *Constitutionnel*. — Diverses manifestations pour et contre la guerre. — La *Marseillaise* à l'Opéra. — Le Sénat à Saint-Cloud. — Discours de M. Rouher. — Réponse de l'Empereur. — Départ des troupes. — Lettre de l'Empereur à la garde nationale. — La Régence est déclarée. — Proclamation de l'Empereur. — L'Empereur n'ose pas traverser Paris. — La police favorise les braillards. 167

CHAPITRE VI. — Paris en état de siège. — Effet de la déclaration de guerre à l'étranger. — Traité de partage de la Belgique. — Effet de ce traité. — Lettre de M. Benedetti à M. de Gramont. — Impossibilité de nier le traité. — Hostilité des journaux bonapartistes contre M. Benedetti. — La déclaration de guerre et l'Autriche. — Fausse politique de M. de Gramont à son égard. — Attente de Paris. — Le premier bulletin de la campagne. — Dépêche de l'Empereur. — Détail sur l'affaire de Sarrebruck. — La surprise de Wissembourg. — La foule dévaste les boutiques des changeurs. — Fausse dépêche annonçant une victoire. — Enthousiasme de la population. — Elle est vite détrompée. — Proclamation du ministère. — Première nouvelle de la bataille perdue par Mac-Mahon, donnée par une proclamation de la Régente. — Détails sur l'affaire de Forbach. — Convocation des Chambres et mise de Paris en état de siège. — Mesures contre la presse. — Tristesse de Paris. — Le Corps législatif est convoqué le 8 août pour le lendemain. — La gauche demande l'armement immédiat de tous les citoyens de Paris. 203

CHAPITRE VII. — Forbach et Rezonville. — Abandon du plan tracé par le maréchal Niel. — Formation de l'armée. — Composition des forces. — Napoléon III prend le commandement en chef de l'armée. — On apprend avec lenteur la position et la force des armées prussiennes. — Ignorances et illusions des commandants en chef. — L'armée française s'imagine qu'elle va franchir le Rhin. — Concentration des forces dans la vallée de la Moselle. — Le manque d'approvisionnements se fait sentir. — Même incurie pour les armements. — Première rencontre avec l'ennemi. — Arrivée de l'Empereur. — Intérieur du quartier général. — Le deuxième corps se porte en avant. — Affaire de Saarbruck. — Mauvaise organisation des dépôts. — Supériorité numérique de l'armée prussienne. — Positions prises par le général Frossard après la prétendue victoire de Saarbruck. — Des troupes nombreuses d'infanterie et de cavalerie allemandes se forment autour de Saarbruck. — Le combat s'engage sur la hauteur. — Les Français sont obligés de se replier. — L'armée demande la démission du major général. — L'Empereur la refuse à l'Impératrice. — L'Impératrice la demande au maréchal Le Bœuf lui-même. — Craintes que la présence de l'Empereur inspire à l'armée et à la France entière. — Marche des Prussiens après Forbach et Wœrth. — L'Alsace et la Lorraine perdues en huit jours. — L'armée se retire sous les canons de Metz. — L'Empereur quitte Metz. — L'armée française est attaquée quand la moitié a passé la Moselle. — La première attaque des Prussiens échoue. — Bataille de Borny. — Marches des Prussiens. — Retards du maréchal Bazaine. — Dispositions qu'il prend. — Lenteurs dans l'exécution de ses mouvements. — Mouvement tournant du prince Frédéric-Charles. — Le maréchal Bazaine se retire par les deux routes du sud. — Dispositions prises par les Allemands. — La cavalerie allemande fond sur nos avant-postes. — Le maréchal Canrobert se déploie. — Le maréchal Bazaine renforce sa première ligne. — Le deuxième corps maintient ses dispositions. — Les Allemands occupent Vionville et Flavigny. — Le maréchal Bazaine lance sa cavalerie. — L'ennemi prononce son attaque sur Rezonville. — Lutte pour dégager notre droite. — Arrivée du maréchal Le Bœuf. — L'armée française est libre de marcher sur Verdun. — Arrivée du prince Frédéric-Charles sur le champ de bataille. — Mouvement offensif. — Les Français restent maîtres du champ de bataille. — La jonction des deux maréchaux eût peut-être rendu la victoire complète. — Le maréchal Bazaine rétrograde sur Metz. — Raisons qu'il donne de cette retraite. — Opinion des Prussiens sur cette retraite. — Mouvements des Prussiens. 224

CHAPITRE VIII. — L'armée a Metz. — Reischoffen. — Août 1870. — Le maréchal Bazaine donne à l'ennemi le temps de le prévenir. — L'armée allemande exécute un mouvement de conversion. — Ordre de bataille de l'armée française. — Le général Palikao s'oppose à la marche de l'armée de Châlons sur Paris. — Situation de l'armée de Bazaine. — Attaque du neuvième corps prussien. — Le maréchal Canrobert exposé au feu de 200 pièces de canon. — L'attaque des Prussiens contre le Point-du-Jour est repoussée. — Les Français conservent leurs positions. — Le maréchal Canrobert envoie demander des secours au maréchal Bazaine. — La bataille semble gagnée par les Français lorsqu'on apprend que la droite est tournée. — Les Allemands maîtres de Saint-Privat. — Résistance des deuxième et troisième corps. — La nuit met fin à la bataille. — L'armée française est réunie autour de Metz. — Pertes énormes des Allemands. — État des deux armées. — Cessation des communications avec la France. — Première dépêche du maréchal Mac-Mahon. — Deuxième dépêche du maréchal Mac-Mahon et réponse du maréchal Bazaine. — Sortie interrompue du 26. — Conseil de guerre tenu à la ferme de Grimont. — Il décide que l'on ne fera pas de trouée. — Mouvement en avant du 31 août. — On use inutilement les munitions de l'artillerie. — Les Français enlèvent Nouilly et Noisseville. — Le passage n'était pas impossible à forcer. — La retraite est ordonnée. — Mécontentement de l'armée.

Formation lente et décousue du premier corps de l'armée du Rhin. — Le maréchal de Mac-Mahon prend le commandement. — Éparpillement de ses forces. — Il donne l'ordre d'occuper Wissembourg. — L'ennemi passe le Rhin. — Position hasardée du général Abel Douay. — La deuxième division est surprise par les Bavarois. — Attaque du Geissberg. — Perte de la ligne de la Lauter. — L'Alsace est ouverte aux Allemands. — Le maréchal Mac-Mahon prend position à Frœschwiller. — Rencontre des deux armées. — Insuffisance des forces du maréchal Mac-Mahon. — Marche des Allemands sur Wœrth. — Le maréchal Mac-Mahon est sur le point de se replier sur les Vosges. — Incertitude des généraux sur leurs mouvements réciproques. — Rencontre inopinée des deux armées. — L'avantage à midi reste aux Français. — Les Français, ayant épuisé leurs réserves d'infanterie, lancent les cuirassiers. — La brigade Michel est anéantie. — Charge des cuirassiers de Bonnemains. — L'armée française est refoulée. — La retraite de l'armée française ressemble à une déroute. — Le maréchal Mac-Mahon se dirige de Saverne à Sarrebourg. — Il rejoint ensuite la route de Paris à Bar-le-Duc. — Il s'arrête à Châlons.

Histoire du septième corps. — Rien n'est prêt à Colmar pour le recevoir. — Il quitte Mulhouse. — Désordre de cette marche. — Les paysans prennent la fuite. — Le septième corps s'arrête à Belfort. — Il reçoit l'ordre de se rendre à Châlons. — Evacuation complète de l'Alsace et abandon des Vosges. 262

CHAPITRE IX. — SEDAN. — Le maréchal de Mac-Mahon arrive à Châlons. — Deux plans soumis au conseil par le ministre de la guerre. — On adopte celui qui peut permettre de réunir les deux armées. — Arrivée de l'Empereur, du prince Impérial et du général Trochu à Châlons. — L'Empereur se décide à nommer le général Trochu gouverneur de Paris. — L'Impératrice s'oppose au retour de l'armée. — Incertitudes du maréchal de Mac-Mahon. — L'armée prend position à Reims. — Pillage et incendie du camp de Châlons. — Arrivée de MM. Rouher et de Saint-Paul à Courcelles. — Plan du général Palikao proposé par M. Rouher. — Objection du maréchal de Mac-Mahon. — Dépêche du maréchal Bazaine annonçant la marche probable sur Châlons. — L'armée se met en marche sur les Ardennes. — Situation morale de cette armée. — Perte de cinq jours. — Nécessité d'une grande rapidité d'exécution. — Manque de vivres dès la première étape. — Le maréchal Mac-Mahon laisse Verdun pour se jeter du côté de Rethel. — Inconvénients de la présence de l'Empereur à l'armée. — L'absence de nouvelles de Bazaine inquiète Mac-Mahon. — Il se décide à aller à Mézières. — Le ministre de la guerre le détourne de ce projet. — L'armée se porte par Stenay à la rencontre de Bazaine. — Marche des Prussiens. — Ils suspendent leur mouvement sur Paris et rejettent par un mouvement de conversion le Prince royal de Prusse et le Prince royal de Saxe sur Mac-Mahon. — Mac-Mahon apprend le 27 seulement la marche des deux armées s'avançant sur lui. — Il reprend sa marche sur Metz par un temps affreux. — Découragement de l'armée française. — Jonction des deux armées allemandes. — Mac-Mahon se dirige sur Sedan. — Divers engagements indiquent que l'ennemi se rapproche. — Ordre formel est donné aux trois corps restés sur la rive gauche de passer la Meuse. — Le général de Failly est surpris par l'ennemi à Beaumont. — Déroute du 5e corps. — L'Empereur à Mouzon. — Encombrement sur la route de Sedan. — Absence d'ordres du général en chef — Il néglige de faire sauter le pont de Mouzon. — Arrivée des Allemands à Bazeilles. — Les Bavarois occupent le pont du chemin de fer laissé intact. — L'ennemi donne le signal de la bataille. — L'infanterie de marine reçoit le choc des Bavarois à Bazeilles. — La blessure du maréchal Mac-Mahon. — Le général Ducrot prend le commandement en chef et se prépare à se frayer un chemin sur Mézières. — Le général de Wimpffen réclame le commandement en chef et arrête la retraite. — Il veut tenter une trouée sur Carignan. — Court entretien avec l'Empereur. — Incendie de Bazeilles. — L'ennemi gagne du terrain à l'aile droite. — Combat d'artillerie à gauche. — Le cercle des armées allemandes se resserre. — L'artillerie prussienne rend la lutte impossible. — La bataille est perdue. — Derniers efforts de l'armée française. — L'Empereur fait appeler les chefs de corps; on décide de négocier avec l'ennemi. — L'Empereur ordonne d'arborer le drapeau blanc sur la citadelle. — Sortie de Balan. — Le général de Wimpffen donne sa démission, qui n'est pas acceptée. — Le général de Wimpffen arrive au quartier général prussien. — Dureté de la capitulation qu'on lui offre. — M. de Bismarck refuse de meilleures conditions. Un délai est accordé. — L'Empereur se rend au quartier général prussien. — Entrevue de l'Empereur et de M. de Bismarck. — Le général de Wimpffen expose l'état des négociations. — Signature de la capitulation. — Entrevue de l'Empereur et du roi de Prusse. — L'Empereur est conduit prisonnier à Wilhelmshöhe. — Le montant de nos pertes. 312

CHAPITRE X. — Chute du ministère Ollivier. — Convocation du Corps législatif. — Réunion préparatoire du 7 août. — Situation particulière du général Trochu. — Réunion du Corps législatif. — Première tentative d'invasion du Palais-Bourbon. — Lecture d'une déclaration ministérielle. — M. E. Ollivier pose la question de confiance. — M. Jules Favre propose l'armement de la garde nationale de Paris et la formation d'un comité de défense. — Rejet de la proposition de M. Jules Favre. — Adoption de l'amendement de M. Clément Duvernois. — Chute du ministère Ollivier. — Le nouveau ministère est uniquement composé de créatures de l'Empereur. — Dures paroles de M. Thiers sur la conduite de la guerre. — L'Empereur est moralement détrôné. — Comment la Chambre apprend l'occupation de Nancy. — Anxiété de la journée du 16 août. — La proclamation du général Trochu effraye la droite. — La gauche veut adjoindre au comité de défense sept membres élus par la Chambre, le ministère s'y oppose. — M. Thiers est nommé rapporteur. — Rejet de la proposition Kératry. — Caractère dynastique des mesures du gouvernement. — Allocution de M. Buffet. — M. Thiers est nommé à son insu membre du comité de défense. — Terribles révélations sur Strasbourg. — M. Keller propose l'envoi d'un commissaire en Alsace. — Demande de création d'un gouvernement anonyme. — Assassinats politiques dans la Dordogne. — Le gouvernement songe à un coup d'État. — Proclamation du général Trochu. — Tentatives d'agitation, attaque de la caserne de la Villette. — L'Empire fait appel aux pompiers de France. — La dépêche de Sedan. — Tentatives d'insurrection. — Le ministre de la guerre cherche à annuler les pouvoirs du gouverneur de Paris. 364

CHAPITRE XI. — Le quatre septembre. — L'Impératrice est responsable du désastre de Sedan. — Visite de M. Mérimée à M. Thiers. — La gauche offre le pouvoir à M. Thiers. — M. Thiers repousse ces ouvertures. — Attitude des membres de la gauche. — Séance du 3 septembre au Corps législatif. — La vacance du gouvernement est officiellement constatée. — Expédient proposé par le tiers parti. — Conseil des ministres chez M. Schneider. — Motion de déchéance présentée par M. Jules Favre. — Rassemblements nocturnes. — La matinée du 4 septembre. — Dispositions prises par le préfet de police. — Remplacement des troupes de ligne par la garde nationale. — Le centre gauche somme M. Buffet de se rendre aux Tuileries. — La droite consent à la déchéance, pourvu qu'on la remplace par un autre mot. — L'intérieur de la Chambre. — Ouverture de la séance. — Communication du gouvernement. — Froideur de l'assemblée. — Proposition de M. Thiers. — Lenteur calculée de la délibération des bureaux. — La foule pénètre dans le palais Bourbon par la place de la Concorde. — La troupe fraternise avec le peuple. — Reprise de la séance. — M. Gambetta harangue les envahis-

480   TABLE DES MATIÈRES

seurs. — Allocution du président. — Le président se retire. Scènes de désordre. — M. Gambetta est obligé de prononcer la déchéance. — Arrivée de M. Jules Favre. — MM. Jules Favre et Gambetta donnent rendez-vous à la foule à l'hôtel de ville. — Réunion chez M. Schneider. — L'Empire est renversé par le Corps législatif. — Patriotique langage de M. Thiers. — La dernière séance du Sénat. — Pouvait-on empêcher la Révolution ?. 411

CHAPITRE XII. — LA DÉFENSE NATIONALE. — La matinée du 4 septembre aux Tuileries. — Le général Trochu aux Tuileries. — Arrivée de la députation du tiers parti. — Douleur de l'Impératrice. — Dernière dépêche de la préfecture de police. — Arrivée du ministre de l'intérieur. — Adieux et fuite de l'Impératrice. — Elle se réfugie chez son dentiste. — Elle se dirige sur Deauville, où elle s'embarque pour Brighton. — Parallèle entre Lamartine et Trochu. — L'hôtel de ville est envahie. — Arrivée de M. Gambetta. — Nécessité de désigner sans retard un maire de Paris. — M. de Rochefort porté en triomphe à l'hôtel de ville. — On décide que le gouvernement se composera des députés de Paris. — Le peuple acclame le nouveau gouvernement. — Envoi d'une délégation de l'Internationale à l'hôtel de ville. — La lutte commence contre la Commune. — Chute misérable de l'Empire. 437

FIN DE LA TABLE DES MATIÈRES DU SIXIÈME ET DERNIER VOLUME

www.ingramcontent.com/pod-product-compliance
Lightning Source LLC
Chambersburg PA
CBHW051619230426
43669CB00013B/2112